Ewald Terhart
Lehr-Lern-Methoden

Grundlagentexte Pädagogik

Ewald Terhart

Lehr-Lern-Methoden

Eine Einführung in Probleme der
methodischen Organisation von Lehren und Lernen

4., ergänzte Auflage 2005

Juventa Verlag Weinheim und München

Ewald Terhart, Jg. 1952, Dr. phil. habil., Dipl.-Päd., war Assistent und Professor an den Universitäten Osnabrück, Lüneburg und Bochum ist seit 2002 Professor für Schulpädagogik an der Westfälischen Wilhelms-Universität Münster.

Bibliografische Information Der Deutschen Bibliothek

Die Deutsche Bibliothek verzeichnet diese Publikation in der Deutschen Nationalbibliografie; detaillierte bibliografische Daten sind im Internet über http://dnb.ddb.de abrufbar.

© 1989 Juventa Verlag Weinheim und München
Umschlaggestaltung: Atelier Warminski, 63654 Büdingen
Umschlagabbildung: Ernst Würtenberger, Auf der Schulbank, 1909
Printed in Germany

ISBN 3-7799-0355-5

Inhalt

Einleitung

Der Vorstellung, den Prozess des Lehrens und Lernens durch „Methode" ordnen, verbessern, beschleunigen, kurzum: in seiner Qualität wie auch in seinem Produkt steigern zu können, scheint eine tiefsitzende Faszination innezuwohnen. Anders ist die Tatsache nicht zu erklären, dass in der Geschichte der pädagogischen Ideen immer wieder auf „Methode", und dann natürlich: auf eine *neue* Methode gesetzt worden ist, wenn es galt, die Praxis von Erziehung und Unterricht zu verbessern. Die Magie des Methodischen hat nicht nur die Begründer der Didaktik zu riskanten Glücksverheißungen veranlasst. Sie ist auch heute noch - und gerade - dort festzustellen, wo Nüchternheit propagiert wird: Die moderne Unterrichtspsychologie und Lehr-Lern-Forschung ist ebenfalls beherrscht von dem Gedanken einer Optimierung des Lernprozesses durch ein geeignetes Arrangement von Lernbedingungen, durch „Methode" also.

Wo Optimismus verbreitet wird, sind die Skeptiker nicht weit. Das Beharren auf der Notwendigkeit von „Methode" sowie das Vertrauen auf ihre positiven Effekte finden ihr Gegenstück in einer Auffassung, die in der methodischen Strukturierung von Unterricht und Erziehung immer nur eine Ver-Künstlichung und Ent-Sinnlichung, Fremdbestimmung und Mechanisierung des Lernens erkennen kann. Im Gegenzug wird auf Unmittelbarkeit und Erfahrungsnähe, Selbsttätigkeit und Persönlichkeit, schließlich: auf das Leben selbst gesetzt. Die These ist: Erst durch die Einrichtung eines Schulwesens, durch die Verberuflichung des Lehrens und aufgrund der damit verbundenen Trennung von Leben und Lernen wird Methode zu einer unabdingbaren Notwendigkeit. Sie ist ein Behelf.

Angesichts der weitreichenden unterrichts-, schul- und schließlich bildungstheoretischen Implikationen der optimistischen wie auch der skeptischen Position(en) markiert die auf den ersten Blick vielleicht nur technisch, wenn nicht trivial anmutende Frage nach der Methode doch den Kern einer sehr grundsätzlichen Debatte. Schließlich geht es um die Legitimität sowie die Möglichkeiten und Grenzen der Einflussnahme auf den Lernprozess der nachwachsenden Generation, wobei dieser intergenerative Lernprozess - wie alles Lernen - sowohl Anknüpfung und Weiterführung, Bewahrung *und* Fortschritt einschließt.

Der methodenoptimistischen wie auch der methodenskeptischen Haltung, die beide zumindest den hohen Stellenwert der Diskussion um Methode unterstreichen - wenngleich sie im Ergebnis zu unterschiedlichen Bewertungen kommen, steht eine theoretische Diskussion gegenüber, die durch starke begriffliche und substanzielle Heterogenität, um nicht zu sagen: Unübersichtlichkeit gekennzeichnet ist. Angesichts der bisher hier eingesetzten intellektuellen Energien mag dies verwundern; gleichwohl handelt es sich um ein immer wieder beklagtes Kennzeichen der Diskussion um die Methoden des Lehrens und Lernens.

Vor diesem Hintergrund nunmehr *den* großen, das Terrain endgültig absteckenden und strukturierenden Entwurf anstreben zu wollen, wäre sicherlich ebenso vermessen wie leichtsinnig. Statt dessen möchte ich mich in mehreren Anläufen und mit jeweils unterschiedlicher Akzentsetzung den Problemen der methodischen Organisation von Lehren und Lernen nähern, wobei nicht systematische Vollständigkeit bis ins Detail beabsichtigt ist, sondern eine problemerschließende Einführung, die die Grundlage für die notwendigen weiteren Vertiefungen bilden soll:

Das *erste Kapitel* behandelt die Realität von Unterrichtsmethode im historischen Prozess der Schulentwicklung. Im Mittelpunkt steht der Versuch, die Realität der unterrichtlichen bzw. unterrichtsmethodischen Verhältnisse aus der historischen Entwicklung der Schule und des Lehrerberufs als gesellschaftlicher Institutionen zu erschließen - soweit das überhaupt möglich ist, denn früher wie heute sind Schulräume bzw. Klassenzimmer durch eine weitgehende Uneinsehbarkeit gekennzeichnet.

Das *zweite Kapitel* präsentiert systematische Dimensionen des Methodenproblems. Nach definitorisch-klassifikatorischen Vorklärungen wird die einschlägige Diskussion daraufhin untersucht, wie das Verhältnis von Lehrmethode zu Lernzielen, Lerninhalten, Lernprozessen und zu den Institutionen des Lehrens und Lernens bestimmt wird. Dies schließt eine Erörterung des Verhältnisses von Lernpsychologie und Lehrmethode ein. Die Argumentation zielt darauf ab, den Bereich des Methodischen aus seiner reinen Dienstfunktion für Zielerreichung und Inhaltstransport, aber auch aus der Abhängigkeit von lernpsychologischen Gesetzen und Prinzipien herauszulösen und als ein Zentralstück von Unterrichtstheorie wie auch Unterrichtspraxis mit eigenem Wert herauszuarbeiten.

Im *dritten Kapitel* geht es um die empirische Erforschung von Lehrmethoden. Nach einem kurzen Überblick über Gegenstand und Methode von Unterrichtsforschung allgemein wird über die Stationen der fehlgeschlagenen Suche nach der besten Lehrmethode berichtet. Hieran schließt sich die Darstellung von Forschungsresultaten zu den Einsatzbedingungen und der Wirkung einzelner Lehrmethoden an. Als Kontrast werden Ergebnisse von Untersuchungen über die tatsächliche Methodenpraxis präsentiert. Den Abschluss dieses Kapitels bildet die Sichtung neuerer Forschungsbemühungen zur Analyse der „subjektiven Theorien" von Lehrern.

Das *vierte Kapitel* wendet sich dem Lehren und Lernen in außerschulischen Zusammenhängen zu. Dabei geht es sowohl um gleichsam außerpädagogische Instruktions- und Unterweisungsprogramme, um die Methoden des

Lehrens und Lernens in der Erwachsenenbildung sowie schließlich um die Frage, ob und inwieweit auch noch bei selbstorganisierten Lernprozessen - z.B. in Bürgerinitiativen - „Methode" eine Rolle spielt.

Das *fünfte Kapitel* behandelt ausgewählte Formen des Arrangierens von Lernbedingungen (als „Methoden"), die jeweils auf eine besondere, ihnen entsprechende Qualität von Lernen bezogen sind. Der Wert und Einsatz von methodischen Formen kann nämlich nicht pauschal, sondern immer nur im Blick auf die angestrebte Qualität des Lern- und schließlich Bildungsprozesses beurteilt werden. Die Spanne der erörterten Lehr-Lern-Methoden reicht von einfachen bis hin zu anspruchsvollen Formen; m.E. gehört es zum Auftrag der Schule, diese Spannbreite auch tatsächlich zu realisieren.

Das *sechste Kapitel* ist einer genaueren Untersuchung der Frage gewidmet, ob durch die Rezeption der verschiedenen Spielarten radikalkonstruktivistischen Denkens durch die Didaktik tatsächlich ein neuer Ansatz entstanden ist, der in theoretischer Hinsicht wie auch auf der Ebene der Praxisformen über den bisherigen Stand hinausgeht. Es wird gezeigt, dass die „konstruktivistische Didaktik" diesen Anspruch nicht einlösen kann. Im Rahmen bildungs- und schultheoretischer Überlegungen erweist sich konstruktivistische Didaktik darüber hinaus als eine problematische Denkform.

Im *siebten Kapitel* geht es um die Frage, welche .insätze und Konzeptionen heute als mögliche Weiterführungen oder Nachfolger der seit langem etablierten klassischen allgemein-didaktischen Positionen gelten können: fachdidaktisch ausgerichtete empirische Lehr-Lern-Forschung, Formulierung von Bildungsstandards, Bildungsgangdidaktik/Bildungsgangforschung.

Im *achten und letzten* Kapitel wird - mit einiger Skepsis - über bestimmte neuere Entwicklungen im Bereich schulischer Lehr-Lern-Methoden berichtet, die sich stark auf die Physiologie des Lernprozesses stützen (Stichwort: „Neurodidaktik") und ungeahnte Erfolge hinsichtlich der Quantität und Qualität des Lernens versprechen: Neurolinguistisches Programmieren, Suggestopädie und Edukinestetik erfreuen sich einer wachsenden Beliebtheit in Lehrerkreisen und stellen eine Herausforderung für die traditionelle Methodendiskussion und -praxis dar.

Unmittelbare Sicherheit unterrichtsmethodischen Handelns lässt sich durch Theorie und Reflexion nicht - und durch eine Einführung in seine Probleme schon gar nicht erreichen. Ein solcher Anspruch wird jedoch auch nicht erhoben. Worauf dieses Buch vielmehr abzielt ist die Herstellung einer durch Theorie informierten Sensibilität für die Wahrnehmung von Methodenproblemen sowie - hierauf gegründet - die Vermittlung von mehr Urteilskraft bei der Bewältigung von methodischer Praxis in Lehr-Lern-Prozessen. Deshalb wurde großer Wert auf die Lesbarkeit der Darstellung gelegt, eine Lesbarkeit, die aus der Art der Gedankenführung sowie der sprachlichen Präsentation der Inhalte erwachsen soll. Und natürlich verlangt dies - „Methode".

1. Unterrichtsmethode im historischen Prozess der Schulentwicklung

Die zahlreichen Darstellungen zur Geschichte des unterrichtstheoretischen bzw. unterrichtsmethodischen Denkens dürfen natürlich nicht schon als Beschreibungen der historischen Realität in den Schulen und Klassenzimmern gelesen werden. Vielmehr waren insbesondere die frühen Theoretiker der Pädagogik und Didaktik der Schul- und Unterrichtsrealität ihrer Zeit weit voraus. Sie entwickelten Phantasien, Sinnbestimmungen, Begründungsmuster und handlungsbezogene Orientierungsprinzipien für eine gedachte und geforderte Unterrichtspraxis; die jeweilige Realität in den Schulen wich hiervon jedoch sehr stark ab. Genau dies war ja der Anlass für die Entwicklung immer wieder neuer didaktisch-methodischer Argumentationen wie auch administrativer Regulationen: Das Ungenügen der vorgefundenen Realität in den Klassenzimmern im Lichte historisch sich verändernder Welt- und Menschenbilder sowie entsprechender pädagogischer Vorstellungen.

Gleichwohl war das Hauptaugenmerk der historisch orientierten (Schul-) Pädagogik bislang eher auf eine Rekonstruktion der Ideen- und Theorieentwicklung gerichtet als auf eine Aufarbeitung der Realgeschichte des Unterrichts und des Unterrichtens (vgl. Furck 1963, S. 263). Diese Schwerpunktsetzung resultiert aus dem traditionellen Selbstverständnis der Historischen Pädagogik als einer Geschichte des (vornehmlich wissenschaftlichen) Diskurses über Erziehung. Natürlich sind in diesem Zusammenhang jedoch auch pragmatische Gründe zu nennen: Die Ideen der didaktischen Theoretiker liegen in Buchform vor, dieses Archiv der Quellenschriften selbst ist mehr oder weniger abgeschlossen und kann jetzt durchgearbeitet werden; immer wieder neue Interpretationen und Ausdeutungen haben mittlerweile zu vielschichtigen Ablagerungen über den Quellen geführt. Die historischen Realitäten des Unterrichtens dagegen sind selbst nicht konserviert - weil nicht konservierbar -, sie sind kaum dokumentiert und müssen insofern beispielsweise aus Quellen zur Schul-, Lehrer-, Stadt- und Kirchengeschichte sowie aus autobiographischem Material erschlossen werden. Im Übrigen war es schon immer sehr schwierig, hinter geschlossene Klassenzimmertüren zu blicken. Dies alles hat zur Folge, dass eine große Zahl von Untersuchungen über einzelne Theoretiker der Didaktik sowie problem- und ideengeschichtliche Analysen zur Entwicklung des didaktischen bzw. unterrichtsmethodischen Denkens vorliegen. Eine Realgeschichte des Schulunterrichts und insbesondere des unterrichtsmethodischen Handelns liegt dagegen nur in Ansätzen vor (Vandre 1973; Petrat 1979, 1986; Schöneberg

1981; Kriss-Rettenbeck/Liedke 1986; auf die Geschichte der Schulfächer bezogen Mannzmann 1983/84; als ältere Arbeiten Heppe, Bd. l, 1858/1971, S. 184-222; Kehr 1877ff.; Kaemmel 1882/1986, S. 166ff.).

Allerdings ist eine aus der historischen Schulentwicklung sowie aus der Geschichte des Lehrerberufs etc. erschlossene Betrachtung unterrichtsmethodischer Realitäten nicht als eine lediglich hilfsweise herangezogene Grundlage für eine Geschichte der unterrichtsmethodischen Praxis selbst anzusehen. Vielmehr üben der allgemeine Entwicklungsstand des Schulwesens, der Schulbau, die räumliche Gestaltung von Klassenzimmern sowie schließlich die Ausbildung (sofern vorhanden) und das Selbstverständnis der Lehrerschaft einen ungemein prägenden Einfluss auf die Praxis des Unterrichtens aus, einfach weil hierdurch Fakten geschaffen sind, die durch didaktisch-methodische Postulate von pädagogischen Denkern allein nicht oder doch nur sehr langfristig und/oder unter besonders günstigen historischen Konstellationen verändert werden können. Der Diskurs der Pädagogen und Didaktiker hat lediglich eine eingeschränkte Gestaltungskraft für die Schul- und Unterrichtsverhältnisse einer Zeit, und auch dann, wenn sich Auswirkungen zeigen, bleibt immer noch die Frage, ob Änderungen in den praktischen Schulverhältnissen auf neue pädagogische Ideen zurückgehen oder nicht vielmehr beides bedingt ist durch übergreifende gesellschaftliche und kulturelle Entwicklungsschübe. Die ‚innere', psychologische Seite der Vermittlung und des Erlernens bestimmter Kulturtechniken mag vielleicht historisch wenig variabel sein - die ‚äußere Seite, d.h. die Art des Arrangements, unter dem dies geschieht, ist dagegen historisch kontingent und sehr unterschiedlich: die ungeordneten Schülermengen der mittelalterlichen Stadtschule und der frühneuzeitlichen Elementarschulen auf dem Lande, der nebenberuflich „unterrichtende" Schneider, selbst des Lesens und Schreibens kaum mächtig, die immerhin in Klassen, wenn auch nicht in Klassenräume gegliederte Schule, der Übergang von der Schule als Anhängsel der Kirche zu einer Veranstaltung des Staates, der privat angestellte Hauslehrer (Hofmeister), der seminaristisch vorgebildete Volksschullehrer, der universitär ausgebildete Oberlehrer, die Schul-Kasernen der wilhelminischen Zeit, die Schulen und Erziehungsstätten der Reformpädagogik, die mehrklassigen „Volksschulen", die großen Schulzentren der 1970er Jahre, ein Sprachlabor, der „professionalisierte" Lehrer als Experte für Lehr- und Lernprozesse, eine Alternativschule - alle diese hier beispielhaft angedeuteten äußeren Bedingungen strukturieren den Möglichkeitsraum methodischen Handelns im schulischen Lehr-Lern-Prozess jeweils auf ihre Weise stark vor, so dass sich dem einzelnen Lehrer die Aufgabe stellt, aus den gegebenen Bedingungen das Beste zu machen sowie durch organisierte Interessenvertretung auf die Bedingungen seines Arbeitsplatzes Einfluss zu nehmen.

Wie sahen diese Bedingungen aus und zu welcher Methodenpraxis haben sie geführt? Die folgenden Stationen geben natürlich kein vollständiges

Bild wieder; Leitmotiv ist das Bemühen um eine exemplarische Skizzierung von Realitäten in den Schul- und Klassenzimmern unabhängig von den Phantasien, Theorien und Experimenten der pädagogischen und didaktischen Meisterdenker.

Und schon gleich zu Beginn ergibt sich eine Schwierigkeit: Wo soll man überhaupt den Beginn ansetzen? Üblicherweise beginnen kultur- und also auch bildungs- bzw. schulgeschichtliche Betrachtungen (in Europa) mit der Antike. Aber ist es sinnvoll, schon hier von Erziehung, Schule und Unterricht - gar in unserem heutigen Sinne - zu sprechen? Und ist man nicht aufgrund der Lückenhaftigkeit der Indizien auf allzu viel Interpolation angewiesen, gerade dort, wo es um die Realitäten des antiken Schulwesens geht (vgl. die skeptischen Bemerkungen bei Wirth 1983, S. 77)? Gleichwohl: Vertraut man den einschlägigen Standardwerken (Grasberger 1864-1891/1971; Marrou 1948/1977), so kann man auch in der Antike bereits von einem (weitgehend privaten) Schulwesen sprechen, welches von den Söhnen freier Bürger besucht wurde. Im Gegensatz zu Universitätslehrern hatten die Schullehrer allerdings ein nur geringes Ansehen, nicht zuletzt deshalb, weil man von ihnen keine spezielle Ausbildung verlangte und sie gegen Rechnung arbeiteten - für die aristokratisch gesinnte antike Gesellschaft wahrlich keine Empfehlung. Bemerkenswert ist, dass das antike philosophisch-politische Bildungsdenken, bei den Griechen ausgedrückt in der Idee der paideia (vgl. Jaeger 1954), sich nicht auf Kinder, sondern auf Jünglinge und Erwachsene bezog: „Diese Erziehung ist ... ganz auf die Ausbildung des erwachsenen Menschen und nicht auf die Entwicklung des Kindes gerichtet", schreibt Marrou (1977, S. 410). Die Phase der Kindheit hatte noch keinen Wert in sich, sondern war dazu da, um möglichst bald überwunden zu werden.

„Daher ... die vollkommene Missachtung der Psychologie des Kindes als solchem, das Fehlen jedes ausgebildeten Unterrichts für die Stufe unserer Spielschule, das Unanschauliche des Verfahrens, das als Grundlage für den Gang der Übung dient, die barbarische Gewalttätigkeit der Züchtigungen" (ibid). Dieses unpsychologische Vorgehen zeitigte einen nur geringen Erfolg des Elementarunterrichts: es galt als selbstverständlich, dass man mehrere Jahre zum Erlernen des Schreibens und Lesens brauchte. „Der Lehrer versteht es nicht, dem Kind den Zugang zum Wissen zu erleichtern. Er erhebt sich nicht über die passive Belehrung. Die antike Schule ist der Typ jener ,rezeptiven Schule', die bei den heutigen Pädagogen verschmäht wird. Da die Überlieferung ... die Ordnung des aufzunehmenden Wissens festgelegt hat, erschöpft sich die Bemühung des Lehrers darin, wiederzukäuen und abzuwarten, bis der Geist des Kindes die hemmende Schwierigkeit überwunden hat. Um über das, was er als Ungelehrigkeit betrachtet, zu siegen, bleibt ihm nur ein Mittel, und er verfehlt nicht, von ihm Gebrauch zu machen: körperliche Züchtigung." (ibid., S. 304)

Zu dem aus heutiger Sicht bemerkenswerten Widerspruch zwischen einer philosophischen Pädagogik bzw. einer pädagogischen Philosophie, die auf die Veredelung des (erwachsenen) Menschen hinzielt - und der rauhen Wirklichkeit des Lehrens und Lernens in der Schule der Kinder passt es auch, dass die Funktion der Erziehung und des Unterrichtens personell getrennt sind: Während die erstgenannte Aufgabe vom paidagogos wahrgenommen wird, ist der Kompetenzbereich des didaskalos strikt auf das Unterrichten beschränkt: „In der Antike ist der Schullehrer ein zu untergeordnetes Wesen, als dass die Familie daran denken würde, ihm, wie sie es heute so oft tut, die Verantwortung in Dingen der Erziehung zu übertragen" (ibid., S. 282). Es bleibt also für unseren Zusammenhang festzuhalten, dass auf der Ebene des Schulunterrichts von Unterrichtsmethode nur dann gesprochen werden kann, wenn man Vormachen, Nachmachen und ggf. Prügeln, bis das Nachgemachte dem Vorgemachten entspricht, schon für Methode halten will. Gleichwohl ist mit der Philosophie der paideia das Fundament für eine europäische Bildungstradition gelegt worden, die sehr viel später auch die Kindheit als erzieherisch hochbedeutsamen Lebensabschnitt entdeckt und sich in immer wieder neuen Formen bis heute durchgehalten hat.

Im frühen Mittelalter findet, wenn überhaupt, elementare wie insbesondere gelehrte Bildung ausschließlich im kirchlichen Kontext und als Aus-Bildung des Nachwuchses statt (Kloster- und Domschulen); für die Laien (Adelige und Bauern) gelten andere Lebenswege, die in den seltensten Fällen schulisch geprägte Bildungswege sind. Im kirchlichen Bildungsraum ist das Verhältnis vom (lehrenden) Mönch zum (lernenden) Novizen durch persönliche Beziehung bestimmt und beruht insofern auf „charismatischer Kommunikation" (Illmer 1971/1979, S. 58), wobei dies sadistische Strafaktionen keineswegs ausschließt (vgl. Specht 1885/1967, S. 202ff.). Der Lehr-Lern-Prozess läuft weitgehend mechanisch ab, d.h. es werden Gebete, Gesänge und liturgische Formeln in Latein auswendig gelernt, wobei es zunächst unerheblich ist, ob die Schüler den Inhalt verstehen, von Schreibenkönnen ganz zu schweigen. Denn wo ein in Büchern fixierter, heiliger Traditionsbestand jedem Zweifel entzogen ist, wird (Aus-)Bildung zu einem reinen Adaptionsprozess. Als Weg der methodischen Vermittlung bzw. Aneignung ist ein mechanisches Auswendiglernen nicht lediglich ausreichend, sondern letztlich sogar geboten. Die Forderung nach Selbsttätigkeit und Kreativität der Schüler hätte nur einem häretischen Geist entspringen können. Allerdings sollte man bei der Rekonstruktion und insbesondere Beurteilung solcher Zusammenhänge auch hier sehr vorsichtig sein: „Unzweifelhaft hat die Forschung aus den Quellen im Ganzen zu viel herauslesen wollen." (Weniger 1935, S. 477)

Wendet man sich dem hohen und ausgehenden Mittelalter zu, so verbessert sich demgegenüber die Quellenlage bezüglich der Schul- und Unterrichtsverhältnisse. Das Bildungsmonopol der Kirche fällt, weil das in den großen

Städten entstehende Bürgertum eigene, weltliche Bildungsinteressen entwickelt. Im Streit zwischen den klerikalen Schulen und den „deutschen Schreib- und Leseschulen" wurde die Schule „zum Gegenstand der städtischen Ordnungspolitik" (Schiffler/Winkler 1985, S. 44). Der an vielen Stellen aufbrechende „Schulenstreit" in den mittelalterlichen Städten bildete einen Teil der Auseinandersetzung zwischen Bürgertum und Kirche; gerade aus Anlass dieser Auseinandersetzungen sind zahlreiche Dokumente angefallen. Über die ‚äußeren' Unterrichtsverhältnisse in den vom Rat lizenzierten Schreib- und Leseschulen sowie in den heftig, aber erfolglos bekämpften (unlizenzierten) Winkelschulen ist deshalb einiges bekannt (vgl. Ennen 1957; Wrieth 1983; Endres 1983; Wendehorst 1986; Kintzinger u.a. 1996; als ältere Arbeit Hesselbach 1920).

Das Schulehalten war ein Privatgeschäft, der städtische Schulmeister erhielt eine Lizenz vom Rat und wurde - je nach Absprache und Machtverhältnissen - vom Domscholasticus bestätigt (oder auch nicht), er richtete einen oder mehrere Schulräume ein, hängte ein Schild aus und wartete auf Kundschaft, d.h. Schüler. Er lebte in ständiger Konkurrenz zu den Winkelschulhaltern, die ihm Schüler abwarben, die Preise verdarben etc. Nur wenige städtische Schulmeister konnten von ihrem Gewerbe leben, meistens verdingten sie sich zusätzlich als „Schreiber" und verfassten Urkunden sowie Geschäfts- und Privatbriefe oder gingen einem zweiten Handwerk nach. Die Winkelschulhalter verfügten z.T. über keine eigenen Räumlichkeiten, sondern fassten ihre Schüler in Privaträumen zusammen. Über diesen Schultyp wird in den Stadtakten nur Negatives vermeldet - angesichts der Konkurrenzsituation verständlich. Der Unterrichtsbetrieb selbst war dadurch gekennzeichnet, dass zunächst keine Einteilung in Lerngruppen oder gar Klassenräume erfolgte: Kinder saßen neben Erwachsenen. Verfugte der Schulmeister über Gesellen, so konnte er mehrere „Haufen" bilden. Gleichwohl wandte sich der Lehrer beim Unterrichten einzelnen Schülern zu; Frontalunterricht vor altershomogenen Klassen tritt erst viel später auf. Der Schulbesuch war freiwillig; ihn unregelmäßig zu nennen, würde voraussetzen, dass es überhaupt eine Regel (z.B. Schulpflicht, einen einheitlichen Lehrerberuf o.a.) gegeben hätte. Dies war nicht der Fall. Vermittelt wurden die Grundlagen des Lesens und Schreibens, z.T. des Rechnens, an anderen Stellen wies ein spezieller „Rechenmeister" in diese Kunst ein. Die Disziplin (vgl. dazu insbesondere Aries 1975, Teil II) wurde mit drakonischen Strafen herzustellen versucht - ein Vorgehen, welches häufig zu Konflikten führte, die dann der Magistrat zu schlichten hatte, etwa indem er in der Ordnung für die städtischen Schulen neben vielem anderen genau festlegte, wann und wie ein Schulmeister strafen durfte. Immer noch ging es im Unterricht unpsychologisch und mechanisch zu, so dass mehrere Jahre darüber vergingen, auch nur die Grundlagen des Schreibens und Lesens zu erwerben. So etwas wie Kunstregeln der Methodik muss es allerdings gegeben haben. Kodifiziert finden sich methodische Hinweise allerdings kaum.

Dies hat seinen Grund: Die Schreib- und Leseschulen wie auch die Winkelschulen waren Handwerksbetriebe, so „dass die deutschen Schulmeister die Nachahmung ihrer Regeln und Lehrsätze fürchteten und deshalb mit der Veröffentlichung zurückhielten" (Hesselbach 1920, S. 22f.).

Wichtig ist in diesem Zusammenhang der Hinweis, dass die zu dieser Epoche gesammelten Erkenntnisse nur immer für den jeweiligen Ort resp. Zeitpunkt gelten und keinesfalls verallgemeinert werden dürfen. Die Schulverhältnisse waren gesetzlich, baulich, personell und methodisch noch längst nicht so weit durchstrukturiert und vereinheitlicht, wie dies heute der Fall ist. Zu einer solchen Ordnungs- und Rationalisierungsleistung zeigte sich erst eine der wichtigsten Erfindungen der Neuzeit in der Lage: der moderne Verwaltungsstaat.

Dabei darf man sich natürlich ‚den Staat' der frühen Neuzeit bei weitem nicht so entwickelt und ausdifferenziert vorstellen wie heute. Gleichwohl aber begann mit dem Absolutismus der allmähliche Übergang der Schule aus dem kirchlichen in den staatlichen Bereich, wobei man allerdings berücksichtigen muss, dass beide Sphären zunächst noch eng miteinander verflochten waren. Die Ordnungs- und Rationalisierungsvorstellungen der Aufklärung und des Absolutismus führten zu den weitgespannten, wahrhaft ‚barocken' didaktischen Utopien eines Comenius (1592-1670) oder Ratke (1571-1635), die die Verbesserung der menschlichen Dinge durch Pädagogik, und das hieß: durch eine neue Didaktik („Lehrkunst") versprachen. Im Werk Comenius' werden zum ersten Mal, wenn auch in rudimentärer Form, Themen umrissen, die auch heute noch die didaktische Diskussion beherrschen: Entwicklungsgemäßheit, Anschaulichkeit bzw. Gegenstandsbezug, Verhältnis von Sachstruktur und Lernstruktur, Unterrichts- und Schulorganisation, Lehrerausbildung, Verbesserung der Welt durch Unterrichts- und Schulreform etc. Insbesondere die neue methodische Idee des Klassenunterrichts harmonierte mit den Rationalisierungsinteressen der damaligen Zeit: „Fragt man nach dem ursprünglichen Begründungszusammenhang des Frontalunterrichts, so stößt man auf eine eigentümliche Verschränkung von erkenntnistheoretischen und methodologischen Bestimmungen der Aufklärung sowie Strukturprinzipien des absolutistischen Staates" (Schepp 1983, S. 615). Die Realität in den Schulhäusern wurde allerdings von den Visionen der ersten frühen Didaktiker nur kaum berührt; zwar spiegeln viele Schulordnungen der frühen Neuzeit (vgl. Hettwer 1965) die Ideen der Barock-Didaktiker wider - so etwa der Gothaische Schulmethodus (1642), den A. Reyher für Herzog Ernst den Frommen von Gotha verfasste (vgl. Fertig 1971) -, aber die regulierenden Bemühungen der Landesfürsten reichten oft nur bis zur letzten Seite des Erlasses (für Brandenburg-Preußen vgl. Neugebauer 1985). Die zahlreichen Berichte und Visitationsprotokolle der Konsistorien (= Verwaltungsbehörden der Kirchenprovinzen) bezeugen deshalb noch für das gesamte 18. und noch bis ins 19. Jahrhundert hinein z.T. katastrophale äußere und innere Schulverhältnisse, zumindest für den

Bereich des niederen Schulwesens. „Von Methode im Volksschulunterricht war natürlich kaum die Rede." (Heppe, Bd. 1,1885/1971, S. 34)

Die allgemeinen Elemente des Übergangsprozesses zu früh-neuzeitlichen und schließlich modernen Unterrichtsverhältnissen beschreibt Schöneberg folgendermaßen (1981, S. 266): „Die Erfassung von Massen, verbunden mit Kollektivunterricht, was wiederum Jahres- und Jahrgangsklassen impliziert und zugleich straffere methodische Disziplinierung, Gängelung sowie in vielen Fällen Schulpflicht und Pflichtschule ... Allgemein könnte man schließlich noch auf Verbesserung der Methodik, der Medien, Schulgebäude usw. hinweisen, (auf) Spezialausbildung der Lehrer, Verschiebung des Einflusses von Religionen und Kirchen (zugunsten) politischer Instanzen". Im Zeitraum zwischen 1750 und 1850, den man als die Etablierungsphase eines staatlich organisierten Schulwesens in Deutschland betrachten kann, findet dann auch der Übergang vom herkömmlichen „Schulehalten" zum „Unterrichten" statt (Petrat 1979, S. 133ff.). Dies impliziert auf der Ebene des Unterrichts organisatorische und psychologische Umstellungen: Zum einen den Übergang vom Verfahren der Einzelunterweisung von Schülern, die ansonsten unsortiert das Schulzimmer füllen, zum Verfahren des Klassenunterrichts, das heißt zur pauschalen Unterrichtung einer Fähigkeits- bzw. altershomogenen Schülergruppe (vgl. dazu auch Schmidt-Stein 1963, S. 14-20). Dieser Übergang spiegelt sich natürlich auch im Schulbau wider (vgl. Lange 1967). Neben diese organisatorische Komponente tritt eine psychologische: Die mechanische Lehrweise, „bei der kein Unterricht in unserem Verständnis stattfindet)" (Petrat 1979, S. 107), wird herausgefordert durch die Idee eines verständigen Lernens, wobei dies wiederum die psychologische Vorstellung von der Notwendigkeit einer kindgemäßen Lehrform zur Voraussetzung hat; letztere geht auf die (pädagogische) Aufklärungsbewegung des 18. Jahrhunderts und auf die damit verbundene „Entdeckung von Kindheit" (Rousseau, Pestalozzi u.a.) zurück. Aber auch die Ideen der Aufklärer und Reformer dieses „pädagogischen Jahrhunderts" eilten den realen Unterrichtsverhältnissen ihrer Zeit noch weit voraus: „Die Pädagogik zog im 18. Jahrhundert neue, große Bahnen; aber zum Leidwesen aller Bildungsfreunde bewegten sich die Volksschullehrer stumpf in dem alten Geleise des geistlosesten Nachplapperns" (Fischer 1892/1969, Bd. II, S. 14).

Die versuchte Umstellung von mechanischer Lehrweise zu verständnisorientiertem Lehrgespräch wurde dabei von den Betroffenen (Lehrern wie Schülern) selbst häufig als Verunsicherung erlebt, denn „das bedeutet den Einbezug der eigenen Person und der eigenen Gedanken ins Lernen" (Petrat 1979, S. 158). Diese Psychologisierung des Lehrens und Lernens war Voraussetzung für die zunehmende „Perfektion der Methode" (Friederich 1897, S. 139ff.) und zugleich notwendig mit einer immer intensiver werdenden Disziplinierung der Schüler verbunden, nicht zuletzt aufgrund der extrem hohen Klassenfrequenzen: Wenn bis zu hundert Schüler den Klassenraum füllen - bis zum Ende des 19. Jahrhunderts im niederen Schulwesen keine Seltenheit (vgl. Vandre 1973, S. 238; Leschinsky/Roeder 1976, S. 152ff.; Bölling 1983, S. 66f.) -, so ist jede psychologische Abstützung der Lehrerarbeit verständlicherweise eher auf die funktionale Bewältigung dieser Schülermasse als auf die Berücksichtigung der Individuallage jedes Schülers gerichtet. Vielleicht erklärt dies den Siegeszug des Herbartianismus in der zweiten Hälfte des 19. Jahrhunderts: er stattete den Lehrer mit einem leicht handhabbaren, wissenschaftlich abgesicherten Schema der Strukturierung des Lehr-Lern-Prozesses aus. Der „Schule der Untertanen" (Meyer 1976), die um „Schulzucht" und „Schulhygiene" besorgter war als um Bildungsprozesse (vgl. Bendele 1984), kam dies nur entgegen.

„Im Jahre 1878 musste ein (Volksschul-)Lehrer im Durchschnitt 72 Kinder unterrichten, eine Relation, die sich auch nach der Erhebung von 1882 errechnete, die dann aber 1886 mit 75 Schülern wieder auf den Stand von 1871 anstieg. Trotz der Vermehrung der Lehrerstellen hatte sich damit angesichts des rapiden Bevölkerungswachstums die Unterrichtssituation verschlechtert. Um die angewachsenen Schülermassen unterrichten zu können, musste eine große Zahl von Klassen eingerichtet werden, für die keine eigenen Lehrkräfte zur Verfügung standen. Der Neueröffnung von 17.317 Klassen in der Zeit von 1878 bis 1886 stand die Einrichtung von nur 7.585 Lehrstellen gegenüber, so dass man also für je sieben Klassen drei Lehrer beschaffte, wie ein Kritiker einprägsam vorrechnete. In dieser Zwangslage wurde das von Falk (preußischer Kultusminister - E.T.) verordnete, aber während seiner Amtszeit kaum praktizierte System strapaziert, zweiklassige Schulen durch einen, dreiklassige Schulen durch zwei Lehrer usw. versorgen zu lassen. Mehr als eine Million Schüler genossen 1886 diese Form des Unterrichts doppelt belasteter Lehrer. 1882 erhielten knapp 54% aller Schüler auf dem Lande ihren Unterricht in Schulen mit einem Lehrer. Von ihnen wurden wiederum ca. 11% (334.000 Schüler) in Halbtagsschulen unterrichtet, d.h., dass ein Lehrer seine Kraft zwei Schulen widmen musste ... Praktische Handreichungen sowie amtliche Verfügungen, Revisionsberichte usw. hoben für die äußere Gestaltung des Unterrichts immer wieder die Notwendigkeit hervor, in den Klassen eine Gleichförmigkeit der Bewegungsabläufe und Arbeitsschritte zu erzielen, deren einzelne Phasen nicht durch sprachliche Kommunikation einzuleiten waren, sondern auf bloße äußere Zeichen und Kommandowörter hin zu beginnen hatten. Diese Form der Bewahrung äußerer Disziplin und mechanischer Beschäftigung der Klassen erwies sich in Räumen mit achtzig und mehr Schülern nicht nur als praktische Voraussetzung für den Unterricht, sondern gewann gerade wegen der permanent gefährdeten Ordnung in solchen Klassen einen Wert in sich selbst." (Meyer 1976, S. 80, 84)

Die Ausbreitung eines Pflichtschulsystems in staatlicher Regie, die Herausbildung und Etablierung von Klassenunterricht als Frontalunterricht sowie schließlich die psychologisch abgestützte Methodisierung des Unterrichts - allesamt erst Errungenschaften des vergangenen Jahrhunderts - verwandelten den aus heutiger Sicht chaotischen Schulbetrieb der Frühen Neuzeit in ein einheitliches und organisiertes System zur inneren und äußeren Zivilisierung der nachwachsenden Generation. „Die Disziplin hat gesiegt. Aus der Wohnstubenatmosphäre ist ein Arbeits-Lern-Saal geworden" (Fertig 1984, S. 199; in ähnlicher Argumentation Jones/Williamson 1979; Rumpf 1981, Kap. II; Dreßen 1982, Kap. II; Bendele 1984, Kap. 1-9). Zugleich ist hiermit jedoch auch - gegen Ende des 19. Jahrhunderts - die Beteiligung breiter, schließlich: aller Bevölkerungsteile an institutionalisierten Bildungsprozessen, die Ausbreitung von Literalität, die Beschleunigung und Intensivierung des Lernens sowie - wenn auch *sehr* allmählich - das Verschwinden sadistischer Körperstrafen verbunden. Zum Übergang von vormodernen zu modernen Schul- und Unterrichtsverhältnissen leistete „Methode" auf der psychologischen und interaktionsbezogenen Ebene sowie auch im Bewusstsein des Lehrerstandes einen nicht unerheblichen Beitrag. Dabei entspricht der Doppelcharakter der Methodisierung des Unterrichtens letztlich nur den allgemeinen Ambivalenzen der Moderne: Aufklärung *und* Disziplinierung, Effektivierung *und* Entsinnlichung, soziale Mobilität *und* Leistungsprinzip, Individualisierung *und* Anonymität.

Bereits die Kritik der reformpädagogischen Bewegung vom Beginn des 20. Jahrhunderts wandte sich gegen den starren Methodismus der wilhelminischen Lernschule; diese „Bewegung" reagierte auf die sozialen und psychischen Verwerfungen der Moderne mit dem Ruf nach einem „Zurück!" zur (vorgestellten) alten Unmittelbarkeit, zum „Leben". Exemplarisch sei hier Linde (1905) zitiert:

„Ist doch das eigentlich Bildende jedes Unterrichts - die Erzieherpersönlichkeit in ihrer freien natürlichen Bewegung - gehemmt und geknebelt durch ein ganzes Vogelgarn von methodenpolizeilichen Vorschriften; steht doch zwischen dem Lehrer und den Schülern, deren innigste Berührung Vorbedingung der echten Erziehung ist, das unterrichtsmethodische ‚System', das der Mannigfaltigkeit des Lebens nie gewachsen ist, das die Bedürfnisse des Augenblicks nicht kennt, und das jedes Aufzucken der freigestaltenden Lebenskraft als dem Stundenziele hinderlich sofort zu unterdrücken sucht" (ibid., S. 21). „Und die gegenwärtig herrschende Richtung in der Pädagogik (gemeint ist der Herbartianismus E.T.), die um jeden Preis wissenschaftlich, d.h. mechanisch sein will, opfert auf dem Altare, den sie dem Methodengötzen errichtet hat, die freie Menschenseele, die gerade der Erzieher notwendiger braucht als jeder andere." (ibid., S. 11)

Der reformpädagogische Elan, welcher an die Stelle des Methodenschematismus die spontanen Eingebungen des Lebens sowie die Persönlichkeit des Lehrers setzte, und der sich in einer ganzen Reihe von ‚alternativen' Reformversuchen manifestierte (Landerziehungsheime, Kunsterziehungsbewegung, Arbeitsschulen, Lebensgemeinschaftsschulen, Erlebnispädagogik etc.), vermochte vor dem 1. Weltkrieg kaum einen breiten Einfluss auf den Unterricht in den staatlichen Schulen zu gewinnen. Dies war erst in den 1920er Jahren (Weimarer Republik) der Fall, vor allem im Bereich der Volksschule wie auch der Volkshochschulen. Die Ver-Staatlichung reformpädagogischer Ideen ging allerdings Hand in Hand mit einer Auskühlung allzu radikaler Ambitionen. Dem entspricht, dass im Zuge einer „Wiederentdeckung der Grenze" (Zeidler 1925/1985, S. 73ff.) zwar immer noch der starre Methodenschematismus der alten Lernschule, nun aber auch die allein auf Erfahrung, Selbsttätigkeit und „Leben" setzende ‚negative' Methodengläubigkeit aus den Anfangen der reformpädagogischen Bewegung relativiert und im Gegenzug die Inhalte und ihr Bildungsgehalt zum Fixpunkt der didaktischen Diskussion wurden: „Es ist wahr, dass der alte Methodismus die Substanz der erziehenden Inhalte aufgezehrt hat; aber es ist ein Vorurteil, wenn man darum auf ein methodisches Verhalten glaubt verzichten zu sollen. Die wahre Methode ist gerade die, welche den bildenden Gehalt zur reinen und vollen Entwicklung bringt" (Flitner 1930/1950/1963, S. 9). Der Schritt von der Didaktik als Methodenlehre zur Didaktik als Bildungstheorie war getan; Methode wurde „etwas Zweites" (Weniger 1930/1952/1975, S. 213).

Aber dies sind zunächst und primär Theoriebewegungen, die nicht schon für eine Veränderung der unterrichtlichen Praxis genommen werden dürfen. Vielleicht ist gegenüber solchen Entwicklungen die Tatsache entscheidender, dass erst mit der Weimarer Verfassung die geistliche Schulaufsicht für den Volksschullehrer auf dem Lande definitiv abgeschafft wurde, wie generell die Elementarbildung, die bis dahin noch sehr stark von religiösen bzw. konfessionellen Mustern bestimmt war, eine Art Säkularisierung erfuhr - wenn auch ins „Volkstümliche" hinein. Dies bildete mit einen Anknüpfungspunkt für die (Schul-)Pädagogik des Nationalsozialismus, die ja bekanntermaßen nicht primär auf den Intellekt, sondern auf das Gemüt, auf Sozialisation durch Lager und Gruppe setzte.

Die Entwicklung der Unterrichtsverhältnisse nach 1945 kann hier nur in wenigen groben Strichen skizziert werden. In den ersten Jahren nach dem Krieg herrschte ein Mangel an Schulraum, Schulbüchern und Lehrern. Trotz der Umerziehungsbemühungen der Alliierten schloss die praktische Unterrichtsarbeit (aber auch die didaktische und pädagogische Theorie) mehr oder weniger direkt an die Weimarer Zeit an. Konfessionell gebundene Schulen dominierten, auf dem Lande existierten bis in die 1960er Jahre hinein ein- und mehrklassige Volksschulen, noch immer waren Möglichkeiten des Erwerbs höherer Bildungsabschlüsse für Kinder aus unteren Sozialschichten sowie aus ländlichen Regionen kaum gegeben. In der „Volksschule" (bis 1964) dominierten - neben Schreiben, Lesen, Rechnen, Religion - die sogenannten „Kunden" (Heimat-, Naturkunde), die sehr eng auf den jeweiligen Lebens- und Erfahrungsraum der Kinder zugeschnitten waren. Auch hier ein Bemühen um Anknüpfen an reformpädagogische Traditionen. Das Gymnasium berief sich weiterhin auf die - wenn auch widerwillig mehrfach aktualisierten - Ideen des Humanistischen und des Klassischen.

Grundsätzliche Veränderungen bereiteten sich in den 1960er Jahren vor und gelangten in den 1970er Jahren zur Wirkung: Die „Bildungsreformära" brachte - bezogen auf die Praxis des Unterrichtens und der Unterrichtsmethode - zwei wichtige Entwicklungen mit sich, die beide mit dem Schlagwort „Verwissenschaftlichung" gekennzeichnet werden können (vgl. Leschinsky/Roeder 1980, S. 360ff.): Zum einen die inhaltliche und methodische Orientierung des Unterrichts an den Wissenschaften, zum anderen - und hiermit eng zusammenhängend - die zunehmende Orientierung nun auch der Ausbildung der Volksschullehrer an den Wissenschaften, ebenfalls in inhaltlicher und methodischer Hinsicht. Auf der Ebene der Theorie wurde dies abgestützt durch die Hinwendung der bislang vornehmlich geisteswissenschaftlich orientierten Pädagogik zu den modernen Erfahrungswissenschaften vom Menschen, zu Lernpsychologie, Bildungssoziologie, empirischer Unterrichtsforschung etc. Wissenschaftlichkeit bzw. die wissenschaftliche Methode wurde zur allein noch vertretbaren Legitimationsgrundlage für Lehrplan, Didaktik und konkrete Unterrichtsarbeit. Die damit erhoffte Aufhebung des Modernitätsrückstandes der bundesdeutschen Schulverhältnisse sowie die Versuche zu einer auch materialen Umsetzung des Chancengleichheitspostulats - beides begleitet von einem erheblichen Anwachsen der Schülerzahlen - äußerten sich konkret in einer Abschaffung der Zwergschulen im ländlichen Raum, in einer Modernisierung der Lehrpläne, in einer Aktualisierung der Lehrbücher, in neuen Unterrichtsmedien (Spezialräume für die naturwissenschaftlichen Fächer in den neuen Mittelpunktschulen, ggf. Sprachlabors), sowie in einer allmählichen Verfachlichung der Lehrerausbildung und des Unterrichts auch auf der zur Grund- und Hauptschule gewordenen Volksschule. - Die inhaltliche und methodische *Orientierung der Unterrichtsarbeit an den Wissenschaften* sollte die organisationsbezogenen, „äußeren" Integrationstendenzen im Schulwesen nach „innen", also im didaktischen Bereich, abstützen; das Lernen auf allen Ebenen des Schulsystems sollte entlang denselben Prinzipien erfolgen und auch im Methodischen eben nicht mehr nach „volkstümlicher", „berufsbezogener" und „gelehrter" Bildung getrennt sein. Die Wissenschaften und ihre Methode schien für das Leben *und* das Lernen in der modernen Gesellschaft die einzig sinnvolle und (noch) legitime Orientierungsbasis abzugeben. - Etwa seit Ende der 1970er Jahre sieht sich das Prinzip der Wissenschaftsorientierung jedoch einer zunehmenden Kritik ausgesetzt, weil man in ihm die Ursache für Verödungs- und Verflachungstendenzen, für eine allgemeine „Gymnasialisierung der Bildung" sieht, Als Alternative wird eine „Rückgewinnung des Erzieherischen" verlangt, werden neu-alte reformpädagogische Vorstellungen von Ganzheitlichkeit, Personalität und Erfahrungsnähe für die Arbeit in Grund- und Hauptschulen empfohlen, im Bereich der „höheren Bildung" hingegen eine Rückkehr zum Gedanken einer breiten Allgemeinbildung als Korrektiv zu den Spezialisierungstendenzen im Gefolge der Oberstufenreform.

Natürlich ist die unterrichtliche Praxis nicht allen Wenden der didaktischen Theoriedebatte seit 1945 gefolgt; sie wäre darüber wohl auch ins Rotieren gekommen. Vielmehr vollzog und vollzieht sich „die didaktische Diskussion in einem eigenen Regelkreis, in dem sich Standpunkte ohne Rekurs auf die Realität aneinander abarbeiten. Besonders augenfällig dokumentiert sich diese Distanz zur Realität in der Schwierigkeit, etwas über die faktische Entwicklung des Unterrichts selbst auszusagen". Diese skeptisch-resignative Bemerkung von Leschinsky/Roeder (ibid., S. 373) zum Verhältnis von didaktischer Theorie- und unterrichtlicher Realentwicklung gilt in besonderem Maße für den Bereich der Lehr- und Lernmethoden. Die weite Verbreitung von Lehrbüchern zu den Theorien der Allgemeinen Didaktik, von methodischen Handreichungen und Unterrichtsrezeptologien, letztere vor allem in der 2. Phase der Lehrerausbildung, sagt ja noch nichts über - beispielsweise - die quantitative Verteilung verschiedener Unterrichtsformen, über die hauptsächlichen Strategien der Stoffdarbietung sowie über die je individuelle Herausbildung eines Unterrichtsstils im Prozess der beruflichen Sozialisation eines Junglehrers aus. Vermutlich sind allgemeine, mentalitätsbedingte Vorstellungen über die Umgangsformen zwischen Erwachsenen und Kindern, über die Möglichkeiten und Grenzen von Schulunterricht sowie das institutionelle Arrangement, unter dem ein Lehrer auf eine Klasse trifft, für die Unterrichtskultur einer Zeit prägender als Theorien und Modelle der Didaktik; letztere sind selbst Ausdruck solcher allgemeiner Bedingungen. Isoliert sind Wandlungsprozesse in der Kultur des Unterrichtens nie zu studieren, da sie immer eingebettet sind in die allgemeinen Verschiebungen und Umstellungen der sozial gebilligten bzw. verlangten ideellen und materiellen Formen der Ausgestaltung des Generationsverhältnisses: Ein Volksschullehrer aus der Zeit des Wilhelminismus würde beim Anblick einer heutigen Grundschulklasse vermutlich zunächst gar nicht erkennen, dass es sich um Schule/Unterricht handelt, und für den preußischen Oberlehrer wäre das Abendland längst untergegangen - natürlich bedingt durch die Reform der Sekundarstufe II.

2. Dimensionen des Methodenproblems

Die Überschrift zu diesem Kapitel - man merkt es - drückt eine gewisse Zurückhaltung, wenn nicht Unsicherheit aus: Einen Katalog *aller* Theorien der bzw. zur Unterrichtsmethode würde den Rahmen sprengen, *eine* Theorie der methodischen Organisation von Lehr-Lern-Prozessen vorzustellen wäre zu wenig. Um einen Einblick in die grundlegenden Problemzonen der Diskussion zu vermitteln, werden in diesem Kapitel auf der Basis einer Analyse vorliegender Definitionen (2.1) die vier wichtigsten systematischen Dimensionen der Methodenproblematik behandelt: Als erstes geht es um Zielerreichung durch Methode, wobei auf die Voraussetzungen und Folgen des Ziel/Mittel-Denkens in der Didaktik sowie auf den Beitrag von Methode(n) zur Erreichung von Lernzielen eingegangen wird (2.2). Im Anschluss hieran steht das Verhältnis von Inhalt und Methode, genauer: der Beitrag von Methode beim Zusammentreffen von Schüler(n) und Sache zur Debatte (2.3). Lehrmethoden sollen Lernhilfen anbieten - Methodiker greifen deshalb gerne auf lernpsychologische Erkenntnisse zurück, um dadurch das Lernen erleichtern, vielleicht sogar „machen" zu können. Inwieweit Lehren sich am Lernen orientieren kann - und welche Folgen das hat, ist Gegenstand des vierten Abschnitts (2.4). Den Abschluss bildet die in Verbindung mit Methodenfragen häufig vernachlässigte institutionelle Dimension: Es geht um die „Methode", die bereits in der Schule als Institution steckt und die als solche die didaktisch-methodischen Bemühungen des Lehrers im Klassenzimmer präformiert (2.5).

Ein Hinweis vorweg: In diesem Kapitel werden nicht die bekannten allgemein-didaktischen Positionen in ihrer problemgeschichtlichen Entwicklung dargestellt. Hierzu liegen zahllose Veröffentlichungen vor: Als ein „Muss" selbstverständlich Blankertz (1969, 12. Auflage 1986), als Lehrbuch z.B. Peterßen (1983, 5. Auflage 1996) und Jank/Meyer (1991, 3. Auflage 1994), quer zu den Positionen und analytisch eigenständig Diederich (1988). Allenfalls wird punktuell auf die Aussagen von Vertretern dieser Positionen zum Methodenproblem zurückgegriffen. Im Mittelpunkt steht vielmehr eine Einführung in die systematischen Probleme von Unterrichtsmethode selbst; dies anhand einer Erörterung der Dimensionen Zielerreichung, Sachbegegnung, Lernhilfe und institutionelle Rahmung.

2.1 Definitionen und Klassifikationen

Die in der Einleitung aufgestellte Behauptung, die Diskussion um Unterrichtsmethode sei durch eine starke begriffliche Heterogenität gekennzeichnet, bedarf der Erläuterung. Welche verschiedenen Definitionen liegen vor? Lassen sie sich vereinheitlichen? Warum ist es so schwierig, sich auf eine Definition zu verständigen? Warum ist die Frage der Begriffsbestimmung überhaupt bedeutsam? Als erstes sollen einige in der Literatur anzutreffende Definitionen von „Unterrichtsmethode" bzw. von damit assoziierten Begriffen wie „Unterrichtsmethodik", „Lehrmethode", „Didaktik", „Lehrstrategie", „Lernmethode", „Lehrverfahren" etc. vorgestellt werden. Auf der Basis einer Analyse dieser Definitionen wird ein Modell der grundlegenden Dimensionen der Methodenproblematik entwickelt, welches zugleich der Darstellung in diesem Kapitel ihre Struktur gibt. Zunächst aber zu den Definitionen (Hervorhebungen - E.T.):

> „Allgemein gesagt besteht eine *Lehrmethode* aus immer wiederkehrenden Verhaltensmustern des Lehrers, die auf verschiedene Fachgebiete angewandt werden können, die für mehr als einen Lehrer charakteristisch und für das Lernen relevant sind" (Gage/Berliner 1986, S. 455).

> „1. Die *Unterrichtsmethodik* wird als Insgesamt an Einzelmethoden zur Erreichung des Lernziels verstanden.
>
> 2. Jede *Einzelmethode* soll es dem Schüler ermöglichen, das Lernziel schnell, mit wenigen Umwegen und vollkommen zu erreichen. Dabei wird in der Regel ein Lernprozess in Einzelschritte aufgelöst und den Einzelschritten jeweils eine bestimmte methodische Maßnahme zugeordnet.
>
> 3. Eine einzelne *Unterrichtsmethode* ist für den Schüler eine Lernhilfe und umfasst alle Aspekte, in denen es um die Frage nach dem optimalen Verfahren zur Erreichung von Lernzielen geht." (Aschersleben 1974, S. 18)

> „*Lehrmethoden* sind bestimmte wiederkehrende Muster von Lehraktivitäten, die der Vermittlung von Lehrzielen und Lehrinhalten dienen, also Lernen bewirken sollen und von vielen Lehrern angewendet werden können." (Einsiedler 1981, S. 17)

> „Unter ‚*Lehrverfahren*' soll hier (wie in der älteren Literatur unter ‚Methode des Unterrichts') ein bestimmtes Arrangement der externen Bedingungen des Lehrens zu einer Lernsituation verstanden werden; in ein Lehrverfahren gehen jeweils Orientierungen an übergeordneten Zielsetzungen (z.B. Erziehung zur Selbständigkeit) wie auch Annahmen über den Lehr-Lern-Prozess ein." (Eigler u.a. 1973, S. 37)

> „Ihrem Wesen nach sind Unterrichtsmethoden Mittel zur Erreichung der gesellschaftlich determinierten und in den Lehrplänen ausgewiesenen oder immanent enthaltenen Ziele der Persönlichkeitsentwicklung der Schüler im Unterricht." (Fuhrmann/Weck 1976, S. 27f.)

„Methoden des Unterrichts dienen dazu, dem Lehrer erfolgreiches Lehren und dem Schüler erfolgreiches Lernen zu ermöglichen. Lehren und Lernen aber richten sich immer auf zielorientierte Inhalte ... - auf Wissen oder Erkenntnisse, Fähigkeiten oder Fertigkeiten, Verhaltensformen oder Einstellungen. Bevor man also erforschen oder erproben oder darüber Aussagen machen kann, welcher Weg, welche Methoden für diesen oder jenen erstrebten Lehr oder Lernvorgang bei bestimmten gegebenen Bedingungen mehr oder minder zweckmäßig sind, muss man das *Ziel* oder die *Ziele* und die auf die Ziele hin ausgewählten *Inhalte* kennen, die durch Lehre vermittelt und im Lernen angeeignet werden sollen ... Und eben diesen Zusammenhang meint der Satz vom sog. Primat - d.h. hier: von der in der Sache selbst begründeten Vorrangstellung der Didaktik im engeren Sinne (= Inhaltsentscheidungen - E.T.) im Verhältnis zur Methodik (= Verfahrensfragen - E.T.)" (Klafki 1971, S. 70f.). - Der „Satz vom ,Primat der Didaktik i.e.s. im Verhältnis zur Methodik' lässt (sich) zum *Satz vom Primat der Zielentscheidungen* im Verhältnis sowohl zur Dimension der inhaltlichen als auch der methodischen Entscheidungen (präzisieren)" (Klafki 1976, S. 86; alle Hervorhebungen i.O.). - „Unterrichtsmethode wird in der kritisch-konstruktiven Didaktik als Inbegriff der Organisations- und Vollzugsformen zielorientierten unterrichtlichen Lehrens und Lernens verstanden." (Klafki 1985, S. 79)

„,*Methodisches Handeln*' meint hier also die Gesamtheit aller Aktivitäten, die sich unmittelbar auf die Gestaltung und Veranstaltung von einzelnen Lernsituationen oder auch Folgen und Felder von Lernsituationen beziehen." (Schulze 1978, S. 34)

In diesem Beitrag bedeutet *Unterrichtsmethode* die formale Struktur der Handlungsabläufe, die man gewöhnlich als Unterricht bezeichnet. Der Begriff der Unterrichtsmethode umfasst sowohl die Strategie wie Taktik des Unterrichtens und enthält daher auch das Problem der Auswahl dessen, was zu einer gegebenen Zeit gelehrt, die Mittel, mit denen dieser Stoff unterrichtet werden soll, und die Reihenfolge seiner Darbietung." (Broudy 1970, Sp. 9f.)

„*Lehrmethode* umfasst einen ganzen Fächer von Dimensionen: kognitive Strukturierung des Unterrichts, soziale Strukturierung, organisatorische Maßnahmen, sachstrukturelle Anordnung (Sequentierung) u.a.m. *Lernmethode* ist enger zu fassen und bezieht sich vor allem auf den Kanon von äußeren und inneren Aktivitäten der Schüler, um Handlungen zu verinnerlichen, Wissen zu assimilieren: Auffassungstätigkeiten, Denkformen, Übungsformen, evtl. auch Kooperationsformen. Die *Lehrstrategien* sind eine Teilmenge der Lehrmethoden. Eine Lehrstrategie ist die systematisch geplante Kombination von Lehr- und Lernaktivitäten zur kognitiven Strukturierung von Unterricht." (Einsiedler 1976, S. 122f.)

„Maßnahmen, die während des unmittelbaren Lernvollzuges vom ersten Angehen des Gegenstandes durch den Schüler bis hin zu dessen sicherer

Beherrschung und Verfügbarkeit als gezielte Lernhilfen durch den Lehrer getroffen werden, werden unter dem Begriff *Unterrichtsmethode* eingeordnet." (Roth/Roth 1978, S. 24)

„Wie viele Didaktiker unterscheiden wir zwischen *Unterrichtsmethode* (Singular) und *Unterrichtsmethoden* (Plural). Der methodische Verlauf einer Unterrichtseinheit lässt sich beschreiben als Abfolge verschiedener Unterrichtsmethoden (Plural). Unterrichtsmethode (Singular) kann gesehen werden als die zeitliche Abfolge von Unterrichtsmethoden in Verbindung mit Interaktionen (*Unterrichtssyntax*). Die Zeitreihe der Unterrichtsmethoden (Elemente des Lexikons Unterrichtsmethode) beschreibt den diachronischen Aspekt der Unterrichtssyntax ... Die dieser instrumentellen Fassung von Unterrichtsmethode zugrundeliegende These ist, dass die einzelnen syntaktischen Elemente selbständige Existenz besitzen, ihren didaktischen Sinn aber nur in ihrem zeitlichen Zusammenhang erhalten." (Hage u.a. 1985, S. 15)

„*Unterrichtsmethoden* sind die Formen und Verfahren, in und mit denen sich Lehrer und Schüler die sie umgebende natürliche und gesellschaftliche Wirklichkeit unter institutionellen Rahmenbedingungen aneignen." (Meyer 1987, I, S. 45)

„Im weiteren Sinne ist .*Unterrichtsmethode*' die allgemeine Bezeichnung für Versuche, zwischen den individuell-subjektiven Voraussetzungen und Interessen des Schülers und objektiven Ansprüchen unter Maßgabe pädagogischer Intentionalität zu vermitteln, wobei Ansprüche sich sowohl in den fachspezifischen Wissenschaften als auch in den generellen Anforderungen der Gesellschaft manifestieren. Durch dieses Spannungsverhältnis zwischen subjektiver und objektiver Seite des Lehr-Lern-Prozesses besteht Unterrichtsmethode4 als ständiges Problem im institutionellen Kontext von Schule und ist von daher weder theoretisch noch praktisch endgültig zu lösen, sondern auf der Basis pädagogischer Intentionalität im konkreten Unterricht immer wieder neu auszugestalten." (Terhart 1983, S. 19)

„*Methode* meint das Wie des Unterrichts, d.h. den Weg, Einsichten und Kenntnisse zu vermitteln bzw. richtiges Lernen zu lehren. Anders gewendet: Die Methode soll den Schüler zu einer fruchtbaren Begegnung mit bestimmten Inhalten führen und ihm Hilfen geben zum Auffassen und Verarbeiten." (Beckmann 1980, S. 798)

Diese Auswahl von Definitionen vermittelt einen Eindruck von der Unübersichtlichkeit, die mit der Vielfalt des Begriffsgebrauchs von Unterrichtsmethode verbunden ist (vgl. auch Wenzel 1987, S. 85-105; vgl. auch die Beiträge in Adl-Amini/Schulze/Terhart 1993). Insbesondere der Umfang des mit „Unterrichtsmethode" bezeichneten Gegenstandes kann sehr unterschiedlich sein: Einen Extrempunkt markiert die enge Definition von

Lehrstrategien bei Einsiedler, ein sehr weites Verständnis liegt in der Definition von Terhart zugrunde (ähnlich weit Schulze sowie Meyer), und Broudy verwendet schließlich „Unterrichtsmethode" fast schon synonym mit „Unterricht" generell (Inhalte, Medien, Sequenzierung). Schon traditionell strittig ist dabei die Abgrenzung der Begriffe „Didaktik" und „Methodik" (vgl. Adl-Amini 1981 sowie Abschnitt 2.3). Insofern weisen die vorgestellten Definitionen ein unterschiedlich hohes Maß an Inklusivität auf, sind also gleichsam auf Ebenen mit unterschiedlichem Allgemeinheitsgrad angesiedelt. Die Frage der Ebenen des Methodenproblems spielt weiter unten bei der Klassifikation von Unterrichtsmethoden ebenfalls eine Rolle.

Neben den Unterschieden im Umfang (Extension) sind aber auch Differenzen hinsichtlich der *inhaltlichen Akzentuierung* (Intension) in den vorgestellten Definitionen anzutreffen. So betonen einige Autoren den Zielbezug von Methode (z.B. Eigler u.a., Fuhrmann/Weck), andere stellen den Bezug auf Inhalte des Lehrens und Lernens in den Mittelpunkt (z.B. Klafki, Beckmann). Eine andere Gruppe denkt mehr in Richtung auf den Schüler, definiert Unterrichtsmethode also als äußere Lernhilfe (z.B. Aschersleben, Roth/Roth), und eine kleinere Gruppe bezieht auch die Institution Schule als Rahmen für unterrichtsmethodisches Handeln des Lehrers mit ein (z.B. Terhart, Meyer). In den meisten Definitionen werden jedoch mehrere dieser Dimensionen genannt, um den Problemhorizont nicht unnötig einzuengen. Abbildung 1 verdeutlicht die unterschiedlichen Dimensionen der Definition von Unterrichtsmethode.

Abb. 1: Dimensionen der Definition von Unterrichtsmethode

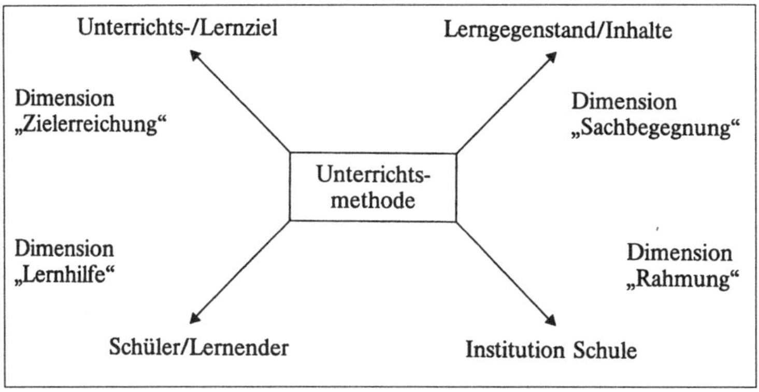

1. *Dimension „Zielerreichung"*: Hiermit wird der Einsatz von Methode als Mittel zur Erreichung vorgestellter Unterrichts- oder Lernziele betont Methoden sind Mittel zur Zielerreichung, die möglichst rational zu kalkulieren und einzusetzen sind. Die Gefahr dieser zielbezogenen Akzentuierung liegt in einem Verständnis von Methode als Neutrum sowie in einer Reduktion von Methode auf reine technische Belange. Demgegenüber verlangt die Tatsache Beachtung, dass Methoden selbst bereits normative Implikationen

in sich tragen und insofern nur mit bestimmten Zielen harmonieren. Bei einer zielbezogenen Akzentuierung von Unterrichtsmethode gewinnt die Herleitung und Begründung der vorgestellten Unterrichts- und Lernziele eine ganz zentrale Bedeutung, ebenso die Frage nach der Herstellung einer Harmonie von Zielen und Methoden.

2. Dimension „Sachbegegnung": Hier wird Unterrichtsmethode als vermittelnde Instanz zwischen lernendem/aneignendem Subjekt und zu lernendem/anzueignendem Objekt verstanden. Die „Begegnung" von Subjekt und Objekt wird als wechselseitige Bereicherung und „Erschließung" (Klafki) gedacht; dieses Methodenverständnis entspricht am ehesten bildungstheoretischem Denken. Dem Lehrer kommt die Aufgabe der methodischen Ermöglichung von bildenden Sachbegegnungen zu, wobei das Ausmaß der methodisierenden Zubereitung einer solchen Begegnung unterschiedlich hoch sein kann. Insofern das methodische Arrangieren von Sachbegegnungen sowohl für das Lernsubjekt (Schüler, nachfolgende Generation) wie auch für das Lernobjekt (Inhalte, Kulturgüter) von hoher Bedeutung ist, weil beide gewissermaßen aneinander wachsen (individuelle Entwicklung bzw. Bildung, kulturelle Innovationen bzw. Evolution), kommt dem zur subjektiven wie objektiven Seite hin reflektierten und verantworteten methodischen Handeln des Lehrers eine zentrale Rolle zu. Auf die Gefahren einer Akzentuierung der Dimension „Sachbegegnung" ist vielfach aufmerksam gemacht worden: Entweder die einseitige Unterordnung der Lernsubjekte unter die Lernobjekte - oder umgekehrt.

3. Dimension „Lernhilfe": Unter Betonung dieser Dimension wird Unterrichtsmethode als Lernhilfe, als Schaffung von möglichst günstigen Bedingungen für Lernen auf Seiten der Schüler verstanden. Der Lehrer arrangiert methodisch fordernde Umwelten für kognitives und moralisches Lernen. Diesem Verständnis von Unterrichtsmethode zufolge ist das Lehren zwar eine Bedingung, vielleicht sogar Voraussetzung für Lernen, diese Bedingung ist jedoch wiederum in Abhängigkeit von den Eigentümlichkeiten des Lernens der Schüler bereitzustellen. Insofern gewinnt hier die Lern- bzw. Unterrichtspsychologie eine große Bedeutung für Unterrichtsmethode als Lernhilfe. Eine Gefahr liegt jedoch darin, Unterrichten u.U. vollständig als angewandte Lernpsychologie miss zu verstehen.

4. Dimension „Rahmung": Unterrichtet wird nicht in freier Begegnung von Lehrer, Sache und Schüler, sondern im Rahmen der Institution Schule und den damit abgesteckten Bedingungen für Lehr-Lern-Prozesse. Durch Entscheidungen auf der Ebene der Institution Schule wird der Spielraum für Methodenentscheidungen auf der Handlungsebene bereits sehr stark eingegrenzt; hier wird über die wichtigsten Determinanten der Qualität des Schullernens entschieden. Innerhalb des damit gegebenen Rahmens haftet den Methodenentscheidungen des Lehrers der Geruch von Restfreiheit an. Eine Gefahr bei der Akzentuierung des „Rahmens" von Methodenentschei-

dungen liegt darin, die Tatsache der institutionellen Verfasstheit von Lehren und Lernen zum Anlass für Resignation zu nehmen bzw. den verbleibenden Spielraum auf der Handlungsebene gleich gänzlich zu leugnen.

Diese Strukturierung des Begriffsfeldes „Unterrichtsmethode" ermöglicht es, eine gewisse Systematisierung der oben vorgestellten Definitionen zu vollziehen. Alle vier Dimensionen sind für die Diskussion um Unterrichtsmethode wie auch für die unterrichtsmethodische Praxis von Bedeutung. Dies ist schon daran abzulesen, dass in den anspruchsvolleren Definitionen (s.o.) in aller Regel gleich mehrere dieser Dimensionen aufgenommen sind. Jede von ihnen hat ihr Recht; keine darf tosgeschlossen werden. Eine Vereinseitigung in Richtung auf nur einen dieser Akzente brächte die Gefahr einer Verkürzung des theoretischen Problemgehaltes wie auch einer Engführung der methodischen Praxis mit sich. Prioritäten oder Primate sind nicht auszusprechen - außer in dem Sinne, dass das gesamte Unterrichts- und Bildungswesen einen bestimmten gesellschaftlich definierten wie bildungstheoretisch artikulierten Auftrag zu erfüllen hat und insofern alle weiteren Festlegungen sich an diesem Auftrag zu bemessen haben. Würde man eine solche Vorrangstellung des Zielbezugs negieren, wäre jede Form einer bildungspolitischen wie bildungstheoretischen Auseinandersetzung um den Auftrag des Bildungswesens überflüssig, weil ohne Belang; die normative Kraft des jeweils Faktischen würde sich ungebrochen durchsetzen können.

Bisher war von Definitionen des Begriffs „Unterrichtsmethode" die Rede. Nun aber gibt es verschiedene Unterrichtsmethoden, d.h. je besondere Realisationsformen dessen, was als Unterrichtsmethode überhaupt möglich ist (vgl. z.B. Definition von Hage u.a.). Diese verschiedenen Unterrichtsmethoden bilden den Gegenstand zahlreicher *Klassifikationssysteme*, die Ordnung in die Vielfalt der konkret anwendbaren Verfahrensweisen des Lehrens zu bringen versprechen. Dass Ordnung und System hier Not tut, soll folgende bewusst unsystematische Liste unterrichtsmethodischer Vorgehensweisen verdeutlichen: Es gibt Gruppenunterricht, den fragend-entwickelnden Lehrstil, Diskussionsmethode, stumme Impulse, offene Lehrerfragen, geschlossene Lehrerfragen, Lehrervortrag, Demonstration, Partnerarbeit, Vormachen, Vorführen, Auffordern, Projektunterricht, das Prinzip der Lebensnähe, Team Teaching, programmierte Instruktion, verschiedene Artikulations-, Aktions- und Sozialformen des Unterrichts, Motivationsphase, Erklären, Erzählen, Experimentieren, entdeckendes Lernen, Frontalunterricht, Prinzip der Kindgemäßheit, gebundenes Unterrichtsgespräch, innere Differenzierung, Schülerreferat, Üben und Anwenden, problemorientierter Unterricht, wissenschaftsorientierter Unterricht, schülerorientierter Unterricht, selbstgesteuertes Lernen, Epochenunterricht, Auswendiglernen und Abfragen, Rollenspiel etc. Wer wollte hier die Übersicht behalten? Im Folgenden seien vier Klassifikationssysteme exemplarisch aufgeführt:

1. Schulze (1978, S. 41ff.; Hervorhebungen - E.T.) differenziert nach Ebenen, die unterschiedliche Entscheidungsbedingungen aus der Sicht des methodisch handelnden Pädagogen kennzeichnen. „Die *Makro-Ebene* umfasst Methoden-Erscheinungen, die in den Entscheidungen eines praktischen Pädagogen in der Regel vorausgesetzt werden. Das sind umfassende Methoden-Systeme, Schulorganisationen usw. Die *‚mittlere' Ebene* umfasst Methoden-Erscheinungen, auf die sich die Entscheidungen eines praktischen Pädagogen in erster Linie beziehen. Das sind Form, Struktur und Ausstattung von Lernsituationen. Die *Mikro-Ebene* umfasst Methoden-Erscheinungen, die erst in der Lernsituation relevant werden: Das sind einzelne Maßnahmen wie Fragen, Verstärkungen, Hilfen usw.". Für die Marko-Ebene hält Schulze den Ausdruck „Weg" für sinnvoll, weil auf dieser Ebene etwa durch allgemeine schulorganisatorische Festlegungen bestimmte Bildungsgänge bzw. „Laufbahnen" durch das Schulsystem vorgezeichnet werden. Für die mittlere Ebene wählt er die Bezeichnungen „Modelle" oder „Konzepte". Damit sind allgemeine Leit- oder Vorbilder für die Gestaltung von Lernsituationen gemeint. Auf der Mikro-Ebene spricht Schulze von „Mitteln", die der Lehrer einsetzt. Der Vorteil dieser Sortierung von Ebenen ist, dass sie das ganze Spektrum der Bedingungen für Lehr-Lern-Prozesse abbildet und insofern den größeren Zusammenhang situativer Methodenentscheidungen vor Augen führt. Naturgemäß bleiben damit die Details auf der Mikro-Ebene noch unbestimmt.

2. Diesbezüglich ist das bekannte Klassifikationssystem von Schulz (1965, S. 30ff.) schon aussagekräftiger. Zwar differenzierte er - ähnlich wie Schulze - auch nach Ebenen unterschiedlicher Reichweite, rückt sein Spe jedoch näher an die Unterrichtspraxis heran. Er unterscheidet:

1. *Methodenkonzeptionen*: Darunter versteht er Gesamtentwürfe des Unterrichtsverlaufs (ganzheitlich-analytische Verfahren, element-haft-synthetische Verfahren, Projektverfahren). Hierzu wären ebenfalls solche Konzeptionen wie wissenschaftsorientierter Unterricht, schülerorientierter Unterricht, offener Unterricht etc. zu rechnen, die dem methodischen Handeln des Lehrers jeweils eine bestimmte Norm wie auch Form zu geben versuchen.

2. *Artikulationsschemata*: Damit ist die (zeitliche) Phasengliederung des Unterrichts gemeint. Die meisten Artikulationsschemata stützen sich auf Annahmen über den optimalen Ablauf von Lernprozessen und leiten hieraus Vorgaben für die zeitliche Strukturierung des Unterrichts ab (z.B. Motivation-Darbietung-Verknüpfung-Zusammenfassung-Anwen-dung-Übertragung).

3. *Sozialformen*: Hiermit werden die sozialen Beziehungen bezeichnet, die Lehrende und Lernende sowie auch Lernende untereinander im Unterricht eingehen können. Beispiele sind Klassenunterricht, Einzelarbeit, Gruppenarbeit, Partnerarbeit, Großgruppenunterricht, Team-Teaching.

4. *Aktionsformen des Lehrens:* Dieser Begriff bezeichnet die verschiedenen Verhaltensformen des Lehrers: Der Lehrervortrag kann als Erzählung, Schilderung, Bericht oder Beschreibung angelegt sein, die Lehrerdemonstration impliziert Vorführen oder Vormachen, und bei den Lehrerimpulsen unterscheidet man die Lehrerfrage, die Aufforderung und den Denkanstoß.

5. *Urteilsformen* schließlich sind die einzelnen Mikro-Züge des Unterrichtens (verbale oder nonverbale Äußerungen), deren Ablauf den Unterrichtsprozess konkret konstituiert.

Abb. 2: Klassifikation von Unterrichtsmethoden nach Winkel (1978)

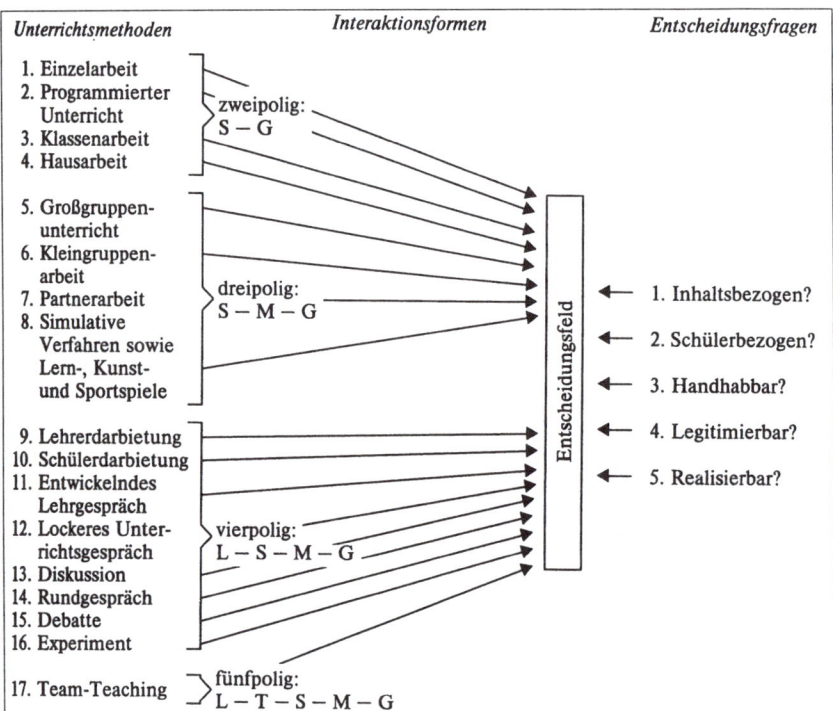

3. Winkel (1978) hat ein Klassifikationssystem vorgelegt, welches sich aus bestimmten Unterrichtsfaktoren bzw. deren Kombination ableitet: Lehrer (L), Teamlehrer (T), Schüler (S), Mitschüler (M) und Gegenstand (G). Verbindet man diese Faktoren untereinander, so ergeben sich 10 verschiedene „Interdependenzen". „Von daher lassen sich nun alle gängigen Unterrichtsmethoden insofern systematisieren, als es Methoden gibt, denen eine zweipolige, eine dreipolige, eine vierpolige und eine fünfpolige Interaktion zugrunde liegt" (ibid., S. 675). Abbildung 2 verdeutlicht den Zusammenhang der 17 Unterrichtsmethoden (ibid., S. 680; vgl. auch Gudjons u.a. 1984 sowie die Klassifikationssysteme von Whitman 1981 und Laska 1984).

Abb. 3: Strukturmodell methodischen Handelns nach Meyer (1987)

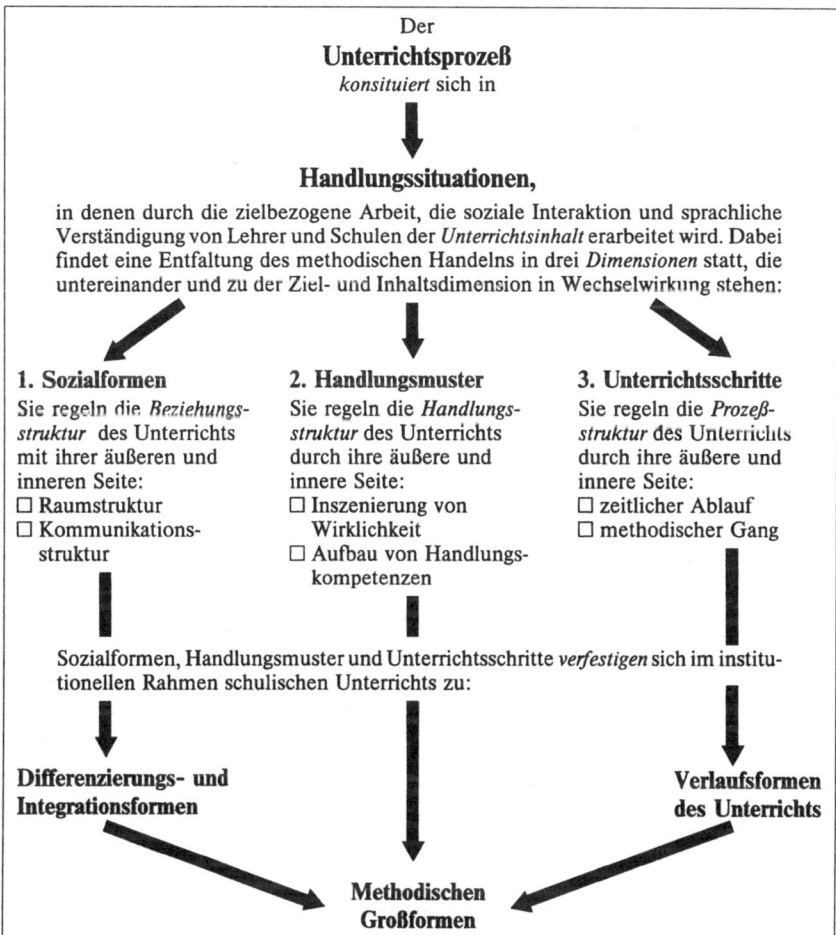

Der
Unterrichtsprozeß
konsituiert sich in

↓

Handlungssituationen,

in denen durch die zielbezogene Arbeit, die soziale Interaktion und sprachliche Verständigung von Lehrer und Schulen der *Unterrichtsinhalt* erarbeitet wird. Dabei findet eine Entfaltung des methodischen Handelns in drei *Dimensionen* statt, die untereinander und zu der Ziel- und Inhaltsdimension in Wechselwirkung stehen:

1. Sozialformen
Sie regeln die *Beziehungsstruktur* des Unterrichts mit ihrer äußeren und inneren Seite:
□ Raumstruktur
□ Kommunikationsstruktur

2. Handlungsmuster
Sie regeln die *Handlungsstruktur* des Unterrichts durch ihre äußere und innere Seite:
□ Inszenierung von Wirklichkeit
□ Aufbau von Handlungskompetenzen

3. Unterrichtsschritte
Sie regeln die *Prozeßstruktur* des Unterrichts durch ihre äußere und innere Seite:
□ zeitlicher Ablauf
□ methodischer Gang

Sozialformen, Handlungsmuster und Unterrichtsschritte *verfestigen* sich im institutionellen Rahmen schulischen Unterrichts zu:

Differenzierungs- und Integrationsformen

Verlaufsformen des Unterrichts

Methodischen Großformen

Dieser Klassifikationsversuch ist m.E. sehr formal gehalten, da ein inhaltsleeres Kriterium (Anzahl der ,Bezüge') zur Systematisierung benutzt wird. Deshalb vermag er weder in theoretischer noch in praktischer Hinsicht zu orientieren.

4. Einen anspruchsvollen Vorschlag hat Meyer (1987, 1, S. 234ff.) vorgelegt. Sein „Strukturmodell methodischen Handelns" (s. Abbildung 3) geht über das Motiv der bloßen begrifflichen Sortierung bzw. Klassifikation hinaus in Richtung auf die Formulierung einer unterrichtsmethodischen Position, die das Problem der Methode in den Mittelpunkt stellt.

Das Strukturmodell beinhaltet einen Argumentationsgang, der den Anspruch erhebt, sämtliche für Unterricht konstituierten Elemente systematisch geordnet aufzuführen, wobei die methodische Organisation der leitende Gesichtspunkt ist. Insofern weist Meyer (ibid., S. 238) zu Recht auf den besonderen Stellenwert seines Strukturmodells hin: „Das Strukturmodell soll *theoretische* Klarheit über die Beziehungen zwischen den vielfältigen Erscheinungsformen methodischen Handelns herstellen. Für die Unterrichtspraxis hat es deshalb nur einen begrenzten Wert."

In der Literatur sind noch sehr viel mehr Ordnungs- und Klassifikationsversuche zur Unterrichtsmethode anzutreffen. Viele Veröffentlichungen konzentrieren sich sogar primär auf die Ausfaltung eines begrifflichen Systems, wobei der Abgrenzung zu konkurrierenden Systemen viel Raum und Energie gewidmet wird. Im Grunde ist die Situation paradox: Klassifikationssysteme intendieren eine begriffliche Ordnungsleistung - die immer wieder neuen Anläufe zu solchen Systemen erhöhen jedoch letztlich die Unübersichtlichkeit des Begriffsgebrauchs!

Abschließend zu den Klassifikationssystemen sei auf drei Einschränkungen hingewiesen: *Erstens* stecken Klassifikationssysteme lediglich den unterrichtsmethodischen Möglichkeitsraum ab. Keineswegs dürfen sie als Beschreibung unterrichtsmethodischer Praxis in den Schulen gelesen werden. Ihnen liegt ein analytisch-klassifikatorisches Interesse zugrunde, nicht ein deskriptives. Hiermit zusammenhängend sagen sie *zweitens* nichts darüber aus, welche Methode bzw. Methodenvariante in welcher Situation sinnvoll einzusetzen ist - und welche nicht. Oder anders: Der Zusammenhang unterrichtsmethodischer Entscheidungen mit Ziel-, Inhalts- und Organisationsfragen wird nicht expliziert, vielmehr wird das Feld des Methodischen eher isoliert. *Drittens* schließlich ist zu fragen, ob nicht der praktisch arbeitende Lehrer ein anderes Klassifikationssystem benötigt als der didaktische Theoretiker. Letzterer ist an systematischer Geschlossenheit interessiert, einem Lehrer jedoch geht es eher um Informationen zu den Einsatzbedingungen einzelner Methoden. Hiervon noch einmal zu unterscheiden wäre ein Klassifikationssystem, welches die Unterrichtsforschung ihren Bemühung um eine Analyse der Wirkungen und Wechselwirkungen von Unterrichtsmethode(n) zugrundelegt, um z.B. Hypothesen zu gewinnen bzw. geprüfte Hypothesen in einen größeren Zusammenhang einzustellen. Da jedes Mal unterschiedliche Interessen vorliegen (Praxis, Theorie, Forschung), die nicht ohne weiteres zu harmonisieren sind, ist die Vorstellung eines für alle drei Bereiche gültigen und sinnvollen Klassifikationssystems im Grunde sehr problematisch.

2.2 Zielerreichung durch Methode

Das Wort „Methode" geht auf das altgriechische „methodos" zurück, wodurch der Weg oder die Schrittfolge bezeichnet wird, der bzw. die zur Erreichung eines vorgestellten Zieles führt. Methoden kommt insofern immer der Charakter eines Mittels zu; durch sie wird das angestrebte Ziel erreichbar. Mit der Aufnahme der „Weg"-Metapher durch die Schulpädagogik (vgl. Geißler 1966; Oelkers 2001) wird die didaktisch-methodische Reflexion folgenreich vorstrukturiert: Gegenüber dem angestrebten Ziel hat die Beschäftigung mit Methoden, deren Anwendung zu diesem Ziel führt, einen nachgeordneten Charakter. Oder anders: Die Auswahl und Bestimmung des Zieles wird zum ersten und wichtigeren Schritt; danach geht es ,nur noch' um die Frage, wie man den Weg dahin absteckt, welche Mittel man einsetzt, welche Methode man wählt, um zu dein gewünschten Ziel zu kommen. Bedeutungslos ist Methode damit natürlich keineswegs, denn erst und allein durch die Beschreitung des oder eines richtigen Weges, durch kluge Wahl der Mittel, durch die richtige Methode eben wird das angestrebte Ziel ja erreichbar. Methode jedoch verspricht nicht nur, das Ziel erreichbar zu machen, sie will auch sicherstellen, dass die Zielerreichung kein glücklicher Zufall bleibt, sondern zum erwartbaren Resultat der investierten Anstrengungen wird. Und schließlich: auch Unsichere und Unerfahrene müssten dann dem einmal gebahnten Weg leicht folgen können. Alles in allem sind Zielfragen eng verwoben mit der Methodenproblematik. Isoliert voneinander können sie sinnvoll nicht erörtert werden: Ziele, zu denen keine Wege führen (können), sind ebenso sinnlos wie ein Methodengebrauch, der nicht weiß, was und wohin er eigentlich will.

Um in diese Problematik des Zielbezugs von Methode weiter einzudringen, soll zunächst das Konzept der lernzielorientierten Unterrichtsgestaltung erläutert werden, welches von einer eindeutigen Zweck/Mittel-Strukturierung des Lehr-Lern-Prozesses ausgeht (1.). Im Anschluss hieran und als Kontrastmittel werden die problematischen Implikationen des Zweck/Mittel-Schemas herausgearbeitet, ergänzt durch Hinweise auf die unklare und unsichere Relation von Absichten, Handlungen und Wirkungen in der Erziehung generell (2.).

1. Lernzielorientierung

Den konsequentesten Versuch einer strikt am Zweck/Mittel-Denken orientierten methodischen Organisation des Lehrens und Lernens stellt das lernzielorientierte Unterrichtskonzept dar. Ausgangspunkt ist ein theoretisches Modell der Steuerung von Lernprozessen, welches an den kybernetischen Regelkreis angelehnt ist. Bezogen auf den Unterrichtsprozess empfiehlt dieses Modell folgende Schritte:

1. Fixierung und Präzisierung des gewünschten Endverhaltens der Lernenden („Soll-Zustand).
2. Erhebung der Ausgangsbedingungen bzw. Lernvoraussetzungen der Lernenden („Ist"-Zustand).
3. Planung von Lernschritten, die „Ist" möglichst effektiv (d.h. schnell und kostengünstig) in „Soll" überführen.
4. Bereitstellung von Lernmöglichkeiten (= Unterrichten) unter Einsatz von geeigneten Materialien, Methoden und Medien.

33

5. Lernkontrolle, d.h. ein abschließender „Soll/"Ist"-Vergleich muss durchgeführt werden, um Informationen über den Grad der Zielerreichung sowie Hinweise für die Planung des weiteren Lehr-Lern-Prozesses zu gewinnen.

Indem sich die Unterrichtsgestaltung an diesem Modell orientiert, übernimmt sie für ihren besonderen Bereich das allgemeine Grundmuster des zielorientierten und erfolgskontrollierten Handelns. Die Steuerung des Lernprozesses der Schüler durch ein zweckrational organisiertes Lehren leitet der Idee nach (!) die Industrialisierung („Taylorisierung") des Unterrichtsgeschehens ein; und Didaktik wird zur Beschleunigungswissenschaft, der gegenüber die traditionellen Arbeitsformen des Lehrers im Unterricht handwerklich, also unrationell und unkontrollierbar, eben: vor-modern wirken (Möller 1969; Klauer 1973; Mager 1961/1965; Peterßen 1974).

Im Rahmen eines solchen Maschinenmodells von Unterricht spielt die Frage der Lernzielfindung und -präzisierung eine große Rolle. Ohne präzise Lernzielformulierung ist die zweckrationale Durchstrukturierung des Unterrichtsprozesses nicht möglich. Zugleich wird nach Meinung der Anhänger dieses Ansatzes die Transparenz des schulischen Lernens für Schüler, Eltern und Öffentlichkeit erhöht, denn jetzt ist konkret erkennbar, worauf der Unterricht bzw. die Schule insgesamt hinarbeiten. Und schließlich: Indem die präzisierten Lehrplan- und Unterrichtsvorgaben für *alle* Schüler auf derselben Stufe des Bildungswesens gelten, wird Vergleichbarkeit hergestellt. - Die Hauptaufgabe und zugleich zentrale Schwierigkeit der Lernzielorientierung liegt nun darin, eine möglichst geschlossene und stringente Ableitungskette ausgehend von ‚obersten' Zielformeln bis hin zu konkret beobachtbaren Einzelleistungen der Schüler zu konstruieren (= *Operationalisierung*). Diese untere Ebene, die Ebene des beobachtbaren Endverhaltens, muss erreicht werden, damit objektiv feststellbar wird, ob und wie weit die jeweiligen Lernziele erreicht worden sind. Gleichwohl muss aber garantiert sein, dass der inhaltliche Anspruch und der Gehalt der obersten Ziele auch tatsächlich vermittels der Ableitungskette bis hinunter zur untersten Ableitungsebene der Lernzielpyramide transportiert wird. Diese Ableitungsproblematik, auch „Deduktionsproblem" (Meyer 1972) genannt, ist für die lernzielorientierte Lehrplan- und Unterrichtsgestaltung zentral, denn ohne eine solche Ableitbarkeit ist eine Operationalisierung von Lernzielen unter Beibehaltung ihres inhaltlichen Anspruchs nicht möglich. Als Ausdruck für die unterschiedlichen Abstraktionsniveaus von Lernzielformulierungen hat sich die Unterscheidung zwischen „Richtzielen", „Grobzielen" und „Feinzielen" eingebürgert. Zur Veranschaulichung ein Beispiel (aus: Meyer 1974, S. 47):

„1. *Richtziele*: Sie sind auf dem Abstraktionsniveau 3 formuliert und schließen nur sehr wenige alternative Konkretisierungen aus. Beispiel: ‚Befähigt werden, an Kultur- und Wirtschaftsleben des Staates teilzunehmen'.

2. *Grobziele*: Sie sind auf dem Abstraktionsniveau 2 formuliert und schließen bereits eine größere Reihe von Alternativen aus. Beispiel: ‚Die verschiedenen Anredeformen in Geschäftsbriefen kennen'.

3. *Feinziele*: Sie sind auf Abstraktionsniveau 1 formuliert und besitzen den höchsten Präzisionsgrad. Sie erlauben eine eindeutige Bestimmung des gewünschten Schülerverhaltens und schließen alternative Interpretationen aus. Beispiel: ‚Zehn vorgegebenen Geschäftsbriefen ohne Anrede von den zehn vorgegebenen Anredeformen mindestens acht richtig zuordnen können'."

Im Übergang von der Richt- zur Feinziclcbcnc wird ein Lernziel operationalisiert, d.h. es wird so weit kleingearbeitet, bis schließlich die Messoperation benannt ist, mittels derer man den Grad der Zielerreichung eines Schülers feststellen kann. Dieser Vorgang der Operationalisierung ist jedoch nicht so eindeutig zu leisten, wie dies der lernzielorientierte Ansatz glauben machen will: Bei jedem Konkretisierungsschritt werden Auslegungsmöglichkeiten und Alternativen abgeschnitten, die auf dem jeweils darüber liegenden Abstraktionsniveau noch enthalten sind. Operationalisieren ist also immer auch Selegieren, wobei notwendigerweise Zusatzannahmen zum Tragen kommen, die in aller Regel unausgewiesen bleiben. Logische (und damit: unangreifbare) Deduktion ist nicht möglich. Insofern ist der Prozess der Operationalisierung selbst noch nicht operationalisiert und eben auch nicht operationalisierbar, weil er hermeneutische, also: deutende Elemente mit einschließt. Weitere, von der lernzielorientierten Didaktik zu leistende Aufgaben liegen im Bereich der *Dimensionierung* und *Hierarchisierung* von Lernzielen. Im Anschluss an Bloom u.a. (1956/1972) werden die kognitive, die affektive und die psychomotorische Lernzieldimension analytisch unterschieden; auf jeder dieser Dimensionen lassen sich Hierarchien bilden. Der Erwerb von Fähigkeiten auf einer bestimmten Ebene der Hierarchie setzt die Beherrschung der auf den darunter liegenden Niveaus angesiedelten Fähigkeiten voraus. Hierauf soll an dieser Stelle nicht weiter eingegangen werden. Wichtig ist jedoch der Hinweis, dass eine vollzogene Opcrationalisierung, Dimensionierung und Hierarchisierung eines bestimmten Lernzielkomplexes noch überhaupt nichts über dessen *Legitimation*, also über die inhaltliche Begründbarkeit aussagt. Legitimation ist ein normativ-inhaltliches Problem, Operationalisierung ein technisches Verfahren der Lernzielpräzisierung. Letztere kann und darf die Arbeit an der inhaltlichen Begründung von Lernzielen nicht ersetzen.

Das Konzept des lernzielorientierten Unterrichts ist seit seinem Bekanntwerden im deutschsprachigen Raum von einer ständigen Kritik sowohl ‚traditioneller' wie ‚kritischer' Provenienz begleitet worden; die lernzielkritische Literatur ist sogar umfangreicher als die im eigentlichen Sinne ansatzspezifische, positive Literatur (vgl. zur Kritik Meyer 1974; Glöckel 1975; Rumpf 1971). Gleichwohl hat die Lernzielorientierung einen raschcn

Siegeszug durch Lehrplankommissionen und vor allem durch Institutionen der 2. Phase der Lehrerausbildung antreten können. Die Kritik an der Lernzielorientierung, deren wichtigste Argumente kurz genannt werden sollen, hat übrigens auch noch auf die Ursachen dieses Siegeszugs aufmerksam gemacht:

- Durch ihre Zweckorientierung klammere sie alle nicht-zielführenden Aktivitäten im Unterricht als bedeutungslos aus; der Unterricht werde eindimensional, spontan auftretende Lerngelegenheiten müssten als im Moment nicht zielführend bewusst außer acht gelassen werden.

- Sie konzentriere sich vornehmlich auf den kognitiven Bereich, weil dieser eher zielorientiert zu strukturieren sei. Soziales Lernen dagegen werde vernachlässigt.

- Sie zerstöre die pädagogisch notwendige Freiheit und Autonomie des Lehrers, der damit zu einer Art Vollzugsorgan vorfabrizierter und standardisierter Unterrichtselemente werde.

- Die Kleinarbeitung der Lernzielbereiche zerstöre den inneren Zusammenhang komplexer und größerer Inhaltsbereiche und zerstückele damit den Bildungsprozess: Taylorismus (Fließbandarbeit mit isolierten Teilfunktionen) auch in der Schule?

- Die methodische Strukturierung des Unterrichtsganges würde vernachlässigt bzw. stillschweigend auf ein strikt lehrerzentriertes, darstellendes Lehren bei rein rezeptiver Lernhaltung der Schüler festgelegt.

- Lernzielorientierte Curricula dienten letztlich der staatlicherseits angestrebten Kontrolle der Unterrichtssituationen und befriedigten damit lediglich die Bedürfnisse der Schuladministration.

- Stärker noch als die Position des Lehrers werde die der Schüler geschwächt: Sie seien lediglich als passive Endpunkte des Lehr-Lern-Geschehens von Bedeutung, welche mit möglichst vielen Informationen ,aufzufüllen' seien.

- Sie basiere auf einer vereinfachten Annahme über das Denken und Handeln des Lehrers beim Unterrichten und bei der Unterrichtsvorbereitung; eine so komplexe Tätigkeit wie Unterrichten sei durch ein Ein-Zweck-Programm nicht zu steuern.

- Komplexe und gehaltvolle Erziehungsziele wie Selbständigkeit, Verantwortungsbewusstsein und Identitätsaufbau etc. ließen sich nicht operationalisieren. Es bestehe also die Gefahr, dass alles das, was nicht operationalisierbar sei, aus dem Prozess des schulischen Lernens ausgeschlossen bliebe, eben weil es sich nicht operationalisieren lasse.

Diese kritischen Argumente treffen zu und lassen den tatsächlichen Wert dieses am Zweck/Mittel-Denken orientierten Konzepts zumindest für die Organisation von Lehr- und Lernprozessen in Schulen als gering erscheinen (vgl. für außerschulische Zusammenhänge Abschnitt 4.1). Die Kritik kann folgendermaßen zusammengefasst werden: Ein lernzielorientiertes Unterrichten exakt nach Modell ist *erstens* gar nicht möglich (bzw. das, was dann entsteht, ist nicht mehr Unterricht), und zugleich ist ein solches Konzept *zweitens* (zumindest für Schul-Unterricht) auch überhaupt nicht wünschbar, weil es dem Geschehen im Unterricht jede Spontaneität, Unmittelbarkeit, Offenheit, m.a.W.: jede „bildende" Qualität austreiben würde. In diesem Zusammenhang ist allerdings der Hinweis notwendig, dass sich die Kritik an der Lernzielorientierung bisher fast immer nur auf den zweiten Punkt, also auf die Legitimität des Modells und nicht auf die Frage nach seiner tatsächlichen Machbarkeit richtet. Die Kritik eines didaktischen *Modells* fällt aber noch längst nicht mit der Kritik einer entsprechenden didaktischen *Praxis* zusammen - zumindest solange nicht, wie dieses Modell nicht im vorgesehenen Sinne auch Praxis geworden ist. Und diesbezüglich ist festzustellen, dass in vielen neuen Lehrplänen wie auch bei vielen Lehrerausbildern der 2. Phase lediglich eine Art „semantische" Adaption an die Lernzielorientierung stattgefunden hat: man spricht und schreibt im Jargon der Lernzielspezialisten; im konkreten Unterricht bleibt dann aber alles beim alten. Gleichwohl werden Referendare natürlich ‚auf Linie' verpflichtet, und in ihren Stundenentwürfen muss von Lernzielebenen, Lernzieloperationalisierung und -kontrolle etc. die Rede sein. (Auf die symbolische Funktion der Lernziel-Semantik weist auch Wellendorf 1978 hin.) Diese nur semantische anstelle von inhaltlicher Adaption erklärt sich dadurch, dass sowohl die organisatorische Binnenstruktur der Schule wie auch die unzureichenden Erkenntnisse der empirischen Unterrichtsforschung eine konsequent zu Ende gedachte lernzielorientierte didaktische Praxis derzeit (glücklicherweise!) gar nicht erlauben.

2. Implikationen des Zweck/Mittel-Schemas

Um die theoretischen Implikationen des Zweck/Mittel-Denkens, welches dem lernzielorientierten Konzept der Organisation von Lehren und Lernen zugrunde liegt, zu verdeutlichen, soll auf seinen Ursprung im allgemeinen Zweck/Mittel-Schema zurückgegangen werden. Drei kritische Punkte gilt es zu beachten (vgl. Luhmann 1973; Grzesik 1975):

Als *Erstes* und Wichtigstes ist festzuhalten, dass nie genau - und vor allem: stabil - zwischen Zwecken und Mitteln unterschieden werden kann. Es hängt vielmehr; vom Betrachtungsstandpunkt ab, ob etwas als Zweck oder aber als Mittel anzusehen ist. Hierbei spielt insbesondere der Aspekt der Differenzierung der Ziel-Ebenen sowie der Verzeitlichung der Ziel/Mittel-Relation eine Rolle: Zweck soll der gebildete Schüler sein, Mittel dazu kann u.a. die Bearbeitung der Antigone sein. Dann: Zweck des Unterrichts soll die Bearbeitung der Antigone, Mittel dazu kann - neben anderen - der historisch-kritische Vergleich der verschiedenen Fassungen des Antigone-Stoffes sein. Weiter: Zweck soll der Vergleich der Fassungen sein, Mittel hierfür u.a. die Aufteilung der Klasse in Gruppen usw. Durch diese ständige Vertauschung von Zweck und Mittel zeigt sich, dass das Zweck/Mittel-Schema in seiner Inhaltlichkeit nicht gleichsam zur Ontologie von Unterricht ‚an sich' gehört, sondern demgegenüber ein Ordnungsschema ‚für uns' darstellt, welches je nach Position und Perspektive unterschiedliche Zuordnungen erlaubt.

Das gewählte Beispiel hat auf einen *zweiten* Sachverhalt aufmerksam gemacht: Eine positionsspezifisch ausgegrenzte Zweck/Mittel-Beziehung ist selbst wiederum in ein ganzes Netz von Zweck/Mittel-Bezügen eingeordnet. *Ein* Zweck lässt sich durch *viele* Mittel erreichen; *ein* gewähltes Mittel erreicht - neben den intendierten - noch *andere*, momentan jedoch ausgeblendete, neutralisierte Zwecke. Wenn es also oben hieß: Zweck A lässt sich - unter anderem - durch Mittel B erreichen, so ist dies „unter anderem" in *beide* Richtungen zu lesen. Am Beispiel: Antigone lässt sich auf vielerlei Weise bearbeiten - Auswendiglernen, Theaterbesuche, eigene Inszenierung, Neufassung etc. Zugleich bewirkt das je gewählte Mittel - hier: der Vergleich der Fassungen - z.B. die Erfahrung, dass sich bestimmte Stoffe konstant durch die Literaturgeschichte durchziehen, oder: das Mittel der Gruppenarbeit bewirkt eine Störung (oder Förderung) der gruppendynamischen Struktur der Klassengruppe etc. Das Zweck/Mittel-Schema ist also nicht nur ein inhaltlich sehr elastisches, strategisch einsetzbares Ordnungsschema, sondern macht zugleich auch Kosten: Es lenkt die Aufmerksamkeit von den jeweils mitbetroffenen Nebenfolgen ab, die gleichwohl gravierender Natur sein, ja sich sogar im Blick auf das gewünschte Ziel als kontraproduktiv erweisen können.

Das Zweck/Mittel-Schema legt - *drittens* eine solche Sortierung von Moral- oder Wertproblemen nahe, derzufolge nur über Zwecke aufgrund normativer (weltanschaulicher, ideologischer) Festlegungen entschieden zu werden braucht, die geeigneten Mittel dagegen wertneutral und allein aufgrund von Kosten/Nutzen-Überlegungen zuzuordnen sind. Methodenfragen werden damit zu technischen Fragen. Weil aber - siehe oben - die Klassifikation einer Handlung bzw. Entscheidung als Zweck oder als Mittel positionsabhängig und variabel ist, und weil Mittel niemals nur einen Zweck bewirken, sondern auch noch andere Folgen nach sich ziehen (können), ist eine tatsächlich wertfreie Entscheidung über Mittelfragen nicht möglich. Eben deshalb trifft die gängige Auffassung, dass man sich nach dem Streit um die Ziele sehr schnell auf die Mittel einigen könne, nicht zu.

Diese Überlegungen problematisieren zumindest einen unreflektierten Gebrauch des Zweck/Mittel-Schemas in der Diskussion um Lehr- und Lern-Methoden. Aber auch in der allgemein-pädagogischen Theoriebildung ist vielfach auf die sehr komplexe und im Grunde unsichere Relation zwischen Erziehungsabsichten, pädagogischen Handlungen und tatsächlichen eintretenden Wirkungen hingewiesen worden. In der geisteswissenschaftlichen Tradition wurde dies z.B. von Spranger anhand des „Gesetzes der ungewollten Nebenwirkungen in der Erziehung" (1962) verdeutlicht; die analytische Erziehungsphilosophie hat sich dem Problem mit ähnlich skeptischen Resultaten zugewandt (Peters 1959; Macmillan/McClellan 1968; Oelkers 1982,1985; für das Verhältnis von „Lehren" und „Lernen" vgl. weiter unten Abschnitt 2.4), und mit systemtheoretischen Mitteln haben Luhmann/Schorr (1979) auf das Technologiedefizit in der Erziehung und die darauf bezogenen Reflexionsdefizite der Pädagogen aufmerksam gemacht. Ist durch die Analyse der Implikationen des Zweck/Mittel-Schemas bereits klar geworden, dass die Unterscheidung von Zweck und Mittel, von Ziel und Methode immer nur relativ ist, dass eine Zweck/Mittel-Beziehung immer in komplexe Netze von weiteren Zwecken und Mitteln (Ursachen und Wirkungen, Anlässen und Folgen) eingebettet ist, und dass schließlich die Einordnung von Methodenfragen in die Zone des Wertneutral-Technischen selbstverständlich nicht zutrifft, so wird durch diese grundsätzlichen erziehungstheoretischen Hinweise die Vorstellung hinfällig, durch Methode ließe sich eine tatsächliche Sicherheit des Be-wirkens von bezweckten Wirkungen erreichen.

Was ist jetzt noch ‚methodisch' möglich? Wird nicht durch die Relativierung des Zweck/Mittel-Denkens sowie durch die Hinweise auf die grundsätzlich unsichere Relation zwischen Erziehungsabsichten und ihren Wirkungen die Methodenproblematik dem rationalen Zugriff entzogen? Bleibt der sinnvolle Methodeneinsatz eine Frage der Intuition, bleibt er Glückssache? Dem ist nicht so. Erziehungstheoretiker können philosophieren (und das soll auch so bleiben), aber Lehrer können (und müssen!) trotzdem unterrichten. Dies ist natürlich auch möglich. Die vorangegangene Konfrontation von lernzielorientiertem Unterrichtskonzept und seines optimistisch-technokratischen Impetus mit den relativierenden, demgegenüber fast defätistischen Hinweisen auf die prinzipiellen Unsicherheiten zwischen Absicht und Wirkung, zwischen Ziel und Methode geschah zu dem Zweck (!), zwischen naiver Technokratie einerseits und einer tendenziellen Rückkehr zur These vom Unverfügbaren im Unterricht eine realistische Perspektive für einen reflektierten Methodengebrauch zu eröffnen. Denn sowohl vor dem Hintergrund von Methoden-Traditionen, aufgrund des Professionswissens der Lehrerschaft wie schließlich auch aufgrund der Basis empirischer Forschung zum Lehr-Lern-Prozess (vgl. dazu ausführlich Kap. 3) lassen sich zumindest Hinweise für einen sinnvollen Methodengebrauch geben. Voraussetzung dafür ist allerdings die Einsicht, dass nicht alle Methoden zu ein und demselben Ziel führen und ebenso nicht alle Ziele durch ein und dieselbe Methode erreichbar werden. Vielmehr wird eine bestimmte unterrichtliche Absicht - sei es im Blick auf zu vermittelnde Inhalte, sei es, eng damit verbunden, im Blick auf anzustrebende Lernqualitäten - eben nur unter Zuhilfenahme bestimmter methodischer Formen erreichbar. Genauso, wie bestimmte Absichten nur mit bestimmten Methoden harmonieren, genauso ‚drängt' umgekehrt eine bestimmte Methode immer nur auf einen begrenzten Ausschnitt aus dem sehr breiten Zielspektrum des (schulischen) Lehrens und Lernens zu. Diese These über die differenzielle Wirkung von Methoden wird im weiteren Gang der Darstellung immer wieder aufgenommen und von verschiedenen Seiten beleuchtet werden (vgl. auch Ziel-Methoden Matrix in Abschnitt 3.2).

2.3 Sachbegegnung mit Methode

Da durch organisiertes Lehren und Lernen immer bestimmte Intentionen verfolgt werden, ist die Dimension der Zielerreichung für die Erörterung der Methodenproblematik sicherlich von grundsätzlicher Bedeutung. Dies drückt sich in dem Satz vom Primat der didaktischen Intentionalität vor inhaltlichen und methodischen Entscheidungen aus, mit dem Klafki (1976; 1985, S. 64f.) seine ältere These vom Primat der Didaktik im engeren Sinne (d.h. der Inhaltsfrage) vor der Methodik modifiziert und korrigiert hat. Die durch Lehren und Unterrichten verfolgten Intentionen können auf ganz verschiedene Bereiche des Lern- und Entwicklungspotentials eines Menschen gerichtet sein: auf sein Wissen und Können, auf die Entwicklung seiner Verstehensfähigkeit, auf seine Haltungen, auf die Herausbildung seiner moralischen Urteilskraft, auf die Ausdifferenzierung seiner ästhetischen Erfahrungsfähigkeit, auf die Erweiterung seiner motorischen Möglichkeiten etc. In allen Fällen werden die verfolgten Absichten jedoch nicht direkt, sondern vermittelt über die Beschäftigung der lernenden Schüler mit einer *Sache* angestrebt und zu realisieren versucht. Insofern ist die Beschäftigung mit Sachen selbst schon ein Mittel, eine Methode, um Absichten zu erreichen. Die Sachen aber kommen in der Schule in aller Regel nie unvermittelt, sondern in aufbereiteter, didaktisierter und methodisierter Form zum Zuge. Damit ist die Frage nach dem Stellenwert der Sachen im Lehr-Lern-Prozess sowie nach den Voraussetzungen und Folgen ihrer methodischen Präsentation (durch den Lehrer) und Erarbeitung bzw. Aneignung (durch die Schüler) gestellt. Diese Frage markiert die zweite, grundlegende Dimension der Methodenproblematik. In der Literatur wird diesem Komplex anhand der Frage nach dem Verhältnis von Inhalt und Methode, von Didaktik und Methodik, von „Was?" und „Wie?" im Unterricht nachgegangen (vgl. Schulze 1978, S. 186ff; Adl-Amini 1981; Klingberg 1983,1985, Hoffmann 1987, S. 59ff., 103ff.; Diederich 1988, S. 204ff.).

Ähnlich wie bei der Ziel-Weg-Metapher, so scheinen auch hier auf den ersten Blick klare Verhältnisse vorzuliegen: Nachdem in Abstimmung mit den verfolgten Absichten über die Inhalte des Lehrens und Lernens entschieden worden ist, werden - zweitens - die Methoden bestimmt, mittels derer diese Inhalte nun vermittelt werden. Zuerst das „Was?", dann das „Wie?", weil sich letzteres nach ersterem richten muss, ja sich vielleicht sogar daraus ergibt. Ähnlich wie bei der Ziel/Weg-Metapher werden die Verhältnisse jedoch plötzlich unklar und kompliziert, wenn man genauer hinschaut. Vor allem das Sicherheit versprechende Element, ,die Sache' selbst, wird dabei schnell zum eigentlichen Unsicherheitsfaktor. Denn je nachdem, welcher Stellenwert der Sache, dem *Lernobjekt*, dem Gegenstand des Lehrens und Lernens grundsätzlich (Martin 1964) wie auch hinsichtlich seiner speziellen Bedeutung für den Kenntniserwerb und die Entwicklungsmöglichkeiten der Schüler, den *Lernsubjekten*, beigemessen wird, ergeben sich unterschiedliche Positionen bei der Bestimmung der Aufgaben, Möglichkeiten und Grenzen von Methode beim Zusammentreffen von Sachen und Schülern. Denn in das Verständnis von der Sache geht immer auch eine Vorstellung vom Lernsubjekt, vom Schüler ein. Ein bestimmtes Verständnis vom Objekt des Lernens ist (ausdrücklich oder unausdrücklich) immer mit einem bestimmten Verständnis vom Subjekt des Lernens verknüpft - und beides wiederum mit dem Lehrer und seinen methodischen Aufgaben.

1. Vom Inhalt zur Methode

Die einfachste Positionsbestimmung von Inhalt und Methode versteht die durch Lehrpläne vorgegebenen Inhalte und Aufgaben tatsächlich als ,gegeben'. Die bildungs- und lehrplantheoretischen Überlegungen und Entscheidungen, die zur Hineinnahme eines kulturellen Wissensbereiches in den Lehrplan geführt haben, werden nicht weiter problematisiert, die Bemühungen konzentrieren sich auf die Frage, wie das vorab bestimmte „Was?" an die Lernenden vermittelt werden kann. Die vorgegebenen Inhalte weisen in sich eine bestimmte innere Ordnung oder Struktur auf. Diese Sachstruktur gilt es an die Schüler zu vermitteln. Dies ist Aufgabe des methodischen Handelns des Lehrers. Er entwickelt die ,gegebene' innere Sachstruktur so, dass sie von den Schülern korrekt, vollständig und überdauernd erfasst wird. Der Lehrgang fußt also auf der Sache, ihrem Anspruch haben die Schüler zu genügen: Es gibt die Sachen, der Lehrer lehrt sie, die Schüler lernen sie. Die Methode ist die verzeitlichte, prozessualisierte, ab-gewickelte Struktur der Sache, die schließlich als Ergebnis des Lernens in auf-gewickelter, strukturierter Form „in" den Schülern abgebildet ist. Diese Position hat ein naiv-realistisches Verständnis von der natürlich gegebenen Struktur der Sache zur Voraussetzung. Sie muss auf der einen Seite von einer stabilen, eindeutigen und erkennbaren inneren Struktur der Lerngegenstände und der Lernaufgaben ausgehen - und auf der anderen Seite ein passiv-aufnehmendes Lernen der Schüler unterstellen. Dem methodischen Handeln des Lehrers ,dazwischen kommt dann die Aufgabe des Transports zu, die Begegnung von Sachen mit Schülern ist methodisch als Durchsetzung des Sachanspruchs zu organisieren.

Sowohl die naiv-realistische, ontologische Auffassung von der gegebenen inneren Ordnung der Sachen wie auch das passive Bild vom Lernen der Schüler sind unhaltbar; das Transportbandverständnis von Methode wird es damit auch. Da das Lernen der Schüler und seine Bedeutung für die Methoden des Lehrens im nächsten Abschnitt erörtert wird, werden im Folgenden lediglich die Probleme einer aus der Sache abgeleiteten methodischen Vorgehensweise erwähnt: Die Produkte menschlicher Erkenntnistätigkeit, v.a. aber die im historischen Prozess erreichten kulturellen Errungenschaften sind nie einfach nur Abbilder irgendeiner inneren Ordnung an sich, sondern immer auch Konstruktionen für uns. Erst bei noch-nicht-Wissen um diese Konstruiertheit oder aber bei einem bewussten Abschneiden bzw. Vergessen-machen-Wollen dieser Konstruiertheit kann einer Sache bzw. den Erkenntnissen darüber unbezweifelbare Geltungskraft und diese damit dogmatisiert werden. Das erste (noch nicht wissen können) ist heute unmöglich; das zweite (nicht mehr wissen wollen) ist unvertretbar. Weiter: Irgendwelche Elemente der Kultur geraten nicht auf 'natürliche' Weise, sondern durch Selektionen (also Entscheidungen) in Lehrpläne und Schulbücher. Vieles spielt hierbei eine Rolle: Tradition, Macht und Einfluss von Interessengruppen, bildungstheoretische und -politische Überlegungen, juristische Bedenken, Fragen der Prüfbarkeit etc. Dies alles beeinflusst ebenso die Kontur und Struktur der Inhalte. D.h.: die Struktur der Sache als Lehrplanelement und Unterrichtsinhalt wird durch eine längere Entscheidungskette allererst festgestellt! Und schließlich: Auch diese künstlich fest-gestellte Struktur lässt sich auf unterschiedliche Weise entwickeln und präsentieren. Dies alles problematisiert die These von der Leitfunktion der Inhalte für die Methodenorganisation.

Die Ableitbarkeit von Methoden aus Inhalten wird vollends problematisch, wenn man berücksichtigt, dass - zumindest im allgemeinbildenden Schulwesen - doch nie nur und ausschließlich auf Wissensvermittlung hin gearbeitet, d.h. gelehrt und gelernt wird. In indirekter und auch direkter Form spielt auch soziales und moralisches Lernen eine Rolle, womit sich natürlich besondere Probleme einer Methodisierung verbinden. Wer könnte in diesem Zusammenhang noch von einer unbezweifelbaren festen Struktur der Sache reden? Für alle diejenigen Kontexte des Lehrens und Lernens, in denen nicht einem kognitiven Ein-Zweck-Modell von Unterricht gefolgt wird, erweist sich die These von der Methode als Derivat der Inhaltsstruktur als vollkommen hinfällig.

2. Interdependenz zwischen Inhalt und Methode

In der Literatur wird die Auftrennung von Inhalts- und Methodenentscheidungen sowie die gleichzeitige *Nach*ordnung von Methode anhand des bereits erwähnten Satzes vom Primat der Didaktik (im engeren, inhaltsbezogenen Sinne) vor der Methodik sowie an der Wirkungsgeschichte der diese 'alte' didaktische Primatthese praktisch umsetzenden „Didaktischen Analyse" als Kern der Unterrichtsvorbereitung diskutiert und kritisiert (vgl. Terhart 1983, S. 24f.; Rauschenberger 1985, S. 180). Für große Teile der (Ausbildungs-)Praxis mag dieser Vorwurf eines Inhaltsdogmatismus bei gleichzeitiger Verkürzung der Methodenproblematik auf Verfahrensfragen sicherlich zutreffen. Der Idee nach zielt jedoch das geisteswissenschaftlich-bildungstheoretische Verständnis von Unterricht, wie es bei E. Weniger bzw. auch W. Klafki entwickelt worden ist, selbstverständlich ein anspruchsvolleres Ziel an. Durch die ‚neue' These vom Primat der didaktischen Intentionalität von inhaltlichen und methodischen Entscheidungen sowie durch die Revision der „Didaktischen Analyse" (Klafki 1978; 1985, S. 213ff.) wird m.E. sowohl an diese Reflexionsstufe noch einmal explizit angeknüpft und zugleich die Kritik an der *bildungstheoretischen* Didaktik insbesondere von Seiten der *lerntheoretischen* wie auch der *kommunikativen* Didaktik aufgenommen und konstruktiv gewendet. Hinsichtlich des Verhältnisses von Inhalt und Methode heißt es jetzt: „Es wird ... nicht mehr möglich sein, didaktische Analyse und methodische Planung in zwei voneinander abgehobenen Schritten darzustellen" (Klafki 1978, S. 104; vgl. 1985, S. 226).

Diese Revision stellt eine Annäherung an Überlegungen dar, die den notwendigen inneren Zusammenhang von Inhalten und Methoden des Lehrens und Lernens betonen. Auf allgemein-didaktischer Ebene ist dies mit größter Resonanz von der lerntheoretischen Didaktik der „Berliner Schule" vorgetragen worden. Laut P. Heimann, dem Begründer dieses didaktischen Konzepts, kann kein Element des Unterrichtsprozesses den „Wirkprimat" für sich beanspruchen; statt dessen sei von einer Interdependenz aller beteiligten Faktoren auszugehen. Heimann weiter: „Die Ausklammerung der Methodenorganisation und der Medienwahl aus dem Didaktikbegriff ist ein Akt folgenschwerer Desintegration ... Denken über ‚Inhalte als Lehrbare' impliziert das Methodische ..." (Heimann 1962/1976, S. 157). Die These von der Interdependenz aller am Unterricht beteiligten Faktoren ist zum Ausgangspunkt einer sehr umfangreichen und vielstimmigen Diskussion um das Verhältnis von Inhalten und Methoden des Lehrens und Lernens geworden. Blankertz (1969/1972, S. 93ff.) hat Heimanns Wort von der „Implikation" (s.o.) aufgenommen und spricht vom nicht hintergehbaren „Implikationszusammenhang" zwischen inhaltlichen und methodischen Entscheidungen, womit zweierlei gemeint ist: „(E)inmal, dass jede Unterrichtsmethode inhaltliche Vorentscheidungen enthält, auch wenn sie dies nicht sichtbar macht, und zum anderen, dass inhaltliche Zielsetzungen für den Unterricht nicht ohne Bezugnahme auf ihre mögliche oder ausbleibende methodische Durchsetzung sein können". Der zweite Teil dieses Satzes weist auf die Notwendigkeit hin, bei Ziel- und Inhaltsentscheidungen schon mitzubedenken, ob und wie die verfolgten Intentionen methodisch durchsetzbar sind, d.h. ob und welche geeigneten Methoden in der konkreten Situation zur Verfügung stehen. Anders formuliert: Das (technisch oder von der Kompetenz des Lehrers her) zur Verfügung stehende methodische Repertoire limitiert u.U. die Entscheidungen über Ziele und Inhalte. Insofern wirkt „Methode" auf Inhaltsentscheidungen zurück. - Der erste Teil der

Implikationsthese ist demgegenüber brisanter: Methoden enthalten unausweichlich inhaltliche Vorentscheidungen. Das kann heißen: die Art und Weise, wie ein bestimmter Inhalt im Unterricht erarbeitet und behandelt wird, oder anders: die Art und Weise, wie der Lehrer durch ein Arrangieren von Lernbedingungen einen Inhalt in den Unterricht ein- und den Schülern nahe bringt, hat Bedeutung dafür, wie dieser Inhalt im Unterrichtsprozess ‚erscheint', sie hat Konsequenzen dafür, welche Qualität von Lernen den Schülern abverlangt ist und schließlich dafür, wie der so ‚erschienene' Inhalt von den Schülern subjektiv angeeignet worden ist. Hiermit bleibt der Primat der didaktischen Intentionalität übrigens unberührt: Ganz im Sinne der Bildungstheorie ist weiterhin vorab zu entscheiden, in welcher Hinsicht und unter welchem Aspekt ein Inhalt im Unterricht zum Thema werden soll. Erst nachdem dieser Aspekt bestimmt und die didaktische Intentionalität deutlich geworden ist, stellt sich die „methodische Leitfrage", wie nämlich „die individuell subjektiven Voraussetzungen der Schüler mit dem objektiven Sachanspruch vereinigt werden können" (ibid., S. 99). Diese Aufgabenbestimmung spricht von Methode (‚zwischen' Lernobjekt und Lernsubjekt) und folgt genau der Tradition des bildungstheoretischen Verständnisses von Unterricht als „Begegnung" bzw. „fruchtbare Auseinandersetzung zwischen Kulturgütern und der nachwachsenden Generation", als „wechselseitige Erschließung" und Fort-Bildung der historisch-gesellschaftlichen Welt wie auch von sich entwickelndem Subjekt.

Die Interdependenz- wie auch und stärker noch die Implikationsthese bilden einen deutlichen Kontrast zur weiter oben erörterten These von der abhängigen Stellung der Methode gegenüber den Inhalten. Auf der Basis von Interdependenz und Implikationsannahmen gewinnt Methode gewissermaßen an Bedeutung: Es wird erkannt, dass die Art und Weise der Präsentation eines Inhalts nicht als ein nachgeordnetes Problem betrachtet werden kann, sondern bereits beim Nachdenken und Entscheiden über Inhalte die Frage der Methode mitbedacht sein will, damit sichergestellt ist, dass die methodische Realisation des Unterrichts mit ihren Folgen für das Auftreten der Sachen wie auch für das Lernen der Schüler die didaktische Intentionalität zu realisieren hilft, zumindest aber: ihr nicht im Wege steht oder gar unbemerkt auf ganz anderes hinzielt. Denn methodische Formen weisen eine Eigendynamik auf, d.h. sie sind in sich bereits auf eine bestimmte Inszenierung von Themen sowie auf bestimmte Lernqualitäten auf Seiten der Schüler gerichtet.

An dieser Stelle ein Zwischenresümee: Im Rahmen der zuerst erörterten Verhältnisbestimmung von Inhalt und Methode ‚gab' es eine festgelegte Inhaltsstruktur, die vermittels einer hieraus abzuleitenden Methode an die Schüler vermittelt wird. Inhalte sind stabil, Methoden transportieren sie ‚in' die Schüler hinein. - Der im Anschluss hieran erörterten Interdependenzannahme liegt ein anderes Verständnis vom Lerngegenstand, vom Lernen der Schüler wie auch von Methode zugrunde. Der Gegenstand verliert seine vorgeblich festgefügte und eindeutige innere Struktur und erscheint als historisch gewordenes, mehr-deutiges Kulturprodukt, welches in verschiedenen Hinsichten im Unterricht zum Thema werden kann. Ebenso wird der Schüler nicht als passives Gefäß, sondern als aktiv-aneignendes, entwicklungsfähiges Lernsubjekt verstanden. Aufgrund einer bildungstheoretisch zu entfaltenden und zu begründenden didaktischen Intentionalität wird sowohl über die Hinsicht, in der Inhalt zum Thema werden soll, wie auch über die zu fördernde Richtung des Lernens und Entwickelns der Schüler entschieden. Das methodische Handeln des Lehrers hat dabei die Aufgabe, zwischen ,objektiver' und ,subjektiver' Seite einen Auseinandersetzungsprozess einzuleiten, damit Objekt und Subjekt sich aneinander entwickeln. „Methoden bezeichnen also *Beziehungen*, nämlich Beziehungen zwischen den Akten der Unterrichtsorganisation und der Lehre ... und den erstrebten oder zu ermöglichenden Lernprozessen auf Seiten der Schüler" (Klafki 1985, S. 205).

3. „Methode macht den Inhalt!"

Radikalisiert man die im Übergang von der Ableitungs- zur Interdependenzannahme liegende Denkbewegung, so verliert einerseits der Inhalt seine Gegenständlichkeit. Zugleich verliert auch die subjektive Seite des Lehr-Lern-Prozesses ihre orientierende Funktion für das Unterrichten. „Methode" übernimmt jetzt selbst die Verantwortung! Dies in einem doppelten Sinne: Das unterrichtliche Handeln des Lehrers als „konstruierende Tätigkeit" (Hiller 1973, S. 207) löst nicht nur die Eindeutigkeit der Sachen in eine Pluralität von Perspektiven, Inszenierungen und Thematisierungsmöglichkeiten auf, sondern wendet den Konstruktionsgedanken auch auf die Subjekte Seite des Lehr-Lern-Prozesses an. Auch das, was die Schüler wie am so inszenierten Gegenstand lernen, welche Qualität ihr Lernprozess annimmt und welche Folgen er hat, wird nicht als Voraussetzung für, sondern als Ergebnis des unterrichtlichen Handelns des Lehrers betrachtet (vgl. Loser 1966, 1967, 1975). Damit liegt eine Umkehrung des Ableitungsgedankens vor: aus dem Transportbandverständnis von Methode wird die These von der Konstruktion („Erzeugung") des Lerngegenstandes wie des Lernsubjekts durch „Methode".

Eine solche Umkehrung der Perspektive wirkt - gemessen an der einfachen Ziel/Weg-Metapher - zunächst befremdlich. Wie kann die Methode plötzlich zum dominierenden Faktor für Lerngegenstand und Lernsubjekt werden? Für das Verständnis ist zunächst einmal der Hinweis wichtig, dass hier ein sehr weiter Begriff von „Methode" verwendet wird: Er bezeichnet nicht einzelne methodische Formen oder deren Spektrum, sondern umschließt ganz allgemein lehrplanbezogene Vor-Entscheidungen, Planungsüberlegungen des Lehrers sowie das Gesamt der Prozesse im Unterricht (Themenpräsentation, Organisationsformen, Interaktionsprozesse). Diese grundsätzliche Perspektive wird bei Loser inhaltlich deutlich in seinem Rekurs auf die historischen wie anthropologischen Dimensionen des Problems, begrifflich in der Tatsache, dass ganz allgemein von „der Lehre", „dem Lehren" etc. im Verhältnis zur Sache und zum Lernen die Rede ist. Auf dieser Argumentationsebene wird gewissermaßen Raum geschaffen für „das Lehren", indem der Anspruch der Sachlogik des Gegenstandes wie der Psycho-Logik des Lernprozesses als Determinanten didaktischen Handelns zurückgewiesen wird. Insofern kommt der Umkehrung auch strategische Funktion zu.

Das inhaltliche Motiv der Rede von der konstruierenden Tätigkeit des Lehrers lässt sich folgendermaßen veranschaulichen: Ein Inhalt des Lehrplans lässt sich auf verschiedene Weisen zum Thema des Unterrichts machen: ‚Die Klimazonen der Erde' durch Reiseberichte, Klimadiagramme, vergleichende Betrachtung von Lebensgewohnheiten, eigene Erfahrungen, wirtschaftspolitische Zusammenhänge etc. Analoge Beispiele sind für andere Inhalte, andere Fächer, andere Schulstufen etc. leicht zu finden. Dem würde auch die bildungstheoretische Didaktik (in ihrer aktuellen Form) zustimmen - und dann von der Notwendigkeit der begründeten Auswahlentscheidung sprechen. Die Art und Weise der Thematisierung und Präsentation sowie Ver-Handlung lässt den Inhalt auf eine ganz bestimmte Weise als Thema des Unterrichts erscheinen (vgl. dazu ausführlich Faust-Siehl 1987). Die von Giel u.a. (1974ff.) vorgelegten mehrperspektivischen Curriculum- und Unterrichtsmaterialien zielen auf eine Aufrechterhaltung und Bewusstmachung der pluralen Perspektiven auf Inhalte ab, um didaktische Einsinnigkeit (Hiller: „dogmatische Ontologie") gar nicht erst aufkommen zu lassen. Dies ist die eine Seite. Auf der anderen Seite, der Seite des Lernsubjekts, darf ebenfalls nicht von einer fest-stehenden Struktur des Lernenden bzw. der Lernprozesse ausgegangen werden. Diese Voraussetzungen sind nicht fixe Bedingungen, sondern durch Unterrichten zu verändernde Größen. Lernen, Lernfähigkeit sowie die Erreichung von bestimmten Lernqualitäten soll ja herausgearbeitet und gefördert werden. - Die Problematik einer in diesem doppelten Sinne bewusst die Möglichkeiten der „Erzeugung" forcierenden didaktisch-methodischen Position ist allerdings darin zu sehen, dass die Stellung und Bedeutung „der Lehre" und damit des Lehrers innerhalb des didaktischen Dreiecks von Lernobjekt-Lernsubjekt-Lehrer sehr stark aufgewertet wird, zugleich aber die Leitvorstellung, an der sich Unterrichten orientieren soll, nicht inhaltlich präzisiert wird: Das Spiel mit pluralen Möglichkeiten der Inszenierung von Inhalten spricht dem didaktisch-methodischen Komplex „erzeugende" Qualität zu, ohne dies rückzubinden an das Problem bildungstheoretisch zu explizierender und zu begründender Intentionen. Die Vielfalt der Wege wird eindrucksvoll aufgezeigt; wohin sie führen (können), bleibt „offen". Dieser Problematik unterliegen auch noch die seit kurzem vermehrt erscheinenden Arbeiten zur „konstruktivistischen" Didaktik, die - ohne übrigens an die Diskussion der 1970er Jahre anzuknüpfen - unter Bezugnahme auf die erkenntnistheoretische Position des Radikalen Konstruktivismus und der konstruktivistischen Lernpsychologie und -Physiologie beanspruchen, eine neue allgemein-didaktische Position formulieren zu können (vgl. hierzu Gerstenmaier/Mandl 1995).

Im Zusammenhang mit dieser Verhältnisbestimmung von Inhalt und Methode muss weiterhin bedacht werden, dass durch die „konstruktive" Position nicht etwas völlig Neues für das Unterrichten verlangt wird, sondern die an organisierte Lehr-Lern-Prozesse notwendig geknüpfte Konstruiertheit von Gegenständen und Möglichkeiten des Lernens gewissermaßen positiv gewendet und zugespitzt wird. Denn dadurch, dass Lehren und Lernen in Schulen und (fast durchweg) als Klassenunterricht, veranstaltet werden, kommt den Bemühungen des Lehrers gemessen an „natürlichen" (nicht-organisierten, nicht-methodisierten) Lern- und Erfahrungsprozessen immer etwas Künstliches, Gemachtes, Hingestelltes zu. Dies kann man kritisieren (vgl. Rumpf 1986; zur Diskussion Duncker 1987). Umgekehrt ermöglicht erst und gerade die Organisiertheit sowie die Methodisierung des Lehrens und Lernens mit ihrer Herauslösung des Lerngegenstandes aus seiner Einbettung in Alltagsleben und Anschauung und der Bereitstellung von risikofreien, handlungsentlasteten Lernmöglichkeiten die Überschreitung des doch immer auch begrenzten unmittelbaren Erfahrungskreises der Schüler und eröffnet damit die Möglichkeiten des Lernens oberhalb partikularer Alltagserfahrung. Hierin liegen die Chancen und der eigentliche Zweck von organisiertem, methodischem Lehren und Lernen. Um diese Chancen zu wahren, ist ein gewisser Grad an Konstruktion notwendig, letztlich sogar unausweichlich. Entscheidend ist dabei, inwiefern einem Lehrer diese Problematik klar ist und ob es ihm gelingt, die unausweichliche und notwendige Konstruktivität seines Handelns im Unterricht im Sinne einer Überschreitung der Grenzen von unmittelbarer Erfahrung und Alltagswissen so zu nutzen versteht, dass ein Rückbezug auf den außerschulischen Erfahrungszusammenhang für die Schüler möglich bleibt.

Diese Ambivalenz von Methode, einerseits das Lehren und Lernen zu verkünstlichen, andererseits aber damit erst die Voraussetzung für die Überschreitung des Partikularen, Zufälligen und Unmittelbaren in Richtung auf ein Systematisches und Allgemeines zu schaffen, verweist im Grunde schon auf die Dimension der institutionellen Rahmung von Methoden. Bevor aber die „Methode", die in der Schule als Institution steckt, erörtert wird (Abschnitt 2.5), muss auf den Beitrag von Methode für die Erleichterung des Lernens der Schüler näher eingegangen werden.

2.4 Lernhilfe mit Methode

In methodisch organisierten Lehr-Lern-Prozessen werden bestimmte Absichten verfolgt (2.2) sowie bestimmte Inhalte oder Aufgabenstellungen behandelt (2.3). Dies alles geschieht zu dem Zweck, das Lernen zu organisieren und zu erleichtern. Insofern ist das Lernen der Schüler neben der Ziel- und Inhaltsdimension die dritte systematische Dimension des Methodenproblems. Der Beitrag von Lernmethode als Hilfe zum Lernen soll in drei Schritten erörtert werden: (1) Als erstes wird die Begrifflichkeit untersucht. Was heißt es, wenn man die Begriffe „Lehren" und „Lernen" (gesondert oder in Verbindung) verwendet, und welche Implikationen haben verschiedene Varianten des Begriffsgebrauchs. (2) Im Anschluss hieran wird auf das Verständnis des materialen Zusammenhangs von Lehren und Lernen in der Lern- und Unterrichtspsychologie eingegangen. (3) Den Abschluss bildet eine Systematik philosophischer (nicht: unterrichtspsychologischer) Lehr-Lern-Modelle, in denen bestimmte Qualitäten des Lernens mit entsprechenden Formen des Lehrens verknüpft werden.

1. Begriffsanalysen zum Verhältnis von „Lehren" und „Lernen"

„Lehren ist Lernenmachen" schreibt Willmann (1889, S. 188). Nimmt man dies wörtlich, vollzieht er damit eine in mehrfacher Hinsicht optimistische Einschätzung des Beitrags von Lehren für das Lernen: Als ob nämlich Lehren *immer* Lernen macht, also nie erfolglos sein kann, als ob *allein* Lehren das Lernen macht, also nichts anderes zu Lernen führen könnte, und als ob Lehren schließlich das Lernen *macht*, also in einem mechanischen Sinne Lernen erzeugt. Das ist sicherlich so nicht der Fall. Vielmehr sind alle drei Unterstellungen zu problematisieren: Häufig wird gelehrt, ohne dass überhaupt (oder das Intendierte) gelernt wird. Weiter: Lernen kann natürlich auch stattfinden, ohne dass es durch Lehren angeleitet oder begleitet wird. Schließlich: die Verbindung zwischen Lehren und Lernen ist nicht kausalmechanischer Art, denn Lernen ist immer auch Eigenaktivität desjenigen, der lernt.

Die sprachanalytische Erziehungsphilosophie mit ihrer Konzentration auf die Analyse und Kritik der im Reden über Erziehung und Unterricht verwendeten Begriffe unterscheidet in diesem Zusammenhang einen Erfolgsbegriff des Lehrens von einem Absichtsbegriff (vgl. Terhart 1977; ausführlich Oelkers 1985, S. 158ff.). Unter Zugrundelegung des *Erfolgsbegriffs* wird einer Aktivität nur dann die Bezeichnung „Lehren" zugesprochen, wenn auch gelernt wird, Erfolg also eingetreten ist.

Bleibt dieser aus, hat dann eben per definitionem kein Lehren stattgefunden. Hier wird also auf begrifflicher Ebene ein implikatives Verhältnis zwischen Lehren und Lernen behauptet. So gesehen, beinhaltet die Verwendung des Begriffs „Lehren" immer schon das Vorliegen der Tatsache Lernen. Die Frage ist dann natürlich, wie man diejenigen Aktivitäten eines Lehrers im Unterricht bezeichnet, die nicht zum Lernen geführt haben. Das wäre dann pure Kommunikation und Interaktion - oder bestenfalls ein Lehrversuch. Im Grunde ließe sich eine Aktivität des Lehrers immer nur nach der Feststellung ihres Erfolges im Lernen der Schüler als Lehren qualifizieren. Damit aber entsteht die Aufgabe, „Erfolg" näher zu bestimmen: Wie schnell muss er eingetreten sein? Ist es ein Erfolg, wenn ein anderes als das durch die Lehre angestrebte Lernen eingetreten ist? Und schließlich: Was ist zu tun, wenn einige Schüler gelernt haben, andere nicht. Ein und dieselbe Tätigkeit des Lehrers wäre dann Lehren und zugleich Nicht-Lehren!

Der *Absichtsbegriff* von Lehren dagegen bindet die Zumessung des Begriffs „Lehren" nicht an den Erfolg im Lernen, sondern an das Vorliegen der Absicht, zu lehren. Damit können auch diejenigen Aktivitäten des Lehrers als Lehren bezeichnet werden, die kein oder ein anderes als das angestrebte Lernen zur Folge hatten. Der Absichtsbegriff des Lehrens erhebt darüber hinaus nicht den Anspruch exklusiver Determination: Die Absicht des Lehrens ist vielleicht auch durch Mitwirkung anderer Faktoren realisiert worden. Und schließlich: Es wird kein mechanisches Determinationsverhältnis zwischen Lehren und Lernen behauptet. Oelkers (1985, S. 231f.) fasst diese Position folgendermaßen zusammen: „Man kann unterrichten, ohne dass Lernen stattfindet, und man kann lernen, ohne unterrichtet zu werden. Das Ziel des Unterrichtens ist es, ein bestimmtes (!) Lernen zu ermöglichen. Aber die Aktivitäten des Unterrichtens sind mit diesem Ziel situativ wie prozessual nur kontingent verbunden. Dabei mildern subjektive Wahrscheinlichkeitsannahmen diese Kontingenz, aber heben sie faktisch nicht auf." Oder anders: „Man kann lehren ohne Erfolg zu haben, aber man kann nicht lehren, ohne es zu intendieren" (ibid., S. 211).

Erst unter Zugrundelegung des Absichtsbegriffs von Lehren kann man das Verhältnis von Lehren und Lernen als eine sinnvolle Problemstellung ansehen und untersuchen, denn beim Erfolgsbegriff sind Lehren und Lernen per definitionem nahtlos verklammert. Es kann dann nichts mehr dazwischen liegen. Ebenfalls nur unter Zugrundelegung des Absichtsbegriffs wird die Bezeichnung von Lehrmethoden als Bedingungen für Lernprozesse verständlich, denn Bedingungen müssen begrifflich von dem getrennt sein, was sie bedingen. Weiterhin ist nur der Absichtsbegriff des Lehrens kompatibel mit einem Verständnis von Lernen als aktivem Aneignungsprozess des Lernenden selbst. Wenn nämlich von dessen Aktivität und Eigendynamik, und im Klassenunterricht sogar von vielen verschiedenen Eigendynamiken auszugehen ist, kann Lehren de facto nie über seinen Erfolg, das Lernen verfügen - und dies bringt nur der Absichtsbegriff zum Ausdruck. Und schließlich: Es muss zwischen verschiedenen Lernarten oder Lernqualitäten unterschieden werden, für die dann jeweils das Lehren als Bedingungskonstellation nicht nur anders aussieht, sondern sich eben auch anders auswirkt.

Speziell diese letzte Differenzierung innerhalb der *Real*prozesse Lehren und Lernen macht deutlich, dass *Begriffs*analysen bei aller Sophistikation noch zu grob ansetzen, wenn sie sich global mit „Lehren" und „Lernen" sowie deren Verhältnis zueinander beschäftigen.

Entsprechend ihrer grundlegenden Perspektive bleiben analytische Bemühungen immer an die Ebene der Begriffe geknüpft und machen auf die Implikationen des Begriffsgebrauchs aufmerksam. Den mit diesen Begriffen belegten Sachverhalten begegnet man nach dem Durchlauf durch solche Analysen mit einem viel differenzierteren Sensorium und vor allem: mit viel mehr Vorsicht. In diesem Sinne ist der Wert analytischer Begriffsexplikation für die Theorie-Arbeit (aber nicht nur für sie) hoch anzusetzen. Über die Sachen selbst, ihre empirisch-materiale Beschaffenheit vermögen Begriffsanalysen selbstverständlich keine Auskünfte zu geben. Interessiert man sich für den sachlichen Beitrag von Lehrern bzw. einzelnen Lehrmethoden für das Lernen bzw. das Erreichen bestimmter Lernqualitäten, so ist man auf die Lern- und Unterrichtspsychologie sowie auf die Instrumente und Befunde empirischer Lehr-Lern-Forschung (dazu Kapitel 3) verwiesen.

2. Die Psychologie des Lernens und die Methoden des Lehrens

„Wer also im Besitz der Kenntnis und Einsicht in die Gesetze des psychischen Geschehens ist, der würde damit auch in den Besitz des rechten Wegs für den Unterricht gelangen". Diese Aussage des Herbartianers Rein (1893/1970, S. 29) bildet den Grundgedanken jeder psychologischen Didaktik, die sich die Aufgabe stellt, „aus der psychologischen Kenntnis geistiger Formung diejenigen methodischen Maßnahmen abzuleiten, welche für die Entwicklung der Prozesse am besten geeignet sind" (Aebli 1963, S. 15). An der grundsätzlichen Auffassung, dass Erkenntnisse über das Lernen von großer Bedeutung für die Methoden des Lehrens sind, hat sich bis heute nichts geändert. Dies mit Recht. Umstritten ist allerdings, wie weit der Beitrag von Erkenntnissen *über* Lernen für das Unterrichten als eine *auf* Lernen der Unterrichteten zielende Tätigkeit reicht. Die Beantwortung dieser Frage ist nicht nur der Sache wegen von Bedeutung, sondern hat zugleich auch Konsequenzen für die Bestimmung des Verhältnisses von Psychologie und Pädagogik, genauer: von Lernpsychologie und Didaktik/Methodik (vgl. zum Problem allgemein Bonne 1978; Weinert 1996). In dem Maße nämlich, in dem man davon ausgeht, dass - erstens - hinreichend gesicherte Erkenntnisse über Lernen vorliegen und - zweitens - diese Erkenntnisse zugleich auch von handlungspraktischer Bedeutung sind, wird eine darüber hinausgehende eigenständige Reflexion (im Sinne von Bildungstheorie und Didaktik) überflüssig: Unterrichten ist dann angewandte Lernpsychologie - und sonst nichts. Auf eine solche Verhältnisbestimmung von Lernpsychologie und Didaktik kann sich zumindest Schulunterricht nicht einlassen, da seine Zweckbestimmung nicht nur auf Instruktion und Wissensvermittlung, sondern auf Bildung und Erziehung oder vorsichtiger: auf qualitativ höhere Lern- und Entwicklungsprozesse zielt. Insofern ergeben sich *normative* Barrieren gegenüber einem Aufgehen von Didaktik und Methodik in angewandter Lernpsychologie.

Die Vorstellung, dass Unterrichten durch lernpsychologische Erkenntnisse erschöpfend determiniert sein könnte, darf in der neueren Psychologie des Lehrens und Lernens aber auch aufgrund *sachlicher* Schwierigkeiten bei der Durchführung eines solchen Programms als überholt gelten. Insbesondere die Einsicht in den sehr begrenzten Wert gerade solcher lernpsychologischer Erkenntnisse, die auf der Basis eines behavioristischen Lernverständnisses (als dem Aufbau mehr oder weniger komplexer Reiz-Reaktions-Verbindungen) formuliert worden sind, haben zur Forderung nach eigenständigen *Theorien des Lehrens* neben *Theorien des Lernens* geführt. Die in der Diskussion um den ‚Aufstieg und Niedergang der Lerngesetze4 (McKeachie 1974) vorgebrachten Argumente lauten (vgl. Loser/Terhart 1977; Terhart 1983, S. 72):

– Ergebnisse der Lernforschung, die an Tieren gewonnen worden sind, lassen sich nicht auf menschliches Lernen übertragen. Geschieht dies doch, so finden tatsächlich auch nur solche Lernprozesse statt, die tierischem Lernen entsprechen.

– Ergebnisse der Lernforschung, die in Laboruntersuchungen gewonnen worden sind, lassen sich nicht auf die komplexe Situation Unterricht und ihre sozialpsychologischen, institutionellen und gesellschaftlichen Bedingungen übertragen. Geschieht dies doch, so wird Unterricht auf die künstliche Laborsituation reduziert.

– Lerngesetzlichkeiten sind nicht unter der Bedingung von Lehren ermittelt worden, sondern unter Experimentalbedingungen. Bei Anwendung der auf diese Weise gewonnenen Prinzipien wird Lehre implizit gleichgesetzt mit Experimentieren. Dies wiederum impliziert, dass nicht Lerntheorien selbst, sondern die Modalitäten ihrer experimentellen Prüfung auf didaktische Prozesse angewandt werden.

– Für behavioristische Lerntheorien ist es irrelevant, was inhaltlich gelernt wird; lediglich die formale Komplexität des zu erlernenden Verhaltens wird berücksichtigt. Der unterrichtliche Lehr-Lern-Prozess ist jedoch immer an bestimmte Inhalte gebunden. Wendet man Lerngesetze trotzdem an, so wird die Inhaltlichkeit unterrichtlichen Lernens ebenfalls neutralisiert bzw. auf qua Lerngesetze Transportierbares reduziert.

– Lerntheorien sind deskriptiv: sie beschreiben Lernprozesse; Lehrtheorien dagegen sind präskriptiv in dem Sinne, dass sie Angaben darüber enthalten müssen, wie Lernprozesse angeleitet und gefördert werden können. Eine nachträglich erfolgende, handlungsanweisende Umformulierung von Lerngesetzen muss berücksichtigen, dass sie auf Zusatzannahmen rekurrieren muss, die durch die Lerngesetze selbst nicht mehr gedeckt sind.

Gegenwärtig ist das behavioristische Denken in der auf Unterricht bezogenen Lernpsychologie faktisch überwunden. An seine Stelle ist die kognitive Unterrichtspsychologie getreten, die sich Lernen als einen bedeutungsvollen Prozess der Informationsverarbeitung, oder allgemeiner: als Prozess der aktiven Auseinandersetzung des Lernenden mit seiner Umwelt betrachtet. Dieser Wandel wird von Ewert/Thomas (1996, S. 101f.) folgendermaßen beschrieben:

„Für den behavioristischen Ansatz ist Lernen wesentlich durch den Erwerb von Antworten bestimmt. Reizkontingente Antworten werden verstärkt, geschwächt oder gelöscht, und zwar in Abhängigkeit von natürlichen oder didaktisch geplanten Verstärkungen. Die Umwelt bestimmt durch Belohnung und Bestrafung das Repertoire des Lernenden. Die beim Adressaten durch Lernen bewirkten Veränderungen bestehen im Wesentlichen aus einer Akkumulation von Wissen, das sich mit Hilfe von kriterienorientierter Leistungsmessung überprüfen lässt.

An die Stelle dieser Konzeption von Lernen tritt die Vorstellung vom Lernenden als einem Individuum, das aktiv Informationen aufsucht und sein Wissen in einem konstruktiven Prozess erweitert und differenziert - konstruktiv insofern, als neue Informationen in das vorhandene Wissen integriert werden. Dabei verändert sich nicht nur die bereits vorhandene Wissensstruktur, sondern auch die neue Information gewinnt durch diese Einordnung zusätzliche Qualitäten ... Vor allem aber geht es beim schulischen Lernen nicht um den Aufbau eines Repertoires von ‚Antworten', sondern um die Erweiterung und Organisation von Wissen".

Grundlegend für diesen Wandel vom behavioristischen zum kognitiven Ansatz ist ein *Wechsel im Menschenbild*; er hat Konsequenzen für die angewandten Forschungsmethoden wie schließlich auch für die Einschätzung der praktischen Bedeutung der gewonnenen Erkenntnisse: vom Konzept des leeren, geschichtslosen, mechanischen Lernorganismus zum grundsätzlich immer schon eigenaktiven, sich entwickelnden, zielgerichtet handelnden und selbst-reflexiven Subjektmodell; von der lernpsychologischen Laborsituation ein Wechsel in möglichst realitätsnahe Untersuchungssituationen, in denen die Forschungs‚objekte' in ihrer Qualität als Subjekte ernst genommen werden; von der Ableitung didaktisch-methodischer Anweisungen aus (vermeintlichen) Lern‚gesetzen' zu einem prinzipiell immer nur versuchsweise, nicht jedoch mechanisch erfolgreichen Arrangieren von äußeren Lernbedingungen (= Lehren) zum Zweck der Erreichung der jeweils angestrebten Formen und Qualitäten des Lernens. Denn dies ist eine der zentralen Einsichten im Übergang von angewandter Lernpsychologie' zur modernen kognitiven Unterrichtspsychologie: Es gibt im menschlichen Kontext nicht ein Lernen, sondern viele Formen und Qualitäten des Lernens. Das menschliche Lernen ist viel zu komplex, als dass es durch nur ein grundlegendes Modell erklärt und auf dieser Basis dann organisiert werden könnte. (Dies schließt ein, dass zum Spektrum menschlichen Lernens auch mechanisches Lernen gehört.) Komplexität des Lernens ist die eine Seite; die Berücksichtigung der Zielgerichtetheit und Eigenaktivität und Selbstreflexivität die andere Seite des menschlichen Lernens, die zu dem hier nur skizzierten Wandel geführt haben (vgl. dazu ausführlicher Terhart 1983, S. 73ff. sowie Bonne 1978, Straka/Macke 1979 und Mutschler/Ott 1975/76). Bezogen auf die Unterrichtssituation wird damit der bedeutungsvolle Inhalts- und Aufgabencharakter des Lernens in der Schule systematisch berücksichtigt. Hierdurch hat sich insgesamt die Stellung der pädagogischen Psychologie gewandelt: Verstand sie sich früher als eine auf Unterrichtsprozesse angewandte Psychologie für Lehrer, so begreift sie sich heute als kognitive Unterrichtspsychologie, die an einer umfassenden Theorie des Lehr-Lern-Prozesses arbeitet.

Als ihre zentrale Aufgabenstellung definieren kognitive Lehr-Lern-Theorien die empirische Erhellung und Systematisierung des materialen, faktischen Verhältnisses zwischen Lehren und Lernen, genauer: zwischen den verschiedenen Formen und Qualitäten des Lehrens und Lernens. Lehren als organisierter Methodengebrauch wird dabei als ein Arrangieren der ‚äußeren‘ Bedingungen des ‚inneren‘, eigenaktiven Lernprozesses der Lernenden verstanden. Durch Lehren werden die äußeren Bedingungen so arrangiert, dass unter Berücksichtigung der gegebenen Ausgangssituation das angestrebte Ziel erreicht wird (vgl. Macke 1978; Klauer 1985). Weil aber, so kann man ergänzen, bei anspruchsvollen Lernarten das inhaltliche Ziel des Lernens nicht vorab festgelegt werden kann - dies würde der gerade auf dieser Ebene des Lernens zu entwickelnden Selbständigkeit der Lernenden widersprechen -, ist das Ziel, welches durch ein entsprechendes Arrangieren von Bedingungen gefordert werden soll, diese Qualität des selbständigen Lernens selbst! Lehrmethoden arrangieren äußere Bedingungen für innere Lernprozesse, letztere als aktive Prozesse verstanden: In dieser Problemformel erkennt man m.E. eine gewissermaßen säkulare Variante des bildungsphilosophischen Denkens mit seiner Mensch/Welt-Differenzierung. Damit ist keineswegs gesagt, dass man es mit einer Interessenkongruenz von Bildungstheorie und Unterrichtspsychologie zu tun hat - wohl aber werden gemeinsame Koordination in der Problemstellung deutlich. Begrifflichkeit, forschungsmethodisches Instrumentarium und inhaltliche Selbst-Verpflichtungen weichen gleichwohl voneinander ab. Nichtsdestoweniger wird es eine wichtige Zukunftsaufgabe sein, einen Lernbegriff zu formulieren, der sowohl die Reichhaltigkeit des pädagogischen Lernverständnisses aufbewahrt als auch die empirische Kontrolliertheit psychologischer Lernforschung produktiv nutzt.

Doch unabhängig hiervon ist nach wie vor davon auszugehen, dass die besondere pädagogisch-praktische Aufgabenstellung der ‚methodischen Organisation von Lehren und Lernen durch die Fortschritte der Lernpsychologie keinesfalls obsolet und Unterrichten etwa zur einfachen Anwendung lernpsychologischer Erkenntnisse wird: „Da es kein einheitliches, empirisch bewährtes System von Lerntheorien unterschiedlicher Reichweite gibt, sondern nur konkurrierende Theorien mit oft undurchschaubarem Geltungsbereich, lassen sich letztendlich auch keine allgemeinen Instruktionsprinzipien formulieren" (Weinert 1996a, S. 38). Ganz im Gegenteil: Womöglich macht gerade die Entwicklung in der Lernforschung selbst die Hoffnungen auf eine von außen ansetzende, zielorientiert-kontrollierbare Methodisierung des Lernens in zunehmendem Maße zunichte: Während der Behaviorismus noch eine völlige Außendeterminiertheit des Lernens annahm (*Paradigma der Verhaltenskontrolle*), ist der Kognitivismus hiervon weitgehend abgerückt und versteht Lernen als aktiven Wechselwirkungsprozess zwischen Lernsubjekt und Umwelt, wobei die selbständigen, internen Prozesse der Wahrnehmung und Verarbeitung von Informationen sowie die Entscheidung über Handlungen betont werden (*Paradigma der Informationsverarbeitung*). Methode kann hier allenfalls günstige Bedingungen für die letztlich immer selbständig durchzuführenden Lernakte bereitstellen. In der neuesten Generation der neo-konnektionistischen Lernkonzepte wird auch dieses linear-rationalistische Verständnis von Lernen mit seinen Resten an externen Beeinflussungsmöglichkeiten zugunsten der Idee (und der hirnphysiologischen Realität) „neuronaler Netze" aufgegeben, womit zugleich die ratiomorphe Vorstellung eines starren Programms und einer Zentrale im Gehirn zugunsten der eher biomorph ausgerichteten Vorstellung einer zeitlich parallelen Synchronisation von Nervenzellenverbänden im Gehirn aufgegeben wird („neuronale Netze"; vgl. hierzu Strube 1990; Neumann 1992). In Verbindung mit dem lern- und instruktionspsychologischen Konstruktivismus (vgl. den Literaturbericht von Gerstenmaier/Mandl 1995) fließen diese Entwicklungen im *Paradigma der Informationserzeugung* zusammen, die den Eigenanteil des lernenden Subjekts noch weitaus höher ansetzt als dies der Kognitivismus der ersten Generation getan hat. Umgekehrt verliert die Vorstellung eines durch Lehren, durch methodisches Arrangieren äußerer Bedingungen punkt- und zielgenau zu steuernden Lernens mehr und mehr ihre Basis (vgl. dazu ausführlich Kapitel 6).

3. Philosophische Lehr-Lern-Modelle

Eine interessante Systematisierung der verschiedenen Formen der (theoretischen und praktischen) Ausgestaltung des Zusammenhangs von Lehren und Lernen, von Unterrichtsgestaltung und Lernqualitäten hat Scheffler (1970) vorgelegt. Sie soll den Schluss dieses Abschnittes über die auf Lernhilfe gerichtete Dimension von Unterrichtsmethode bilden. - Scheffler versteht Lehren (Unterrichten) zunächst als eine Tätigkeit, die auf das Auslösen von Lernen gerichtet ist (vgl. oben den Absichtsbegriff des Lehrens), und welche auf eine Weise zu geschehen hat, die die intellektuelle Integrität sowie die unabhängige Urteilskraft der Lernenden respektiert. Durch diese zweite Bestimmung ist ein normatives Kriterium in das Verständnis von Unterrichten eingebaut, wodurch z.B. Abgrenzungen zu Manipulation, Indoktrination etc. möglich werden. Obwohl dieses Kriterium auf Annahmen über die Natur und den Status der Lernenden beruht, bleibt aber noch offen, was eigentlich dieses Lernen ist (und welche Formen es annehmen kann), auf das die unterrichtende Tätigkeit des Lehrers gerichtet ist. Um das damit eröffnete Feld zwischen der Intentionalität des Unterrichtens, der normativen Limitierung des Unterrichtens (durch Hinweis auf die Eigenrechte der Lernenden) sowie schließlich der Ausdifferenzierung des Lernbegriffs (in verschiedene Varianten) zu systematisieren (nicht um Unterricht empirisch zu beschreiben), und um damit Orientierungshilfe beim Durchdenken und Beurteilen von Methodenproblemen zu geben, unterscheidet er das „Impression Model" (Eindrück- oder Abfüll-Modell), das „Insight Model" (Einsicht-Modell) und das „Rule Model" (Regel-Modell) des Lehrens. (Eine analoge Systematisierung, allerdings unter Einarbeitung empirischer Forschungsresultate, findet man bei Nuthall/Snook 1977):

1. Beim *„Impression Model"* ist das Resultat des Lehrens die Ansammlung von Wissenselementen ‚im' Lernenden, die von außen durch die Sinne eingefuttert und ohne aktives Zutun des Lernenden abgespeichert werden. Unterricht muss dann äußeres Material so durch die Rezeptoren schleusen, dass es zu den gewünschten Ablagerungen kommt. Hier liegt ein empiristisches Verständnis von Lernen vor: Von Außen durch die Sinne nach Innen - und sonst nichts! Sicherlich wird damit die Abhängigkeit der inneren Erfahrungsbildung (Erkenntnis wie Lernen) von äußeren Eingaben positiv aufgenommen und damit ein Verständnis von Lernen als Wiedererkennen oder Aktualisieren angeborener Ideen überwunden. Allerdings: Sowohl die Vorstellung von der einfachen Gegebenheit von Elementen in der äußeren Realität wie auch die Annahme der Existenz reiner, inhaltsleerer Kräfte auf der inneren Seite ist philosophisch wie psychologisch fragwürdig. Grundsätzlicher noch: Empirische Erfahrungen kommen nicht in ‚reiner' Form zustande, sondern sind vermittelt durch einen begrifflichen Apparat, der selbst nicht wiederum schon aus den unmittelbaren Erfahrungsdaten ableitbar ist. Damit tritt Sprachlichkeit, damit tritt Konstruktivität zwischen Außen und Innen. Und schließlich Schefflers letztes Argument: Das Impression Model lässt keinen Raum für Innovationen, für kreative Eigenleistungen der Lernenden. Einsicht oder auch eine über-die-gegebene-Information-hinausgehende, selbst-tätige Bildung von Erkenntnissen kann nämlich auch durch noch so geschickte Variation der Eingaben dann nicht erzeugt werden, wenn man von vorneherein von der Passivität des Lernenden ausgeht. Insofern versagt das Modell gerade an der Stelle, „an der die pädagogischen Hoffnungen allererst beginnen" (ibid., S. 382).

2. Das *„Insight Model"* steht dem Impression Model diametral gegenüber: Der Wert einer einfachen Übertragung von Wissenselementen wird bezweifelt; nicht das mechanische Aufstapeln von Wissen, sondern die vom Lernenden letztlich immer selbst zu vollziehende Einsicht in Zusammenhänge gilt es durch Lehren zu ermöglichen. Dies kann nicht von Außen erzwun-

gen werden, sondern liegt jenseits der Zugriffsmöglichkeiten des Lehrers. Anders ausgedrückt: Information kann man zwar vermitteln, Einsicht jedoch nicht. Einsichten müssen gewonnen werden. „Unterrichten aber vollendet sich erst in der Einsicht des Schülers" (ibid., S. 384). Damit bekommen Lehren und Lernen eine neue Qualität und vor allem ein neues Verhältnis zueinander: Die Aufgabenstellung für den Lehrer und seine methodischen Aktivitäten wird schwieriger, zugleich aber wird er aus der alleinigen Verantwortung für das Entstehen von Lernen und Einsicht entlassen. - Mit folgendem Hinweis auf die Grenzen dieses Verständnisses von Lehren und Lernen leitet Scheffler schließlich die Vorstellung des dritten Modells ein: Einsicht in Zusammenhänge könne nicht alles sein, denn es fehle noch die Stufe der kritischen Reflexion, des Austauschens von Argumenten, der Abwägung von Gründen sowie der gesamte Bereich der Auseinandersetzung mit moralischen („praktischen") Problemen. Dies alles könne durch Einsicht allein nicht - und durch Information allein schon gar nicht - erworben werden.

3. Damit tritt das „Rule Model" auf den Plan, welches die einfache Wissensakkumulation sowie auch die selbst-tätige Bildung von Einsicht überschreitet in Richtung auf die Auseinandersetzung mit allgemeinen Rationalitätsansprüchen in kognitiver und moralischer Hinsicht. Hierdurch wird ein zusätzlicher Anspruch erhoben: Die Schüler sollen nicht nur etwas lernen (von außen angestoßen und/oder durch Einsicht erworben), sondern den Sachanspruch selbst sowie schließlich auch den Prozess, in dessen Verlauf sie mit ihm konfrontiert werden, prüfen und beurteilen lernen. Die Fähigkeit hierzu kann natürlich nicht vorausgesetzt, sondern muss in Abhängigkeit von kognitiver, sozialer und moralischer Entwicklung herausgebildet werden. Durch diese Bestimmung wird der Lehrer auf die Anerkennung der entwicklungsfähigen Vernünftigkeit seiner Schüler verpflichtet. Deshalb habe ein methodisches Arrangieren von Lernbedingungen, welches psychologische Momente ausnutze (sei es durch mechanisches Abfüllen mit Wissen, sei es durch Vermittlung von Einsicht durch Faszination u.a.), zwar seine Berechtigung, die anspruchsvollste Form von Lehren und Lernen sei jedoch immer an rationale Argumentation gebunden, wodurch der Faktor der psychologischen Suggestion zurücktrete zugunsten von zunehmender Autonomie und bewusster Urteilskraft der Lernenden selbst.

Sicherlich: Schefflers Betrachtungsweise von Lehren und Lernen ist geprägt von einer philosophischen Haltung und ohne jeden unmittelbaren unterrichtspraktischen Nutzen im instrumentellen Sinne. Gleichwohl liefert seine Systematik von Lehr-Lern-Formen einen Einblick in die Zusammenhänge zwischen Lehren und Lernen, der die Aussagekraft einzelner psychologischer Modelle weit überschreitet und dabei in einem eher allgemeinen Sinne die Einschätzung und Beurteilung der eigenen Unterrichtstätigkeit fördert. Insofern ist das Recht einer Philosophie des Lehrens und Lernens gegenüber einer rein unterrichtspsychologisch-erfahrungswissenschaftlichen Interpretation des Lehr-Lern-Prozesses zu verteidigen.

2.5 Schule hat Methode

Neben der Abdrängung von Methodenproblemen in den Bereich des Zweit-rangigen, des ‚bloß' Handwerklich-Technischen gehört die Nichtberück-sichtigung der institutionellen Dimension zu den problematischen Konven-tionen des unterrichtsbezogenen, didaktisch-methodischen Denkens: Unter-richtsmethode wird vornehmlich, wenn nicht ausschließlich als ein *Hand-lungsproblem des Lehrers* betrachtet, nicht aber als *Strukturproblem der Schule* als Organisation. Auf den ersten Blick scheint die Thematisierung als Handlungsproblem auch naheliegend und plausibel zu sein: Wie der Lehrgang organisiert ist, wie die Inhalte präsentiert werden, welche Hilfs-mittel benutzt werden, wie schnell und wie langsam man vorgehen will, inwieweit die Lernenden aktiviert werden sollen oder nicht, welche sozialen Interaktionsformen zwischen Lehrer und Schülern sowie zwischen den Schülern stattfinden sollen - all dies sind Fragen, die ein Lehrer durch seine Entscheidungen und vor allem: durch sein Handeln gewissermaßen ‚beantworten' muss. Insofern scheinen Methodenfragen allein im Entschei-dungs- und Verantwortungsbereich eines Lehrers zu liegen. Eine solche iso-lierende Betrachtungsweise löst jedoch ein Klassenzimmer aus einem Schulgebäude und letzteres aus dem gesamten Schulsystem heraus: Unter-richt kommt ja nicht in freier Entscheidung, Gestaltung und Verantwortung der Beteiligten zustande, sondern unter mehr oder weniger rigiden bzw. de-taillierten äußeren Vorgaben. Der Spielraum des methodischen Entschei-dens und Handelns ist begrenzt, und zwar nicht nur durch Bedingungen in der Person des Lehrers (Kompetenz, Erfahrung, Gewohnheiten, Ausbildung etc.), sondern ebenso und mit strukturell durchschlagendem Effekt durch Bedingungen, die im äußeren, institutionellen Arrangement des Lehr-Lern-Prozesses liegen. Durch organisatorische Vorab-Regelungen wird die Art und Weise des Lehrens und Lernens in Verlauf und Ergebnis präformiert. Und zugleich gilt: Nur aufgrund dieser organisatorischen Regelungen (und damit: Präformationen) kommt systematisches, organisiertes Lehren und Lernen zustande!

Das Ergebnis des Zusammenspiels dieser Faktoren ist allmorgendlich in Klassenzimmern zu beobachten. Allein die lange Zeit vorherrschende stan-dardisierte Architektur von Schulgebäuden wie auch die monotone Einrich-tung von Klassenzimmern in Verbindung mit allgemeinen Lehrplänen und vereinheitlichten Leistungsanforderungen hat eine relativ homogene Unter-richtskultur zur Folge, die vor allem auch dazu passende Methodentraditio-nen fortschreibt. Solche das methodische Handeln prä-formierende Fakto-ren sind über-individueller, struktureller Natur und in ihrer Wirkung dem einzelnen Lehrer bei der Planung und Durchführung von Unterricht natür-lich nicht immer bewusst. Ja: er muss sie sogar als gegeben voraussetzen, um die ihm (noch) zur Verfügung stehende Zone methodischer Gestaltbar-keit aufzufüllen (vgl. auf Planung/Planbarkeit bezogen Diederich 1988, S. 114ff.).

Inwiefern nehmen übergreifende organisatorische Bedingungen auf das Lehren und Lernen Einfluss? Für eine erste Annäherung möchte ich einem Vorschlag von Fend (1980) folgen. Im Rahmen von Überlegungen zur Theorie der Schule unterscheidet er zunächst zwischen der Makro-Organisation und der Mikro-Organisation von Lernprozessen. Die *Ebene der Makro-Organisation* bezeichnet den übergreifenden Aufbau des Schulsystems einer Gesellschaft. Durch Festlegungen auf dieser Ebene wird z.b. bestimmt, ob ein Schulsystem eher horizontal oder eher vertikal gegliedert ist, m.a.W., ob die Mitglieder der nachwachsenden Generation ein einheitliches Bildungssystem in *Stufen* durchlaufen oder aber entweder sofort bei Eintritt in das Schulsystem oder aber an festgelegten Entscheidungspunkten in verschiedene, voneinander getrennte, einem je spezifischen Bildungsauftrag folgende Schul*formen* überwechseln. Durch makro-organisatorische Festlegungen wird weiterhin bestimmt, nach welchem Kriterium Schüler in Gruppen zusammengefasst und mit welchen Lehrern konfrontiert werden, wird weiterhin festgelegt, welche Lerninhalte ein Lehrer in welcher Reihenfolge und welchen Zeiteinheiten zu vermitteln hat, und wird schließlich bestimmt, welche Voraussetzungen (Prüfungen, Zertifikate etc.) bei horizontalen oder vertikalen Übergängen zwischen den verschiedenen Formen oder Ebenen des Schulsystems erfüllt sein müssen. Die Makro-Organisation entscheidet somit über die formale Struktur des Schulsystems insgesamt und über die dort zu erfüllenden Anforderungsprofile.

Makro-Organisation setzt allgemeine Rahmenbedingungen für die mikro-organisatorischen Handlungsaufgaben des Lehrers im Bereich des Methodischen. Bevor hierauf näher eingegangen wird, muss auf die dritte, von Fend erwähnte Organisationsebene hingewiesen werden: die Ebene der *Meta-Organisation*. Hiermit ist im Wesentlichen die Schulverwaltung bis hinauf zum Kultusministerium gemeint, d.h. derjenige Apparat, der den reibungslosen Ablauf des gewünschten Geschehens in den einzelnen Schulen wie schließlich im Gesamtsystem überwacht und hierfür die notwendigen Voraussetzungen sicherstellt (z.B. die Versorgung einer Schule mit der notwendigen Lehrerzahl, die Versorgung einer Region mit den notwendigen Schulformen etc.). Die Meta-Organisation von Lernprozessen ist deshalb „meta", weil sie sich auf die Planung und Verwaltung konkreter Abläufe im Schulsystem bzw. im Unterricht bezieht und auf dieser übergeordneten Ebene tatsächlich nur die allgemeinen Voraussetzungen für die von der Schule bzw. den Lehrern selbst zu leistende Organisation von Lernprozessen bereitgestellt werden. Fend listet folgende Beispiele für meta-organisatorische Aktivitäten auf (ibid., S. 61f.):

> „Lehrer und Schulleiter sind damit beschäftigt, Stundenpläne zu erstellen, Klassen bestimmten Räumen zuzuordnen, Briefe an Behörden zu schreiben, Schülerverzeichnisse anzulegen, Lehrmittel zu besorgen, deren Abrechnung zu kontrollieren. Schulbehörden beschäftigen sich mit der Rekrutierung von Lehrern und der Zuteilung von Lehrern zu Schu-

len, mit der Aufstellung eines Dienstpostenplans, der Bewilligung von Schulneubauten, der Festlegung von Ferien und freien Tagen, der Kontrolle der Lehrer und so fort. Es ist hier somit alles angesprochen, was global unter der Bezeichnung Verwaltung läuft. Zur Regelung dieser Fragen der Planung des materiellen und personellen Bedarfs müssen sich die Entscheidungsinstanzen ein immer komplexeres Instrumentarium der Informationsbeschaffung und der Prognose aneignen. Heute ist die bildungsplanerische Tätigkeit bereits zu einem hoch spezialisierten und komplexen Arbeitsgebiet geworden."

Die Ebene der *Mikro-Organisation* von Lernprozessen liegt gleichsam unterhalb der meta- und makro-organisatorischen Vorgaben bzw. Rahmenbedingungen: Auf dieser Ebene findet die konkrete Unterrichtsarbeit des Lehrers statt, d.h. er muss durch einen entsprechenden Unterrichtsaufbau den Lernprozess der Schüler organisieren. Hierbei kann er sich auf allgemein- und fachdidaktische Theorien, auf Lehrplanvorgaben und Schulbücher, auf Lernpsychologie und Methodentradition, auf professionseigenes bzw. Handwerkswissen, auf seine Berufserfahrung bzw. auf ein Gemisch aus allen diesen Faktoren stützen, um die notwendigen methodischen Entscheidungen und Handlungen im Blick auf die zu vermittelnden Inhalte und angestrebten Lernqualitäten zu vollziehen. In diesem Zusammenhang wichtig ist nun, dass der Spielraum für situationsbezogene Methodenentscheidungen eingeengt ist durch meta- und makro-organisatorische Regelungen: In leistungshomogenen Gruppen/Klassen ist die Notwendigkeit einer inneren Differenzierung nicht so drängend wie in leistungsheterogenen; die durch finanz- und bildungspolitische Entscheidungen festgelegte quantitative Lehrer-Schüler-Relation hat bestimmte durchschnittliche Klassengrößen zur Folge, die sich wiederum massiv auf die tatsächliche Methodenpraxis auswirken. Das in Lehrplänen festgelegte Pensum bestimmt nicht nur Inhalte, sondern Inhalte pro Zeiteinheit (Schulhalbjahr) - und damit die Geschwindigkeit des Lehrens und Lernens, womit zugleich die Qualität des Lernens tangiert ist. Inhalt und Aufbau der Lehrerausbildung, die Schwerpunkte der Prüfungsordnungen etc. haben Einfluss auf die Fähigkeit und Bereitschaft von Lehrern, methodische Varianten außerhalb des Üblichen anzuwenden bzw. zu erproben. Das einfache Faktum der Verfügbarkeit von Gruppenräumen hat mehr Einfluss auf die Realisierungschancen von Gruppenunterricht als die subjektive Bereitschaft der Lehrer zum Einsatz dieser Form. Die Einrichtung von Klassenzimmern etc. bildet eine nicht zu unterschätzende Determinante für die Wege des Lehrens und ihre Wirkungen im Lernen. Der Zustand der Schulbibliothek, der Mediensammlung etc. schlagen als Bedingungsfaktoren ebenfalls zu Buche.

Sicher: Auf den Lehrer kommt es an - wie alle Beteiligten immer wieder beteuern. Aber andererseits ist es fragwürdig, pädagogisches Heldentum als Dauerleistung zu verlangen und darüber dann strukturelle Restriktionen und Grenzen zu übersehen. Die vielbeschworene „pädagogische" bzw. „methodische Freiheit" des Lehrers ist nicht nur *formal* (juristisch bzw. rechtstheoretisch) ein schwieriges Problem (vgl. Hennecke 1986; Fauser 1986), sondern auch *material*, also der Sache nach: Sehr viele strukturelle Bedingungen des Schulsystems stehen der vollen Ausschöpfung des Methodenspektrums im Schulalltag entgegen.

Durch diese Argumentation soll keineswegs die starke Traditionsverhaftung vieler Lehrer gerade hinsichtlich ihrer Methodenpraxis beschönigt oder gar fehlendes Engagement für das Beschreiten neuer Wege entschuldigt werden. Nicht immer sind es nur die Umstände, die einer sachgerechten und phantasievollen Methodenpraxis auf der Handlungsebene entgegenstehen. Und verglichen mit anderen Arbeitsfeldern ist die Schule bzw. die Lehrerarbeit noch vergleichsweise schwach administrativ kontrolliert und kontrollierbar (vgl. Terhart 1986a). Vielmehr geht es darum, bei den Verantwortlichen im Bereich der Makro- und Meta-Organisation ein Bewusstsein für die *strukturelle Fernwirkung* ihrer Entscheidungen auf der mikro-organisatorischen Ebene der Methodenpraxis zu wecken: Schule hat Methode. Nur wenn man Methodenfragen auch als *Struktur*probleme der Schule bzw. des Schulsystems erkennt, können strukturbezogene Entscheidungen im Wissen um die Folgen für die Ereignisse auf der *Handlungs*ebene getroffen werden. Vielleicht lässt sich darüber auch die unbefriedigende Situation überwinden, in der durch äußere Vorgaben die Methodenpraxis eindeutig (und mit ‚Erfolg'!) in Richtung auf Frontalunterricht kanalisiert wird - und zugleich von offizieller Seite immer wieder der Einsatz genau entgegengesetzter („kommunikativer", „schülerorientierter" etc.) Formen verlangt wird.

3. Die Erforschung von Lehrmethoden

In der Erziehungswissenschaft bzw. der Schulpädagogik wird nicht lediglich über die Methoden des Lehrens und Lernens spekuliert; auch ist man nicht ausschließlich angewiesen auf die pädagogische oder didaktisch-methodische Auswertung von Erträgen der Lern- und Sozialpsychologie. Vielmehr ist die empirische, an den vorfindlichen Realitäten des Lehr-Lern-Prozesses selbst orientierte Analyse von Unterricht ein ganz zentraler Bereich erziehungswissenschaftlicher bzw. didaktischer Forschung. Unterrichtsforschung bildet somit als ‚empirische Didaktik' ein an den Realprozessen des schulischen Lehrens und Lernens orientiertes Gegengewicht sowohl zu normativ gehaltenen Sinn- und Zweckbestimmungen des Schullernens und des Lehrerhandelns wie auch zur rein analytischen Durchdringung des Problems. Nach einer Aufarbeitung des geschichtlichen Kontexts (Kapitel 1) und einer Erörterung der systematischen Dimensionen des Methodenproblems (Kapitel 2) wird in diesem Kapitel deshalb nunmehr der Frage nachgegangen, wie im Rahmen empirischer Unterrichtsforschung das Geschehen in Klassenzimmern angegangen worden ist, wie man insbesondere das Problem der methodischen Organisation des Lernprozesses thematisiert hat, und zu welchen Erkenntnissen und Lösungen man diesbezüglich gekommen ist. Zumindest dem Anspruch nach ist an die empirische, erfahrungswissenschaftliche Deskription und Analyse des Unterrichtsprozesses die Hoffnung geknüpft, hierdurch zu tatsachengestützten Informationen über Ereignisse und v.a. auch Ereigniszusammenhänge in den Klassenzimmern zu kommen, deren Kenntnis als Voraussetzung für eine wissenschaftlich angeleitete Berufsausübung des Lehrers wie auch für eine hieran orientierte Lehrerausbildung anzusehen ist. Insofern könnte man die Unterrichtsforschung als Berufswissenschaft des Lehrers bezeichnen.

Diesem Kapitel wird folgende Strukturierung zugrundegelegt: Zunächst geht es - einführend - um die Entwicklung, die Gegenstände und die Analysenmethoden der *Unterrichtsforschung allgemein* (3.1). Vor diesem Hintergrund wird dann einer ihrer speziellen Aspekte: die *Lehrmethodenforschung*, erörtert. Leitende Fragestellung ist hierbei die Analyse des Gegenstandsverständnisses, der angewandten Forschungskonzepte (und was man daraus gelernt hat!) sowie schließlich der gewonnenen Resultate. Gerade anhand des Beitrags der Unterrichtsforschung zum Methodenproblem hat sich ihr Beitrag zur Bewältigung unterrichtspraktischer Probleme zu erweisen (3.2). Während die Untersuchungen etwa zur Effektivität von verschiedenen Lehrmethoden bzw. zum didaktisch geschickten Methodeneinsatz darauf abzielen, Handlungsempfehlungen für den Lehrer zu formulieren, geht es der eher deskriptiv orientierten Lehrmethodenforschung um eine Bestandsaufnahme dessen, ,was ist' - also um einen Einblick in die *Praxis des Methodengebrauchs* im Unterricht. Hier sind recht bemerkenswerte Resultate zur Kenntnis zu nehmen (3.3). Eine der Bedingungen für die vorzufindende ,gewöhnliche' Unterrichtsmethodenpraxis ist die Art und Weise, wie Lehrer Unterricht wahrnehmen und diese Wahrnehmungen mehr oder weniger reflektiert in Handlungen bzw. Handlungsroutinen umsetzen. Auf diese *inneren Bedingungen des Lehrerhandelns* - seien sie nun als „subjektive Theorien" oder als „Alltagswissen" gefasst - richtet sich derzeit das Interesse der Unterrichts- bzw. Lehrmethodenforschung in besonderem Maße. Durch Aufnahme dieser neueren Ansätze soll versucht werden, auf den aktuellen Diskussionsstand in diesem Bereich hinzuweisen (3.4).

3.1 Unterrichtsforschung: Entwicklung, Gegenstände, Methoden

1. Entwicklung

Der gegenwärtige Stand der Unterrichtsforschung wird nur verständlich vor dem Hintergrund ihrer historischen Entwicklung. Hierbei sind zwei Entwicklungslinien von besonderer Bedeutung: Zum einen die Tradition *empirischer Forschung* innerhalb des pädagogischen bzw. erziehungswissenschaftlichen Denkens, zum anderen der Einfluss der Human- und Sozialwissenschaften, insbesondere der *Psychologie*.

Obwohl die geisteswissenschaftliche, „hermeneutisch-pragmatische" Denkweise sowohl vor dem Zweiten Weltkrieg wie auch danach bis in die 1960er Jahre hinein dominierte, und demgemäß auch die auf Lernen und Unterricht bezogene Theoriebildung hierdurch charakterisiert war („bildungstheoretische Didaktik"), existiert - wenn auch in Form einer Seitenlinie - eine Tradition erfahrungswissenschaftlicher Erziehungs- und Unterrichtsforschung (vgl. König 1975, S. 128ff.). Zu nennen sind hier die Entwürfe zu einer „experimentellen Pädagogik" von W. Lay (1862-1926) und E. Meumann (1862-1915), die „pädagogische Tatsachenforschung" von P. Petersen (1884-1952) sowie seines Schülers F. Winnefeld. In enger Verbindung mit dieser erfahrungswissenschaftlichen Tradition einer Erforschung von Erziehungs- und Lehr-Lern-Situationen steht der Einfluss der Psychologie auf die Pädagogik (vgl. Herrmann 1976). Im Verlauf ihrer disziplinären Entwicklung schon sehr früh am naturwissenschaftlich-experimentellen Erkenntnisideal orientiert, und zugleich mit ähnlichen oder identischen Themen wie die Pädagogik beschäftigt (z.B. Entwicklung, Persönlichkeit, Lehren und Lernen), gingen von der Psychologie viele Impulse in Richtung auf eine empirische Analyse von Lehr-Lern-Prozessen aus, die gleichsam ,unterhalb' des bildungsphilosophischen Denkens über Unterricht und Erziehung ansetzt. Im Zuge der „realistischen Wendung" erziehungswissenschaftlicher Forschung kam es dann zu einer intensiven Rezeption von Theorien, Methoden und Resultaten der anglo-amerikanischen Lern- und Unterrichtsforschung, wenn auch in ständiger Auseinandersetzung mit geisteswissenschaftlichem und - später - kritischem pädagogischen Denken.

In *thematischer Hinsicht* bildeten psychologische Lerntheorien und ihre Anwendung auf die Probleme der methodischen Organisation von Lernprozessen den Mittelpunkt. Zu Beginn dominierte das behavioristische Lernverständnis, welches seinen Niederschlag z.B. in einer regelrechten „Welle" von Arbeiten zur Programmierten Instruktion fand. Als weitere dominante Themen können die Erziehungs- und Unterrichtsstil-Forschung im Anschluss an Lewin et al. (vgl. Tausch/Tausch 1970) sowie die Diskussion um den „Pygmalion-Effekt" (Rosenthal/Jacobson 1971) gelten. Sehr schnell wurde jedoch deutlich, dass die Komplexität menschlichen Lernens im Allgemeinen wie des Schullernens im Besonderen nicht durch das behavioristische Lernverständnis erfasst werden kann. Kognitive Lerntheorien (Ausubel 1974; Bruner 1974) vermochten sich als zugkräftige Alternative zu etablieren, und integrative Konzepte versuchten schließlich, die verschiedenen Lernarten und -theorien in ein einheitliches Gerüst zu bringen und didaktisch-methodische Konsequenzen aufzuzeigen (Gagné 1980; vgl. auch Loser/Terhart 1977). Mittlerweile hat die empirische Unterrichtsforschung sich von dieser engen Bindung an *Lern*theorie gelöst und sich als eine Unterrichtspsychologie auf durchgängig kognitionstheoretischer Basis etabliert (vgl. Straka/Macke 1979; Resnick 1981; Menges/Girard 1983).

Parallel zur Theorie-Entwicklung hat sich auch das *methodische* Instrumentarium der Unterrichtsforschung verfeinert. Standen am Beginn noch die klassischen empirisch-psychologischen Methoden wie Beobachtung, Test und Experiment in ihren Grundformen (vgl. hierzu das 1970/71 auf deutsch erschienene ‚Handbuch der Unterrichtsforschung' von Ingenkamp/Parey, das auf das 1963 erschienene ‚Handbook of Research on Teaching' zurückgeht), so hat mittlerweile eine starke Ausdifferenzierung und Verfeinerung stattgefunden (vgl. das *Second Handbook for Research on Teaching* von Travers 1973; Peterson/Walberg 1979; Achtenhagen 1982 sowie die dritte und vierte Ausgabe des *Handbook of Research on Teaching* von Wittrock 1986 und Richardson 2001). Die zunehmend ‚kognitive' Orientierung führte gleichsam automatisch zu einer Relativierung der ehedem strikten Bindung an empirisch-analytische, quantifizierende Verfahren: Nunmehr musste auch den Untersuchungs‚objekten' (Lehrern und Schülern) Selbstreflexivität schon qua Theorie zugesprochen werden; die damit notwendig werdende Analyse subjekt-interner Binnenräume brachte die Notwendigkeit zur Anwendung „verstehender", qualitativer Methoden mit sich.

2. Gegenstände

Womit beschäftigt sich die Unterrichtsforschung? Bei der Beantwortung dieser Frage steht man vor der Schwierigkeit, einen definitorisch nicht scharf abgegrenzten Forschungsbereich überblicken und systematisieren zu müssen. Die Theorie- und Forschungsentwicklung wird dabei sowohl von einer internen Problemlogik wie auch von den verschiedensten kulturellen und gesellschaftlichen Einflussfaktoren in Bewegung gehalten. Die Verflechtung dieser verschiedenen Faktoren und Problemebenen ist immer mitzubedenken. Im Folgenden sollen die für die Unterrichtsforschung zentralen Gegenstände „Instruktion" und „Interaktion" betrachtet werden (zur Lehrmethodenforschung vgl. Abschnitt 3.2).

Instruktion: Hierunter wird die zielorientierte, geplante, auf etwaige Differenzen im Adressatenkreis abgestimmte, kontrollierte Vermittlung von Wissen, Kenntnissen und Fähigkeiten verstanden. Die theoretische Basis dieser Lehr-Lern-Forschung bilden verschiedene Instruktionsmodelle, die zum einen den Lehr-Lern-Prozess analytisch aufschlüsseln wie auch in einem operativen Sinne Schritte zur Instruktionsdurchführung angeben (Glaser 1976; Kötter/Mandl 1983; vgl. auch Abschnitt 4.1). In *analytischer* Hinsicht besteht die Aufgabe darin, ein theoretisches Modell, eine einheitliche „Sprache" dafür zu finden, wie ein bestimmter Wissensbereich oder Fähigkeitskomplex so zu strukturieren und zu sequenzieren ist, dass er auf möglichst reibungs- und verzerrungsfreie Weise in die Wissens- und/oder Fähigkeitsstruktur des/ der Lernenden eingefügt werden kann. Instruktion ist damit Optimierung der Bedingungen für Wissens- und Fähigkeitserwerb. Sach- bzw. Aufgabenstruktur und die kognitive Struktur des oder der Lernenden sollen vermittels eines methodischen Arrangements, welches auf die Voraussetzungen der Lernenden abzustimmen ist, integriert werden. In *operativer* Hinsicht sind dabei folgende Schritte zu vollziehen: Festlegung des Zielzustandes, Erhebung des Ausgangszustandes der Lernenden, Strukturierung der Inhalte und des Materials, methodische Darbietung, Kontrolle des Lernerfolges und Entscheidung über weitere Maßnahmen. In der Instruktionsplanung sind die genannten Schritte vorbereitend vorwegzunehmen; die Kontrollphase bezieht sich nicht nur auf Lernkontrolle, sondern auch auf die Selbstkontrolle des Lehrers/des Lehrsystems. Aufgabe der instruktionsbezogenen Unterrichtsforschung ist es, für jede dieser Phasen (Planungs-, Durchführungs-, Auswertungsphase) Erkenntnisse zu erarbeiten, die den Lehr-Lern-Prozess zu beschreiben, zu erklären und zu optimieren vermögen. Im Gegensatz zur traditionellen Unterrichtsforschung sucht die neuere Lehr-Lern-Forschung allerdings nicht mehr im Schrotschussverfahren nach Kausalitäten zwischen Lehr*bedingungen* und Lern*produkten*, sondern untersucht die Details des Lehr-Lern-Prozesses auf der einheitlichen Theoriebasis der Kognitiven Psychologie und der Psychologie der Informationsverarbeitung. Im Zuge dieser Entwicklung werden die Hoffnungen auf eine unmittelbare praktische Relevanz der Resultate allerdings z.T. gezielt gesenkt.

Interaktion: Der Lehr-Lern-Prozess ereignet sich - auch dann, wenn man ihn unter dem Instruktionsgesichtspunkt thematisiert - im Wesentlichen als Interaktionsprozess zwischen Lehrendem und Lernendem, zwischen Lehrer und Schüler, wobei hier sowohl verbale wie nonverbale Signale ausgetauscht werden. Das komplizierte Interaktionsgefüge in Lehr-Lern-Situationen bildet - neben dem Instruktionsaspekt - einen weiteren zentralen Gegenstand der Unterrichtsforschung (vgl. Brophy/Good 1976; Heinze 1976; Nickel 1976; Piontowski 1982). Hinsichtlich der Beschreibung und Erklärung des Interaktionsgeschehens im Unterricht ist auffällig, dass hierfür eine ganze Reihe von unterschiedlichen Modellen herangezogen worden sind, die jeweils immer nur bestimmte Aspekte des Geschehens beleuchten.

1. Einen hohen Bekanntheitsgrad haben *dimensionsanalytische Ansätze zum Lehrerverhalten* gewonnen. Zurückgehend auf die Führungsstilforschung von Lewin et al. wurden bestimmte Verhaltens- und Unterrichtsstile (z.B. autokratisch, ‚laisser-faire', sozial-integrativ) unterschieden und auf ihre Wirkungen hin untersucht (vgl. Tausch/Tausch 1970). Derartige Aufschlüsselungen liefern jedoch lediglich grobe Klassifikationsmöglichkeiten. Das tatsächliche Verhalten eines Lehrers bildet immer eine instabile Kombination aller Elemente, und forschungsmethodisch ist fraglich, inwiefern die genannten ‚Stile' gleichsam apriorischen Charakter haben oder aber auf ‚induktivem' Wege (z.B. als statistisch generierte Faktoren) erzeugt worden sind.

2. Eine ebenfalls auf den Interaktionsprozess bezogene Form der Theoriebildung und Forschung stützt sich auf sozialpsychologische, kognitive *Theorien der interpersonalen Wahrnehmung.* Die Interaktion wird hier nicht von ihrer ‚äußeren' Verhaltensseite der Akteure, sondern unter Miteinrechnung der ‚inneren', i.w.S. kognitiven Begleit-, Organisations- und Regulationsprozesse betrachtet; dies sowohl auf der Seite des Lehrerhandelns und -denkens (Hofer 1981; Terhart 1984) wie auch auf der Seite der Schüler (Allmer 1986). Als theoretische Erklärungen dienen hierbei das Konzept der „impliziten Persönlichkeitstheorie" (Hofer 1974), der „subjektiven Theorie" (Mandl/Huber 1983) oder der Kausalattribuierung (Jopt 1978). Insbesondere im Blick auf eine detaillierte sozial-psychologische Erklärung der Entstehung und Wirkung von „Pygmalion"-Effekten (Brophy/Good 1978) wie auch der Wahrnehmungs- und Attribuierungsprozesse im Zusammenhang mit Schülerbeurteilung (Ulich/Mertens 1973) können kognitive Theorien der Sozialpsychologie ihr Potential entfalten. Eine notwendige Erweiterung erfährt dieser Ansatz derzeit durch Versuche, neben dem kognitiven auch emotive Elemente (Sympathie, Angst, Erleben) mit zu berücksichtigen (Ingenkamp 1984; Rosemann/Kerres 1985).

3. Ein weiterer interaktionsbezogener Ansatz konzentriert sich auf das sprachliche Geschehen im Lehr-Lern-Prozess. Diese Versuche kann man als *sprechakt- oder konversationsanalytische Konzepte* bezeichnen. Schulebildend war hier die Arbeit von Bellack u.a. (1974); diese i.w.S. linguistische' Unterrichtsforschung bekam durch die zunehmend kommunikationstheoretische Ausrichtung der didaktischen Diskussion ein immer stärkeres Gewicht. Hatten Bellack u.a. sich - laut Selbstzeugnis - noch auf Wittgensteins Sprachspielkonzept gestützt, so wurden in der Folgezeit die sprachtheoretischen Ansätze von Austin und Searle (Sprechakttheorie) sowie die Konversationsanalyse herangezogen (vgl. Sinclair/Coulthard 1977; Goeppert 1977; Mehan 1984; Lüders 2003). Hierbei geht es um eine möglichst detaillierte Erfassung der in der Sprache wie auch im situationsbezogenen Sprechhandeln liegenden Mechanismen, Regeln und Routinen des verbalen Austausches. Die Regeln der Erzeugung, Platzierung und Weiterführung von Sprechhandlungen in Dialogsituationen werden analysiert, um den spezifischen Besonderheiten des Sprechens in Lehr-Lern-Situationen auf die Spur zu kommen; dies z.B. hinsichtlich der vom Lehrenden angewandten Steuerungstechniken, hinsichtlich der Konsequenzen des konversationell geregelten Austausches für die Präsentation und Rezeption von Themen (Inhalten), oder hinsichtlich der Klippen und Fallen, die die ‚Maschinerie' der unterrichtlichen Konversationsregeln bereithält.

4. Ist der konversationsanalytische Ansatz zur Interaktion in Lehr-Lern-Prozessen durch die Linguistik geprägt, so bilden in dem Denkmodell, das *Unterricht als soziale Situation* thematisiert, (mikro-)soziologische Theorien wie der Symbolische Interaktionismus, verschiedene handlungstheoretische Konzepte sowie die Wissenssoziologie den Hintergrund. Die Unterrichtssituation wird als ein sozialer Ort des Aushandelns von Definitionen, Routinen, Ritualen, kurz: von Wirklichkeit im Sinne je persönlich erfahrenen Lebenszusammenhangs verstanden (Heinze 1976). Die Erfahrung dieser Situation durch die Beteiligten wird dabei nicht abgelöst von ihrer institutionellen Einbettung betrachtet; gerade die Aufschlüsselung des Zusammenhangs von institutioneller Präformation und situativer sozialer Konstruktion bildet ja das entscheidende Problem (Tillmann 1976). Dies gilt z.B. für die Analyse der Entstehung und der Verfestigung abweichender Karrieren (Brüsten/ Hurrelmann 1973) wie auch etwa für die je persönlichen Erfahrungs- und Verarbeitungsformen von Schulangst (AG Schulforschung 1980). Weitere Untersuchungsgegenstände sind z.B. die Funktion von Ritualen im Schulalltag (Wellendorf 1973; Kapferer 1981) sowie die Taktiken von Schülern (Heinze 1980) und Lehrern (Woods 1980) für ein ‚Überleben' in der ‚totalen Institution' Schule.

3. Forschungsmethoden

Die im Folgenden zu erörternden Methoden der Unterrichtsforschung stehen in enger inhaltlicher Verbindung zu den eben erwähnten Gegenständen und Theorien dieses erziehungswissenschaftlichen Arbeitsbereichs. Für die allgemeinen Forschungsmethoden der Erziehungswissenschaft liegen unterschiedliche Systematiken vor; vergleichbare Vorschläge sind für den engeren Bereich der Unterrichtsforschung gemacht worden (vgl. Zinnecker 1974; Walter 1977; Loser 1979). Die im Folgenden getroffene Unterscheidung der Methodenbereiche „Beobachtung und Analyse" sowie „Interpretation und Selbstreflexion" ist als eine analytische zu verstehen; innerhalb eines konkreten Forschungsvorhabens ist in aller Regel das Erkenntnispotential mehrerer der genannten Bereiche verlangt.

Beobachtung und Experiment: Die Beobachtung bildet eine Grundform wissenschaftlichen Arbeitens; innerhalb der Lehr-Lern-Forschung nehmen unterschiedliche Formen und Instrumente der methodischen *Beobachtung* von Lehr-Lern-Prozessen eine ganz zentrale Stellung ein (vgl. Rosenshine/Furst 1973; Merkens/Seiler 1978). Diese Instrumente unterscheiden sich hinsichtlich des Grades ihrer Standardisierung (breite, ‚offene' Kategorien vs. Registration abgegrenzter Verhaltenssegmente), hinsichtlich der Gegenstände, auf die sie gerichtet sind (Lehrer, Schüler, Interaktion, verbales, non-verbales Verhalten etc.), hinsichtlich der Intentionen, die an ihren Einsatz geknüpft werden (Einsatz in der Forschung, in der Ausbildung, oder in der Beurteilung von Lehrern) sowie schließlich hinsichtlich des Grades, in dem vom Beobachtenden entweder nur möglichst beschreibende oder aber schon bewertende Feststellungen (etwa anhand von Schätzskalen) zu treffen sind; im letztgenannten Fall geht Unterrichtsbeobachtung in Unterrichtsbeurteilung oder Lehrerbewertung über. Weiterhin ergeben sich zusätzliche Unterschiede hinsichtlich der Art der Auswertung der gewonnenen Daten. Das bekannteste Verfahren zu einer auf systematischer Beobachtung basierenden Interaktionsanalyse ist das von Flanders (1970). Immer aber geht es darum, das vielgestaltige Unterrichtsgeschehen in die kategoriale Systematik des jeweiligen Beobachtungsrasters einzufächern, wobei möglichst eindeutige Zuordnungsregeln und eine rasche Entscheidbarkeit sicherzustellen sind, denn beides sind Voraussetzungen für die Erzielung einer zufriedenstellenden Übereinstimmungsquote zwischen verschiedenen Beobachtern. Solche Verfahren können dazu herangezogen werden, um z.B. ein Prozess-Modell unterrichtlicher Interaktion empirisch zu prüfen, den Unterschied zwischen Lehrern festzustellen (etwa nach dem Einsatz von Trainingsverfahren), oder aber auch zur Beobachtung des eigenen Verhaltens anhand einer Videoaufzeichnung.

Mittels Beobachtungsverfahren arbeitet der Forscher am (möglichst) unveränderten Gegenstand und kann so zu deskriptiven Aussagen kommen. Eine den Bereich der Erklärung von Zusammenhängen eröffnende Methode ist demgegenüber das *Experiment*: Durch gezielte Variation von unabhängigen Variablen und bei weitgehender Konstanthaltung aller anderen Faktoren werden die Effekte der unabhängigen Variablen auf die abhängigen untersucht (vgl. Campbell/Stanley 1970; Klauer 1973; Hagemann 1976). Ziel des experimentellen Vorgehens ist es, soweit wie möglich Kausalzusammenhänge innerhalb des Wirkungsgefüges der verschiedenen Faktoren des Unterrichtsgeschehens herauszuarbeiten. Als abhängige Variable galt in der herkömmlichen Unterrichtsforschung in aller Regel die Lernleistung der Schüler; andere Faktoren wie Unterrichtsmethoden und -medien, Lehrerverhalten, Lernzeitnutzung, Textaufbereitung, zeitliche Sequenzierung etc. galten als Bedingungen für den Lernzuwachs (unabhängige Variablen). Insbesondere die jahrzehntelangen Versuche zur Bestimmung der Effektivität von Unterrichtsmethoden haben die daran geknüpften Hoffnungen auf eine Effektivierung des Lehrens jedoch nicht erfüllt. Die zunehmende theoretische und methodologische Ausdifferenzierung der Unterrichtsmethodenforschung hat im Gegenteil die Erwartbarkeit spektakulärer Ergebnisse tendenziell gegen Null gesenkt (s.u. Abschnitt 3.2). Dies hat mit dazu geführt, dass das Experiment viel von seiner Bedeutung innerhalb der neueren Lehr-Lern-Forschung verlor und demgegenüber das Prozess-Paradigma immer wichtiger wurde; die vielfältige Kritik am experimentellen Vorgehen hat ebenfalls zu dieser Bedeutungsrelativierung beigetragen.

Interpretation und Reflexion: Bei den im Folgenden zu behandelnden Methoden der Lehr-Lern-Forschung handelt es sich um Verfahren, die sich auf methodologischer wie methodischer Ebene teils als Ergänzung, teils als bewusste Alternative zum empirisch-experimentellen bzw. -psychometrischen Ansatz verstehen. Dass ihnen in den letzten 6-8 Jahren in zunehmendem Maße Beachtung geschenkt wurde, ist auf folgende Faktoren zurückzuführen: (a) der schon immer geäußerten methodologischen und pädagogischen Kritik an den Konzepten und Verfahren der herkömmlichen empirischen Unterrichtsforschung (Inhaltsneutralität, Subjekt/Objekt-Trennung, Reduktion komplexer sozialer Phänomene auf Variablenmuster, Lehrerzentriertheit, Artefaktproblematik, Zweck-Mittel-Denken, mangelnde Praxisrelevanz, Ausblendung gesellschaftlicher Hintergründe etc.; vgl. Zinnecker 1974; Rumpf 1971; Loser 1979) wurde durch „interpretative Verfahren" eine *konstruktive* Perspektive gegeben, (b) Dieser Trend wurde verstärkt durch die Tatsache, dass in der gesamten internationalen sozial- und humanwissenschaftlichen Diskussion die ja längst bekannten sog. „Qualitativen Verfahren" den Charakter des Vorwissenschaftlichen abstreifen konnten und nunmehr auf ihr spezifisches, auch auf Theoriebildung bezogenes Erkenntnispotential hin befragt wurden (vgl. Dallmayr/McCarthy 1977; Moser/Zedler 1983). Insbesondere die ethnographische Schulforschung in den USA bildete ein wichtiges Anregungspotential (Wilson 1977; Hammersley 1980). (c) Und schließlich beinhalteten bestimmte Varianten der „interpretativen Unterrichtsforschung" (Terhart 1978) eine Reaktualisierung hermeneutischen Denkens, verbunden mit der Idee der Herausbildung eines spezifisch *pädagogischen* Begriffs von didaktischer Forschung.

Stand am Beginn dieser Entwicklung noch das Bemühen um Abgrenzung gegenüber dem „quantifizierenden" Ansatz sowie um die versuchsweise Ausfaltung eines methodologischen Konzepts, so ist es mittlerweile zu einer recht breiten Ausdifferenzierung des interpretativen Methodenspektrums gekommen. Die verschiedenen Varianten lassen sich folgendermaßen klassifizieren:

- Im *ethnographisch-deskriptiven* Modell geht es um eine gegenstandssensible Nachzeichnung der in einer Klein- oder Großkultur anzutreffenden Denkweisen, Deutungsmuster und subjektiven Sinnstrukturen, wobei das deskriptive Interesse dominiert. Als Methoden kommen hier hauptsächlich teilnehmende Beobachtung und offenes Interview sowie die Feldstudie in Betracht.

- In Kritik der ethnographischen Indifferenz versuchen die Anhänger der *kommunikativ-aufklärerischen Variante*, subjektive Sinnstrukturen nicht nur an der Oberfläche zu erfassen, sondern darüber hinaus kritisch auf etwaige Selbst-Missverständnisse und Verzerrungen hin zu befragen, wobei sich dies sowohl auf die Erforschten wie die Forscher beziehen kann. Interpretation soll hier zugleich zu einer Veränderung von Deutungs- und Handlungsmustern überleiten können. Als Methoden kommen hier Verfahren der Aktionsforschung wie auch der psychoanalytischen Textinterpretation sowie spezielle, „aktivierende" Interview- und Gruppendiskussionsverfahren in Betracht.

- Einem solchen an Wissenschaft geknüpften praktischen' Aufklärungsanspruch stellen sich schließlich *strukturalistisch-rekonstruktive* Varianten entgegen. Ihr Gegenstand ist nicht die subjektive soziale Realität der Handelnden, sondern deren objektive „latente Sinnstruktur". Nicht unmittelbare Wirklichkeit, sondern deren „Text" (in Form von Protokollen) wird auf die generative Tiefenstruktur hin dechiffriert; die Ebene der subjektiven Sinnstruktur ist dabei ohne Belang.

Alle diese Varianten unterscheiden sich hinsichtlich des jeweils in Frage stehenden Gegenstandes, des Forschungsinteresses wie auch hinsichtlich ihres Verständnisses von „Verstehen". Kennzeichnend für diese Differenzen sind die jeweiligen Antworten auf die Frage nach der Geltungsbegründung von interpretativ gewonnenen Resultaten. Das theoretische Problem der Validierung stellt sich jeweils anders, die Vorkehrungen zur Sicherung von Validität im praktischen Forschungsprozess unterscheiden sich dann ebenfalls. Die schroffe Alternative einer dialogischen Validierung (Beteiligung der Betroffenen) versus eines monologischen Verfahrens (Kontrolle der Interpretationen allein durch die Forschergemeinschaft) ist nicht prinzipiell durchzuhalten; stattdessen ist problembezogen jeweils in Abhängigkeit von Forschungsgegenstand und -Interesse zu entscheiden. Die bereits erwähnte Notwendigkeit einer fallweisen Harmonisierung von Methoden, Forschungsgegenstand und Erkenntniszielen gilt innerhalb interpretativen Methodenspektrums wie auch im Bereich der herkömmlichen empirischen Methoden. Hierdurch wird auch die Frage einer Kombinierbarkeit der methodischen Zugänge in ein neues Licht gerückt. Die Unterscheidung von „qualitativ" und „quantitativ" bewegt sich auf einer methodologischen, bzw. sogar erkenntnistheoretischen Ebene; hierfür liegen entsprechende ‚Dogmatiken' vor. Hinsichtlich des konkreten Forschungsprozesses muss jedoch gefragt werden, ob und wie sich methodologische Globalpositionen in praktische Verfahren der forschenden Beschäftigung mit Wirklichkeit umformen lassen. Einfache Ableitungen sind hier nicht problemlos möglich; sehr oft stellt sich sogar heraus, dass die epistemologisch gezogene Demarkationslinie auf der forschungspraktischen Ebene nicht durchgehalten werden kann, so dass es häufig zu Mischformen kommt.

Zu den interpretativen Methoden der Lehr-Lern-Forschung (speziell in ihren kommunikativ-aufklärerischen Varianten) sind auch diejenigen Ansätze zu zählen, die via Forschungsprozess eine Einleitung von Selbst-Reflexion auf selten der ‚Be-Forschten' anzielen. Forschung wird hier unmittelbar in den Dienst von Praxis gestellt - mit dem Ziel, eine veränderte Praxis zu ermöglichen (vgl. Heinze et al. 1981). Dies kann z.B. in Form einer Beschäftigung mit literarischem, biographischem oder tagebuchähnlichem Material als eine Einübung in pädagogisches Verstehen organisiert sein oder in einem quasi-therapeutischen Sinne auf Basis der humanistischen Psychologie oder durch Integration von expressiv-ästhetischen („körperlichen") Elementen in die Lehrerausbildung. Interpretation ist hierbei nicht primär eine auf Theorie bezogene Forschungsoperation zu Handlungsprozessen, sondern wird als Bestandteil unmittelbarer Handlungs- und Berufspraxis, als koexisten-zielles Verstehen eingesetzt.

3.2 Forschung zur Effektivität von Lehrmethoden: Stationen

1. Effektivität als Ausgangsproblem

Im vorangegangenen Abschnitt sind „Instruktion" und „Interaktion" als zentrale Gegenstandsbereiche der allgemeinen Unterrichtsforschung benannt worden, wobei die Trennung dieser beiden Aspekte lediglich als eine analytische zu betrachten ist, denn in der konkreten Unterrichtssituation sind Instruktion und Interaktion natürlich ineinander verwoben. Hieraus resultiert als Konsequenz, dass auch der Bereich der Lehrmethode(n) nicht eindeutig zuzuordnen ist. Allerdings ist dies auch eine Frage der zugrunde liegenden Definition von „Methode" (vgl. Abschnitt 2.1). Will man unter Lehrmethode das situationsbezogene Arrangement von Lernbedingungen zur Förderung des kognitiven, an Inhalten orientierten Lernens verstehen, so bildet Lehrmethodenforschung gewissermaßen eine Unterklasse von Instruktionsforschung. Da aber im Rahmen eines solchen situationsbezogenen Arrangements von Lernbedingungen (= Lehrmethode) natürlich auch der Interaktionsprozess in eine bestimmte Form gebracht wird und die Schüler insofern immer auch über reines Inhaltslernen hinausgehende soziale Erfahrungen machen, ragt Lehrmethodenforschung weit in den Problemkontext „Interaktion" hinein. Wichtiger jedoch als eine solche, letztlich von den zugrunde liegenden Definitionen abhängende *gedanklich*-systematische Ein- bzw. Zuordnung von Lehrmethodenforschung in das Gesamtspektrum der Unterrichtsforschung ist die Frage, ausgehend von welchen Problemstellungen mittels welcher Problemzugriffe welche Problemlösungen von der Lehrmethodenforschung *faktisch* realisiert worden sind. Oder anders: In welchen Denkbahnen bewegte und bewegt sich die Lehrmethodenforschung tatsächlich? Mit welchen begrifflichen Mitteln, mit welchen Instrumenten geht sie ihren Gegenstand an? Welchen Beitrag hat sie zur Analyse wie auch zur Gestaltung von Lehr-Lern-Situationen erbracht?

Um dies zu verdeutlichen, muss noch einmal auf das Leitmotiv empirischer Forschung innerhalb der Erziehungswissenschaft bzw. Didaktik wie auch auf einige wissenschaftsgeschichtliche Faktoren hingewiesen werden. - Das neuzeitliche Erkenntnisideal zielt ganz allgemein auf eine möglichst vorurteilsfreie, tatsachengestützte, von keinem Dogma eingeengte Erfassung von Wirklichkeit ab. Auf der Basis dieses „Tatsachenblicks" wird versucht, Wirkungszusammenhänge zwischen einzelnen Elementen der Realität zu erfassen, und zwar möglichst in quantitativer Form, weil nur so die Welt ‚berechenbar' wird. Tatsachenblick, Zerlegung von Ganzheiten in Elemente, Mathematisierung mit dem Ziel der Berechenbarkeit und damit Indienstnahme von Prozessen - dies sind die allgemeinsten Kennzeichen eines Erkenntnisideals, das in den Naturwissenschaften am weitesten entwickelt worden ist, und welches den Prozess der Naturbeherrschung und -ausbeutung immens vorangetrieben hat. Die Folgen sind bekannt. Vom Prestige dieses naturwissenschaftlichen Erkenntnisideals versuchten auch die Wissenschaften vom Menschen zu profitieren. Obwohl von den Geisteswissenschaften und der Historischen Schule immer wieder herausgefordert, sind die modernen Wirtschafts-, Sozial- und Humanwissenschaften (sofern sie sich an Universitäten als Disziplinen etabliert haben) zum weitaus größten Teil immer noch an diesem Erkenntnisideal orientiert. Allerdings sind zunehmend Irritationen festzustellen - vielleicht auch eine Folge der theoretischen und sozialen Erosion des naturwissenschaftlichen Denkens in den Naturwissenschaften selbst.

Auch wenn es wie ein großer Sprung erscheint: Tatsachenblick, analytische Zergliederung, Berechnung zwecks Herstellung von Berechenbarkeit bildeten auch innerhalb der Entwicklung der empirischen Unterrichtsforschung bzw. der Erforschung von Lehrmethoden den leitmotivischen Dreiklang. Hinzu kam, dass - hieran gemessen - das auf Schule, Unterricht und Lehrerarbeit bezogene traditionelle Berufswissen der Lehrerschaft als ungeprüft, uneffektiv, defizitär, weil vor-wissenschaftlich qualifiziert werden musste. Eine Verwissenschaftlichung auch dieses gesellschaftlichen Bereichs schien - wie anderswo auch - immense Rationalisierungs- und Effektivierungsgewinne möglich zu machen. Während sich eine solche Perspektive im anglo-amerikanischen Raum konstant entfalten konnte, wurde diese Entwicklung in Deutschland durch vielfältige real- und ideengeschichtliche Faktoren verzögert. Wie bereits erwähnt, kam es erst in den sechziger Jahren dieses Jahrhunderts zur breiteren Etablierung einer empirischen Erziehungs- und Unterrichtsforschung. Der oben genannte Tatsachenblick, die analytische Aufgliederung von Ganzheiten in Elemente sowie die Berechnung um der Berechenbarkeit willen spiegeln sich in Reinform im Zugriff auf Unterricht bzw. Unterrichtsmethode wider:

- Statt einer auf historisch abgeleiteten oder auch schlicht gesetzten Normen basierenden bildungsphilosophischen Spekulation über den Sinn und Zweck von Schulbildung und Unterricht, seinen Inhalten und Methoden ein möglichst unvoreingenommenes Erfassen der Tatsachen und Tatsachenzusammenhänge in den Klassenzimmern selbst. Hierdurch sollte ein geprüftes, verallgemeinerbares Wissen über Lehren und Lernen gewonnen werden.

- Statt einer ganzheitlichen Betrachtung des Bildungsgeschehens in Schulen die Aufgliederung des komplexen Feldes Unterricht in Einzelelemente (z.B. Ziele, Inhalte, Methoden, Interaktionsformen, Kontrollverfahren). Erst durch Zerlegung des Gegenstandes in hantierbare Teile und durch Verwandlung dieser Teile in forschungsmethodische Präparate von Teilen wird ‚das Ganze' zu einem mit wissenschaftlichen Mitteln bearbeitbaren Sachverhalt.

- Statt auf Spekulationen oder auf persönlichen Erfahrungen beruhenden Dogmatiken über das Wirken von didaktisch-methodischen Maßnahmen eine im wissenschaftlichen Idealfall experimentelle, d.h. kontrollierte Prüfung von hypothetisch angenommenen Ursache-Wirkung-Zusammenhängen. In Kenntnis solcher festgestellter Ursache-Wirkung-Zusammenhänge dann: Umstellung der Lehrerarbeit von vorwissenschaftlich-handwerklichem auf wissenschaftlich-technisches Wissen.

Der empirischen Erforschung der Wirkung von Lehrmethoden liegt ein Denkmodell zugrunde, welches sich unmittelbar aus diesem Wissenschaftsverständnis ableitet: Das Gesamtphänomen Unterricht wird aufgeteilt in einerseits solche Faktoren, die als Bedingungen oder Ursachen für Lernleistung der Schüler angesehen werden können und andererseits solche Faktoren, die diese Lernleistung selbst ausdrücken. Im Rahmen des Spektrums der Bedingungsfaktoren für die Lernleistung der Schüler werden - neben anderem - die Methoden des Lehrens als zentraler Faktor angesehen: Schließlich gilt in einem ganz allgemeinen Sinne die Wahl der richtigen Methode als der sicherste Garant zur schnellen Erreichung eines vorgestellten Ziels. Schon von daher wird „Methode" zum entscheidenden Probierstein einer Unterrichtsforschung, die mit dem Anspruch auftritt, die Arbeit in den Klassenzimmern rationalisieren und damit (!) effektivieren zu wollen.

Die Strukturierung des unterrichtlichen Feldes in solche Faktoren, die Erfolg (gemessen als Lernleistung) bedingen, und solche, die ihn ausdrücken, transportiert natürlich ein ganz bestimmtes Bild von Unterricht, vom Schullernen sowie von den dort anzuwendenden Lehrmethoden. Dieses Unterrichtsverständnis wird dominiert von der Vorstellung eines möglichst schnellen, von außen gesteuerten Wissens- und Fähigkeitszuwachses aufseilen des Schülers, der damit als passives, rezeptives Ende des Lehr-Lern-Geschehens figuriert. Das Ineinandergreifen einer solchen Unterrichtsforschung mit lernzielorientierten Curriculum- und Didaktik-Modellen ist offensichtlich. Nicht umsonst hat man dieses Denkmuster auch als „Produkt-Paradigma" bezeichnet (Gage 1970) bzw. als pädagogisch-didaktische „Agrikulturforschung" kritisiert (Rumpf 1975). Der Wert einer Lehrmethode ergibt sich dem gemäß aus ihrem Beitrag zur Steigerung der Lernleistung der Schüler; Steigerung von Lernleistung wird damit zum inhaltsneutralen letzten Zweck von Unterricht. Gerade diese letztgenannte Tendenz zu einer rein technologischen Orientierung der Didaktik ist von vielerlei Seiten und mit guten Gründen problematisiert und kritisiert worden (z.B. von Heinze 1972). *Innerhalb* des Rahmens empirischer Forschung selbst stellt Zuwachs an Lernleistung jedoch eine sinnvolle, notwendige und manchmal sogar allein mögliche Bezugsgröße dar: Ganzheitlichere, persönlichkeitsspezifische, strukturelle Wirkungen („Bildungsziele") sind mit dem gegebenen diagnostischen Instrumentarium nicht oder doch kaum zu erfassen. Dies hat Folgen:

> „Die strenge Bindung des (Erfolgs-)Kriteriums an Messoperationen drängt der pädagogischen Praxis eine Form der Rationalität auf, die sie durchgängig nicht besitzt und auch nicht besitzen wird. Und die Dominanz dieses Kriteriums verführt dazu, solche Wirkungen für wichtig zu halten, die von ihm erfasst werden können, und die Probleme so auszuwählen und zu erfassen, dass sie für eine erfahrungswissenschaftliche Untersuchung geeignet sind. So gerät die pädagogische Forschung leicht in die Situation des klugen Mannes, der seinen Hausschlüssel auf dem dunklen Flur verloren hat und ihn unter der Straßenlaterne sucht, weil er dort besser sehen kann." (Schulze 1978, S. 183)

Nach diesen Hinweisen auf einige allgemeine Hintergründe von Lehrmethodenforschung als Effektivitätsforschung ist jedoch eine Relativierung vorzunehmen: Das Auseinanderklaffen von wissenschaftstheoretischen Ansprüchen einerseits und tatsächlicher Forschungspraxis andererseits ist mittlerweile zu einer weitverbreiteten Erkenntnis geworden. Auf den hier in Rede stehenden Zusammenhang bezogen heißt das: Die Modelle und methodischen Zugriffsweisen der Unterrichts bzw. Lehrmethodenforschung formulieren zunächst einmal nur Ansprüche, d.h. sie machen Versprechungen bezüglich der Leistungsfähigkeit einer wissenschaftlichen Analyse und Gestaltung von Unterricht. In der dünnen Luft wissenschaftstheoretischer Modellbildung mögen diese Ansprüche noch plausibel durchzuexerzieren und ihre immanente Stimmigkeit ‚an sich' noch gut zu begründen sein. Allein was nützt die luzideste Argumentation auf wissenschaftstheoretischer Ebene (und was nützt eine allein hier ansetzende Kritik), wenn diese Ansprüche auf der Ebene der Forschungspraxis nicht durchzuhalten sind, nicht allgemein durchgehalten werden bzw. hier ganz umfangreiche Leerstellen zu verzeichnen sind? Wird dann nicht auch die erhoffte/befürchtete technologische Wendung der Didaktik zu einem Ereignis, das wohl nur in den Büchern zur Unterrichtsforschung stattfindet - vor allem dann, wenn man an das Beharrungsvermögen eingespielter pädagogisch-didaktischer Kulturen an den Schulen denkt (vgl. Abschnitt 3.3)? Diese Rückfragen sollen dazu motivieren, nach den großen Worten' sich nunmehr nüchtern den Realitäten der Lehrmethodenforschung zuzuwenden. Im Folgenden sollen - exemplarisch - einige Stationen ihres Entwicklungsprozesses nachgeschritten werden, an dessen Beginn die Frage nach der besten Methode stand, und an dessen Ende sich die Einsicht durchsetzt, dass man so wohl nicht fragen kann.

2. Die Suche nach der besten Methode

Die Suche nach der besten Methode verlangt forschungsmethodisch ein experimentelles Vorgehen. Das Grundschema ist schnell erklärt: In vergleichbaren Schulklassen/Schülergruppen wird der gleiche Inhalt mittels zweier verschiedener Lehrmethoden unterrichtet. Anschließend wird in beiden Klassengruppen ein Leistungstest durchgeführt, um die Wirkung der beiden Methoden zu ermitteln, zu vergleichen und dann diejenige, die bei den Schülern mit der höchsten Lernleistung eingesetzt worden ist, als effektiver zu prämieren. Denn bei Konstanthaltung aller anderen Faktoren (!) lässt sich im Rückschluss die allein ja veränderte (unabhängige) Variable „Lehrmethode" als *Ursache* für die Veränderung der (abhängigen) Variable „Lernleistung" eingrenzen. Dieses experimentelle Grundmodell, in das sich natürlich erhebliche methodische Verfeinerungen und zusätzliche Sicherungen einbauen lassen (Übersicht bei Campbell/Stanley 1970), ist gerade im Bereich der an Effektivität orientierten vergleichenden Lehrmethodenforschung unzählige Male eingesetzt worden. Das Resultat dieses Forschungsprogramms ist ernüchternd: ‚Die' beste Methode gibt es nicht - sofern man die gemessene Lernleistung der Schüler als Effektivitätskriterium zugrunde legt. Mit schöner Regelmäßigkeit zeigten sich entweder keine Differenzen, oder aber die Resultate fielen nicht eindeutig genug zugunsten dieser oder jener Lehrmethode aus (Bloom 1966, S. 217; Wallen/Travers 1970, Sp. 1295; Roth 1971; Dubin/Taveggia 1972, S. 35; Schulze 1978, S. 171ff.; Einsiedler 1981, S. 38). Dieser Sachverhalt ist seit mehr als 20 Jahren bekannt und gehört zu den wenigen Erkenntnissen der Lehrmethodenforschung, die als gesichert gelten dürfen.

Fragt man nach den Gründen für dieses auf den ersten Blick erstaunliche Resultat, so kann man es zum einen auf 'die Sache selbst' zurückführen: Es gibt eben keine Unterschiede! Oder aber man geht dem Verdacht nach, dass diese Unterschiede eben noch nicht gefunden worden sind und in Zukunft also Suchstrategien sowie Forschungsfragen und -methoden verändert werden müssen. Versteht man Wissenschaft als Lernprozess, so steht grundsätzlich nur der zweite Weg offen; außerdem hat gerade die Kritik an der Strategie des einfachen, effektivitätsbezogenen Methodenvergleichs die Richtung gewiesen, in der mit mehr Aussicht auf Erfolg weiterzufragen wäre.

„Zur *Kritik* des Vergleichs von Lehrmethoden im Rahmen bivariater Unterrichtsforschung wurde im Einzelnen gesagt:

a) Das Zusammenstreichen komplexer unterrichtlicher Faktorenzusammenhänge auf bivariate Experimentalanordnungen reduziert die hochkomplexen Wirkungszusammenhänge auf ungebührliche Weise und abstrahiert somit von der konkreten Unterrichtssituation.

b) Die Experimentalanordnung verlangt zwar, dass zwei unterschiedliche Lehrmethoden realisiert werden, in der Praxis ist jedoch nicht immer gewährleistet, dass sich die beiden Methoden auch tatsächlich strikt unterscheiden. Variationsmöglichkeiten bei der Gestaltung ein und derselben Methode sind oft vielfältiger als zwischen zwei Methoden.

c) Es bleibt die Frage, ob tatsächlich alle störenden Variablen ausgeschlossen wurden bzw. in Kontroll- und Experimentalgruppe gleich gewirkt haben. So kann beispielsweise der Lehrer in der einen Gruppe unbewusst oder bewusst - weil er „seine" Methoden siegen sehen will - viel motivierender, viel engagierter unterrichtet haben. Hiernach war aber überhaupt nicht gefragt.

d) Verlegt man sich jetzt aber auf den Ausweg, den Lehrer durch ein für Kontroll- und Experimentalgruppe gleiches Tonband zu ersetzen, so deutet sich hier schon die fundamentale Schwierigkeit experimenteller Unterrichtsforschung an: Wenn man sehr enge Experimentalsituationen schafft, so sind die Ergebnisse *zwar genauer* (das Lehrerverhalten als störende Variable ist durch das Tonband ausgeschlossen!), *aber auch unbrauchbarer*, da im Unterricht, also in der realen Situation, in der Regel diese Störfaktoren wieder zum Tragen kommen.

e) Vielleicht sähen die Ergebnisse bivariater Unterrichtsforschung anders aus, wenn man nicht nur die kurzfristige Lernleistung der Schüler gemessen hätte, sondern auch die Langzeitwirkung der verschiedenen Lehrmethoden, die verglichen wurden.

f) Generell stellt sich die Frage, ob es überhaupt so etwas wie quantifizierbare, zeit- und ortsunabhängige Zusammenhänge zwischen Variablen gibt (,Gesetze' im klassischen Sinne), und ob nicht die Suche nach solchen universellen Gesetzen voraussetzt, dass der untersuchte Gegenstand ungeschichtlich geartet ist! Mit der historischen rückt auch eine politische Dimension ins Blickfeld.

g) Betrachtet man den Zusammenhang zwischen Unterrichtsforschung und Unterrichtspraxis, so stellt man fest, dass der Lehrer ,Fragebogenausfüller', Versuchsperson' oder ,Ergebnisanwender' bleibt, anstatt dass er als Betroffener selbst am Forschungsprozess teilnimmt. Das gleiche gilt natürlich auch für den Schüler" (Loser 1979, S. 71f.).

Im Rahmen empirischer Unterrichtsmethodenforschung ist vor allem der Hinweis ernstgenommen worden, dass die Frage nach der besten Lehrmethode insofern zu kurz greift, als sich die Vor- und Nachteile einer Lehrmethode *nicht generell* feststellen bzw. behaupten lassen, sondern immer nur in relativer Abhängigkeit von angestrebten Lernzielen bzw. Lernzielniveaus, von den Lernvoraussetzungen und -Stilen der jeweils zu unterrichtenden Schüler, von der Art der zu vermittelnden Inhalte, dem ,Geschick' des Lehrers bei der praktischen Umsetzung der ihm für einen bestimmten Unterrichtsabschnitt empfohlenen Lehrmethode etc. Die Sinnlosigkeit der Suche nach ,der' besten Methode wird unmittelbar einsichtig, wenn man sich vor Augen hält, dass kein Ar/t global nach ,der' besten Medizin fragen würde, sondern dies selbstverständlich nur im Blick auf die Krankheit, die es zu heilen und den Patienten, den es zu behandeln gilt. Der Ruf nach Ablösung des einfachen Methodenvergleichs durch verfeinerte Modelle einer „differentiellen" (Loser 1972) und schließlich „multivariaten" (Siegel/Siegel 1967) Lehrmethodenforschung zielt darauf ab, unter grundsätzlicher Beibehaltung des Effektivitätskriteriums nunmehr das komplexe Gefüge der ineinander verwobenen Bedingungsfaktoren für die Lernleistung der Schüler herauszuarbeiten; innerhalb dieses Gefüges bildet „Lehrmethode" dann nur noch einen Faktor unter vielen (vgl. Einsiedler 1984; zur Rekonstruktion des experimentell-effektivitätsorientierten Forschungsprogramms vgl. ausführlich Terhart 1978,1. Teil).

3. ATI-Forschung

Ein bekanntes Beispiel für den Versuch, die Komplexität des Gefüges der Bedingungsfaktoren für Lernleistung auch forschungsmethodisch einzuholen, ist das sog. ATI-Konzept. ATI leitet sich ab von „*aptitude-treatment-interaction*" und ist darauf gerichtet, die „Wechselwirkung zwischen Schülermerkmal und Lehrmethode" (Flammer 1973) als Hintergrund für Lernleistung zu analysieren (vgl. Schwarzer/Steinhagen 1975; Cronbach/Snow 1977; Snow 1977). In einem ATI-Experiment unterrichtet man nicht mehr vergleichbare Schüler mittels zweier Lehrmethoden, vielmehr werden vorab die Schülergruppen nach bestimmten Merkmalen (aptitudes) in sich homogen zusammengestellt und dann erst mittels verschiedener Lehrmethoden (treatments) unterrichtet. Nach Durchführung des abschließenden Leistungstests muss sich dann herausstellen, welche Methode bei welchen Schülern den größten Lernerfolg bewirkt hat und wo welche Methode im ungekehrten Sinne vollkommen unangemessen ist. Auf diese Weise ist z.B. festgestellt worden, dass ängstliche Schüler besser in einem „induktiven", nichtängstliche dagegen besser in einem „deduktiven" Lehrstil unterrichtet werden sollten (Tallmadge/Shearer 1971, dt. 1977).

ATI-Forschung beinhaltet weitgehende didaktische und schulorganisatorische Konsequenzen. Erweist sich nämlich die Suche nach solchen Merkmal-Methoden-Wechselwirkungen als ergiebig, so bedeutet dies, dass die herkömmliche Unterrichtsorganisation (Jahrgangsklassen!) umzustellen, zumindest aber zu ergänzen wäre durch Differenzierungsmaßnahmen auf der Basis von festgestellten ATIs (vgl. Treiber/Petermann 1976). Nach einer Diagnose der Lerneigenschaften wären dann ,gleiche' Schüler zusammenzufassen, denn erst dann kann ja die dazu ,passende' Lehrmethode ökonomisch eingesetzt werden. Im Extremfall könnten sogar ,ein Schüler-eine Methode'-Kombinationen sinnvoll sein; dies wäre praktisch nur im Rahmen eines vollkommen individualisierten Lehrprogramms durchzuführen. Im Grunde liegt hierin ein gewandeltes Verständnis von Schule: Sie sortiert ihre Schüler nicht mehr (nur) grob nach Alter, sondern nach lernrelevanten Eigenschaften. Leitidee der Schul- und Unterrichtsorganisation ist dann, die Lehrmethoden, letztlich sogar sämtliche Bedingungen des Lernens an den Schüler anzupassen - und nicht umgekehrt, wie dies ja gegenwärtig der Fall ist. Hieraus erklärt sich auch die Bezeichnung „adaptiver Unterricht" (Schwarzer/Steinhagen 1975): Auf der Basis festgestellter ATIs wird die Lehrmethode genau einjustiert auf die mitgebrachten Lernvoraussetzungen und -Stile der Schüler. Dies alles zu dem Zweck, das Lernen der Schüler zu erleichtern und damit im Effekt zu beschleunigen. - So bestechend das ATI-Programm immanent wirkt - v.a. wenn man sich seine schulorganisatorische Konsequenz: eine schülerangepasste Schule vor Augen hält - so dürfen doch nicht die damit verbundenen Probleme übersehen werden.

Theoretisch stellt sich sofort die Frage, entlang welcher Leitlinien nach ATIs gesucht werden soll. Welche Schülereigenschaften interagieren besonders stark mit Lehrmethoden bzw. Lernumwelten, und welche Lehrmethoden wirken sich besonders deutlich „differentiell" aus? Aufgrund des Fehlens einer umfassenden Theorie des Unterrichts ist die ATI-Forschung auf ein sehr unökonomisches Suchverfahren angewiesen, welches noch dadurch erschwert wird, dass die Instrumente zur Diagnose von Schülereigenschaften (Testverfahren) vergleichsweise weiter entwickelt sind und präzisere Befunde liefern als die Methoden zur Erfassung und Konstruktion von Lehrmethoden oder gar ganzen Lernumwelten.

Forschungsmethodisch wirft ATI eine Reihe von Problemen, v.a. von Folgeproblemen auf: Wechselwirkung zwischen Lehrmethode und Schülermerkmalen ist ja nur *ein* Ausschnitt aus dem komplexen Zusammenwirken von Unterrichtsfaktoren als Bedingungen für Lernprozesse. Zahllose weitere sind anzunehmen, z.b. Zusammenhänge zwischen Lehrerpersönlichkeit und Art der Inhaltspräsentation, oder (drei-faktoriell) zwischen Lehrmethode, Lerninhalt und verwendetem Medium. Am Ende steht dann ein Forschungsdesign, welches sämtliche Faktoren gleichzeitig in ihren Wechselbeziehungen zu untersuchen hätte. Hierdurch aber entstehen immense experimental-methodische und auswertungsstatistische Probleme; darüber hinaus wird eine Interpretation und praktische Umsetzung der Ergebnisse zu einer hochgradig spezifischen, situationsgebundenen Aufgabe: Bei Schülern mit der Eigenschaft X und den inhaltlichen Vorerfahrungen Y musst Du den neuen Inhalt Z nach der Methode A und unter Verwendung des Mediums B unterrichten etc. Jeder der Faktoren kann zahllose Merkmalsausprägungen annehmen, wodurch die Zahl der möglichen Wechselwirkungen sprunghaft ansteigt. So schreibt denn auch LJ. Cronbach, einer der Initiatoren der ATI-Forschung, in einem Zwischenbericht von 1975: „Sobald wir auf Interaktionen achten, betreten wir ein Spiegelkabinett, das sich bis zur Unendlichkeit ausdehnt" (S. 119).

Aber auch *ethische* Implikationen verdienen eine genauere Betrachtung: Ein Unterricht, der sich zum Zwecke der Steigerung der Lernleistung an vorgefundene Schülereigenschaften anpasst, läuft Gefahr, die Schüler hinsichtlich dieser Eigenschaften auf genau dem ‚mitgebrachten' Stand zu belassen, unter Umständen sogar festzuschreiben (Loser 1972, S. 50). Dies ist sogar konsequent, denn der Lernende erscheint ohnehin nur als passives Objekt von unterrichtlichen Maßnahmen, d.h. er wird gehandelt (vgl. den Begriff ‚treatment'), handelt aber anscheinend nicht selbst. Das inhaltsneutrale Ziel einer Steigerung der Lernleistung ist dann soweit verabsolutiert, dass alle anderen denkbaren oder wünschbaren Aufgabenstellungen für Unterricht und Schule demgegenüber zurücktreten. Immerhin unterscheidet Salomon (1972; dt. 1975), drei mögliche Einsatzformen von adaptiven Maßnahmen: Man kann schüleradaptiv unterrichten, um auf der Basis von Lernen begünstigenden Eigenschaften die Lernleistung zu steigern und hierdurch gegebenenfalls auch Differenzen zu maximieren („Bevorzugungsmodell"), man kann schüleradaptiv unterrichten, um vorhandene Defizite/ oder Schwächen gezielt zu beseitigen („Förderungsmodell") oder aber man unterrichtet schüleradaptiv, um vorhandene Defizite gewissermaßen zu umgehen („Kompensatorisches Modell"). Jede dieser drei Optionen ist mit einer bestimmten ‚Philosophie' von Unterricht und Schule verbunden, die den Rahmen empirischer Lehrmethodenforschung weit überschreitet. Nicht zuletzt erkennt man hieran, dass die alleinige Orientierung am Kriterium einer Maximierung der Lernleistung die unterrichtsmethodische Forschung auf die Frage nach der optimalen Mittelallokation eingrenzt und die dabei letztendlich unhintergehbaren bildungsphilosophischen wie -politischen Reflexionen über den Auftrag von Schule und Unterricht ausklammert bzw. einem privaten oder politischen Dezisionismus überantwortet.

Aufgrund dieser und anderer Probleme (vgl. ausführlich Terhart 1979) haben sich die an ATI geknüpften Hoffnungen trotz zunächst noch optimistischer Zwischenberichte (z.b. Berliner/Cahen 1973) nicht erfüllt (vgl. auch Flammer 1978; Schwarzer 1979): Entweder die Resultate sind zu begrenzt, so dass sie nur ganz spezifischen Unterrichtssituationen entsprechen, oder aber sie sind derart allgemein formuliert, dass im Grunde Selbstverständliches ausgesagt wird. So beschreibt Hunt (1978, S. 298) das generelle Ergebnis der Forschung zur Anpassung (matching) von Lernumwelten und Lerneigenschaften: „Lernende mit niedrigem konzeptuellen Niveau profitieren mehr von hoher Strukturiertheit (in ihrer Lernumwelt - E.T.), Lernende mit hohem konzeptuellen Niveau profitieren mehr von niedriger Strukturiertheit oder werden in einigen Fällen durch Strukturvariationen weniger beeinflusst." Und am Ende ihrer voluminösen Forschungsdokumentation kommen Cronbach/Snow (1977, S. 492) zu dem Fazit: „Keine der festgestellten ATIs sind soweit empirisch bestätigt worden, dass man sie unmittelbar als Vorgabe für Unterricht nutzen könnte."

ATI-Forschung hat, so lässt sich abschließend sagen, die Möglichkeit des einfachen Methodenvergleichs endgültig sabotiert; die mit ATI verbundene bzw. sich in ihrem Gefolge automatisch ergebende Differenzierung und Komplexierung der Frage nach den optimalen Bedingungen für Lernen hat schließlich sowohl die Idee einer allgemeinen Theorie des Unterrichts problematisiert (Snow 1977) wie auch die Hoffnung auf schnellen praktischen Nutzen unterrichtsmethodischer Effektivitätsforschung als zunehmend fraglich erscheinen lassen. Dieser Stand ist übrigens auch bei der oben angedeuteten (ideologie-)kritischen Beurteilung dieses Forschungsprogramms zu berücksichtigen: Sowohl die Unzulänglichkeiten der Forschungslage wie auch die Inkompatibilität eines derart radikalisierten technokratischrationalistischen Denkmodells mit den gegenwärtigen Schul- und Unterrichtsrealitäten gilt es zu bedenken, um nicht vorschnell in der Kritik eines Programms schon die Kritik einer entsprechenden Praxis zu sehen. Oder anders: Die gewöhnliche Unterrichtsrealität wird (glücklicherweise!?) gestern wie heute beherrscht vom „intuitive matching" (Hunt), d.h. die Lehrer behaupten, ,ihre Pappenheimer' schon zu kennen - und handeln dementsprechend ...

4. „Direct Instruction" - „Effective Schools"

Der unbefriedigende Stand der ATI-Forschung hat allerdings nicht zu einer grundsätzlichen Revision des inhaltlichen Ausgangsproblems der effektivitätorientierten Lehrmethodenforschung geführt. Diese bestand ja darin,

diejenigen Unterrichtsbedingungen zu erarbeiten, die den größten Lernerfolg versprechen (Produkt-Paradigma). Im Gefüge dieser Bedingungen bildet „Lehrmethode" nur einen Faktor. Lehrmethoden sind im Rahmen des
oben beschriebenen experimentellen Vorgehens immer als selbständige a-
nalytische Einheiten aufgefasst und untersucht worden, ggf. in Interaktion
mit anderen Einheiten. Das zweite, mindestens ebenso traditionsreiche und
inhaltlich ebenfalls an Effektivität orientierte Forschungsprogramm bezieht
sich demgegenüber auf „den effektiven Lehrer", seine Eigenschaften und
Handlungsweisen. In gewisser Hinsicht handelt es sich bei ,Lehrer4 um eine umfassendere analytische Einheit als bei ,Lehrmethode'. Diese kann
theoretisch zwar lehrerunabhängig konzipiert werden, bei der Realisation
einer Methode spielt jedoch naturgemäß der Lehrer eine ganz zentrale Rolle: Er ist in der konkreten Lehr-Lern-Situation derjenige, der Unterricht als
Bedingung für Lernen arrangiert.

Die Suche nach dem effektiven Lehrer ist wie die nach der besten Methode
an den Bedingungen für Lernerfolg orientiert (vgl. Weber 1973; Doyle
1978; Brophy 1979; Medley 1982), sie basiert jedoch auf einer gänzlich anderen forschungsmethodischen Grundlage: Während sich die Lehrmethodenforschung des Experiments bedient, um den kausalen Zusammenhang
von Lehrmethode und Lernerfolg aufzuspüren, arbeitet die Forschung zum
effektiven Lehrer gleichsam umgekehrt: Sie identifiziert zunächst Klassen,
in denen - ausweislich des Lernerfolgs der Schüler - effektiv unterrichtet
wird und versucht dann, mittels systematischer Beobachtung das Handlungsmuster der dort unterrichtenden Lehrer zu erfassen. Dieses Vorgehen -
eine Art Rückschlussverfahren - wird als Prozess-Produkt-Paradigma bezeichnet (Doyle 1978, S. 165ff; Gage 1979, S. 13f; Waxmann/Walberg
1982); ein entsprechendes Variablenmodell haben Dunkin/Biddle (1974, S.
38; Abbildung 4) ihrer umfassenden Monographie über die Ergebnisse empirischer Unterrichtsforschung zugrundegelegt. Die Verknüpfung zwischen
Prozess-Variablen (hier: Lehrerhandeln im Unterricht) und Produkt-
Variablen (= Lernerfolg der Schüler) ist *nicht kausaler, sondern korrelati-*
ver Art (Medley 1982, S. 1898). In einer Art Dreischritt wird allerdings versucht, von *Deskriptionen* (Beobachtung des Lehrerhandelns) und *Korrelati-*
onen (dieses Handelns mit gemessenem Lernerfolg) schließlich zu *Kausali-*
täten zu kommen (auf der Basis experimenteller Nachprüfung zunächst nur
korrelativ ermittelter Verknüpfungen; vgl. Gage 1979, S. 90f.). Das Prozess-Produkt-Paradigma, welches die von Gage (1970; amerik. Orig. 1963)
noch getrennte experimentelle Effektivitätsforschung (Produkt-Paradigma)
mit dem deskriptiven Ansatz der Unterrichtsbeobachtung (Prozess-
Paradigma) systematisch verknüpft, ist in den letzten Jahren zum konzepti-
onellen Kern der anglo-amerikanischen Unterrichtsforschung geworden. In
unserem Zusammenhang sind dabei zunächst nur die Relationen zwischen
Lehrerhandeln und Schülerlernen von Interesse.

Abb. 4: Prozess-Produkt-Paradigma der Unterrichtsforschung nach Dunkin/Biddle (1974)

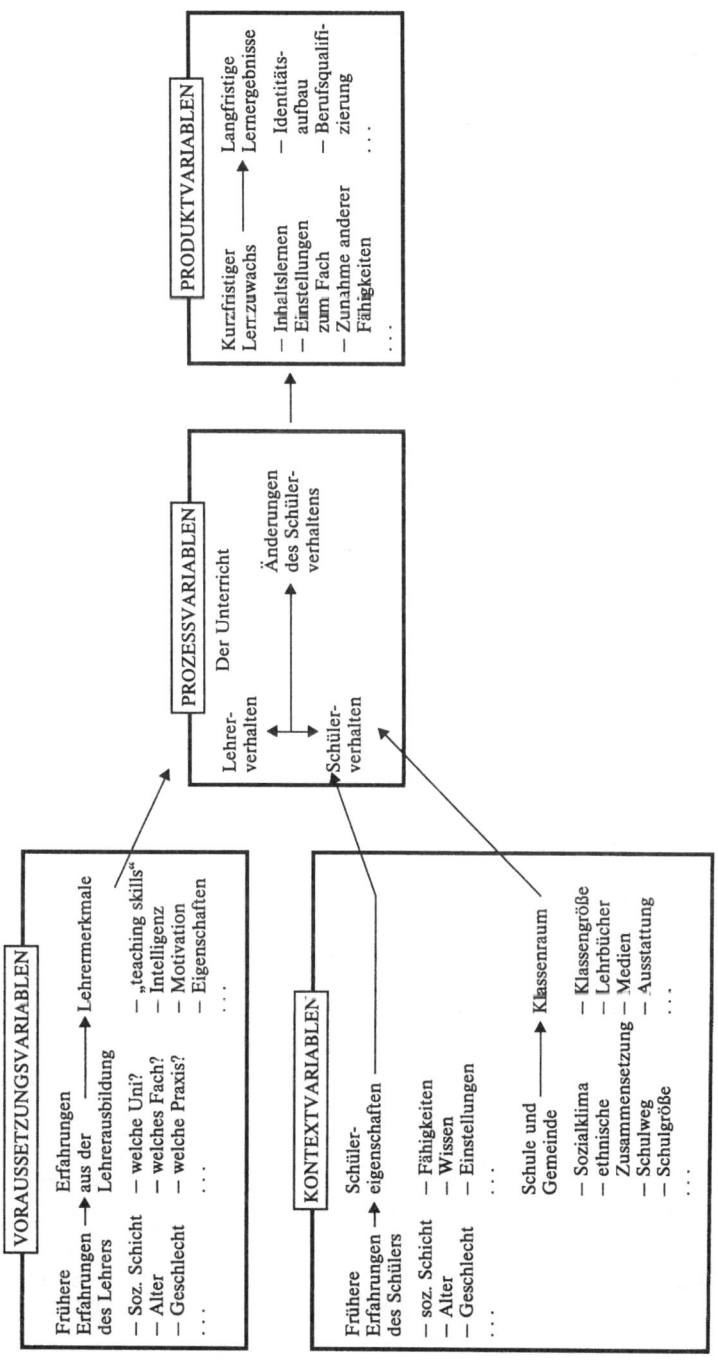

Lange Zeit haben die zum Verhältnis von Lehrerhandeln und Lernerfolg der Schüler durchgeführten Korrelationsstudien wenig überzeugende Ergebnisse gebracht. Dies hing vor allem damit zusammen, dass man zunächst nach globalen Persönlichkeitseigenschaften von Lehrern suchte, die mittels Schätzskalen von Beobachtern erfasst wurden. Hier ergaben sich nur wenig stabile Zusammenhänge; außerdem erwies sich die Effektivität eines Lehrers als sehr stark von situationsbedingten Faktoren beeinflusst, d.h. in der einen Klasse war er ‚effektiv‘, in der anderen nicht usw. Seit einigen Jahren jedoch macht sich vorsichtiger Optimismusbreit. Dieser Optimismus stützt sich auf zwei methodische Innovationen gegenüber der älteren Forschung zum Lehrerhandeln: Zum einen werden nicht mehr länger globale Persönlichkeitseigenschaften zu erfassen versucht, sondern statt dessen stark vorstrukturierte, auf einzelne Verhaltenselemente bezogene Beobachtungsschemata eingesetzt, die vom Beobachter nicht mehr Beurteilung, sondern lediglich Registration verlangen. Zum zweiten wird bei der summarischen Einschätzung eines Forschungsprogramms mit sehr zahlreichen Einzeluntersuchungen nicht länger literarisch verfahren, indem der Autor gleichsam intuitiv ein Fazit bildet. Vielmehr steht in Gestalt der sog. Meta-Analyse ein Instrument bereit, welches es ermöglicht, die Datensätze verschiedener Untersuchungen nach einheitlichen Kriterien erneut statistisch auszuwerten und auf übergreifende Muster hin zu analysieren. Dies ist zwar mit einer ganzen Reihe von methodologischen und auswertungsstatistischen Problemen behaftet, gleichwohl sind die Ergebnisse bemerkenswert. So hat beispielsweise Medley (1979) 289 einschlägige Untersuchungen zum Zusammenhang von Lehrerhandeln und Schülerleistung herangezogen. Unter Zugrundelegung von vier untersuchungsmethodischen Qualitätskriterien bleiben hiervon 14 Untersuchungen übrig, in denen insgesamt 613 Relationen zwischen Prozess- und Produkt-Variablen erhoben worden sind. Auf dieser Grundlage beschreibt Medley den Unterricht des effektiven Lehrers folgendermaßen:

„Die *Lernumwelt im Klassenzimmer* eines effektiven Lehrers ist geordnet und psychologisch unterstützend. Er braucht nur wenig Energie darauf zu verwenden. Das Klassenzimmer des uneffektiven Lehrers dagegen ist durch störendes Schülerverhalten gekennzeichnet, zu dessen Bewältigung der Lehrer viel Energien einsetzen muß. Tadel und Kritik ist hier überdurchschnittlich häufig anzutreffen.

Hinsichtlich der *Ausnutzung der Unterrichtszeit* hat sich gezeigt, dass im Unterricht des uneffektiven Lehrers die Beschäftigung mit den Unterrichtsinhalten am geringsten Zeit einnimmt, und dass auf gemeinsamen Klassenunterricht die wenigste Zeit aufgewendet wird. In solchen Klassenzimmern ist sowohl die inhaltliche Lernleistung wie auch die Einstellung der Schüler zur Schule und zu sich selbst am negativsten. Der effektive Lehrer widmet die meiste Zeit der Stoffvermittlung, wobei er die

Klasse als Großgruppe anspricht. Er setzt wenig Kleingruppen- oder Einzelarbeit ein.

Ebenso entspricht die *Unterrichtsmethode* des effektiven Lehrers nicht den didaktischen Sterotypen dieses Berufs. Lehrer, die die meisten schwierigen Fragen (high-level-questions) und die wenigsten einfachen Fragen stellen, Lehrer, deren Schüler viele Fragen stellen und vom Lehrer viel Rückmeldung erhalten, Lehrer, die Schülerkommentare verstärken und diskutieren, sind die am wenigsten effektiven Lehrer. Umgekehrt gilt: Lehrer, die hauptsächlich einfache Fragen stellen, deren Schüler wenig fragen und weniger Rückmeldung bekommen und die Schülerbeiträge nicht verstärken oder diskutieren, sind die effektivsten. Führt ein effektiver Lehrer doch einmal Einzelarbeit durch, so ist bei ihm die Überwachung enger als beim uneffektiven Lehrer, der dieses Verfahren anwendet".

Dieses Bild vom effektiven Unterricht deckt sich mit den Befunden aus anderen summarischen Forschungsberichten (z.B. Rosenshine 1976, 1979, 1983; Brophy/Evertson 1979; Brophy 1979). Die bekannte Studie von Bennett (1976, dt. 1979) über „Unterrichtsstil und Schülerleistung" hat ebenfalls eindeutige Effektivitätsvorteile eines lehrerzentrierten, direktiven gegenüber einem offenen, schülerzentrierten Unterricht ergeben (vgl. zur Forschung über „offenen Unterricht" Einsiedler 1981, S. 161ff). Das von Medley oben beschriebene, aus empirischen Korrelationsstudien abgeleitete Modell effektiven Unterrichtens wird in der amerikanischen Literatur als „direct instruction" bezeichnet; ebenfalls anzutreffende Begriffe wie „direct teaching" oder „structured teaching" meinen inhaltlich dasselbe (vgl. dazu Abschnitt 5.1).

„Direct instruction" erfährt darüber hinaus eine Bestätigung durch Untersuchungen, die nicht mehr auf der *Klassenzimmer-Ebene*, sondern auf der *Schulebene* ansetzen und in einem methodisch ganz ähnlichen Rückschlussverfahren nach den empirisch verifizierbaren Kennzeichen besonders guter Schulen fragen. „Gute Schulen" sind dabei per definitionem solche, deren Schüler die höchsten Lernleistungen erbringen! Das Ergebnis ist nicht überraschend: Eine „effektive Schule" hat wenige, klar formulierte, rein inhaltlich-akademische Ziele, eine einfache, kontrollierte Binnenstruktur, einen Schulleiter, der hohe akademische Ansprüche setzt und deren Einhaltung bei seinen Lehrern kontrolliert, ein Kollegium, das ebenfalls vornehmlich akademische Ansprüche an die Schüler stellt und auf dieser Ebene gut miteinander kooperiert, und eine Atmosphäre, in der stark auf das Erreichen prüfbarer Leistungsfortschritte geachtet wird (vgl. Murphy u.a. 1985; Purkey/Smith 1983; Hallinger/Murphy 1986).

In der Tat vermögen diese Ergebnisse zur effektiven Schule wie auch zum effektiven Unterricht nicht zu überraschen, denn im Grunde wird dadurch nur ausgesagt, dass in einer leistungsorientierten Lernumwelt auch tatsächlich die besten Lernleistungen erbracht werden, und dass *der* Lehrer am erfolgreichsten ist, der die zur Verfügung stehende Unterrichtszeit am besten für tatsächliches Unterrichten zu nutzen in der Lage ist. Allerdings ist sowohl bei der Forschung zu „direct instruction" wie auch bei der Erforschung von „effective schools" zu berücksichtigen, dass sie auf Untersuchungen zum Lese- und Rechenunterricht auf der Elementarstufe basiert, wobei häufig zusätzlich noch darauf hingewiesen wird, dass „direct instruction" am ehesten bei Kindern aus Familien mit niedrigem Sozialstatus seine Vorteile ausspielen kann. Insofern wird vor Generalisierungen auf andere Bereiche und/oder Stufen des Bildungswesens gewarnt wie auch vor einer vorschnellen Nutzung der Ergebnisse in der Lehrerausbildung im Sinne einer normativ-präskriptiven Handlungslehre (Medley 1982, S. 1898). Insofern sind hier wichtige Einschränkungen zu beachten. In der Diskussion dieses Konzepts ist dann auch immer wieder auf diese Einschränkungen hingewiesen worden, die nahe legten, dass „direct instruction" eben doch nicht pauschal als *die* effektivste Unterrichtsform anzusehen ist. Es lassen sich nämlich auch empirische Resultate mobilisieren, die belegen, dass „ein offener Unterricht gegenüber einem direkten Unterricht dann Vorteile erbringt, wenn es darum geht, Kreativität, Selbständigkeit, Neugier sowie positive Einstellungen zur Schule und zum Lernen auszubilden ... Ich halte das Unterrichtskonzept ‚direct instruction' nicht nur für ‚grimmig', sondern auch für eindimensional, weil es auf der Annahme basiert, dass das einzige wichtige Erziehungsziel die Steigerung der messbaren Lernleistung der Schüler ist und dass alle Schüler auf dieselbe Weise lernen und insofern auch auf dieselbe Weise unterrichtet werden sollten" (Peterson 1979, S. 66f.).

Im Grunde steht man damit vor einer Problemstellung, die aus der (überwunden geglaubten) Suche nach der besten Methode bekannt ist: Unter Fixierung des inhaltsleeren Erfolgskriteriums der Lerneffektivität stellt sich mittels Beibringung massiver empirischer Evidenzen ein bestimmtes Unterrichtskonzept als zweckdienlich heraus. In den Untersuchungen selbst werden wichtige Einschränkungen zwar noch genannt, die Diskussion geht darüber jedoch häufig hinweg. Vor allem aber zeigt sich hier, dass die Wirkung („Effektivität") und der Wert von bestimmten Lehrverfahren weder empirisch noch theoretisch ‚an sich' untersucht oder behauptet werden kann, sondern immer nur in Beziehung auf die Art des Lernens, die durch das Bereitstellen von bestimmten Lernbedingungen ausgelöst werden soll. Wie aus der theoretischen Diskussion ja bekannt (vgl. Kapitel 3), sind Methoden eben gerade nicht ziel- und inhaltsneutral, sondern fordern oder erschweren als Bedingungen für Lernen eben bestimmte Arten oder Qualitäten des Lernens. Die Frage, welche Lernqualität(en) in den Schulen anzustreben sind, hängt wiederum von übergreifenden bildungspolitischen bzw. pädagogisch-didaktischen Leitvorstellungen ab, über die mittels empirischer Lehrmethodenforschung natürlich nicht zu entscheiden ist. Insofern ist auch weiterhin die Lehrmethodenforschung gehalten, differenziell und nicht generalisierend vorzugeben: *Die* beste Lehrmethode, *den* effektiven Unterricht gibt es nicht! Wohl aber sind bestimmte Lehrmethoden für die Erreichung bestimmter Unterrichtsziele und Lernqualitäten vorteilhafter als andere.

5. Eine Ziel-Methoden-Matrix

Konsequent wird der Gedanke einer ziel-differenziellen Bewertung der Eignung von Lehrmethoden in dem bekannten Lehrbuch „Pädagogische Psychologie" von Gage/Berliner durchgehalten (amerik. Orig. 1975; dt. 1977, 4. überarbeitete Auflage 1986). Ein ganzes Kapitel widmen die Autoren den „Ziele(n) verschiedener Lehrmethoden" und lassen damit den Mythos der einen Methode wie auch alle Vorstellungen von Methode als in sich neutrales Mittel zur Erreichung beliebiger Ziele hinter sich. Gestützt auf Untersuchungen, den „gesunden Menschenverstand und Vermutungen" (ibid., S. 467) bieten sie dem Lehrer eine „Ziel-Methoden-Matrix" an, die es ihm ermöglichen soll, die für die jeweils angestrebten Unterrichtsziele günstigsten Lehrmethoden auszuwählen bzw. die ungünstigen zu vermeiden. Zum besseren Verständnis muss daraufhingewiesen werden, dass die fünf auf der Waagerechten abgetragenen Lehrmethoden, von den Autoren als „Hauptmethoden" bezeichnet, in sich ein beträchtliches Spektrum an divergierenden Realisationsmöglichkeiten enthalten. Auch wird der Kontext schulischen Lehrens und Lernens überschritten. Ebenso sind die fünf Hauptmethoden nicht auf einer Dimension oder Skala angeordnet. So kann z.B. ein Vortrag individuell oder auf eine große Zuhörerschaft ausgerichtet sein; das letztere ist allerdings die Regel. Schließlich lassen sich die fünf Methodengruppen nicht trennscharf voneinander abgrenzen - mit der Folge, dass häufig mehrere „Hauptmethoden" als günstig für die Erreichung desselben Ziels bewertet werden. Insofern liefert die Matrix in der Tat nur Empfehlungen, nicht mehr und nicht weniger (vgl. Abbildung 5).

Nicht zuletzt aufgrund ihres gemischten Fundaments aus Forschung *und* Plausibilität deckt sich diese Matrix mit Annahmen, die zum traditionellen Berufswissen der Lehrerschaft gehören: Komplexe kognitive Ziele lassen sich am ehesten mit individuell ausgerichtetem Unterricht sowie mittels der Diskussionsmethode erreichen, Kenntniserwerb ist mit humanistischen Methoden weniger gut zu erlangen als mit der Vortragsmethode, Sprach- bzw. Redeverhalten lässt sich am ehesten mittels Diskussionen verbessern, alle affektiven Ziele harmonieren mit humanistischen Methoden, und motorische Fähigkeiten sollte man selbstverständlich nicht mittels der Vertrags- oder Gesprächsmethode zu vermitteln versuchen. Ziele und Einsatzbedingungen dieser fünf hauptsächlichen Methodengruppen sollen im Folgenden erläutert werden.

Abb. 5: Ziel-Methoden-Matrix

Zielkategorie	Lehrmethode				
	Vortrag	Diskussion	Individual-ansatz	Humanistischer Ansatz	Unterricht in der Klasse
Kognitiver Bereich					
1. Wissen	B	C	A	C	B
2. Verstehen	B	B	A	C	B
3. Anwenden	C	A	A	B	B
4. Analyse	C	A	A	B	B
5. Synthese	C	A	A	B	B
6. Beurteilung	D	A	C	B	B
Affektiver Bereich					
1. Rezipieren	B	A	A	A	B
2. Antworten	D	A	B	A	B
3. Bewerten	B	A	D	A	B
4. Organisation der Werte	B	B	D	A	B
5. Charakteri-sierung durch Werte	D	B	D	A	B
Psycho-motorischer Bereich					
1. Grob-koordination	D	D	A	C	D
2. Fein koordination	D	D	A	C	D
3. Nichtverbale Kommunikation	D	B	C	A	B
4. Sprachverhalten	D	A	C	B	B

Skala: A = sehr gut; B = gut; C = ausreichend; D = schlecht.

Vortragsmethode: „Aus der Durchsicht vieler Untersuchungen kamen mehrere Autoren zu dem Schluss, dass die Vortragsmethode dann geeignet ist, wenn (a) das Hauptziel in der Vermittlung von Informationen besteht, (b) der entsprechende Stoff anderweitig nicht verfügbar ist, (c) der Stoff für eine bestimmte Gruppe auf eine besondere Weise organisiert und dargestellt werden muss, (d) wenn es notwendig ist, das Interesse an dem Thema zu wecken, (e) der Stoff nur für eine kurze Zeit im Gedächtnis behalten werden soll und (f) wenn eine Einführung in einen bestimmten Bereich oder Orientierungshilfen für Lernaufgaben gegeben werden sollen, die dann mit irgendeiner anderen Lehrmethode weiter verfolgt werden sollen. Die gleichen Autoren vertraten die Auffassung, dass Vorträge dann *nicht geeignet* sind, wenn (a) andere Ziele als die Vermittlung von Information angestrebt werden, (b) Behalten über einen längeren Zeitraum hinweg erwünscht ist, (c) der Stoff komplex oder abstrakt ist oder eine Menge von Details enthält,

(d) eine wesentliche Voraussetzung für das Erreichen der Unterrichtsziele die Beteiligung des Lernenden ist, (e) kognitive Ziele höherer Ordnung erreicht werden sollen, wie Analyse, Synthese oder Integration, oder (f) die Intelligenz oder die Unterrichtserfahrungen der Schüler durchschnittlich oder unterdurchschnittlich sind" (Gage/Berliner 1984, S. 449).

Diskussionsmethode: Will man dagegen die Fähigkeit der Schüler zu kritischem Denken bei der Bewertung von Ideen sowie ihre sprachlichen Fähigkeiten im Austausch mit anderen fordern, so empfiehlt sich der Einsatz der Diskussionsmethode. Allerdings ist hierbei zu beachten, dass gewisse Kenntnisse und Sachinformationen bereits vorhanden sein müssen, auf die aufbauend dann in den gemeinsamen Problemlösungs- und/oder Entscheidungsprozessen vorangeschritten werden kann. Ebenso ist beim Einsatz der Diskussionsmethode vorab zu fragen, ob der in Rede stehende Inhalt in sich eindeutig und fachlich unstrittig strukturiert ist; dies ist von Fach zu Fach bzw. Inhalt zu Inhalt sehr verschieden. „In Bereichen mit hoher Übereinstimmung können also Bücher und Vorträge, bei denen die Kommunikation nur in einer Richtung stattfindet, gute Dienste leisten. In Bereichen mit niedriger Übereinstimmung wird es notwendig sein, die Diskussionsmethode anzuwenden. Nur über diese Methode wird sich der Schüler die Übung im Formulieren einer Position, im Überprüfen verschiedener Standpunkte und im Anhören von Fakten, die er gelesen und mit denen er seinen Standpunkt verteidigen kann, aneignen, die er braucht. Wir vertreten nicht die Auffassung, dass in Bereichen mit hoher Übereinstimmung nur Vorträge Anwendung finden sollten, oder dass in Bereichen mit niedriger Übereinstimmung nur die Diskussionsmethode angewandt werden sollte. Der Gebrauch verschiedener Methoden und eine in das Unterrichtsprogramm eingebaute Vielfalt sind unabdingbar" (ibid., S. 452). Ein weiterer wichtiger Faktor bei der Realisierung der Diskussionsmethode ist die Bereitschaft und Fähigkeit des Lehrers, seine Rolle als didaktisch-methodischer Steuermann einzuschränken und gegebenenfalls gruppenpädagogische Mittel einzusetzen, um sozial-emotionale Gefahren abzuwehren, die mit dieser Methode verbunden sein können.

Individualansatz: Methoden, die ganz auf das einzelne lernende Individuum abgestellt sind, werden von Gage/Berliner unter der Bezeichnung „Individualansatz" zusammengefasst. Für einen einzelnen Lernenden ein spezielles Lehrprogramm anzubieten widerspricht zwar einerseits einem der organisatorischen Grundprinzipien von Schulen - die Schüler nämlich in Gruppen (Jahrgangsklassen oder Kursen) zusammenzufassen und sie dann jeweils ‚einem' Unterricht auszusetzen -gleichwohl aber sind verschiedene Formen der Individualisierung des Unterrichts möglich. Differenzierung (Bildung von Lerngruppen unterhalb der Ebene der Jahrgangsklasse) bildet hierfür die Vorstufe. Wollte man den Einzelunterricht zur alleinigen Form des Lehrens und Lernens machen, so wären im Grunde sämtliche Gruppierungsformen aufzulösen und die Schüler einzeln zu unterrichten. Entscheidet man sich für letzteres, so sind zwei Wege denkbar: Entweder der Lehrer (oder ein Lehrprogramm) folgt genau jeweils nur einem Schüler (extreme Individualisierung bei Anpassung des Unterrichts an einen Schüler) - oder aber die Schule/der Lehrer hält ein Angebot bereit, aus dem jeder einzelne Schüler sich seinen Lernweg gewissermaßen zusammenstellt (extreme Individualisierung bei Selbsttätigkeit des Schülers). Beide Alternativen gehen an den Realitäten unserer Schulen vorbei: Individualisierung muss vom Lehrer in aller Regel im Rahmen des Klassenunterrichts realisiert werden. Will man die Selbständigkeit und Selbsttätigkeit von Schülern fördern, so ist diese Methode angebracht. Individualisierung lässt sich im Bereich der Hausaufgaben, aber auch hinsichtlich der eingesetzten Materialien und Medien erreichen. Als Problem bleibt die Frage der Bewertung bzw. Bewertbarkeit von Lernleistungen in einem stark individualisierten Unterricht - zumindest solange, wie die Schülerbeurteilung auf einen (fiktiven) Klassendurchschnitt bezogen bleibt. Alles in allem „hat sich jedoch herausgestellt, dass diese Methoden sicherlich nicht so schädlich sind, wie ihre Kritiker meinen, noch so eindeutig erfolgreich sind, wie ihre Befürworter gehofft hatten" (ibid., S. 571).

Humanistischer Ansatz: Der in der Ziel-Methoden-Matrix genannte „humanistische Ansatz" ist im Wesentlichen deckungsgleich mit einem Unterrichtskonzept, welches hierzulande als „offener", bzw. „handlungs-", „erfahrungs-" oder „schülerorientierter Unterricht" bezeichnet wird (kommunikative Didaktik). Sein wichtigstes Kennzeichen ist das Bemühen, eine ganzheitliche Entwicklung aller kognitiven, sozialen, emotionalen und körperlichen Fähigkeiten der Schüler zu ermöglichen, ein Lernen mit Kopf, Herz und Hand. Dies schließt ein hohes Maß an Selbständigkeit und Selbsttätigkeit der Schüler sowie einen nicht-direktiven Handlungsstil des Lehrers ein. Solche Vorstellungen eines offenen, ganzheitlichen und bedeutsamen Lernens in einer gewandelten Schule gehen zurück auf reformpädagogische Vorstellungen, auf die humanistische Psychologie (Rogers, Maslow), auf die Argumente der Schul- und Unterrichtskritiker im In- und Ausland und werden an Alternativschulen, aber punktuell auch an Regelschulen zu praktizieren versucht. Insbesondere eine ausschließlich auf intellektuelles Lernen, auf Kenntniserwerb zum Zweck der Absolvierung von Prüfungsleistungen gerichteter Unterricht wird abgelehnt. Insofern wären für einen Anhänger dieses Unterrichtsverständnisses die oben geschilderten empirischen Forschungen zur Effektivität von Lehrmethoden vollkommen ohne Belang, da er das zugrundeliegende Erfolgskriterium (Lernleistung) wie auch die angewandten Untersuchungsmethoden (kontrolliertes Experiment bzw. objektive Beobachtung) ablehnt. Insbesondere letzteres halten Gage/Berliner für bedenklich, denn dadurch würde sich dieser Ansatz jeder sachlich-kritischen Wirkungsprüfung entziehen.

Unterricht in Klassen: „Wir werden den Unterricht in der Klasse größtenteils als Synthese verschiedener Kombinationen von Methoden des Frontalunterrichts und des Erklärens, der Diskussionsmethode, individueller Unterrichtsmethoden und dessen, was wir die humanistischen Methoden genannt haben, betrachten. Beim Unterricht in der Klasse wird jede einzelne dieser Vorgehensweisen zu bestimmten Zeiten, für bestimmte Zwecke, bei allen oder einigen Schülern in der Klasse angewendet. Bei jeder Unterrichtseinheit haben Lehrer und Schüler mehr als ein Ziel, das sie anstreben. Bei jeder Art von Unterrichtsziel sind bestimmte Methoden geeigneter als andere. Darüber hinaus gibt es zwischen Schülern Unterschiede in den Zielen und Lehrmethoden, die für sie am besten geeignet sind. Daraus folgt, dass der Lehrer in der Klasse eine Kombination von Methoden anwenden soll" (ibid., S. 633). Das von Gage/Berliner als „Unterricht in der Klasse" bezeichnete Vorgehen ist gewissermaßen die methodische Normalform des Unterrichts in den Schulen. Ihr zentrales Element ist das Gespräch zwischen einem Lehrer und ‚der Klasse', welches im Wesentlichen durch dreischrittige Zyklen aus Lehrerimpuls-Schülerantwort-Lehrerreaktion/ neuer Impuls etc. gesteuert wird. Weil - wie erwähnt - der Klassenunterricht mehr oder weniger eine Mischung („Orchestration") aus verschiedenen Formen des Lehrens darstellt (bei allerdings deutlicher Dominanz der Vortragsform sowie des lehrergesteuerten Frage-Antwort-Austausches, vgl. dazu den nächsten Abschnitt), die alle jeweils unterschiedliche Lernqualitäten begünstigen bzw. mit den verschiedensten Schülereigenschaften harmonieren, kommt es zu immer neuen Konstellationen zwischen Zielen, Methoden und Voraussetzungen. Zumindest halten Gage/Berliner eine Wechselhaftigkeit im Methodischen für wünschenswert, damit der Unterricht in der Klasse im ganzen überhaupt Wirkung zeigen kann. Durch die abschließende Betonung der „Orchestration" von verschiedenen Methodenvarianten im Unterricht lässt die wissenschaftliche Untersuchung von Lehrmethoden die Zerlegung ihres Gegenstandes in Einzelsegmente hinter sich und nimmt im Gegenzug das Geschehen im Klassenzimmer in den eher ‚ganzheitlichen' Blick des Praktikers. Dies ist auch am Sprachstil abzulesen, denn der Wechsel von technokratischen Produktionsanalogien zu einer musikalisch-künstlerischen Metaphorik ist bezeichnend: „Ebenso wie in der Musik ist es ... nicht die Häufigkeit der einzelnen Arten von Verhaltensweisen (Noten), die den Gesamteffekt (die Melodie) bestimmt. Es sind die Kombinationen, Rhythmen und Tempi der Aktionen der Lehrer (und damit auch der Aktionen der Schüler), die den Unterschied zwischen einem wirksamen und unwirksamen Unterricht ausmachen, (ibid., S. 686).

Nach ausführlicher Beschäftigung mit der einschlägigen Forschungsliteratur und unter Berücksichtigung der Gestaltqualität von Unterricht betonen Gage/Berliner die Notwendigkeit eines möglichst vielfältigen und situationsabgestimmten Methodeneinsatzes. Genauso, wie ein Musikstück ‚mehr4 ist als die Summe seiner Einzeltöne, genauso entsteht die Gesamtwirkung von Unterricht erst aus dem Zusammenwirken, der „Orchestration" einzelner Lehrmethoden. Nicht der monotone Einsatz einer bestimmten Methode garantiert den Erfolg, sondern umgekehrt entfaltet der Unterricht seine Wirkung erst durch *kontinuierliche Bereitstellung von Differenzen* im methodischen Arrangement. Dies entspricht einerseits der Tatsache, dass das Lehren und Lernen in der Schule auf ein breites Spektrum von verschiedenen Zwecken und anzustrebenden Lernqualitäten gerichtet ist, und erst verschiedene Lehrmethoden eben diese verschiedenen Zwecke erreichbar werden lassen. Schule und Unterricht sind viel zu komplexe Unternehmen, als dass in ihnen mit nur einer Methode bzw. einem Unterrichtsstil sinnvoll gearbeitet werden könnte. Insofern ist das Plädoyer für einen Pluralismus im Methodischen nur konsequent, und zwar ganz unabhängig davon, ob die empirische Lehrmethodenforschung die hierfür notwendigen Beweise lückenlos bereitzustellen in der Lage ist. Denn in jedem Fall gilt: Unterricht als praktische Handlungsaufgabe des Lehrers geht nicht in dem auf, was empirische Unterrichtsforschung an ihm erkennt.

Erst eine Vielfalt im Methodischen entspricht darüber hinaus auch der Unterschiedlichkeit der Lernvoraussetzungen und Lernstile der Schüler, denn bei konstantem Einsatz nur einer Methode würde diejenige Schülergruppe systematisch diskriminiert, deren Voraussetzungen gerade hierzu in einer besonders ungünstigen Wechselwirkung stehen - und umgekehrt. Methodenvariabilität und -Vielfalt wird damit zu einer grundsätzlichen Voraussetzung für Gerechtigkeit im Prozess des Lehrens und Lernens.

6. „Guter Unterricht" - „Gute Lehrer"

In den achtziger Jahren ist vom Münchener Max-Planck-Institut für Psychologische Forschung eine empirische Studie durchgeführt worden, die sich mit der Frage beschäftigte, wie die Qualität des Unterrichts mit dem Leistungszuwachs der Schüler zusammenhängt. Man erkennt auch hier den Grundgedanken des Prozess-Produkt-Paradigmas: Wie wirken sich Prozessbedingungen auf die Produkte aus, und wie lassen sich Prozessbedingungen optimieren? Dabei wurde als Zielsetzung nicht einfach ein möglichst optimaler Lernfortschritt der einzelnen Schüler definiert, sondern ein doppeltes Zielkriterium angesetzt: Unter welchen Unterrichtsbedingungen wird im Laufe eines Zeitabschnittes sowohl die Streubreite der je individuellen Schülerleistungen in Schulklassen reduziert *und gleichzeitig* das durchschnittliche Leistungsniveau dieser Klasse gesteigert. Damit wurde u.a. eine empirische Überprüfung bildungsreformerischer Absichten und Zielvorstellungen (Kann man durch Unterricht Leistungsunterschiede der Schüler ausgleichen und zugleich das Niveau steigern - oder ist Leistungshomogenisierung mit Niveausenkung verbunden?) angestrebt. Die Untersuchung wurde in 39 Hauptschulklassen der 5. und 6. Jahrgangsstufe im Fach Mathematik durchgeführt. Ergebnis: „Die Münchener Studie zeigt ..., dass die Homogenisierung der Schulleistungen durchweg auf Kosten der guten Schüler erfolgt. Die Vergrößerung der Leistungsdifferenzen andererseits geht in den meisten Klassen nicht zu Lasten der schwächeren Schüler. Das heißt, diese Schüler werden auch in sehr leistungs-heterogenen Klassen mindestens ebenso gut gefordert wie in den sozusagen egalisierten Klassen" (Weinert/Helmke 1987, S. 65).

Doch nicht so sehr dieses angesichts mancher bildungspolitischer und instruktionspsychologischer Hoffnungen sicherlich ernüchternde Resultat ist im gegebenen Kontext von Interesse, sondern ein spezielles Element innerhalb der Gesamtergebnisse der Studie: Es ließen sich in der Gruppe der 39 untersuchten Schulklassen immerhin doch sechs Klassen identifizieren, in denen sowohl eine überdurchschnittliche Anhebung des Leistungsniveaus als auch eine überdurchschnittlich starke Verringerung der Leistungsstreuung zu beobachten war. Die unterrichtsmethodisch interessante Frage lautet nun: Wie sah der Unterricht in diesen Optimalklassen aus? Hierzu schreibt Helmke (vgl. 1988, S. 64ff.):

- Die Klassenführung ist sehr effizient, d.h. der Lehrer hat die Klasse insgesamt im Griff. Ein abgesprochenes System von Regeln reduziert Disziplinkonflikte, Leerlauf und Störungen.
- Lehrer in Optimalklassen nutzen die Unterrichtszeit intensiv für die Behandlung des Unterrichtsstoffes, der Inhalte. „Es wird wenig Zeit mit außerfachlichen Aktivitäten verbracht, seien es prozedurale Angelegenheiten (wie Geld einsammeln) oder Unterrichtsphasen mit sozial-kommunikativem Charakter" (ibid., S. 65).
- Klarheit und Verständlichkeit der Lehreräußerungen sind weitere Kennzeichen des Unterrichts in Optimalklassen.
- Lehrer in Optimalklassen verstehen es, ihren Unterricht an die Schülervoraussetzungen anzupassen: häufige Bildung von Kleingruppen als Maßnahme innerer Differenzierung, Variation der Schwierigkeit von Anforderungen, Anpassung des Anforderungsniveaus an die unterschiedlichen Fähigkeiten der Schüler, starke Förderorientierung, d.h. verstärkte Hinwendung zu leistungsschwachen Schülern.
- Lehrer in Optimalklassen nutzen zwar die zur Verfügung stehende Zeit sehr effektiv, d.h. sie arbeiten zeitökonomisch, lassen aber zugleich ihren Schülern ausreichend viel Zeit bei der Suche nach Lösungen.
- Lehrer in Optimalklassen verfugen über eine diagnostische Sensibilität hinsichtlich der affektiven Lernvoraussetzungen der Schüler.

Diese Ergebnisse konnten in einer breiter (z.B. auf fünf statt - wie oben - nur zwei Zielkriterien) angelegten Studie im Grundschulbereich (54 Klassen der Jahrgangsstufe 3 und 4 im Fach Mathematik) alles in allem bestätigt werden: Auch in dieser Studie zeichnete sich die „Optimalgruppe" der „guten Lehrer" durch eine Klarheit und Strukturiertheit des Unterrichts, durch Effektivität in der Klassenführung, durch Förderung aufgabenbezogener Schüleraktivitäten, durch Adaptivität und Variabilität von Unterrichtsformen aus. Bemerkenswert ist hier allerdings, dass die je individuellen Merkmalsprofile der Lehrer in der „Optimalgruppe" sehr breit streuten (vgl. Abbildung 6): „Es bestätigt sich also die theoretische Vermutung, dass erfolgreicher Unterricht auf sehr unterschiedliche Weise realisiert werden kann" (Weinert/Helmke 1996, S. 231). Dem ist eigentlich nichts hinzuzufügen.

Abb. 6: Unterrichtsmerkmale bei unterschiedlich erfolgreichen Gruppen von Lehrern

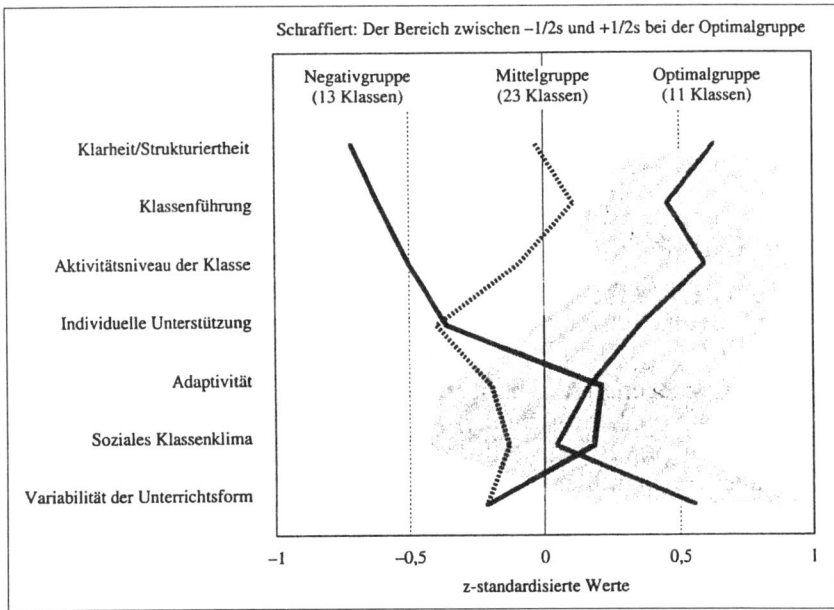

Abschließend sei noch einmal auf einen Gedanken hingewiesen, der bereits mehrfach angeklungen ist: die empirischen Untersuchungen zur Wirkung verschiedener Methoden bzw. Methodengruppen, letztlich alle Argumente in der Diskussion um Lehren und Lernen, bewegen sich notwendigerweise immer im Horizont bestimmter Vorstellungen von Unterricht, vor allem von „gutem", gelungenem Unterricht. Insofern sind übergreifende Vergleiche bezüglich der Vor- und Nachteile einzelner Methoden problematisch, wenn nicht gar unmöglich. Wie erwähnt, sind für den Anhänger des „offenen Unterrichts" die Forschungsergebnisse zu „direct instruction" praktisch ohne Belang, da er einem anderen Unterrichtsideal anhängt. Allenfalls nutzt er sie zur polemischen Abgrenzung. Hieran zeigt sich ein Dilemma *jeder* empirischen Unterrichtsforschung: Sie bewegt sich immer im Rahmen einer bestimmten „Didaktik". Das aber heißt: Nicht alle Theoretiker (wie auch Praktiker) akzeptieren alle empirisch gewonnenen Daten! Vielmehr wird durch die Entscheidung zugunsten dieses oder jenes Unterrichtsverständnisses vorab bestimmt, welche empirischen Evidenzen man für bedeutsam resp. bedeutungslos hält (vgl. Nuthall/Snook 1977, S. 88ff.). Die Entscheidung für oder gegen ein bestimmtes Unterrichtsverständnis wiederum hängt von normativen Prämissen, Menschenbildern, Bildungs- und Entwicklungstheorien, pädagogischen Maximen etc. ab. Wenn aber jede Lehrmethode eben nur mit bestimmten normativen Prämissen harmoniert - sei es wissenschaftlich bewiesen, sei es aufgrund von persönlichen Erfahrungen oder Plausibilitätsannahmen - so ist über Methodenfragen letztlich auch immer nur im Horizont der Frage zu entscheiden, welchen Unterricht man will, d.h. welche Lernqualitäten, Bildungsmöglichkeiten und Erfahrungsräume man durch Unterricht für Schüler bereitstellen möchte. *Insofern* ist vielleicht jede Didaktik „bildungstheoretisch".

3.3 Die Praxis des Methodengebrauchs von Lehrern: Realitäten

Die im vergangenen Abschnitt erläuterten Stationen der Forschung zur Effektivität von Lehrmethoden markieren ein Forschungsprogramm, welches auf eine Effektivierung des Unterrichtens abzielt, sich jedoch bei aller vermeintlichen Zielneutralität des Effektivitätskriteriums gleichwohl nicht der Problematik der Normativität auch von Methodenfragen entziehen kann, da Daten und Resultate zur Wirkung von Lehrmethoden immer nur im Horizont eines bestimmten (Vor-)Verständnisses von Unterricht sinnvoll zu interpretieren sind. Während nun die *effektivitätsorientierte Lehrmethodenforschung* dem Unterrichtspraktiker *Vorgaben* für ‚guten' Unterricht zu liefern beabsichtigt, geht es der *deskriptiven Lehrmethodenforschung* demgegenüber lediglich um ein Erfassen der tatsächlichen *Realitäten* des Methodengebrauchs im gegebenen Unterrichtsalltag. Was geschieht allmorgendlich in den Klassenzimmern? Welche Lehrmethoden werden tatsächlich wo angewandt? Welche Rolle spielen hierbei die Vorgaben aus Allgemeiner und Fachdidaktik, aus Lernpsychologie und Unterrichtsforschung? Gerade auf diese doch vergleichsweise einfachen, weil ‚bloß' empirischen Fragen ist in der Fachliteratur nur bedingt Auskunft zu bekommen. Im Folgenden seien einige deskriptive Befunde aufgeführt, die sich jedoch nicht alle speziell auf die Praxis des Methodengebrauchs im engeren Sinne beziehen, sondern ein allgemeines Bild des durchschnittlichen Unterrichtsgeschehens zeichnen.

„R. und A. Tausch (1971, S. 238) schätzen aufgrund empirischer Befunde, dass z.B. Gruppenarbeit in deutschen Schulen in höchstens 4% aller Unterrichts*stunden* verwirklicht wird, dass im Frontalunterricht 60% aller *Wörter* vom Lehrer gesprochen werden, d.h. dass der Lehrer etwa 50mal soviel redet, wie dies dem einzelnen Schüler möglich ist, jedem Schüler also nur 1 bis 2% des gesamten Sprachausmaßes bleiben und dass im Schnitt jeder Schüler alle drei Tage eine *Frage* an den Lehrer zu richten vermag, dieser aber in dem gleichen Zeitraum die Klasse, d.h. jedes Klassenmitglied, mit ca. 800 Fragen konfrontiert (ibid., S. 210)" (Winkel 1978, S. 674). Diese Befunde decken sich mit den Angaben von Nuthall/Snook (1977, S. 57ff.) über die Häufigkeit verschiedener Unterrichtsformen:

– 18-22% der Zeit verwenden Lehrer zum Vortragen, Vorführen und zum Vorzeigen von Material;

– 20-30% der Zeit verwenden sie für Frage-Antwort-Unterricht, diesen in dessen Rahmen um etwas zu üben oder zu diskutieren;

– 14-23% der Zeit verwenden sie für das Vorführen oder Vorzeigen von Gegenständen in Verbindung mit Frage-Antwort-Unterricht bzw. Diskussionen;

– 25-45% der Zeit beaufsichtigen sie die Schüler bei individueller geistiger oder körperlicher Aktivität.

Die Autoren können nur ungefähre Angaben machen, weil sie sich auf mehrere Untersuchungen stützen, in denen die einzelnen Unterrichtsformen jeweils nicht völlig übereinstimmend definiert wurden. Insofern sind letztlich nur Durchschnittswerte möglich. Dies gilt nicht für die folgenden Angaben über das Verhältnis von i.e.S. unterrichtenden zu unterrichtsorganisatorischen Maßnahmen. Lehrer widmen

– 51% der Zeit dem eigentlichen Unterricht,

– 23% der Zeit der Strukturierung und Organisation des Schülerverhaltens,

– 14% der Zeit dem Ermahnen, Erlauben und dem Reagieren auf abweichendes Schülerverhalten sowie

– 12% der Zeit anderen Aktivitäten einschließlich dem Eingehen auf individuelle Schülerprobleme (ibid., S. 60).

Bemerkenswert ist der relativ geringe Anteil der für das eigentliche Unterrichten eingesetzten bzw. einsetzbaren Zeit, und innerhalb dieser eigentlichen Unterrichtszeit fällt auf, dass in ihr eine an die ganze Klasse gerichtete, durch Fragen unterbrochene darstellende Lehrform eindeutig überwiegt. Die natürliche Konsequenz hieraus ist, dass der Lehrer gemessen am einzelnen Schüler einen sehr großen Anteil des gesamten Redeverhaltens bestreitet.

Aber dies sind noch relativ grobe Aussagen über die Realität des Unterrichts und des Lehrerverhaltens. Glücklicherweise liegt jedoch eine neuere Untersuchung von Hage u.a. (1985) vor, die einen differenzierten Einblick in die gewöhnliche' Methodenpraxis an den Schulen vermittelt. Im Rahmen dieser Untersuchung sind insgesamt 181 Unterrichtsstunden mittels eines standardisierten Beobachtungsrasters (44 Kategorien) erfasst und analysiert worden (59 Stunden an Hauptschulen, 62 Stunden an Gymnasien, 60 Stunden an Gesamtschulen; 53 Stunden im Fach Deutsch, 63 Stunden im Fach Gesellschaftslehre, 65 Stunden im naturwissenschaftlichen Bereich). Ziel der Untersuchung war es, einen Einblick in die Realität des Methodengebrauchs zu gewinnen - und zwar unabhängig von den bekannten normativen didaktischen Planungs- und Handlungskonzepten. Ebenso wurde nach schulform- bzw. fachbezogenen Differenzen hinsichtlich der Methodenpraxis gefragt. Zusammenhänge zwischen Methodengebrauch des Lehrers und Lernleistung der Schüler wurden nicht untersucht.

Die Untersuchung erbrachte folgende Resultate: Im Wesentlichen ist der Unterricht in allen 181 Stunden - unabhängig von Schulform oder Fach - gleich verlaufen. Die Autoren geben an, dass in ca. 75% des erfassten Unterrichts immer dasselbe zu beobachten war, nämlich eine vom Lehrer ausgehende, an der Sache orientierte und im Medium der Lehrersprache organisierte gesprächsartige Lehrform im Klassenverband, die ihrer didaktischen Funktion nach auf die Anleitung von kognitiven Lernprozessen (Wissenserwerb und intellektuelle Fähigkeiten) auf Seiten der Schüler gerichtet war. Dieser Befund wird zur *These von der methodischen Monostruktur des Unterrichts* verdichtet (ibid., S. 46). In der Tat mussten ca. zwei Drittel bis drei Viertel aller Unterrichtsereignisse immer wieder einigen wenigen Kategorien des Beobachtungsschemas zugewiesen werden (ibid., S. 47; vgl. Abbildung 7). Diese Kategorien bilden untereinander das Syndrom des „direktiven Frontalunterrichts" (ibid., S. 151). Die verbleibenden fachbezogenen Differenzen im Methodengebrauch sind dabei übrigens deutlicher als die schulformbezogenen; nach Auswertung der letzteren sprechen die Autoren „pointierend" vom Gymnasium als der Schule des „gelenkten Sachdialogs", von der Hauptschule als der Schule der „gelenkten Beschäftigung" und von der Gesamtschule als der Schule des „gelenkten Diskurses" (S. 148). Allerdings ist hierbei zu berücksichtigen, dass diese Differenzen nur einen relativ geringen Stellenwert einnehmen angesichts der Tatsache, dass „Frontalunterricht" als Methode über alle Fächer und Schulformen hinweg eindeutig dominiert. Die gewonnenen Daten zum Verhältnis von Lehrer- und Schüleraktivität ordnen sich in die oben bereits genannte Ergebnistendenz ein: „Der von uns beobachtete Unterricht bestand zu etwa 42% aus Lehreräußerungen, zu etwa 27% aus Schüleräußerungen und zu etwa 31% aus anderen Tätigkeiten" (ibid., S. 91; zur Monotonie der Methode auch Lersch 1985 S. 261f.; empirische Bestätigung bei Lukesch/Kischkel 1987).

Auch wenn einige forschungsmethodische Kritikpunkte an der Untersuchung von Hage u.a. anzumelden sind, so stimmt das Ergebnis doch nachdenklich: Trotz vielfältiger Bemühungen um die Etablierung neuer, kooperativer und kommunikativer Arbeitsformen, trotz intensiver Diskussionen um ein ganzheitliches (also nicht nur kognitives) Schullernen, trotz der Konjunktur von Medien- und Gruppenpädagogik setzt sich auf der Ebene der konkreten Unterrichtspraxis ein tradiertes Methodenmuster durch, welches den alten und neuen didaktischen Reformbestrebungen diametral entgegensteht. Der Frontalunterricht, der in den letzten beiden Jahrzehnten (aber auch schon davor) sowohl in der didaktischen Theorie wie auch in der Lehrerausbildung immer als ein didaktisch-methodisches Schreckbild gedient hat, an dem demonstriert wurde, wie man es *nicht* machen darf, ist auf der Ebene des Unterrichts selbst alltägliche Realität! Wie immer man diesen Befund auch bewertet - ignorieren sollte man ihn nicht. Er wirft zum einen ein bezeichnendes Licht auf die didaktische Theoriediskussion, in der „sich Standpunkte ohne Rekurs auf die Realität aneinander abarbeiten" (Leschinsky/Roeder 1980, S. 373) und die insofern auch kaum gestaltende Wirkungen auf die Unterrichtspraxis ausüben kann. Ebenso stützen die Ergebnisse der Untersuchung die These von der Differenz zwischen „Feiertagsdidaktik" und „Alltagsdidaktik" (Meyer 1980). Zum anderen drängt sich die Frage nach den Ursachen für die konstatierte Monostruktur auf: Wie kommt es, dass genau diejenige Methode in der Praxis dominiert, die von der Theorie immer wieder kritisiert und bekämpft worden ist? Aber nicht nur die Abweichung der Methodenrealität von der Methodentheorie ist erklärungsbedürftig, sondern das Zustandekommen dieser Methodenrealität selbst: Wodurch wird sichergestellt, dass Unterricht sich mit hoher Erwartbarkeit als Frontalunterricht realisiert? Die Autoren der Studie kommen diesbezüglich zu der These, „dass die Verwirklichung alternativen unterrichtsmethodischen Handelns in viel stärkerem Ausmaß als wir erwartet hatten von Schulorganisation, Bildungspolitik, Tradition, bildungstheoretischen und makrodidaktischen Rahmenbedingungen und nicht von didaktischen Wahlmöglichkeiten im engeren Sinne abhängt" (Hage u.a. 1985, S. 150).

Abb. 7: Verteilung der unterrichtsmethodischen Dimensionen für die gesamte Untersuchung in %

	Anzahl der 5-Min.-Phasen	%
Didaktische Funktion		
Einführung	117	8.26
Aneignung	891	62.88
Wiederholung	171	12.07
Erfahrung	38	2.68
Übung	40	2.82
Systematisierung	16	1.13
Anwendung	53	3.74
Kontrolle	91	6.42
Qualifikationsziele		
Kenntniserwerb	636	45.04
Intellektuelle Fähigkeiten	669	47.38
Psychomot. Fertigkeiten	38	2.69
Werthaltung	47	3.33
Soziale Verhaltensweisen	22	1.56
Methodische Grundformen		
betreute Schülertätigkeit	150	10.68
selbständige Schülertätigkeit	61	4.35
Lehrervortrag	117	8.33
Demonstration	53	3.78
Katechisieren	98	6.98
Unterrichtsgespräch	687	48.93
Diskussion	28	1.99
Stillarbeit	132	9.40
Schülervortrag	78	5.55

Sozialform		
Klassenunterricht	1096	76.86
Klassenkooperation	37	2.60
Gruppenarbeit	106	7.43
Partnerarbeit	41	2.88
Einzelarbeit	146	10.24
Schülertätigkeit		
Aufnehmen	368	25.83
Wiedergeben	321	22.53
Produzieren	681	47.79
Psychomot. Produktion	55	3.86

Als Erklärung für die Tatsache der Monostruktur wie auch für die Art ihrer Realisation als „Frontalunterricht" rekurrieren die Autoren also auf den Faktor Organisation bzw. auf makrodidaktische Rahmenbedingungen, angesichts derer Unterricht wohl nur so sein könne, wie er eben ist. Zu diesen Rahmenbedingungen sind übrigens auch Traditionen zu zählen, also z.B. die Berufskultur der Lehrerschaft, mit der ein Neuling im Laufe seiner beruflichen Sozialisation vertraut zu machen ist. Hierzu gehören auch bestimmte tradierte Muster der Beurteilung und Bewertung von Lehrerhandeln in Lehramtsprüfungen etc. Letztlich sind jedoch die historisch gewachsenen (schul-)organisatorischen Rahmungen des ‚Arbeitsplatzes Klassenzimmer' von grundsätzlicher Bedeutung für die Etablierung der durchschnittlichen Unterrichtskultur einer Zeit; die Berufstraditionen und das Berufswissen der Lehrerschaft entfalten sich in Entsprechung zu diesen Bedingungen. So ist es z.B. nur naheliegend,

– dass die von Schularchitektur, -Organisation und -Verwaltung vorgegebenen allgemeinen Bedingungen mit hoher Erwartbarkeit immer wieder zur methodischen Grundform des Klassenunterrichts führen,

– dass aufgrund vorgegebener Lehrplanpensen einerseits sowie der immer knappen Unterrichtszeit andererseits als Folge ein zielorientiert-stoffvermittelndes Vorgehen bei möglichst geschmeidigem Ausmanövrieren von „Störern" dominiert,

– dass die Verpflichtung zur Zensierung/Zertifizierung von Leistungen und Bildungsabschlüssen das Lehrer-Schüler-Verhältnis über die natürliche Altersdifferenz hinaus in eine asymmetrische Form bringt,

– dass aufgrund der Arbeitsbelastung im Schulalltag die Lehrer in aller Regel die durch die äußeren Bedingungen vorgegebenen bzw. nahegelegten Unterrichtsformen realisieren, da ein alternatives Vorgehen einen zusätzlichen Aufwand erforderlich macht, und

– dass auch die Lehrerausbildung als ein Unternehmen mit erwiesenermaßen „schwacher Wirkung" (Lortie) eben nicht verhindert, dass Berufsanfänger sich bewusst oder unbewusst an den Verhaltensweisen erfahrener Kollegen orientieren bzw. ein Lehrerverhalten kopieren, welches sie selbst als Schüler ausgiebig haben beobachten können.

Zumindest das staatliche Regelschul- und Unterrichtssystem ist soweit vereinheitlicht, dass aufgrund der damit gesetzten Bedingungen eine Monostruktur des Methodischen die Folge ist. Der inhaltliche Zuschnitt dieser übergreifenden Bedingungen wiederum führt dazu, dass die Monostruktur sich in aller Regel als Frontalunterricht realisiert. Durch eine solche, die Rahmenbedingungen miteinbeziehende Perspektive wird deutlich, dass das Problem der Methode in Lehr-Lern-Prozessen nicht einfach nur eine Frage der möglichst geschickten Handlungsorganisation vor oder während des Unterrichts ist, sondern bereits in der Schule als Institution steckt.

3.4 Theorien des Lehrerhandelns: Binnenwelten

Die Ergebnisse der deskriptiven Studien zu den Realitäten des Lehrerhandelns im Unterricht legen den Gedanken nahe, dass weder die Theorien, Modelle und Handlungsempfehlungen der Didaktik und Methodik noch die Resultate der empirisch-experimentellen, auf die Steigerung der Effektivität des Lehrerhandelns gerichteten Untersuchungen im Unterrichtsalltag besonders intensiv genutzt werden. Normativ gehaltene Theorien darüber, wie der Lehrer seine Arbeit verrichten müsste, damit er bildende Wirkungen erzielt, aber auch empirische Befunde, die - bescheidener im Anspruch - lediglich Hinweise auf effektives Lehrerverhalten geben wollen, haben wohl nur einen relativ schwachen Einfluss auf die Praxis des Unterrichtens, wobei zugegebenermaßen die Vorstellung einer einfachen Umsetzbarkeit normativer Vorgaben bzw. Anwendbarkeit empirisch gewonnener Resultate allerdings selbst sehr problematisch ist.

Im vorangegangenen Abschnitt ist einiges über die *schul- und unterrichtsorganisatorischen Bedingungen* hierfür gesagt worden: Der strukturelle Zuschnitt des ‚Arbeitsplatzes Klassenzimmer' sorgt vor aller Didaktik und Methodik dafür, dass Unterricht so abläuft, wie er abläuft. Hinzutreten muss aber in jedem Fall eine Betrachtung der *personinternen Bedingungen* für die erwiesenermaßen hohe Stabilität tradierter unterrichtsmethodischer Muster, denn letztlich sind es ja die Lehrer als Personen, die auf diese oder jene Weise im Unterricht handeln. Dabei können organisatorische Bedingungen einerseits und person-interne Faktoren andererseits keineswegs gegeneinander ausgespielt werden: Das konkrete Verhalten einer Person ist immer eine Resultante der Wechselwirkung von externen und internen Faktoren; zu letzteren sind natürlich auch die Intentionen der handelnden Person zu zählen, d.h. sie reagiert nicht lediglich passiv auf äußere und innere Zustände, sondern verfolgt bestimmte Ziele und Absichten, kalkuliert Mittel und Wege, prüft die erzielten Ergebnisse - kurzum: verhält sich „epistemisch", also erkennend und abwägend.

Weil aber menschliches Handeln allgemein - und damit auch das Handeln des Lehrers im Klassenzimmer - eben kein bloßes Reagieren, sondern das Ergebnis einer aktiven Auseinandersetzung mit äußeren und inneren Zuständen ist, widmet die neuere Unterrichtsforschung den person-internen Prozessen der Handlungskoordination gesteigerte Aufmerksamkeit. Dies muß geschehen, um die subjektiven, person-internen Bedingungen der relativen Stabilität der durchschnittlichen Unterrichtskultur zu ermitteln. Die personspezifische Binnenwelt eines Lehrers wird - in Wechselwirkung mit den äußeren Situationsbedingungen - als entscheidender Faktor für das Handeln im Unterricht angesehen. Seine „subjektiven Theorien", seine „Routinen", sein „Alltagswissen" bilden die Basis für die Entwicklung und mentale Begleitung der eigenen Handlungslinie. Insofern es sich aber um person-interne Prozesse, um Binnenwelten also, handelt, die durch einfache Beobachtung der äußeren Handlungen und ebenso auch durch einfaches Nachfragen nicht zu erschließen sind, stellt sich die Frage nach der wissenschaftlichen Erschließbarkeit: Wie lassen sich interne Prozesse forschungsmethodisch kontrolliert entschlüsseln? Welche Vorstellungen hat man sich hinsichtlich der Entstehung, Eigenart und Wirkung dieser Binnenwelten zu machen?

Diese beiden Fragen stehen in einem engen Zusammenhang, denn je nachdem, wie man den empirisch ja nicht unmittelbar greifbaren Gegenstand durch Vorannahmen gleichsam hilfsweise modelliert, eröffnen oder verschließen sich bestimmte methodische Zugangsmöglichkeiten. Zur Erläuterung: geht man davon aus, dass das Handeln eines Lehrers im Wesentlichen durch seine frühkindlichen Erfahrungen im Rahmen der Mutter-Kind-Dyade bedingt ist, so ist es sinnlos, ihn hiernach mittels Fragebogen o.a. zu befragen. Geht man umgekehrt davon aus, dass Handeln allein von Kognitionen (Denken, Wissen, rationales Entscheiden) bestimmt ist, und diese Kognitionen dem Handelnden selbst vollkommen transparent sind, so reicht einfaches Abfragen; tiefenpsychologische Spekulation wäre unangebracht, da es keine Tiefe ‚gibt'. Im Folgenden soll diesem komplizierten Verhältnis von Gegenstand und Methode in drei neueren Ansätzen zum Lehrerhandeln nachgegangen werden: (1) dem Forschungsprogramm zu „subjektiven Theorien" von Lehrern, (2) dem Bemühen um eine Exploration und Veränderung des didaktischen „Alltagswissens" von Lehrern, sowie (3) den Versuchen zur entwicklungstheoretischen Konzeptualisierung der Genese beruflicher Kompetenz.

1. Der kognitive Ansatz

Die kognitive Herangehensweise an Lehrerhandeln hat sich in den letzten Jahren im Bereich der Pädagogischen Psychologie bzw. Unterrichtspsychologie erfolgreich durchsetzen können, wobei zu berücksichtigen ist, dass dies lediglich die sog. „kognitive Wende" innerhalb der Allgemeinen Psychologie nach- bzw. mitvollzieht. Hiermit ist - vereinfacht gesagt - der Übergang von einer behavioristischen, auf die Beobachtung und Theoretisierung äußeren Verhaltens konzentrierten Psychologie, zu einer kognitiven

Psychologie gemeint, die ‚ein bisschen Weisheit zwischen Reiz und Reaktion zulässt, d.h. zu einer Psychologie, die die Existenz von internen autonomen Reflexions- und Konstruktionsprozessen im Handelnden nicht länger ignoriert und insofern gehalten ist, in die black-box hineinzusehen (zur kognitiven Wende vgl. Groeben/Scheele 1977).

Der Kognitivismus in der Pädagogischen Psychologie impliziert wichtige Konsequenzen für die Analyse des Lehrerhandelns und -wissens (vgl. Terhart 1984). Entsprechend der Philosophie des Kognitivismus wird nun nicht mehr davon ausgegangen, dass sich Lehrerverhalten und Lehrer-Schüler-Interaktion durch reduktionistische Reiz-Reaktionsmodelle abbilden lassen, die - von den Beteiligten gleichsam unbegriffen - mehr oder weniger mechanisch ablaufen (Allmer 1986). An die Stelle des Bildes vom passiv-reagierenden Organismus tritt das Modell des seine Umwelt aktiv-kognitiv strukturierenden Aktors, der - selbst schon immer Theorienbenutzer - seine impliziten („naiven") Theorien über seinen Handlungsbereich, seine Einwirkungsmöglichkeiten hierin sowie über sich selbst in seine Umwelt hineinträgt, an dieser Umwelt kontrolliert und modifiziert. Diesen Prozess des aktiven, kognitiven und (insofern) theoriegeleiteten Umgangs mit Wirklichkeit versuchen die kognitivistischen Konzepte zum Lehrerhandeln abzubilden, indem sie sich auf die allgemeinen wie auch persönlichkeitsspezifischen Wahrnehmungs-, Verarbeitungs-, Entscheidungs- und Prüfprozeduren konzentrieren, die im Kopf des handelnden Lehrers ablaufen, während er z.B. frühzeitig einen Disziplinkonflikt erkennt und zu umgehen versucht, eine Note vergibt, wenn er während des Unterrichtens den weiteren didaktischen Gang (grob oder im Detail) vorausplant, sich angesichts von zehn Schülermeldungen für eine entscheidet, eine besonders schwierige Klippe bei der Stoffdarbietung didaktisch aufbereitet etc. Kognitivistische Ansätze verstehen Lehrerhandeln als ein durch bestimmte Denk- und Entscheidungsprozesse reguliertes, siuations-adaptives Agieren und Reagieren, welches durch ein hierarchisches System von (übergreifenden bzw. auf der unteren Ebene der Hierarchie situationsspezifischen) Regeln, Maximen, Routinen und unexplizierten generellen Entscheidungspräferenzen bzw. Handlungstendenzen geleitet wird. Dieses System von Regeln, Maximen, Routinen und Präferenzen bildet die „subjektive Verhaltenstheorie" von Lehrern; sofern man den gesamten Unterrichtsablauf als Wahrnehmungs- und Handlungsfeld miteinbezieht, ließe sich von einer „subjektiven Unterrichtstheorie" sprechen (vgl. Mandl/Huber 1983; Koch-Priewe 1986). Wichtig hierbei ist, dass der Lehrer als eine Art informationsverarbeitender kognitiver Apparat verstanden wird, der aktiv, bewusst und intentional sein Handeln plant, durchführt und prüft. All dies macht deutlich, dass kognitive Theorien des Lehrer*handelns* sich vornehmlich als Theorien des Lehrer*denkens* beim Unterrichten manifestieren (vgl. umfassend Hofer 1986; aktueller Forschungsstand bei Bromme 1992, 1997).

Im Rahmen dieses Ansatzes haben sich innerhalb der anglo-amerikanischen Literatur zwei Varianten herausgebildet (vgl. Clark 1980): einmal der Versuch, *Unterrichten als Entscheidungshandeln* zu modellieren (Shavelson-Gruppe; vgl. zusammenfassend Shavelson/Stern 1981), zum zweiten der Versuch, *Lehrerhandeln als Informationsverarbeitungsprozess* zu bestimmen (Joyce-Gruppe; vgl. Joyce et al. 1981). Trotz aller Unterschiede im Detail werden durch diese beiden Varianten aber nur zwei Seiten ein und derselben Münze beleuchtet: Einmal der Lehrer als rationaler, kognitiver Entscheider, zum anderen der Lehrer als derjenige, der angesichts einer Überfülle an Informationen aus seiner wahrgenommenen Umwelt (sprich: Unterricht) bestimmte Bereiche schon aus pragmatischen Gründen abblenden muss, um überhaupt noch handlungsfähig zu sein. Die Fein-Analyse der kognitiven Begleitprozesse beim Lehren und Unterrichten kann man nun noch weiter treiben, d.h. immer detailliertere kognitive Zwischenstationen einfuhren und in ihrer Wirkungsweise zu beschreiben versuchen. - Das Verständnis von Lehrerhandeln als Informationsverarbeitung rückt in einem gewissen Sinne eher noch als das überrationalistische entscheidungstheoretische Modell an die vorfindliche Praxis des durchschnittlich realisierten Unterrichts heran: Um handlungsfähig zu sein und zu bleiben, werden unter Hintanstellung von Informationen, Wahrnehmungen und Absichten notwendig Selektionen vollzogen; bestimmte Dinge müssen anscheinend sogar der Aufmerksamkeit entzogen sein. Entsprechende Beobachtungen kann jeder Lehrende in der Schule oder auch innerhalb des universitären Lehrbetriebs machen. Für das Gelingen des unterrichtlichen Handelns ist von zentraler Bedeutung, welchen speziellen Sektoren des Wahrnehmungsfeldes der Lehrer sich zuwendet und wie *flexibel* er hierbei ist.

Der kognitive Ansatz zum Lehrerhandeln, der sich, wie erwähnt, vornehmlich als ‚research on teacher thinking' realisiert, hat gegenüber bisherigen verhaltenstheoretischen Konzepten eine gravierende methodische Konsequenz. Da Denkprozesse beim Handeln nicht direkt beobachtbar sind, steht man vor der Notwendigkeit, irgendeine Art von methodischem Zugang zu den ‚inneren Modellen', zur naiven Theorie der Akteure zu finden. Bei der Entwicklung von solchen methodischen Zugangsmöglichkeiten zu nicht direkt beobachtbaren kognitiven Prozessen ist wiederum entscheidend, wie bzw. auf der Basis welchen Gegenstandsverständnisses man sich diese Prozesse vorstellt. Geht man z.B. davon aus, dass als *alleinige* Determinante für Handeln das Denken des Aktors anzusehen ist, so wäre die Aufgabe relativ einfach, denn man brauchte nur durch die Oberfläche des Handelns hindurch auf das es steuernde Denken (und auf sonst nichts) zu schließen, da ersteres das letztere in reiner Form abspiegelt. Ebenso gut könnte man den Aktor über seine handlungsbegleitenden Kognitionen berichten lassen und diesen Berichten volles Vertrauen schenken, denn der Handelnde ist sich selbst im Rahmen eines solchen Gegenstandsverständnisses vollkommen transparent. Geht man nicht von einem solchen Hyper-Kognitivismus aus und wählt gleichwohl die Möglichkeit, den Aktor selbst postaktional über seine Kognitionen berichten zu lassen bzw. ihn hierzu zu befragen, so ist dies natürlich mit starken Unwägbarkeiten belastet: Produziert der Lehrer nicht einfach nur beschönigende Legitimationen ('Hier habe ich dann mit Klafki ...!')? Inwieweit kann er sich - an was - erinnern? Auf welcher Handlungs- bzw. Regulationsebene sind die erinnerten Kognitionen am verlässlichsten? Und schließlich: Wieweit werden beim nachträglichen Verbalisieren Prozesse deutlich, die beim Handeln nicht kognitiv präsent waren, die aber gleichwohl sein Handeln mit beeinflusst haben? Hiermit können ehedem kognitiv präsente, nun aber aufgrund von Erfahrung und Routine hochautomatisierte Entscheidungsabläufe ('Gewohnheiten', 'Tics' etc.) gemeint sein (= vorbewusster subjektiver Bereich) - oder aber auch tiefenpsychologische Einflussfaktoren (= unbewusster subjektiver Bereich).

Entscheidend ist nun, dass je nach Modellvorstellung, die der Forscher zu Art und Arbeitsweise der inneren Modelle der Akteure aufbaut, er zu unterschiedlichen Konsequenzen hinsichtlich der methodischen Herangehensweise geführt wird. Anders: Der in jedem Fall notwendige Prozess der Interpretation hat jeweils einer anderen Logik zu folgen, wenn es um die Aufschlüsselung bewusster, vorbewusster oder unbewusster subjektiver Prozesse geht. Dies wird in dem Projekt zur „Naiven Verhaltenstheorie von Lehrern" (Wahl et al. 1983) und bei der dort praktizierten Methode des „strukturierten Dialogs" (Wahl 1981) auch berücksichtigt und drückt sich bezeichnenderweise in einer Art ständig mitschwingendem Misstrauen gegenüber den introspektiven, postaktionalen Verbalisierungen der interviewten Lehrer aus. Ganz deutlich zeigt sich dieses Misstrauen schließlich darin, dass an die dialogisch ablaufende Phase der Rekonstruktion subjektiver Theorie eine empirische Prüfphase angehängt wird, in der unterschiedliche Formen einer „Handlungsvalidierung" zum Zuge kommen. Begründung: „Man kann zunächst so tun, als seien alle Inhalte der subjektiven Theorie explizierbar und Methoden entwickeln, um sie auf diesem Wege zu erfassen. Dabei wird man an Grenzen stoßen, die mit Verbalisationsmethoden nur schwer überschreitbar erscheinen. Dieser Grenzbereich kann näher ausgemacht und es können damit die Grenzen des epistemologischen Forschungsparadigmas erkannt werden. Jenseits dieser Grenzen kann dann mit Methoden weitergearbeitet werden, die keinen introspektiven Zugang voraussetzen" (vgl. Wahl et al. 1981, S. 11). Für die Bestimmung des Verhältnisses von Gegenstand und Methode ist hierbei wichtig, dass bei Erreichen der Grenze der Verbalisationsmethode der Kognitivismus nicht in Richtung auf Einleitung von Reflexionsprozessen oder Aufarbeitung und Verflüssigung von Routinen, also im Sinne einer Grenzüberschreitung weitergetrieben wird, sondern an dieser brisanten Stelle ein Zurückweichen auf verhaltenswissenschaftliche bzw. empirische Prüfprozeduren zu beobachten ist. Im interaktionistischen Ansatz wird diese Problematik offensiver zu lösen versucht.

2. Der interaktionistische Ansatz

Der interaktionistische Ansatz hat vom Kognitivismus abweichende Vorstellungen zu den nicht unmittelbar beobachtbaren Hintergründen des Lehrerhandelns entwickelt. Auch dieser Ansatz ist übrigens nicht als ein punktuelles Ereignis im Bereich der Unterrichtswissenschaft zu verstehen, sondern ebenfalls eine Konsequenz von übergeordneten Theorieentwicklungen: Der Versuch, Unterricht als soziale Situation zu begreifen, geht zurück auf solche Varianten der soziologischen Interaktionstheorie, die die aktive, Bedeutung schaffende, Weltverständnis und Identität aufbauende Rolle des sozialen Miteinanders betonen. Genauso, wie im vorangegangenen Abschnitt der Kognitivismus als allgemein psychologische Denkschule nur kurz gestreift worden ist, soll auch an dieser Stelle auf den Symbolischen Interaktionismus nicht weiter eingegangen werden, sondern direkt auf die Versuche zur Anwendung dieses Ansatzes auf das Unterrichtshandeln von Lehrern.

Einen entscheidenden Startpunkt für die interaktionistische Konzeptualisierung von Unterricht und Lehrerhandeln bildete die Diskussion um den *„heimlichen Lehrplan"* (auch z.T. geführt unter dem Stichwort „soziales Lernen"). Dieser eingängige Begriff (zuerst bei Jackson 1969) bildete den Verdichtungspunkt all jener sozialpsychologischen Bemühungen zu Schule und Unterricht, die den Prozessen unterhalb der offiziellen Ebene didaktisch-methodischer Informationsvermittlung wie auch unterhalb des pädagogischen Edelmutes von Lehrplanpräambeln etc., also den tatsächlichen sozialisatorischen Folgewirkungen schulisch organischer Erziehung nachzugehen versuchten (vgl. Wellendorf 1973; Zinnecker 1975; Dreeben 1968, dt. 1980, letzterer allerdings nicht innerhalb der interaktionistischen Tradition). Die Untersuchungen zum heimlichen Lehrplan, zur subjektiven Unterrichtswirklichkeit der Schüler erfolgten-speziell wo sie sich ethnographischer Methoden bedienten - in einem primär *beschreibenden* Interesse: man versuchte, die scheinbar so gewöhnlichen und trivialen Abläufe im Unterricht, die letztlich ja jedermann bekannt seien, mit dem ‚Auge des Ethnographen' zu sehen, also als etwas vollkommen Fremdes und Ungewöhnliches. Ein wichtiger Schritt war in diesem Zusammenhang das Bemühen um die Einnahme der Schülerperspektive, denn der strikt lehrerzentrierten Unterrichtsforschung der psychometrisch-experimentellen Tradition war der Schüler und sein subjektives Erleben im Unterricht immer ‚fremd' geblieben. Dieser Deskriptivismus der subjektiven Schülerperspektive wurde erst da abgestreift und gewann kritische Qualität, wo z.B. vor der Folie des Konzepts der „totalen Institution" die Schule als ein Zwangsapparat mit identitätsvernichtenden Konsequenzen vorgestellt wurde. Jetzt war der Schüler nicht mehr nur das unbekannte Wesen, sondern zugleich auch das beherrschte Subjekt, das über diesen Unterdrückungszusammenhang aufzuklären war. Dem gemäß konzentrierte sich das Bemühen auf „Schülertaktiken" (Heinze 1980) oder auf das „Unterleben" der Schüler auf der „Hinterbühne" des Unterrichts (Reinert/Zinnecker 1978), denn in jeder totalen Institution kultivieren deren Insassen, wenn auch geringe Restbestände an Eigenleben und Privatheit als Taktiken des Überlebens und der Stabilisierung von Identität unter ungünstigsten Bedingungen.

Doch zurück zum Lehrer, um dessen Handeln und Wissen es ja geht: Auch er ist in gewisser Hinsicht Insasse der totalen Institution Schule; die organisatorischen Bedingungen seines Arbeitsplatzes wirken sich auch auf ihn sozialisatorisch aus. Der „heimliche Lehrplan", dem sich insbesondere der angehende Lehrer (Referendar) gegenübersieht, ist - zumindest hinsichtlich seiner Folgen - bekannt: Die Untersuchungen der Konstanzer Arbeitsgruppe zum Einstellungswandel von Lehrerstudenten und Junglehrern zeigt eindeutig, dass nach Eintritt in die „Praxis" konservative pädagogische Haltungen wieder zunehmen („Konstanzer Wanne"; vgl. Dann et al. 1978). Neben diesen Veränderungen im Einstellungsbereich sind im Rahmen des interaktionistischen Ansatzes speziell die Prozesse und Mechanismen der Konstitution und Stabilisierung eines „Alltagswissens" incl. einer gewissen Handlungsroutine untersucht worden. Dies kann natürlich auch innerhalb des kognitiven Ansatzes geschehen, der interaktionistische Zugriff ist jedoch aufgrund seines Gegenstandsverständnisses weiter gefasst, nicht zuletzt deshalb, weil er z.B. auch den Aspekt der *Emotionalität* im unterrichtlichen Handeln aufnimmt. Individuell komponierte Mixturen aus offiziellen Didaktiken und eigenen Erfolgsrezepten (Meyer 1983; Drerup 1988), Versagensängste fachwissenschaftlicher oder pädagogischer Art, tiefenpsychologisch bzw. individualbiographisch bedingte Wiederholungszwänge, Schwierigkeiten im Ausbalancieren von institutioneller Erwartung und pädagogischer Selbstrolle, Verunsicherungen durch einzelne Schüler, Kollegen oder Eltern, generelle berufliche Selbstzweifel, aber auch Formen der Stabilisierung von Identität und des Überlebens unter Druck: Dies alles sind Faktoren, die vom interaktionistischen Ansatz als unterhalb der Oberfläche sichtbaren Lehrerhandelns liegend und sich auf dieses auswirkend mitberücksichtigt werden.

Der so vorgestellte Hintergrundbereich des Lehrerhandelns erfordert natürlich auch einen anderen methodischen Zugriff, als dies in kognitivistischen Ansätzen der Fall ist: Eben weil es um die subjektiven, vom handelnden Subjekt selbst aber häufig undurchschauten ‚heimlichen' bzw. ‚privaten' Theorien des Unterrichtens geht, benötigt man ein Instrumentarium, das hierfür sensibel ist, anstatt das anströmende Material lediglich unter vorgefertigte Kategorien zu subsumieren. In gewisser Hinsicht geht es also zunächst - ähnlich wie beim Deskriptivismus - um ein interpretierend-hermeneutisches Sich-hinein-Versetzen in die subjektive Unterrichts-, ja vielleicht sogar Lebenswelt eines Lehrers (bzw. in die Kleinkultur einer bestimmten Lehrergruppe). Die hierbei praktizierten Methoden sind z.B. offenes Interview, Parallelinterview, biographisches Interview, teilnehmende Beobachtung, eingreifende Beobachtung, Analyse von Lehrertagebüchern,

Fallstudien etc. Bei aller Vielfalt ist jedoch entscheidend, dass bei dieser gegenstandssensiblen Nachzeichnung von subjektiven Sinnstrukturen nicht stehen geblieben wird, sondern der Akt der *Interpretation* unter Umständen in den Akt der *Intervention* übergeht.

Der Zusammenhang von Interpretation und Intervention wiederum kann unterschiedlich intensiv bzw. direkt ausgestaltet sein: (I) In seiner schwächsten Form wird er durch die Aussage aufgenommen, dass *jede* Interpretation (letztlich: jeder Forschungsprozess) *notwendig* einen Einfluss auf den Gegenstand ausübt - wie vermittelt auch immer. Diese ‚Unschärferelation' kann nun unterschiedlich qualifiziert werden: als zu minimierendes Übel (z.B. bei objektiver Beobachtung) oder aber als positiv auszunutzende Chance für unmittelbar praxisaktivierende Forschung. (II) Letzteres war dezidierte Absicht von Handlungsforschung. Hier lag ein Konzept vor, das eine recht ‚starke' Form der Verbindung von Interpretation und Intervention zu realisieren beabsichtigte, und zwar teils in sozialtechnologischer, teils in kritischer Absicht. Die Kritik hieran - nämlich trotz aller dialogischen Beteuerungen unterhalb der Ebene der Proklamation des Diskurses eine (nunmehr) subtile Verunsicherung und dann Bevormundung von Praktikern im Namen von Aufklärung zu realisieren - hat zur Formulierung des Konzepts „Praxisforschung" geführt (Heinze et al. 1981). (III) Hier soll bewusst auf jede Form von erkenntnis- oder bewusstseinsmäßiger Überlegenheit der Forscher - und damit auch auf Wissenschaftlichkeit im etablierten Sinne - verzichtet werden; Forschung begreift sich als Mitvollzug von Praxis („kommunikative Validierung"). Statt von einem Aufklärungsgefälle zwischen Forschern und Praktikern auszugehen, wird versucht, sowohl bei Praktikern wie Forschern Selbst-Reflexionsprozesse auszulösen und durchzuhalten. Praxisforschung wäre in diesem doppelten Sinne Selbst-Forschung. Insofern wird der ‚starke' Innovationsanspruch von Handlungsforschung relativiert und zugleich gewissermaßen verinnerlicht, d.h. als Prozess der Selbst-Reflexion verstanden: Gemeinsame Praxis an Stelle von (methodologischer oder bewusstseinsmäßiger) Bevorrechtung der Forscher.

Bemerkenswert hierbei ist, dass der Gegenstand - der alltagstheoretische, private, subjektive, biographische, emotionale etc. Hintergrundbereich des Lehrerhandelns und Lehrerbewusstseins - unter der Prämisse methodisch in den Blick genommen wird, dass es den handelnden Lehrer über diesen Hintergrundbereich aufzuklären gilt, um hierdurch evtl. zwanghaft-undurchschaute Handlungsbedingungen in ihrer gewordenen' Kausalität wieder zu verflüssigen. Die methodologischen Besorgnisse hinsichtlich einer methodischen Absicherung der Interpretation von Binnenwelten, die im Rahmen des Kognitivismus wieder zurück zum Konzept einer *empirischen* Prüfung geführt haben, werden im interaktionistischen Ansatz relativiert und in Richtung auf ein *dialogisches* Verhältnis von Forschern und Erforschten konstruktiv und praxisverändernd zu wenden versucht.

3. Der entwicklungstheoretische Ansatz

Sowohl im kognitiven wie auch im interaktionistischen Ansatz wird berücksichtigt, dass ein Lehrer „subjektive Theorien" bzw. „Alltagswissen" nicht als fertige Vorlagen übernimmt, sondern derartige Wissensbestände sich aufgrund (beruflicher) Erfahrungen *entwickeln*. Die An-Verwandlung wissenschaftlichen Wissens an bereits vorhandene Wissenselemente und -Strukturen bilden ein wichtiges Element im Prozess der Initiation in die Profession.

Die berufliche Sozialisation des (Jung-)Lehrers gehört zu den vergleichsweise intensiv erforschten Sektoren des Bildungswesens (Veenman 1984; Zeichner 1986). Die einschlägigen empirischen Untersuchungen beschäftigen sich in aller Regel mit Einstellungsänderungen während der Ausbildung bzw. beim Einstieg ins Berufsleben. Unter „Einstellung" wird dabei eine relativ überdauernde Wahrnehmungs-, Bewertungs- und Handlungstendenz einer Person gegenüber einem (natürlichen oder sozialen) Objekt verstanden. Einstellungen weisen damit eine kognitive, affektive und pragmatische Komponente auf: Sie organisieren die Wahrnehmung, sie legen eine bestimmte Bewertung des Wahrgenommenen nahe, wobei diese Bewertung u.U. selbst wieder ‚kognitiv' vermittelt sein kann, und sie fundieren eine Handlungstendenz gegenüber dem so wahrgenommenen und bewerteten Einstellungsobjekt. Methodisch werden derartige Einstellungsuntersuchungen z.B. in Form von Fragebögen vollzogen, in denen ein Student/Referendar/Lehrer den Grad der Zustimmung oder Ablehnung zu bestimmten Statements auf einer Schätzskala abzutragen hat. Diese Aussagen werden zu verschiedenen Dimensionen gebündelt, und bei entsprechender statistischer Auswertung lassen sich je individuelle Einstellungsmuster sowie - bei echten Längsschnitten - Veränderungen solcher Einstellungsmuster bei einzelnen Individuen bzw. durchschnittliche Veränderung in der untersuchten Population nachzeichnen. Das zentrale Ergebnis solcher Studien zum Einstellungswandel des Lehrers ist bekannt: In der universitären Ausbildungsphase erworbene, eher „liberale" pädagogische Einstellungsmuster werden nach Eintritt in die Berufstätigkeit relativ rasch abgelegt zugunsten der Wiederaneignung von eher „konservativen" pädagogischer Beurteilungstendenzen und Wertvorstellungen, die der Kultur der Schulpraxis und der Mentalität der dort bereits länger Arbeitenden entsprechen.

Wenngleich die empirische Forschung zur Lehrersozialisation wie auch zu den Einstellungen der Lehrerschaft insgesamt einen sehr umfangreichen empirischen Datenkörper zusammengetragen hat, macht sich hinsichtlich der theoretischen Ergiebigkeit des Materials allmählich Frustration breit (vgl. Hansel 1984; Atkinson/Delamont 1985; Blase 1985), wobei sich die Kritik sowohl auf die zugrunde liegenden Konzepte wie „Einstellung" und „Sozialisation" wie auch auf den praktizierten forschungsmethodischen Zugriff richtet. Ein zentraler Schwachpunkt ist hierbei das Verhältnis empirischer und normativer Argumentation: Bezogen auf die normativen Elemente des Eingestelltseins (Berufsethik) von Lehrern wirkt sich die tiefe Kluft zwischen empirisch orientierter Forschung zum Einstellungswandel einerseits und den eher theoretischen Arbeiten zum Problem einer Ethik des Erzieher- bzw. Lehrerberufs besonders fatal aus: Während das empirische Forschungsprogramm Prozesse beschreibt, arbeitet der andere Diskussionskontext Normensysteme und Tugendkataloge sowie deren jeweilige systematische Begründungen aus. Solange die einen jedoch nur herausarbeiten, wie es sein sollte, und die anderen immer wieder nur beweisen, dass es so eben nicht ist, ist systematischer Erkenntnisfortschritt kaum möglich.

Chancen für eine integrierende Sichtweise sind dann gegeben, wenn man ein zentrales Element der empirischen Forschungserfahrungen ernst nimmt: Lehrer werden ist ein *Entwicklungsprozess*, der nicht als glatter, problemloser Positions- und Rollenwechsel stattfindet, und der ebenfalls nicht allein bestimmt wird durch den externen Sozialisationsdruck der verschiedenen Institutionen, die der angehende Lehrer durchläuft (vgl. zum Folgenden Terhart 1987). Vielmehr ist ein persönlichkeits- und damit identitätsbezogener Entwicklungsverlauf anzunehmen, der sich als Resultante aus situations- und personenspezifischen Faktoren ergibt. Geht man von einer Bestimmung des Lehrerwerdens als eines Entwicklungsprozesses aus (Hoyle/Megarry 1980; McNergney/Carrier 1981; Kagan 1992), dann sind die methodischen Herangehensweisen, die bisher üblicherweise in den Forschungsprojekten zur beruflichen Sozialisation des Lehrers angewandt worden sind, unzureichend, weil in ihnen im Grunde immer noch die traditionelle (experimentelle) Logik des Vorher-Nachher-Vergleichs dominiert, obwohl doch gerade die innere Struktur des dazwischen liegenden Prozesses der Umarbeitung des berufsbezogenen Selbstbildes interessiert. Ebenso hat sich die Forschung von einem Sozialisationsbegriff zu verabschieden, welcher infolge eines ,übersozialisierten' Menschenbildes Sozialisation primär als einfache Übernahme von externen Normen und Standards konzipiert, und statt dessen von einem Prozess der *Auseinandersetzung* zwischen Außen- und Innenvariablen entlang dem biographischen Leitmotiv der Erarbeitung von (beruflicher) Identität auszugehen. Zentraler Terminus für das Verständnis von Sozialisation, generell wie beruflicher Sozialisation speziell ist dabei „Entwicklung". In neueren Arbeiten zur Lehrersozialisation ist denn auch insofern ein neuer theoretischer Impuls festzustellen, als ein aus der allgemeinen Entwicklungspsychologie hinlänglich bekannter Gedanke übernommen wird, nämlich der Gedanke einer möglichen Gestuftheit der Entwicklung von beruflicher Identität bei Lehrern, in die sowohl die Dynamik der Entwicklung des personalen berufsbezogenen Wissens wie auch die Verschiebungen hinsichtlich der Beurteilung zentraler Problembereiche des beruflichen Handelns eingeschlossen sind.

Fuller/Bown (1975) sprechen z.B. von einer dreistufigen Entwicklung im Prozess des Lehrerwerdens: beim Berufsanfänger die „survival stage", bei der es um das reine Überleben des Neulings im Klassenzimmer geht. Der angehende Lehrer ist sich hier selbst das größte Problem. Auf der „mastery stage" geht der Lehrer vom Ich-Bezug zum Situationsbezug über, d.h. er kämpft nicht mehr ums Überleben, sondern hat die Fähigkeit, didaktische Situationen zu gestalten. Auf der dritten, der „routine stage", ist die didaktische Organisation von Unterricht nun schon Routine und erfordert keine besonderen Anstrengungen mehr, wodurch die Möglichkeit entsteht, darüber hinaus auf individuelle Schülerprobleme gezielt einzugehen. Wichtig ist, dass das Begründungsniveau für die Auswahl einer bestimmten unterrichtlichen Handlung von Stufe zu Stufe variiert, weil jeweils ein unterschiedlicher Problemhorizont vorliegt.

Obwohl sich der entwicklungstheoretische Ansatz zur Analyse der beruflichen Sozialisation von Lehrern selbst noch im Stadium der Entwicklung befindet, bietet er m.E. interessante Forschungsperspektiven, da er erstens die *normative Seite* des Erwerbs/der Konstruktion von subjektivem Berufswissen explizit mit einschließt, und zweitens ein Modell der *Wissensdynamik* zugrundelegt, d.h. den Prozess der Entwicklung von beruflicher Identität theoretisch und empirisch aufzuschlüsseln versucht.

4. Lehren und Lernen außerhalb der Schule

In den vorangegangenen Kapiteln sind die Methoden des Lehrens und Lernens fast ausschließlich im Blick auf den institutionellen Kontext der Schule thematisiert worden. Hierin liegt natürlich eine Eingrenzung, denn Lehren und Lernen findet auch außerhalb von Schule und Unterricht statt. Der außerschulische Bereich des Lehrens und Lernens, der Vermittlung und Aneignung von Wissen und Fähigkeiten ist allerdings sehr heterogen strukturiert: Ein Sprachkurs in einer kommerziellen Sprachenschule, Einweisung in Textverarbeitungssysteme als Weiterbildungsmaßnahme eines Arbeitsamtes, eine Vorlesung an der Universität, ein Volkshochschulkurs zum Thema „Nord-Süd-Konflikt", eine Fahrschule, ein Skikurs, ein Lernprogramm zum Erwerb effizienter Lerntechniken, eine Bürgerinitiative, eine Ausstellung, ein Werbefeldzug zur Einführung eines neuen Produkts. So willkürlich und inhomogen die Zusammenstellung dieser Beispiele auf den ersten Blick auch wirken mag, so weisen sie doch ein gemeinsames Merkmal auf: immer geht es darum, dass im weitesten Sinn gelernt wird bzw. gelernt werden soll, wobei noch dahingestellt sein mag, ob dies mit oder ohne pädagogische Ambition, mit oder ohne Anleitung durch Lehre/ Lehrer oder aber selbstorganisiert geschieht. „Methode" bzw. Methodisierung ist in den genannten Beispielen jedoch allemal anzutreffen, wenngleich natürlich in unterschiedlichen Formen: Im Lehrgang „Verkaufstechnik" geht es anders zu als im Selbsterfahrungskurs einer autonomen Bildungsstätte.

Natürlich können hier nicht alle denkbaren Felder des außerschulischen Lehrens und Lernens thematisiert werden. Zunächst werden *Instruktionsprogramme* angesprochen, bei denen es ohne pädagogische oder ‚bildende4 Absichten schlicht um möglichst effiziente Wissens und Fähigkeitsvermittlung geht (4.1). Im Anschluss hieran wendet sich die Darstellung den methodischen Problemen des Lehrens und Lernens in der *Erwachsenenbildung* zu, wobei hier - wie die Bezeichnung schon andeutet - in aller Regel „bildende" Ambitionen verfolgt werden. Situation und Motivation der Teilnehmer stehen darüber hinaus einer rigiden, allein außengesteuerten Methodisierung des Lehr-Lern-Prozesses entgegen (4.2). Außengesteuerte Methodisierung schließlich ist dort gänzlich unangebracht, wo es um selbstorganisiertes Lernen geht, wo erfahrbare Probleme aus der alltäglichen Umwelt zum Anlass für individuelle oder kollektive Lernprozesse genommen werden (4.3). Diese drei Beispiele für außerschulische Lehr- und Lernbereiche sind insofern exemplarisch (also: mehr als nur sich selbst erklärend), als mit ihnen ein Spektrum von rigider Außensteuerung bis hin zur entwickeltesten Form von Bildung, nämlich Selbst-Bildung, abgesteckt wird.

4.1 Instruktion und Unterweisung

„Instruktion" und „Unterweisung" sind Begriffe, die nicht zum Kernbestand der erziehungswissenschaftlichen Fachsprache gehören. Man kann sogar bezweifeln, ob sie überhaupt diesem semantischen Feld zuzurechnen sind. Der ihnen näherstehende Begriff der „Ausbildung" dagegen gehört zum festen Begriffsinventar der Pädagogik, speziell der Berufs- und Wirtschaftspädagogik. Die Pädagogische Psychologie hat gegenüber diesen Begriffen keine Berührungsängste. Ganz im Gegenteil macht die sog. „Unterrichtspsychologie" (instructional psychology, instructional science) einen ihrer mittlerweile schon recht kräftigen Zweige aus, und zwar sowohl unter Forschungs- wie Anwendungsgesichtspunkten. In diesem Zusammenhang wird dann auch den Methoden der Instruktion beträchtliche Aufmerksamkeit gewidmet.

Worauf ist die Reserve vieler Pädagogen und Erziehungswissenschaftler gegenüber Begriffen wie Instruktion und Unterweisung zurückzuführen? Als Antwort auf diese Frage muss man auf das der Pädagogik zugrundeliegende Verständnis von Erziehung verweisen. Entsprechend der Tradition des europäischen Erziehungs- und Bildungsdenkens basiert dieser Erziehungsbegriff auf einem Menschenbild sowie einer Vorstellung von menschlicher Entwicklung und Persönlichkeit, in deren Rahmen Erziehung als absichtvolles Tun auf Mündigkeit und Autonomie, auf die Fähigkeit zur Selbstreflexion und auf Identität der zu Erziehenden gerichtet ist. Alles andere ‚ist' nicht Erziehung im eigentlichen Sinne, sondern Drill, Anpassung, Abrichtung, Manipulation o.a.. Mit diesem Verständnis von Erziehung ist ein weitgespannter philosophisch-anthropologischer Begründungszusammenhang angedeutet, der vor allem a) eine bestimmte Normativität („Wertentscheidungen") impliziert, der b) auf den ganzen Menschen, auf die ganze Persönlichkeit und Entwicklung des zu Erziehenden gerichtet ist, der c) den Erzieher darauf verpflichtet, sich seiner Verantwortung für den zu Erziehenden und dessen allseitiger Entwicklung bewusst zu sein und sich dabei schließlich selbst überflüssig zu machen. Dieses hier nur grob skizzierte Verständnis von Erziehung bezieht sich zunächst auf die Ebene der Erzieher-Zögling-Interaktion, des „pädagogischen Bezugs" (Nohl), seine normativen Prämissen und Selbstverpflichtungen gelten jedoch auch für die Ausgestaltung von Erziehungsinstitutionen sowie für die methodische Organisation der in ihnen ablaufenden Lern-, Bildungs- und Sozialisationsprozesse. - Natürlich ist dieses Verständnis von „Erziehung" (incl. der damit vollzogenen Ausgrenzungen derjenigen Formen, die nicht als erzieherisch gelten) innerhalb der erziehungswissenschaftlichen Diskussion nicht unstrittig. Diejenigen Ansätze, die sich weniger auf den *Bildungs*- als auf den *Lern*begriff stützen, entlasten sich einerseits von einem ebenso anspruchsvollen wie weitverzweigten philosophischen Überbau, müssen sich aber gleichwohl der Frage stellen, ob sie nicht einem verkürzten Erziehungsverständnis aufsitzen, wenn es ihnen ‚nur' um Lernen bzw. um die Organisation von

Lernprozessen oder die Bereitstellung von Lernhilfen geht. Aber auch hier kommt es wieder auf den zugrundeliegenden Lernbegriff an: eng oder weit, ganzheitlich oder begrenzt etc.

Auf der Basis des oben angedeuteten tradierten Verständnisses von Erziehung und der Rolle des Erziehers wirken Lehr- und Lernprozesse, bei denen es um einfache, thematisch begrenzte, auf pragmatische Nützlichkeit, auf ‚bloße Utilität gerichtete Dinge geht, natürlich trivial, wenn nicht gar bedrohlich, weil nicht an Bildung, sondern an Brauchbarkeit orientiert. Die Veränderung eines Menschen vom Zustand Z_1 (kann das 1x1 nicht auswendig; kann kein Auto fahren; kann nicht schweißen; beherrscht die Programmiersprache COBOL nicht) zum Lernzustand Z_2 (kann das kleine 1x1 auswendig; kann Auto fahren; versteht zu schweißen; beherrscht COBOL): dieses Terrain glauben viele Pädagogen für sich verloren oder wenden sich gar verachtungsvoll ab. Trotz zahlreicher alter und neuer Argumentationen für eine Integration von beruflicher und allgemeiner Bildung ist diese Haltung unausgesprochen und z.T. uneingestanden bei vielen Pädagogen vorhanden. Für die Instruktionspsychologie dagegen ist gerade die vergleichsweise ‚säkulare', sachliche, neutrale, bezüglich des Ziels spezifizierte und vor allem inhaltlich begrenzte Aufgabenstellung der Veränderung eines (oder mehrerer) Menschen von Z_1 nach Z_2 die Voraussetzung dafür, zum Zuge kommen zu können. Erst nach der Abspaltung allzu weit gehender Ansprüche und nach der Eingrenzung auf genau kontrollierbare Aufgabenbereiche, die eben gerade nicht auf den ‚ganzen Menschen', sondern auf kleine Ausschnitte seines manuellen oder intellektuellen Fähigkeitsprofils konzentriert sind, vermag die Instruktionspsychologie, vermögen Methoden der Instruktion und Unterweisung ihr Potential auszuspielen. Dies darf jedoch nicht schon für Erziehung gehalten werden - und zwar weder von Instruktionspsychologen noch von Pädagogen!

Das Bild vom Lehr-Lern-Prozess, welches den Verfahren der Instruktion zugrunde liegt, resultiert aus der Zielvorstellung, die mit Instruktion verbunden ist: Es geht um die möglichst effektive, d.h. zeit- und mittelökonomische Transformation eines mehr oder weniger eng definierten Fähigkeitsbereichs eines Menschen vom Ausgangszustand Z_1 zum gewünschten Zielzustand Z_2. Letzterer muss so präzise bestimmt sein, dass auch kontrollierbar wird, ob er erreicht worden ist. Instruktion heißt dann: Durchführung von Maßnahmen, die dieses Ziel erreichbar werden lassen. Das Bild vom Nürnberger Trichter trifft hier zu; nach Ausklammerung aller wert-, bildungs- und persönlichkeitsbezogenen Selbstverpflichtungen und Vorbehalte geht es schlicht darum, Lernschnellwege zu organisieren, an deren Ende das gewünschte Zielverhalten steht. Die Anwendung dieses Lehr-Lern-Verständnisses auf den Schulunterricht ist vielfach kritisiert worden (vgl. Heinze 1972; Rumpf 1971); in außerschulischen Bereichen wird die Legitimität eines solchen Vorgehens damit begründet, dass es sich um sachlich und zeitlich begrenzte Anlernverfahren handelt, denen sich die Lernenden z.T. freiwillig unterziehen, und dass nicht zuletzt gerade von den Lernwilligen selbst diese Form von Instruktion gefordert wird.

Das folgende Schema von Glaser (1962, zit. n. Weinert 1974, S. 803) ist ein repräsentatives Beispiel für die in diesem Zusammenhang geltende Vorstellung von Instruktion. Es ist insofern selbst bereits instruktiv, als es eine bestimmte Schrittfolge vorgibt:

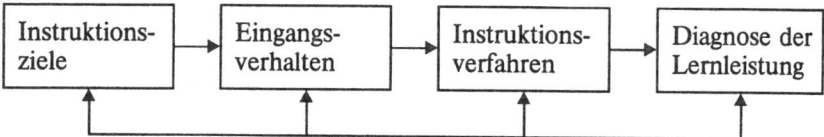

Dieses Schema entspricht dem Grundmuster für zweckgerichtete Handlungsprozesse überhaupt: Eine Differenz zwischen gegebenem und gewünschtem Zustand wird wahrgenommen, man ergreift Maßnahmen, um diese Differenz zu überwinden, testet erneut etc., um schließlich die Handlungssequenz abzuschließen (Test-Operate-Test-Exit-Modell nach Miller u.a. 1973). Es ist naheliegend, dass ein solches technokratisches, an messbarem Erfolg orientiertes Instruktionskonzept gerade „auf die an instrumenteller Beherrschung und stringenten Zweck-Mittel-Bezügen interessierten Auftraggeber beruflicher Lernprozesse eine spürbare Faszination (ausübt) ... Ihre zielneutrale Verfügbarkeit und eine auf rationale Prägnanz getrimmte Oberflächenstruktur dürfte die Beharrlichkeit erklären, mit der sich taxonomische und operationalisierungszentrierte Curriculumansätze *trotz erwiesener Fehlleistungen* nach wie vor in den einschlägigen Didaktiken betriebsbezogener Fortbildung halten" (Künzel 1984, S. 102; Hervorhebung E.T.). Das auf Rationalität „getrimmte" Instruktionskonzept kann seine weite Verbreitung eben gerade nicht auf seine substanzielle Leistungsfähigkeit zurückführen, sondern auf seine Verträglichkeit mit der Mentalität der Effizienz und Machbarkeit, wie sie gerade im Bereich innerbetrieblicher Weiterbildung vorherrscht (vgl. auch die Kritik des Zweck/Mittel-Schemas in Abschnitt 2.2).

Damit ein solches kybernetisches Verständnis von Lehren und Lernen auch tatsächlich zu einer Praxis des instructional engineering führt, müssten dem Lehrenden bzw. dem Organisator vor Lernprozessen für jeden der genannten Schritte des Glaserschen Instruktionsmodells entsprechende wissenschaftlich gesicherte Informationen und praktikable Manuale zur Verfügung stehen, denn erst durch die wissenschaftliche Fundierung des gesamten Prozesses ließe sich ein höchstmögliches Maß an Rationalität und damit (!) Effizienz erreichen. Diese Voraussetzung ist jedoch nicht gegeben. Der Forschungsbereich „instructional psychology" bzw. „instructional science" (vgl. grundlegend Keil 1977; Treiber/Weinert 1982; zum aktuellen Forschungsstand vgl. Glaser/Bassok 1989, Snow/Swanson 1992 und Steiner 1996; zur Entwicklung dieses Forschungszweiges vgl. Menges/Girad 1983 und Ewert/Thomas 1996) ist theoretisch, methodologisch wie auch von den Ergebnissen her nicht so weit entwickelt, als dass dem Lehrenden gesichertes und praktikables Wissen zur Verfügung gestellt werden kann (vgl. zu Einzelproblemen Terhart 1983, S. 84ff.). Allenfalls hinsichtlich der Vermittlung begrenzter, zerlegbarer motorischer Fertigkeiten im Rahmen innerbetrieblicher Anlernverfahren liegen Erfahrungen und positive Resultate vor (z.b. Warnecke/Kohl 1979). Im Sektor des Militärtrainings, der schon traditionell (vgl. Gagné 1962; Haller 1973) der wohl wichtigste Ursprungsbereich für verhaltenswissenschaftliche Forschung und Anwendung (im Sinne lernzielorientierter Unterweisung) ist, wird auch weiterhin intensiv theoretisch und praktisch an Problemen der Instruktion gearbeitet; allerdings ist dies weitgehend einer Beobachtung von außen entzogen. Vermutlich gewinnt die Instruktionspsychologie als Grundlagenwissenschaft erst dann praktische Bedeutsamkeit, wenn sie sich mit Arbeitswissenschaft, REFA-Technik, berufsspezifischen Anlernverfahren, Trainingslehren im Bereich des Sports etc. verbindet.

Aber unabhängig vom Entwicklungsstand der Instruktionspsychologie sind schon immer bestimmte Unterweisungsmethoden in Lehr-Lern-Prozessen angewandt worden, insbesondere im Bereich der beruflichen Erstausbildung bzw. Weiterbildung. Schelten (1983), unterscheidet die Methode des Absehens, die Methode des Vormachens/Nachmachens, die Vier-Stufen-Methode aus der REFA-Technik, psychomotorische Trainingsverfahren sowie die Projektmethode (ähnlich Stentzel 1986):

1. Beim *Lernen durch Absehen* handelt es sich im Grunde noch nicht um den Einsatz einer spezifischen Lernmethode: Der Auszubildende wird einem Könner ‚beigestellt', dieser versieht weiter seine gewöhnliche Arbeit. „Der Auszubildende gewinnt nur ein optisches Bild der zu erlernenden Fertigkeit. Die verbale Beschreibung und damit gedankliche Ordnung der Verrichtung fehlt. Eine Ausbildung erfolgt ungeplant" (ibid., S. 85).

2. Bei der Methode des *Vormachens/Nachmachens* zeigt und erklärt ein Könner (nicht: ein Lehrer!) während seiner Arbeit einzelne Arbeitsvollzüge bzw. einzelne Abschnitte des zu erlernenden Verhaltens. Er erklärt darüber hinaus Zusammenhänge, führt schwierige Stellen ‚unnatürlich' langsam und überdeutlich vor und überwacht und korrigiert den Übungsprozess des Auszubildenden. Vormachen/Nachmachen „bildet die Urform der Unterweisung" (ibid., S. 86), die nicht nur im Rahmen berufsbezogenen Lernens, sondern auch beim Sport, in der Freizeit, also auch bei alltäglichem, nichtorganisiertem Lehren und Lernen anzutreffen ist.

3. Bei der *Vier-Stufen-Methode* wird die Komponente des Vormachens weiter ausgebaut und spezifiziert; die Lehr-Absicht tritt gewissermaßen in verschärfter Form zutage. Die vier Abschnitte dieses Unterweisungsprozesses heißen Vorbereitungsstufe, Vorführungsstufe, Nachahmungsstufe, Abschlussstufe. Dieses Schema entspricht im Wesentlichen der Phasengliede-

rung (Artikulation) des Unterrichts, wie sie in den gängigen Unterrichtslehren anzutreffen sind: Zunächst ist bei den Lernenden das Feld vorzubereiten (Motivation, Interesse, Bereitschaft), dann ist das neue Material, sind die zu vermittelnden Fähigkeiten und Fertigkeiten zu präsentieren, hieran anschließend ist die Aneignung durch die Lernenden sicherzustellen. In der abschließenden Phase werden die neuen Fähigkeiten geübt und erprobt; dies ermöglicht Selbst- wie auch Fremdkontrolle des Lerneffektes.

4. Durch *psychoregulativ orientierte Trainingsverfahren* wird die Intensität des lehrenden Zugriffs auf die Auszubildenden noch einmal gesteigert, weil jetzt die inneren, kognitiven Begleitprozesse des Handlungsvollzugs gezielt mit in das Unterweisungskalkül aufgenommen werden. Dies geschieht durch systematische Beobachtung von Könnern, durch gedanklichen Mitvollzug der zu erlernenden Handlungskette (mentales Training) sowie durch Verbalisation (begleitende Erläuterung der eigenen Übungs- und Arbeitsvollzüge durch den Lernenden). Die Methode des psychoregulativen Trainings wird allerdings hauptsächlich beim Vermitteln psychomotorischer Fähigkeiten und Fertigkeiten eingesetzt (als Beispiel vgl. Warnecke/Kohl 1979). Der Anlernprozess wird effektiviert, denn „das berufspraktische Lernen wird einer erhöhten Durchdringung unterzogen, ... (es) erfolgt mit einer inneren, psychischen Beteiligung ... (und) verhilft dem Lernenden dazu, spätere Arbeitsanforderungen selbsttätig zu bewältigen" (Schelten 1983, S. 88). Diese Wirkung kann durch den Einsatz von geeigneten Medien oder durch VIDEO-Feedback gesteigert werden.

5. Die *Projektmethode*, auch aus der Schul-Didaktik bekannt, geht über die Vermittlung psychomotorischer Fertigkeiten hinaus. Während in der traditionellen Berufsausbildung hierunter die Herstellung eines ^brauchbaren' vollständigen Produktes (also nicht einfach eines Übungsstücks) mit praktischem Nutzwert gemeint war, wird mit Projektmethode neuerdings zusätzlich die Idee der Selbstorganisation des Lernens in Gruppen verstanden (vgl. hierzu 5.3). Insofern gehört die Projektmethode im Grunde nicht mehr zu den Instruktions- und Unterweisungsmethoden im engeren Sinne, da sie statt auf Zerlegung (Taylorisierung) auf Ganzheitlichkeit abzielt. Entsprechende Versuche aus Privatunternehmen liegen vor (als Beispiel vgl. Fischer/Weissker 1981). Hier werden Lernprozesse angestrebt, die die begrenzte Fachkompetenz überschreiten und auf den Erwerb einer eher generellen, situationsunspezifischen (Arbeits-)Methodenkompetenz sowie schließlich auf Sozialkompetenz abzielen.

Sicherlich: eine Fahrschule, ein Skikurs, die Einweisung eines neuen Mitarbeiters, die Vermittlung einer Programmiersprache - alles dies sind Lehr-Lern-Prozesse, die in aller Regel nicht unmittelbar mit ‚Bildung' im emphatischen Sinne des Wortes in Verbindung gebracht werden, vor allem dann nicht, wenn es um Lehren und Lernen in beruflichen Feldern geht, weil gerade dies fälschlicherweise als Gegenpol von ‚Bildung' verstanden wird.

Die Lehr- und Unterweisungsmethoden, die in diesem Rahmen schon immer eingesetzt worden sind und gegenwärtig den Versuch einer Verwissenschaftlichung erfahren, verdienen gleichwohl eine genauere Betrachtung - auch unter pädagogischen Gesichtspunkten, denn das hierdurch methodisch angeleitete Lernen fließt von Verlauf und Ergebnis her in jedem Fall in den Prozess der Persönlichkeitsbildung und Identitätsentwicklung ein, und zwar gerade das berufliche Lernen. Dieses Feld als ein vor- oder außerpädagogisches Terrain abzutun und damit den Instruktionstechnologen allein zu überlassen hieße, die für die deutsche Bildungsgeschichte kennzeichnende Abwertung berufsbezogenen Lehrens und Lernens bzw. umgekehrt die Assoziation von eigentlicher Bildung mit Zweckfreiheit etc. in die Zukunft hinein zu verlängern. - Aber die Trennung von Berufs- und Allgemeinbildung (und damit die Beurteilung der im beruflichen Feld angewandten Instruktions- und Unterweisungsmethoden als pädagogisch unergiebig) ist nur eine Form der Engführung des Bildungsbegriffs. Eine andere ist darin zu sehen, dass Lernen und Bildung lediglich für eine ganz bestimmte Lebensphase, nämlich Kindheit und Jugend, reserviert werden. Hiergegen wendet sich Erwachsenenbildung.

4.2 Lehren und Lernen in der Erwachsenenbildung

Aufgrund ihrer institutionellen, personellen sowie intentionalen (also zielbezogenen) Heterogenität und Unübersichtlichkeit muss eine übergreifende Kennzeichnung der Erwachsenenbildung zunächst notwendig auf einem relativ allgemeinen Niveau liegen. Unter Erwachsenenbildung werden alle Formen des organisierten freiwilligen nachschulischen Lehrens und Lernens verstanden, wobei z.T. schulische Defizite ausgeglichen bzw. nachgeholt werden (kompensatorische Funktion) oder aber aufgrund neuer Problemlagen, Anforderungen und Interessen eine Erweiterung bisheriger allgemeiner und/oder beruflicher Bildungsverläufe angestrebt wird (komplementäre Funktion). Lernprozesse in der Erwachsenenbildung beziehen sich auf den beruflichen, den sozialen und politischen, den kreativen sowie auf den privaten Bereich. Seit dem Strukturplan des Deutschen Bildungsrates von 1970 wird der Bereich der Erwachsenenbildung auch als „quartärer Sektor" (im Anschluss an Primär-, Sekundär- und Tertiärbereich) bezeichnet. Hiermit einher geht die Tendenz zu einer stärkeren beruflich-qualifikationsbezogenen Ausrichtung der Erwachsenenbildung als „Weiterbildung", basierend auf der These von der Notwendigkeit lebenslangen Lernens als Folge des raschen Wandels beruflicher und sozialer Anforderungen in modernen Industriegesellschaften. Diese Tendenz drückt sich auch in der historischen Begriffsverschiebung von der „Volksbildung" des 19. und frühen 20. Jahrhunderts über die „Erwachsenenbildung" nach 1945 bis hin zur „Weiterbildung" aus. Und schließlich manifestiert sich in diesem Prozess das zunehmende Bemühen der staatlichen Bildungsverwaltung um eine rechtliche und administrative, wenn nicht gar curriculare Homogenisierung der Verhältnisse im bislang so unübersichtlichen „quartären Sektor".

Gleichwohl: Der Erwachsenenbildungsbereich ist de facto immer noch sehr viel heterogener strukturiert als etwa das staatliche Pflichtschulsystem. Verschiedene Träger bieten in verschiedenen Formen und unter Rückgriff auf unterschiedlich ausgebildetes haupt- und/oder nebenamtliches Personal Angebote auf dem „Markt" der Erwachsenenbildung an, und potentielle Interessenten können entsprechend ihren je individuellen Ausgangslagen, Motiven und Bedürfnissen aus diesem Angebot ihre Auswahl treffen - sofern sie sich überhaupt für Angebote der Erwachsenenbildung interessieren (vgl. Freiwilligkeit!). Diese „doppelseitige Suchbewegung" (Tietgens 1981, S. 80ff.) von den Anbietern in Richtung auf die potentiellen Nachfrager und von erwachsenen Bildungsinteressierten in Richtung auf die Angebote ist für das Lehren und Lernen in der Erwachsenenbildung kennzeichnend und unterscheidet es grundsätzlich von der Situation in der Schule: dort wird ein Pensum vorgegeben, und die Teilnahme aller Kinder und Heranwachsenden ist im Rahmen der Pflichtschulzeit verbindlich. (Zum Verhältnis von Schule und Erwachsenenbildung vgl. Oppermann 1986). Die Besonderheiten des Lehrens und Lernens in der Erwachsenenbildung lassen sich in institutioneller, personeller, thematischer und prozessualer Hinsicht folgendermaßen kurz verdeutlichen:

Institutionell ist zunächst davon auszugehen, dass Erwachsenenbildung nicht in einheitlicher (staatlicher) Trägerschaft und entlang allgemein verbindlicher und detaillierter Pläne etc. durchgeführt wird, sondern von verschiedensten Interessengruppen: Kommunen, Gebietskörperschaften, Kirchen, Kammern, Gewerkschaften, Verbände, Parteien, Vereine, kommerzielle Weiterbildungsunternehmen, Betriebe, staatliche Unternehmen, Massenmedien sowie die Bundeswehr - sie alle betätigen sich mehr oder weniger intensiv im Bereich der Erwachsenenbildung bzw. Weiterbildung, wobei natürlich die spezifischen politischen, weltanschaulichen, berufsständischen und/oder kommerziellen Interessen des Trägers in die Programmgestaltung einfließen. In diesem Zusammenhang wird zwischen „öffentlichen" und „freien Trägern" unterschieden: erstere stehen unter öffentlicher, z.B. kommunaler Verantwortung und sind insofern „frei" von einer bestimmten weltanschaulichen Tendenz bzw. Gesinnung, letztere sind „frei" vom Staat, aber gebunden an die Interessen und Motive des Trägers. Eine andere Unterscheidung spricht von „offenen" versus „geschlossenen" Angeboten, und zwar je nachdem, ob jedermann oder eben nur die Mitglieder bzw. das Klientel der jeweiligen Anbieter-Organisation teilnehmen dürfen. Wichtige juristische Absicherungen erfuhr der Weiterbildungsbereich durch die bis ca. Mitte der 1970er Jahre entstandenen landesgesetzlichen Regelungen. Eine bundeseinheitliche juristische Normierung existiert nicht, allerdings wirken das Arbeitsförderungsgesetz, das Betriebsverfassungsgesetz sowie das Bildungsurlaubsgesetz in den Bereich der Erwachsenen- bzw. Weiterbildung hinein.

In *personeller* Hinsicht ist zu unterscheiden zwischen den in der Erwachsenenbildung verwaltend oder lehrend Tätigen und den Teilnehmern. Eine statistische Übersicht über das gesamte Weiterbildungspersonal liegt nicht vor. Für den Bereich der Volkshochschulen lässt sich immerhin präzise sagen, dass im Jahre 1993 bundesweit 3.684 hauptamtlichen pädagogische Mitarbeitern ca. 180.000 nebenamtliche Mitarbeiter gegenüberstanden (Faulstich 1996, S. 57). Die Ausbildungswege zum Erwachsenenbildner waren und sind noch immer recht vielfältig und wenig standardisiert. Mit der Einrichtung des Diplomstudienganges Erziehungswissenschaft, Studienrichtung „Erwachsenenbildung" (1969) wurde ein Schritt in Richtung auf Professionalisierung getan, wobei dies allerdings nicht ohne Probleme blieb, denn die Absolventen dieses Studienganges kennen sich zwar sicherlich gut im Bereich der Erwachsenenbildung aus, haben in aller Regel aber keine fachlich-inhaltliche Ausbildung in einem für die Erwachsenenbildung thematisch relevanten Bereich. Insofern werden sie primär planend und disponierend eingesetzt. Die eigentliche Kursarbeit dagegen wird von den nebenberuflichen Mitarbeitern verrichtet, die wiederum sehr häufig nicht über die didaktisch-methodischen Probleme des Lehrens und Lernens in der Erwachsenenbildung informiert sind. Aus diesem Grunde werden z.B. Weiterbildungsstudiengänge bzw. weiterbildendes Fernlehrmaterial für bereits in der Erwachsenenbildung Tätige angeboten (Weiterbildung von Weiterbildnern). Im Zuge der Bildungsreform hat die Erwachsenenbildung personell einen beträchtlichen Ausbau erfahren; seit dem Ende der 1970er Jahre ist jedoch auch hier eine gewisse Stagnation zu verzeichnen. - Geht man auf die Teilnehmerseite ein, so ist zunächst festzuhalten, dass man ca. 10% der erwachsenen Bevölkerung als systematische Nutzer von Weiterbildungsangeboten bezeichnen kann; weitere 25% nehmen gelegentlich ein Angebot wahr (vgl. Schulenberg u.a. 1978). Die Angebote der Erwachsenenbildung werden primär von Angehörigen der Mittel- und Oberschichten genutzt. Das Interesse an der Teilnahme ist in aller Regel sehr spezifisch, d.h. die Teilnehmer wünschen sich, dass ‚etwas für sie dabei herauskommt', sei es in beruflicher, sozialer oder persönlicher Hinsicht. Dabei dominiert allerdings ganz eindeutig das Bedürfnis nach dem Erwerb von (fachlichen oder allgemeinen) Kenntnissen und Fähigkeiten, die für berufliche Zwecke und Aufstiegsambitionen Vorteile versprechen; dies gilt übrigens für alle Schichten. Danach folgen Erwartungen in Richtung auf politische Bildung oder auf Erfüllung individueller geistiger Interessen. In den entsprechenden Befragungen wurden übrigens kaum Erwartungen hinsichtlich der Hilfe bei privaten, persönlichen Problemen geäußert (Schulenberg 1981, S. 82f).

Thematisch streut das Angebot in der Erwachsenenbildung sehr breit. Im Allgemeinen wird zwischen berufsbezogenen, allgemeinbildenden (politisch, kulturell), persönlichkeits- oder identitätsbezogenen sowie kreativen

Angeboten unterschieden. Dieses Spektrum geht auf der einen Seite in schulische bzw. betriebliche Unterweisungsformen, auf der anderen Seite in beratende und helfende, sozialpädagogische Angebote über. Ein Steno-Kurs, ein EDV-Kurs, ein Buchführungskurs, ein Kurs „Geschäftsenglisch" etc. wären dem erstgenannten thematischen Bereich zuzuordnen. Angebote zu Themen, wie „Vorurteile und Feindbilder", „Basisdemokratie", „Das neue Weltbild der Physik", „Die Kunst der Renaissance", „Spanisch für Urlauber" o.a., fallen in den allgemeinbildenden Bereich, „Meine Familie und ich", „Neue Wege der Partnerschaft", „Männerbilder" etc. zielen auf persönlichkeitsbezogene Lern- und Erfahrungsprozesse ab, und Handarbeits- sowie Kochkurse, Meditationsübungen, Ausdruckstanz, Töpfern etc. sind dem Kreativbereich zuzurechnen. Zum Sektor der persönlichen Lebenshilfen gehören Angebote, wie Spielgruppen für junge Mütter /Väter, Selbstfindungsübungen für Einzelne oder Paare, Frauen- und Männergruppen, Wochenend-Workshops etc., wobei hier - wie gesagt - die Übergänge zu Beratung und Therapie fließend sind.

In *prozessualer* Hinsicht ist innerhalb der Erwachsenenbildung ebenfalls eine größere Varietät der Lehr- und Lernformen festzustellen als etwa in der Schule. Die Spannweite reicht vom Einzelvortrag über Vortragsreihen, Abendkurse, Wochenendveranstaltungen, mehrwöchige Intensivlehrgänge, Tagungen, Podiumsdiskussionen, Fernlehrgänge, Workshops, Bildungsurlaube, Aufenthalte in Heimvolkshochschulen, Studienreisen bis hin zu selbstorganisierten Projekten. Die Wahl der jeweiligen Lehr- und Lernform hängt von den zur Verfügung stehenden äußeren Möglichkeiten wie auch von der verfolgten didaktischen Ambition ab. Je nach Lehr- und Lernform verändert sich natürlich auch die Stellung des Veranstaltungsleiters. Ebenso ist es für die didaktisch-methodische Gestaltung von Bedeutung, in welchem Ausmaß die Teilnahme freiwillig erfolgt (bei bestimmten innerbetrieblichen Fortbildungsmaßnahmen sowie auch bei Umschulungsmaßnahmen des Arbeitsamtes für Arbeitslose ist das Freiwilligkeitsprinzip stark eingeschränkt), um welchen Teilnehmerkreis es sich handelt (Alter, Vorkenntnisse, Motive) sowie welcher Lernbereich angesprochen wird (beruflich, allgemein, kreativ, persönlich). Die durchschnittliche Abbrecherquote liegt zwischen 40-50% (Schroeder 1979, S. 538).

Stellt man diese institutionellen, personellen, inhaltlichen und prozessualen Besonderheiten der Erwachsenenbildung in Rechnung, so kann man in der Tat von einer spezifischen „Fragilität" des Lehrens und Lernens in diesem Bereich sprechen (Tietgens 1981, S. 76). Schon das äußere Zustandekommen, wie vor allem der innere Ablauf von Lehr- und Lernprozessen ist in der Erwachsenenbildung durch ein vergleichsweise hohes Maß an Unsicherheit und Unvorhersehbarkeit bestimmt. In der Literatur wird gerade dies Charakteristikum jedoch als das positive Merkmal von Erwachsenenbildung bezeichnet: aufgrund ihrer institutionellen, personellen, thematischen und prozessualen Flexibilität ist es ihr viel eher als dem schwerfälligen, administrativ durchgeregelten Schulwesen möglich, rasch und vor allem teilnehmernah auf neue gesellschaftliche, kulturelle und individuelle Problemlagen zu reagieren.

Nach dieser Skizze der kennzeichnenden Besonderheiten der Erwachsenenbildung stellt sich die Frage, ob und wie sich diese Besonderheiten auf der hier zu behandelnden Ebene der methodischen Praxis widerspiegeln. Hiermit verbunden ist die Frage, inwieweit die theoretische Reflexion über diese Praxis die Notwendigkeit der Formulierung einer für die Erwachsenenbildung spezifischen Didaktik begründet, und ob dies gelungen ist.

Auf diese Fragen eine klare und eindeutige Antwort zu geben, ist nicht leicht. Dies nicht primär deshalb, weil die Auskünfte in der einschlägigen Literatur uneinheitlich sind (zum Komplex ,Didaktik der Erwachsenenbildung' vgl. den Sammelband von Raapke/Schulenberg 1985). Der Grund ist vielmehr ein systematischer: Der Prozess des Lehrens und Lernens weist einerseits allgemeine Elemente und Faktoren auf, die unabhängig von z.B. dem Alter der Lernenden und dem institutionellen Kontext sind. Nicht umsonst spricht man ja auch von „Allgemeiner Didaktik" als einem Teilbereich der Pädagogik (vgl. Diederich 1977). Andererseits - und ergänzend hierzu - finden Lehr-Lern-Prozesse ja nie ,an sich' statt, sondern immer innerhalb eines bestimmten Kontextes, mit bestimmten Teilnehmern und unter Bezug auf die jeweilige ,Sache' etc. Die Didaktik der Erwachsenenbildung ist insofern eine Art „Stufendidaktik", welche unter Berücksichtigung der Theoreme und Erkenntnisse aus allgemeindidaktischen Positionen den Besonderheiten des Lehrens und Lernens im „quartären Sektor" Rechnung trägt, diese analytisch und empirisch aufschlüsselt, durch (i.w.S.) bildungs- und sozialisationstheoretische Überlegungen mit einer ,Philosophie', einer übergreifenden Intentionalität versieht und - soweit dies möglich ist - für das konkrete Handeln der in diesem Bereich Tätigen Angebote und Orientierungshilfen entwickelt. Als zusätzlich differenzierendes Element kommt hinzu, dass sich, wie erwähnt, der „quartäre Sektor" selbst noch einmal in verschiedene Sonderkulturen aufgliedert, für die dann erneut spezifische Bedingungen gelten.

Aus der Tatsache, dass die Angebote der Erwachsenenbildung sich an Erwachsene richten, welche dieses Angebot aufgrund von Freiwilligkeit nutzen und sich zugleich aufgrund bestimmter Anlässe, Interessen und Bedürfnisse nach dem Prinzip der „didaktischen Selbstwahl" (Raapke) für ein bestimmtes Angebot entscheiden, resultieren Konsequenzen, die die Erwachsenenbildungsdidaktik stark von der Schuldidaktik unterscheiden. Konkret heißt dies, dass man es als Lehrender hier mit Lernenden zu tun hat, die über eine erwachsene Persönlichkeit verfügen, die bereits eine lange Lerngeschichte hinter sich haben, die einen entwickelten Erfahrungshaushalt einbringen, woraus in der Regel eine sehr große Heterogenität der Voraussetzungen in einer Teilnehmergruppe resultiert, und die als Teilnehmer ein spezifisches Interesse auf das von ihnen gewählte Angebot richten. Gerade der zuletzt genannte Aspekt weist auf die sehr starke Verknüpfung des Lernens in der Erwachsenenbildung mit Problemen und Bedürfnissen aus der alltäglichen Lebenswelt der Teilnehmer hin. Dieser Lebensweltbezug findet in den neueren Ansätzen eine immer stärkere Berücksichtigung: Lehren und Lernen ist nur insofern sinnvoll, als neu gewonnene Erkenntnisse, Erfahrungen und Haltungen eine Bedeutsamkeit für denjenigen Lebensbereich der Teilnehmer gewinnen, aus dem heraus allererst der Anlass für die Teilnahme entstanden ist. „Teilnehmerorientierung" wird damit zu einem ganz zentralen Prinzip der in der Erwachsenenbildung Tätigen, und zwar sowohl für die makrodidaktische Ebene der Programmerstellung wie für die mikrodidaktische Ebene der Gestaltung von einzelnen Lehr-Lern-Situationen.

Dies hat Folgen für das Selbstverständnis des Erwachsenenbildners. Hier ist nämlich von einer grundsätzlichen Ambivalenz auszugehen: Auf der einen Seite verbietet es der Erwachsenenstatus der Teilnehmer, im Sinne eines Schul-Lehrers aufzutreten und eine didaktisch-methodische Gängelung vorzunehmen. (Damit ist natürlich kein Freibrief für ein entsprechendes Verhalten von Schul-Lehrern ausgestellt!) Gerade ein autoritätsfixiertes Lernverhalten soll ja zugunsten der Einleitung von selbstorganisierten Lern- und Bildungsprozessen abgebaut werden. Andererseits ist, wie die empirische Lehr-Lern-Forschung in diesem Bereiche gezeigt hat (Siebert/Gerl 1975; Siebert u.a. 1982), bei vielen Teilnehmern zunächst ein Bedürfnis nach Anleitung und Führung festzustellen; dies entspricht dem dominierenden Interesse an einem ergebnisorientierten, instrumentellen Lernen, bei dem ‚auch etwas herauskommt'. Eine solche Haltung ist vor allem dann die Regel, wenn den Teilnehmern Formen offenen, partizipativen oder gar selbstorganisierten Lernens fremd sind. Vielfach wirken die während der Schulzeit erworbenen Wahrnehmungs- und Aneignungsmuster weiter. Solche „Omnipotenzangebote" der Teilnehmer an den Kursleiter bei gleichzeitig an den Tag gelegter „Demutshaltung" ihm gegenüber sind von diesem vorsichtig zurückzuweisen - keine leichte Aufgabe (vgl. dazu die Bemerkungen zur „Psychohygiene des Pädagogen" von Gieseke-Schmelzle 1985, S. 87f.). Ebenso hat sich aber auch gezeigt, dass die subjektive Zufriedenheit mit einem Kurs in dem Maße steigt, wie sich der Leiter als fachlich kompetent *und* zugleich - in Bereichen sozialen, persönlichen und kreativeren Lernens insbesondere - als menschlich überzeugender Interaktionspartner erweist, der zu „fesseln" versteht - aber auch „loslassen" kann.

Sachbezug und Adressatenbezug, Außensteuerung und Eigendynamik des Lernens dürfen also keineswegs als auseinanderlaufende Prinzipien verstanden werden, sondern sind als gleichwertig und sich notwendig ergänzend anzusehen. Natürlich ist zwischen einem Selbstverständnis als Ausbilder, Lehrer, Lernanreger, Bildungshelfer, Lebensberater, Animateur, ‚Betroffener und Betroffenen' etc. nicht eine einmalige Wahl zu treffen: der jeweilige Lern- oder Sachbereich, um den es geht, die mitgebrachten Motive und Lernstile der Teilnehmer, die Kompetenzen des Kursleiters, die unmittelbaren und mittelbaren äußeren, institutionellen Möglichkeiten etc. setzen Bedingungen, die nicht ignoriert werden dürfen. Insofern können natürlich auch keine generellen Empfehlungen hinsichtlich der professionellen Identität gegeben werden. Wohl aber gehört es mit zu der vielfach angestrebten Professionalität von Erwachsenenbildnern, sich reflexiv ihres allgemeinen beruflichen Rollenverständnisses wie auch der diesbezüglich je situativen Anforderungen und Chancen in einem Kurs, in einer Lehr-Lern-Situation zu vergewissern. Wie in allen pädagogischen Feldern „geht es offensichtlich auch hier um ein Dosierungsproblem" (Tietgens 1979, S. 167).

Neben den Ambivalenzen im Selbstverständnis des Erwachsenenbildners ist es insbesondere der Bereich der methodischen Gestaltung von Lernsituationen und -prozessen, der die Besonderheiten des quartären Sektors widerspiegelt. Im Idealfall sollten erwachsenenbildnerische Bemühungen bei den vorhandenen Kompetenzen der Teilnehmer ansetzen und diese erweitern, damit es schließlich zu einem sach-verständigen und befriedigenden Umgang mit lebensweltlichen Problemlagen (dies schließt die berufliche Sphäre *ein*) kommt. Welche Möglichkeiten hat hier „Methode", wo muss sie voll zum Zuge kommen, und wo liegen die Grenzen der Zubereitung von Lernverläufen? Die folgende Definition und Aufgabenbestimmung von Methoden in der Erwachsenenbildung trägt dem damit angegebenen Fragehorizont Rechnung (Gerl 1985, S. 47): „Methoden in der Erwachsenenbildung haben die Aufgabe, Kontakte zwischen den beteiligten Subjekten und ihrer materiellen und sozialen Umwelt so herzustellen, dass diese Umwelt präzise, differenzierter und vollständiger wahrgenommen, begriffen, mitgeteilt, angeeignet werden kann, als dies in den routinierten Wahrnehmungen und laufenden Verarbeitungen des Alltags möglich ist. Methodisches Handeln in der Erwachsenenbildung besteht darin, Situationen zu schaffen, in denen eine in diesem Sinne qualifizierte Auseinandersetzung mit Wirklichkeit für die Beteiligten möglich und wahrscheinlich wird". Durch diese vorsichtige Bestimmung wird „Methode" bestenfalls zu einer Voraussetzung für aktives, aneignendes Lernen auf Seiten der Teilnehmer. Sie stellt einerseits deren Bezug zum *Gegenstand* des Lernens her und wirkt andererseits auf die Entwicklung der *Beziehungen* innerhalb der Teilnehmergruppe ein. Gerade für das Gelingen von Lernsituationen in der Erwachsenenbildung kann letzteres von ausschlaggebender Bedeutung sein, vor allem natürlich dort, wo „Beziehung" zugleich Lerngegenstand ist. Gerade hier aber sind aufgrund der notwendig hohen Eigenaktivität der Lernenden, aufgrund ihrer je spezifischen, persönlichkeitsbedingten Herangehensweise, aufgrund der Unvorhersehbarkeit der Lernereignisse und der Nichtfixierbarkeit von ,Lernzielen' die Grenzen einer Didaktisierbarkeit von Bildungsprozessen recht eng gesteckt (vgl. Terhart 1986b).

Neben einer eher programmatisch gehaltenen Literatur zur Didaktik der Erwachsenenbildung, die hauptsächlich von den Kontroversen zwischen den verschiedenen ‚Ansätzen' lebt, und den zahlenmäßig geringeren empirischen Arbeiten zu den realen Strukturen und Prozessen erwachsenenpädagogischer Lehr-Lern-Situationen existiert ein nicht unbeträchtlicher Korpus an methodischer Handreichungsliteratur, die mit den Methoden der Erwachsenenbildung vertraut machen will, deren jeweilige Vor- und Nachteile abwägt, über Einsatzbedingungen und -folgen aufklärt etc. (vgl. z.B. Jütting 1980; Rabenstein 1980; Geissler 1983; Döring 1983; Knoll 1986; auf soziales Lernen bezogen z.b. Schwäbisch/ Siems 1974; Fritz 1977; Broich 1980). Dies kann und soll hier nicht wiederholt werden. Wir beschränken uns auf die Wiedergabe einer Passage aus einem Wörterbuchartikel über Lehr- und Lernverfahren, die das Spektrum der Möglichkeiten in klar strukturierter Form verdeutlicht (Rieken 1980, S. 208-211; vgl. den ähnlichen Katalog bei Titgens 1981, S. 45-48):

„Didaktischer Stellenwert

(...)

1. Um die Abhängigkeit der Methodenauswahl von Ziel-Inhalts-Entscheidungen deutlich herauszustreichen, ist es sinnvoll, eine Unterscheidung zu treffen zwischen solchen Methoden, die mehr durch die Aktivität des Lehrenden bestimmt sind (Lehrverfahren) und solchen, die mehr durch die Aktivität der Lernenden (Lernverfahren) bestimmt sind. Erstere können unter dem Stichwort Instruktion' bzw. ‚Darbietung', letztere unter dem Stichwort ‚Diskussion' bzw. ‚Erarbeitung' hinsichtlich ihrer Funktion im Lernprozess näher gekennzeichnet werden.

2. Es gibt bislang keine Erkenntnisse, die ernsthaft in Frage stellen, dass die ‚er-arbeitenden' Methoden für die Weiterbildung wesentlich sinnvoller und effektiver sind, als die ‚darbietenden' Methoden. Neuere Untersuchungen zu Lernfähigkeit, Lernverhalten und Lernbesonderheiten von Erwachsenen liefern zahlreiche Befunde, die diese Feststellung unterstreichen.

3. Dies lässt sich natürlich nicht für jeden Einzelfall behaupten. Mitunter ist es von den Lernvoraussetzungen der Teilnehmer (etwa in Anfängerkursen mit bildungsungewohnten Adressaten) und von der Spezifik des Lernstoffs her unerlässlich, das Schwergewicht während einer bestimmten Lernphase einseitig auf ‚darbietende', ‚instruktionsorientierte' Lehrverfahren zu legen.

4. Die Eignung einer Methode lässt sich niemals absolut feststellen. Das heißt: es gibt keine guten oder schlechten Methoden an sich, sondern immer nur solche Methoden, die im Hinblick auf ein konkretes Lernziel unter Berücksichtigung konkreter Teilnehmervoraussetzungen und einer konkreten Kurssituation als geeignet bzw. nicht geeignet angesehen werden können.

Kurzdarstellung einzelner Lehr-Lernverfahren

1. *Darbietend-vortragende Verfahren:* Vieles deutet daraufhin, dass die mit der Sozialform ‚Frontalunterricht' verbundenen Vortragsmethoden nach wie vor in der Weiterbildung eine Vormachtstellung genießen. Kennzeichnend ist für diese Lernverfahren, deren geläufigste Formen der Vortrag und das Referat sind, dass sie ausschließlich oder zumindest überwiegend auf Aktivitäten des Lehrenden beruhen und auf der Ebene der ‚Einweg-Kommunikation' stattfinden. Längst wurde durch Ergebnisse der Lehr- und Lernforschung für die Erwachsenenbildung untermauert, dass einseitig darbietende Lehrverfahren kaum zur Aktivierung und Motivierung von Weiterbildungsteilnehmern beitragen (Gerl/Siebert 1975) und auch im Urteil dieser Teilnehmer selbst als weniger ergiebig im Vergleich zu Formen des aktiv-produktiven Lernens erscheinen (Gerl/Siebert 1975, Vontobel 1972). Die Unterlegenheit von Vortragsmethoden insbesondere gegenüber Diskussionsmethoden zeigt sich bei Lernprozessen, die Meinungs- oder Einstellungsveränderungen bei den Lernenden zum Ziel haben. Brandenburg (1974) stellt dies mit Bezug auf Versuche fest, die bereits in den vierziger Jahren in den USA mit dem Forschungsansatz von Lewin u.a. unternommen wurden. Referat und Vortrag, wenn sie für sich stehen, sind im Hinblick auf die kognitive Seite des Lernprozesses nicht sonderlich hoch zu bewerten, da sie zwar kurzfristiges Behalten von Informations- und Faktenwissen, nicht aber langfristige Wissensaufnahme und Verarbeitung erlauben. Was die affektive Seite des Lernens anbetrifft, so ist zu betonen, dass solche Lehrverfahren ‚in ihrer Anlage und Zielbestimmung einem emanzipatorischen Lernen Erwachsener widersprechen' (Niggemann 1975). Eine Möglichkeit, die Vorteile darbietend-vortragender Lehrverfahren zu nutzen, ohne gleichzeitig die angedeuteten Nachteile zur Wirkung kommen zu lassen, stellt die Impuls-Methode (oder das ‚Impulsreferat') dar, eine Mischform aus Referat und Diskussion (Niggemann 1975).

2. *Gesprächsverfahren:* Das gebräuchliche Gesprächsverfahren ist das Lehr- bzw. Unterrichtsgespräch. Hierbei handelt es sich um eine entwickelnd-erarbeitende Methode, die sich überwiegend des Mittels der Lehrfrage bedient, und deren Inhalt und Ablauf durch den Lehrenden gesteuert werden. Wie beim Vortrag, so werden auch beim Lehrgespräch Inhalte, Lernziele und Lernschritte vom Lehrenden festgelegt. Die Erreichung des Lernzieles setzt indessen den Dialog voraus, erfordert also einen gewissen Grad an Teilnehmeraktivität. Daraus ergeben sich allerdings gerade die für das Lehrgespräch charakteristischen Schwierigkeiten: Während beim Vortrag kein Teilnehmer zu Eigenbeiträgen und damit zu Vergleichen mit anderen veranlasst wird, drängt sich bei einem Lehrgespräch mit offensichtlich jeweils bevorzugten Gesprächsteilnehmern für die nicht oder weniger Beteiligten geradezu der Eindruck auf, dass sie gegenüber anderen weniger vermögen oder gar versagen. Dies mündet

häufig in Resignation, ‚stummen Protest' usw. Daher sollte sich der Lehrende bemühen, Gesprächsverfahren anzuwenden, die möglichst allen Teilnehmern Gelegenheit zur Beteiligung geben. Eine Auswahl solcher Gesprächsformen wird ausführlich dargestellt von Kelber (1977).

3. *Verfahren zur Aktivierung möglichst vieler Teilnehmer:* Neueren Erkenntnissen der Lehr-Lernforschung bei Erwachsenen entspricht es, wenn sich das Interesse bei der methodischen Gestaltung von Weiterbildungsveranstaltungen auf Lernverfahren konzentriert, die den einzelnen Lernenden zur aktiven Beteiligung, zur mündlichen, schriftlichen oder handelnden, auch spielerischen Auseinandersetzung mit dem Lerngegenstand besser befähigen als durch Zuhören oder Zusehen. Die unter dieser Zielsetzung verwendbaren Lernverfahren reichen von Methoden zur Aktivierung von Teilnehmern in Einstiegs- und Kennlernphasen (Partnerinterview, Partnerarbeit, Interviewgruppe, Methode 66) über verschiedene Varianten der Kleingruppen- und Großgruppenarbeit (Plenum, rotierendes Plenum), spezielle Verfahren zur Ermittlung spontaner Einfälle, Ideen, Lösungsvorschläge zu bestimmten Fragestellungen (Brainstorming) und zur Erhebung eines Meinungsbildes über Vorgehensweisen, Lernatmosphäre, Erwartungen und Beurteilungen (Blitzlicht) bis hin zu verschiedenen Spielmethoden (Planspiel, Rollenspiel, Kommunikationsspiele, gruppendynamische Spiele). All diese Arbeitsweisen ... erfüllen dann ihren Zweck im Hinblick auf die Veränderung passiven Teilnehmerverhaltens, wenn sie der jeweiligen Lernsituation der Teilnehmer angepasst und gegebenenfalls variiert werden. Ihre Wirkung wird in der Regel durch Methodenwechsel und durch den Einsatz geeigneter Medien optimiert.

4. *Handlungsorientierte Sachdiskussion* - Entrainement Mental: Das ‚Entrainement Mental' stellt im Grunde keine an sich neue Methode dar, sondern bezieht seinen spezifischen Wert daraus, dass es verschiedene Lerntechniken kombiniert, in Operationen umsetzt und in eine auf Handlungsmotivation und Aktion ausgerichtete Abfolge bringt. Das Entrainement Mental hat als Methode seine Funktion in Lernsituationen, die nicht durch geschlossene Stoffvorgaben, sondern durch offene Problemstellungen gekennzeichnet sind, die in hohem Maße an subjektive Erfahrungen und Werthaltungen der Teilnehmer anknüpfen. Es verläuft im Wesentlichen in drei Stufen:

– Bestandsaufnahme: Einzelheiten, Fakten, Daten zu dem anstehenden Thema werden gesammelt und geordnet,

– Untersuchung: die Ergebnisse der Bestandsaufnahme werden in ihrem Stellenwert, ihren Ursachen und Folgen, historischen Verflechtungen und im Hinblick auf mögliche Gesetzmäßigkeiten analysiert,

– Folgerung: Die neuen Erkenntnisse werden mit den eigenen Grundsätzen, Wertmaßstäben und Prinzipien verglichen, es werden daraufhin neue Verhaltensziele gesetzt und Realisierungsschritte und Hilfsmittel im Hinblick auf diese Ziele bestimmt.

Zusammenfassend lässt sich das Entrainement Mental als eine Methode würdigen, die ein Training exakter Denk- und Lernabfolgen fördert: erst beschreiben, dann definieren; erst Information über den Gegenstand und dann das Suchen nach Ursachen; erst Formulierung des Ziels und dann Bestimmung von Methoden und Hilfsmitteln. Diese Methode verfehlt jedoch ihren Zweck, wenn sie als Hilfsmittel zum Transport vorgegebener Inhalte eingesetzt werden soll".

Hält man dem hiermit aufgespannten Spektrum an *Möglichkeiten* der methodischen Gestaltung von Lehr-Lern-Situationen die Erkenntnisse über die *Wirklichkeit* des Methodengebrauchs in der Erwachsenenbildung entgegen (vgl. Siebert/Gerl 1975, S. 47ff., vgl. auch Stephens 1985,

5. 5132), so ist festzustellen, dass - ähnlich wie schon im schulischen Bereich (vgl. oben 3.3) - in der Praxis die dozentenzentrierten, stoffdarbietenden Lehrformen quantitativ dominieren. Vielleicht ist gerade diese Diskrepanz zwischen der vielfach beschworenen Flexibilität der Erwachsenenbildung einerseits und der tatsächlichen methodischen Monotonie ihrer Praxis andererseits mit ein Grund dafür, dass derzeit intensiv nach neuen Wegen außerhalb der anscheinend doch so festgefügten Formen des Lehrens und Lernens in der etablierten Erwachsenenbildung gesucht wird. Diese Bemühungen bilden den Gegenstand des folgenden Abschnittes.

4.3 Selbstorganisiertes Lernen

Findet Lernen in organisierter Form statt, so ist dies in aller Regel mit dem Vorhandensein irgendeiner Form von Lehre (Unterweisung, Anleitung, Unterstützung, Beratung ...) verbunden. Damit verbunden schließen organisierte Lehr-Lern-Prozesse inhaltlich und methodisch artikulierte Lehrpläne oder Lehrprogramme ein, eine juristisch wie psychologisch privilegierte Stellung des Lehrenden, Verfahren der Sortierung und Kanalisierung von Lerngruppen entlang den verschiedenen Entscheidungspunkten eines Bildungswesens sowie einen festgelegten Modus der Erteilung von Berechtigungen und Zertifikaten, die dann ggf. bestimmte Optionen für weitere Bildungsabsichten eröffnen bzw. verschließen. Organisiertes Lehren und Lernen findet außerhalb des gewöhnlichen' Lebenszusammenhangs statt; Lernzeit ist ausgelagerte, spezialisierte Lebenszeit, deren Nutzen sich, so das Versprechen, erst sehr viel später erweisen wird. Die Makro- und Mikroorganisation von Lehr- und Lern-Prozessen ist mit bestimmten Vorteilen verbunden, zugleich aber sind hieran auch bestimmte Nachteile geknüpft. Vor- und Nachteile lassen sich jedoch nicht pauschal gegeneinander aufrechnen, sondern sind je nach Lernanlass, Lerngruppe, Lehrerqualität, Kontext und Lern-Absicht unterschiedlich zu gewichten.

Zum tradierten Selbstverständnis selbstorganisierten Lernens gehört es, sich angesichts dieser Lage von den als negativ beurteilten Aspekten und Folgen des Schul-Lernens als eines verschulten Lernens abzusetzen und sich dergestalt dann positiv zu konstituieren. Denn erst unter der Bedingung von Ent-Institutionalisierung verliert die Formel vom „lebenslangen Lernen" ihren auch bedrohlichen Charakter. Gleichwohl aber wird - wie gezeigt - dieser Anspruch vor allem im Bereich der Lehr- und Lernmethoden in der Erwachsenenbildung nicht eingelöst. Damit aber stellt sich die Frage, ob nicht die bisherigen Formen der Erwachsenenbildung entgegen ihrem Selbstanspruch faktisch doch eher eine Art Verlängerung des Schul-Lernens darstellen, und ob deshalb nicht nach grundsätzlichen Alternativen gesucht werden muss, die den abhängig-machenden und -haltenden Charakter von organisiertem und methodisiertem Lehren und Lernen überwinden. Konstruktive Antworten auf diese Fragen werden gegenwärtig im Bereich des selbstorganisierten Lernens entwickelt.

Selbstorganisiertes Lernen wendet sich kritisch gegen die Formen und Folgen einer Verschulung und außengesteuerten Methodisierung des Lernens: Gegen die Organisiertheit und damit immer auch an allgemeinen Kriterien orientierte administrative Regulation von Lehr- und Lernverhältnissen setzen sie das Prinzip der Befolgung spontaner Lernanlässe durch die Betroffenen selbst. Hierdurch soll der Situationsbezug gesichert werden. Gegen die Position eines bevorrechtigten Lehrers oder Experten setzt selbstorganisiertes Lernen eine Art gemeinschaftliches Gruppenlernen, in dessen Verlauf jeder je nach Gelegenheit, Kompetenz und Bedarf Lehrender und Lernender sein kann. Damit soll der Entstehung von Expertenkulturen (bei Abhängigkeit der Laienschaft) entgegengewirkt, Partizipation auch material möglich werden. Übergreifende, standardisierte Lehrpläne entfallen, ebenso ein Zertifikationswesen, denn selbstorganisierte Lernprozesse sollen unmittelbar bedürfnis- oder gebrauchswertorientiert ablaufen. Damit wird das herkömmliche schulische Lernen ‚auf Vorrat' überwunden zugunsten einer direkten Verbindung des Lernens zu erfahrbaren Problemlagen. Hieran geknüpft ist eine optimistische Anthropologie, welche auf die eigendynamischen und selbstregulativen Kräfte des Menschen setzt. Alles in allem wird selbstorganisiertes Lernen von der grundlegenden Idee getragen, die historisch gewordene Absonderung von Lernen und Leben aufzuheben und dadurch die Chancen für ein situationsbezogenes, lebenspraktisch bedeutsames, intrinsisch motiviertes Lernen zu erhöhen.

Geht man davon aus, dass die Etablierung eines öffentlichen Schul- und Unterrichtswesens ein wichtiges Element im Prozess der Entstehung moderner Gesellschaften ist, so ist in dieser Kritik sowie in den hierauf beruhenden Konzepten eine deutliche Absetzbewegung von den ‚modernen' Schul- und Unterrichtsverhältnissen, ja vielleicht sogar: von modernen Gesellschaften generell zu sehen. Nicht zufällig ist die Entschulungsdebatte ursprünglich von Theoretikern aus der sogenannten „Dritten Welt" ausgelöst worden, die sich gegen den einfachen Export von Bildungsvorstellungen und -Institutionen aus den Industrienationen in Entwicklungsländern gewandt haben, weil sie dies für untauglich und sogar gefährlich hielten (vgl. Illich 1972; Freire 1971). Diese Kritik blieb jedoch nicht auf die Exportabsichten beschränkt, sondern wirkte zurück auf die Schul- und Bildungskultur der ‚exportierenden' Länder selbst und verband sich mit den dort bereits vorhandenen schul- und institutionenkritischen Positionen. Diese Bündelung verschiedener Ideenströme aus Entschulungsdebatte sowie traditioneller (z.b. reformpädagogischer) und moderner Schulkritik ist derzeit im Bereich der Alternativpädagogik und der Alternativschulbewegung zu beobachten. Eine grundsätzlich ‚alternative' Didaktik und Methodik ist im Rahmen von Schulunterricht jedoch bislang nicht explizit entwickelt worden; allerdings könnte man bei weitester Auslegung des Begriffs die verschiedenen Postulate einer schüler-, handlungs- und erfahrungsorientierten Unterrichtsplanung und -gestaltung in diesem Sinne ausdeuten. Schulisch verfasste Lehr-Lern-Prozesse stehen dem radikalen Anspruch auf selbstorganisiertes Lernen derzeit konträr gegenüber. In außerschulischen Lehr-Lern-Feldern dagegen sind die Umrisse einer „alternativen Didaktik" schon eher erkennbar (vgl. als Übersicht Fuhr 1986) motiviertes Lernen zu erhöhen. Anregungen zur Organisation selbständigen Lernens in Schule und Unterricht finden sich bei Meyer et al. (1997).

Die intensivste Auseinandersetzung um selbstorganisiertes Lernen findet in der autonomen Erwachsenenbildung (vgl. Dauber/Verne 1977; Otto u.a. 1979; v. Werder 1980), in den vielfältigen Projekten der Neuen sozialen Bewegung (Bürgerinitiativen, Ökologie- und Friedensbewegung; vgl. Armbruster 1979; Beer 1983) sowie in Selbsthilfegruppen statt (vgl. z.B. Moeller 1978). Immer geht es dabei um die Verwirklichung des folgenden Programms: „Menschen versuchen, aus der Bedürftigkeit ihrer eigenen Situation heraus systematisch und zielgerichtet daran zu arbeiten, diese Situation gemäß ihren eigenen Interessen zu verändern. Dieser Prozess enthält die kritische, also nicht ideologisch verblendete Auseinandersetzung mit der eigenen Situation incl. ihrer gesellschaftlichen Determinismen (Analyse), die Aneignung von für die gewollte Veränderung erforderlichen strategischen und fachlichen Qualifikationen (Kompetenz) sowie die Interaktion und Kommunikation mit dem das eigene Handlungsfeld beeinflussenden sozialen Umfeld (Öffentlichkeit). Situationsanalyse, Aneignung von Kompetenz und Herstellen von Öffentlichkeit sind dialektische Momente innerhalb der Fortentwicklung des eigenen Lebenszusammenhangs, sobald dieser nicht mehr als selbstverständlich-naturwüchsig vorausgesetzt wird. Lernen geschieht also durch das Aufbrechen des etablierten Lebenszusammenhangs und durch die bewusste und gezielte Um- und Neustrukturierung dieses Zusammenhangs auf der Grundlage der Anerkennung autonomer Interessen und Bedürfnisse. Die Erfahrung lehrt, dass solche Prozesse leichter in kooperativen und solidarischen Formen zu organisieren sind. Die solchermaßen sich in und mit ihrer Umwelt Entwickelnden werden mit Recht die gesellschaftliche Produktivkraft ‚Wissenschaft' und ihre Vermittlungskompetenz ‚Pädagogik' in Anspruch nehmen, um diesen Prozess entwickeln zu können. Wichtig ist für mich dabei, dass Pädagogik und Weiterbildung dabei eindeutig eine Dienstleistungsfunktion übernehmen in Lernprozessen, deren Subjekte autonom an der Veränderung ihrer Lebenssituation arbeiten und aus dieser Autonomie heraus selbständig über den Gebrauchswert von Lernsituationen entscheiden. Dass die hier vorausgesetzte Autonomie innerhalb des ideologischen Verblendungszusammenhangs nur gebrochen aufscheint und deshalb Zwischenformen zwischen den aufgezeigten ‚traditionellen' und ‚alternativen' Weiterbildungs-Konzepten notwendig sind, ist unbestritten. Ich meine allerdings, dass die Skepsis vieler Pädagogen gegenüber solchen Ansätzen auch begründet ist in der Angst vor einem radikalen Infragestellen der eigenen Berufsrolle, die damit verbunden ist. Denn die herkömmliche Pädagogen-Rolle auch in der Weiterbildung, setzt die traditionelle Hierarchie des gesellschaftlich normierten Bildungskanon voraus." (Beier 1983, S. 39f)

Abschließend seien drei Rückfragen an Konzepte selbstorganisierten Lernens formuliert, die sich 1. auf das Verhältnis von Spontaneität und Organisation, 2. von ‚bewegter' Praxis und reflektierender Theorie sowie schließlich 3. von Selbstorganisation und ‚Methode' beziehen.

1. Selbstorganisiertes Lernen lebt von der spontanen Lernbereitschaft und den autonomen Lernbemühungen der von einer lebensweltlichen Problemlage unmittelbar Betroffenen, die aufgrund in dieser Hinsicht gemeinsamer Interessen handelnd lernen bzw. lernend handeln. Damit ist selbstorganisiertes Lernen an erlebte Situationen sowie an das Motiv der Situationsbewältigung gebunden. Dieser Vorteil gegenüber institutionalisierten, außengesteuerten, entfremdeten, entsinnlichten etc. Lernprozessen kann sich jedoch an dem Punkt in einen Nachteil verwandeln, wo der einfache Situationsbezug zur Situationsbewältigung nicht mehr ausreicht, wo Situationsbewältigung ein langfristiges, kontinuierliches Bemühen (bei wenig spektakulären und/oder schnellen Erfolgen) verlangt, wo die Artikulation und Durchsetzung von Interessen der Betroffenen gegen *organisierte* staatliche oder private Instanzen erfolgen muss, und wo borierter Situationsbezug schließlich selbst eine affirmative Funktion anzunehmen droht. Hier versagt dann sehr häufig das alleinige Vertrauen auf Spontaneität, auf selbstorganisiertes Lernen; als Folge kristallisiert sich aus einer gelebten Bewegung eine organisierte Struktur heraus, in der auch längerfristig-strategische Elemente eine Rolle spielen, Verantwortlichen (auf Zeit) festgelegt werden, sich personenspezifische Kompetenzen und Kompetenzunterschiede herausbilden, Arbeit verteilt wird, Lernen dann zeitweise auch unter der Bedingung von Lehre stattfindet etc. Natürlich ist diese Entwicklung von internen Diskussionen und gelegentlichen Zerreißproben begleitet, denn im-

merhin kann hierin ein Stück Angleichung an ursprünglich abgelehnte Verhältnisse und Strukturen liegen. Gleichwohl: Spontaneität ist ein Situationsereignis; dort, wo es um übersituative, strukturelle Ziele und Bedingungen geht, wird Organisation sowie systematische Vermittlung und Aneignung von Kenntnissen zu einer Notwendigkeit.

2. Mit diesem Problemkontext eng verknüpft ist die Frage nach dem Verhältnis von bewegter Praxis und reflektierender Theorie. Definiert man Selbstorganisation und selbstorganisiertes, autonomes Lernen in einem radikalen Sinn, so kann es im Grunde hierzu keine abgehobene und dergestalt dann vor-schreibende Theorie geben, sondern immer nur eine Art normativ-moralisches Reflexionswissen ‚aus der Praxis', welches die im Grunde viel wichtigere Bewegung kognitiv und moralisch begleitet, ‚erklärt', legitimiert, ihr Selbstverständnis formuliert, sie in größere Zusammenhänge stellt, mit einer Geschichte versieht etc. Wo Spontaneität und Selbstorganisation den Primat beanspruchen, das Eigentliche in der Bewegung selbst stattfindet und dort gemachte Erfahrungen durch nichts zu ersetzen sind, hat Reflexion allenfalls Dienstfunktion - oder aber wird als Zumutung empfunden. Gerade in vielen selbstorganisierten Lernprojekten findet sich eine deutliche Tendenz gegen zuviel ‚abgehobene' Theorie, wird Wissenschaftlichkeit mit Expertentum assoziiert, und letzteres als Einstieg in Bevormundung gewertet (vgl. die von Schneider 1977, S. 70, in seinem Bericht über eine Bürgerinitiative zitierte Meinung einer Frau, „dass der Schneider doch nur mitmacht, um in der Universität ein Seminar darüber abzuhalten"). In den Veröffentlichungen zum selbstorganisierten Lernen findet sich - neben zahlreichen Beschreibungen von Projekten - Theorie denn auch eher in Form von moralisch-suggestiven, generalisierenden Aussagen über die Nachteile fremd- und die Vorteile selbstorganisierten Lernens. Auf die ‚Bewegung' gerichtete Sozialforschung quantitativer wie qualitativer Art erscheint als eine Art blutsaugerischer Vampyrismus, der ihr Kraft entzieht; lediglich radikale „Betroffenenforschung" wird akzeptiert (vgl. zu diesem Konzept Szell 1981).

Dieses prekäre Verhältnis zwischen der Praxis selbstorganisierten Lernens in den Neuen sozialen Bewegungen und hierauf bezogenen Erklärungs- und Theoretisierungsversuchen durchzieht die sozial- und erziehungswissenschaftliche Literatur zu diesem Problemkomplex. In diesem Zusammenhang erscheint es sinnvoll, sich ähnlich gelagerter historischer Vorläufer im Bereich des Lehrens und Lernens zu erinnern: Die geisteswissenschaftliche Pädagogik der 1920er Jahre entwickelte und verstand sich als Theorie der reformpädagogischen Bewegung vom Beginn dieses Jahrhunderts. Auch damals schon wurde über das Verhältnis von gelebter Praxis und reflektierender Theorie, über Autonomie der Bewegung und staatliche Administration, über den Widerspruch von pädagogischem Handeln in situativ-personaler Verantwortung und der organisatorischen Verfasstheit von Bildungsinstitutionen, über Ausbildung als Persönlichkeitsbildung, über die

Nicht-Theoretisierbarkeit des Eigentlichen' etc. diskutiert. Ebenso entwickelten dann pädagogische Theoretiker Phasenmodelle, in denen sie die Entstehung, den Verlauf, die Selbstkorrektur, und die Absorption der Bewegung skizzierten - ein Unternehmen, welches heute mit natürlich verändertem begrifflichen Instrumentarium von sozialwissenschaftlicher Seite ebenfalls mit Blick auf die Neuen sozialen Bewegungen gestartet wird. Und natürlich liegt hierin damals wie heute auch ein Stück weit das Bemühen, alternative und autonome Teilkulturen einer Gesellschaft in das dominierende Kulturmuster hineinzudefinieren (vgl. für die Pädagogik der 1920er Jahre Tenorth 1988, S. 203-208).

3. Schließlich stellt sich im Feld selbstorganisierten Lernens die grundsätzliche Frage, ob nicht gerade hier jede Methodisierungsabsicht notwendig deplaziert ist. Natürlich hängt die Antwort auf diese Frage vom zugrundeliegenden Methodenbegriff ab: Wer unter Lehr- und Lernmethoden automatisch nur Fremdsteuerung, fachsystematische Lehrgänge, fixierte Lernpensen, Dominanz eines Lehrers etc. versteht, muss jeder Methodisierung selbstorganisierten Lernens natürlich ablehnend gegenüberstehen. Umgekehrt wird derjenige, der mit Methode Klarheit und Durchschaubarkeit des Prozesses, systematischen Ablauf, Zeitersparnis durch Fehlervermeidung, Erfolgskontrolle etc. verbindet, in selbstorganisierten Lernprozessen bestenfalls eine unökonomische und schlimmstenfalls gar keine Form von Lernen erkennen können. Die Formen, in denen selbstorganisiertes Lernen stattfindet, sind auch tatsächlich nicht zu standardisieren, und die Bedingungen ihres Einsatzes liegen nicht ‚fest', sondern gestalten sich situationsspezifisch. Insofern kann man über diese Methoden nicht theoretisieren, schon gar nicht mit dem Ziel einer Standardisierung. Man kann sie nur erleben und in ihrem Prozesscharakter beobachten. An dieser Stelle wird das Spektrum des Methodischen in außerschulischen Lehr- und Lernfeldern an seinem Extrempunkt überschritten. Methodisierung im engeren Sinne des Wortes ist weder möglich noch legitim; an die Stelle von „Methode" tritt gemeinsames Erleben, Erkennen und Handeln.

Am Schluss dieses Kapitels über Lehren und Lernen in außerschulischen Feldern ist folgender Hinweis notwendig: In außerschulischen Lehr- und Lernprozessen bewegt sich das Spektrum des theoretisch Möglichen und praktisch Realisierten zwischen vollständiger Außensteuerung und vollkommener Selbstbestimmung, zwischen extremer und gar keiner Methodisierung, zwischen reinem Drill und autonomer Selbst-Bildung. In vielen Veröffentlichungen zu den Methoden des Lehrens und Lernens in diesen verschiedenen Feldern stellt man eine Tendenz zur Verabsolutierung der jeweils präferierten, eigenen Methode fest: Unabhängig vom Kontext und von der Qualität des angestrebten Lernens wird der eigene methodische Ansatz zum überall bestgeeigneten erklärt - bei gleichzeitiger, ebenso pauschaler Herabsetzung anderer methodischer Konzepte. Ein solcher Methodendogmatismus - auch bei den Vertretern undogmatischen, selbstorganisierten

130

Lernens - ist bedenklich, wenn nicht gefährlich. Er verlängert überkommene pädagogische (und politische!) Vorstellungen hinsichtlich der einzig wahren Methode, an die magische Hoffnungen geknüpft sind. Diesem ‚Mythos der einen Methode' ist entgegenzuhalten, dass Lernprozesse verschiedene Qualität aufweisen können, und dass die Methoden des Lehrers auf die Qualität der angestrebten Lernprozesse der Lernenden abgestimmt sein müssen. Insofern konstituiert Methode die je besondere Qualität des Lernprozesses. Der Zusammenhang von Lernarten und Lehrmethoden soll im folgenden Kapitel erläutert und für einige Lehrmethoden bzw. Lernqualitäten exemplarisch untersucht werden.

5. Lehrmethoden als Bedingungen für Lernprozesse

Lehrmethoden werden eingesetzt, um möglichst günstige Bedingungen für die Auslösung von Lernprozessen bereitzustellen. Lernen bedeutet eine Steigerung der Möglichkeiten, sich mit seiner Umwelt wie auch mit sich selbst auseinander zu setzen. Lernen ist eine aktive Tätigkeit, die vom Lernenden immer nur selbst vollzogen werden kann und insofern natürlich durch Lehren nicht zu erzwingen ist. Lernen findet selbstverständlich ohne Lehren statt; umgekehrt wird dort, wo gelehrt wird, nicht automatisch auch schon im intendierten Sinne gelernt. Lernen selbst ist ein vielgestaltiger Prozess, der sehr unterschiedliche Dimensionen aufweist und ebenso viele Qualitäten annehmen kann. Das pädagogische Interesse am Lernen ist daraufgerichtet, den Lernenden bei der Eroberung des Möglichkeitsraumes, den Lernen eröffnet, Unterstützungsleistungen anzubieten. Dieses Motiv ist im Kern bereits im Begriff der „Bildung" enthalten - nur hat sich die Diskussion um diesen Begriff häufig von „Lernen" ferngehalten, um nicht in den Sog der in der Tat lange Zeit recht flachen psychologischen Lerntheorien zu geraten.

Die Methoden des Lehrens sind immer nur im Blick auf die Art (Qualität) des durch sie unterstützten, geförderten, provozierten Lernens zu beurteilen. Lernen kann man ohne Lehre; das Lehren jedoch muss sich am Lernen, genauer: an seinen unterschiedlichen Qualitäten, orientieren. Das heißt: Es gibt nicht „die" Lehrmethode, weil es „das" Lernen nicht gibt. Je nach angestrebter Lernqualität müssen unterschiedliche methodische Arrangements bereitgehalten werden. Die Pluralität der Lernformen erzwingt eine Pluralität im Methodischen; methodische Monokultur (wie sie leider zu den Realitäten unserer Schulen gehört) befördert demgegenüber eine Einseitigkeit des Lernens bzw. der realisierten Lernqualität. Dies steht nicht nur im Widerspruch zu dem Anspruch, durch Lehren die Eroberung des Möglichkeitsraumes von Lernen zu unterstützen und dadurch den Lernenden eine Erprobung und Entfaltung ihres Potentials zu erleichtern. Die methodische Monokultur widerspricht darüber hinaus einem elementaren Gerechtigkeitsgebot insofern, als die eine dominierende Methode immer nur eine bestimmte Gruppe von Schülern bevorteilt, andere systematisch benachteiligt. Angesichts der Vielgestaltigkeit der Lernarten und Lernstile in einer Schulklasse müsste die Pluralität der methodischen Angebotsformen eigentlich in den Stand eines einklagbaren Rechts erhoben werden.

So gesehen existiert einerseits eine Abhängigkeit des Lehrens vom Lernen, da zunächst zu bestimmen ist, welche Lernqualität angesichts gegebener Umstände und gegebener Aufgabentypen realistischerweise anzustreben ist. Dementsprechend ist via Methode ein Bedingungsrahmen bereitzustellen, der - vorsichtig formuliert - das Auftreten der angestrebten Lernqualität wahrscheinlicher macht, wahrscheinlicher etwa als beim ‚natürlichen' Lernen. Die Frage nach der jeweils richtigen Methode muss sich also einerseits der Bedingungen des Lernens ‚im' Lerner, ‚in' der Sache und ‚im' institutionellen Kontext versichern. Die Lehre passt sich in gegebene Bedingungen ein. Dies ist der eine, *adaptive Aspekt* im Verhältnis von Lehren und Lernen. Zusätzlich jedoch hat die Frage nach der Methode über die gegebene Bedingungskonstellation hinauszugreifen in Richtung auf noch nicht gegebene, noch zu erschließende Qualitäten des Lernens. Dem gemäß kann Lehren zur Voraussetzung für die Realisation angestrebter Lernqualitäten werden. So gesehen wird Lehren zu einem konstitutiven Element für Lernen. Die hierin liegende pädagogische Brisanz von Methode ist mit dem Wort von der sach- und lernerschließenden Funktion von Methode bezeichnet worden (vgl. oben Abschnitt 2.3). Dies ist der andere, *konstitutive Aspekt* im Verhältnis von Lehren und Lernen.

Die bekannteste Systematisierung von Lernarten hat der amerikanische Psychologe R. Gagné in seinem Buch „The Conditions of Learning", dt.: Die Bedingungen des menschlichen Lernens", vorgelegt (1. Auflage 1965, 2. überarbeitete Auflage 1970, 3. erneut überarbeitete Auflage 1977; die deutsche Übersetzung der ersten englischen Auflage erschien 1969, die 3. englische Auflage von 1977 erschien 1980 als 5. dt. Auflage). Gagné hat die verschiedenen *Lernarten* sowie die diese jeweils erklärenden psychologischen Lerntheorien hierarchisch geordnet und damit das integrative Konzept einer Taxonomie von Lernarten vorgelegt: Signallernen, Reiz-Reaktionslernen, nichtsprachliche Kettenbildung, sprachliche Assoziationen, Diskriminationslernen, Begriffslernen, Regellernen, Problemlösen. Diese verschiedenen Lernarten sind hierarchisch gestaffelt, d.h. um auf einem bestimmten Niveau lernen zu können, muss man alle ‚darunter' liegenden Lernarten bereits beherrschen. Die Lernarten unterscheiden sich also nach den personinternen und situativ-methodischen Bedingungen, die erfüllt sein müssen, damit man ihren jeweiligen Prinzipien entsprechend lernen kann. Gestützt auf diese Lernarten-Taxonomie entwickelte Gagné Vorgaben für die Gestaltung des Unterrichtsprozesses. Als zweites wichtiges Element tritt die sog. *Aufgabenanalyse* (task analysis) hinzu: Die zu erfüllende Lernaufgabe muss in ihre immanente sachlogische Struktur (Teilaufgaben, Wissensvoraussetzungen etc.) zerlegt werden. Diese wird zugleich als Vorgabe für die zeitliche Sequenzierung der einzelnen Instruktionsschritte herangezogen. Am Ende steht die Beherrschung der Gesamtaufgabe. Die strenge Koordination von Sach- und Lernstruktur entspricht einem darstellend-lernzielorientierten Unterrichtsverfahren. Durch die Hineinnahme der Aufgabenanalyse versucht Gagné die Sterilität und den geringen Anwendungsbezug der Lernforschung für Instruktionsprozesse zu überwinden. In der 3. englischen Ausgabe schließlich wird das Konzept der Lernartenhierarchie vollkommen zugunsten einer stark durch die Kognitive Psychologie inspirierten Unterscheidung von Lernbereichen (domains of learning) revidiert: Intellektuelle Fähigkeiten, kognitive Strategien, verbale Informationen, motorische Fähigkeiten, Einstellungen. Interessant ist, dass an den drei jeweils überarbeiteten englischen Ausgaben von „Conditions of Learning" (1956, 1979, 1977) der Wandel von einer behavioristischen zu einer kognitiven Orientierung in der Unterrichtspsychologie exemplarisch nachgezeichnet werden kann. Dies gilt nicht nur für das Verständnis von Lernen, sondern auch für die entsprechenden Vorschläge zum Unterricht, zur Unterrichtsplanung und zur Unterrichtsmethode (vgl. Gagné/Briggs 1974; Gagné 1976; zur Diskussion des Ansatzes von Gagné vgl. Keil 1977; Mutschler/Ott 1975, S. 834-840; Straka/Macke 1979, S. 76ff.).

Im *Unterschied* zu Gagné, der zwar seine behavioristischen Wurzeln schließlich abstreift, zugleich aber einem kognitiv begrenzten Ein-Zweck-Modell von Lernen und Unterrichten verpflichtet bleibt, geht es in diesem abschließenden Kapitel um eine an Beispielen erfolgende Erörterung der Bedeutung und der Wirkung (verschiedener) Lernmethoden als Bedingungen für (unterschiedliche) Lernprozesse bzw. Lernqualitäten: Es geht um Methoden, die ein aufnehmendes (5.1), ein entdeckendes (5.2), ein soziales (5.3), ein moralisches (5.4) sowie schließlich ein integratives Lernen (5.5) fördern. Die Darstellung bleibt auf den Bereich schulischen Lehrens und Lernens beschränkt. Zentrales Motiv ist es, ein Bewusstsein für den engen Zusammenhang von gewählter Lehrmethode und der damit jeweils einhergehenden Qualität des durch sie geförderten Lernens zu schaffen. Insofern richtet sich die Aufmerksamkeit auf *Differenzen* - und auf die Folgen, die Differenzen in der methodischen Gestaltung des Unterrichts für das Lernen haben. Und die Erfahrung dieser differenziellen Wirkung von Methoden verdeutlicht die Notwendigkeit einer möglichst vielgestaltigen, um nicht zu sagen: methoden-pluralistischen Gestaltung des Unterrichtsprozesses.

5.1 Darstellender Unterricht: Aufnehmendes Lernen

„Die Stärke des Frontalunterrichts ist ... zugleich seine Schwäche". Mit dieser Feststellung hat Meyer (1987, II, S. 184) die innere Ambivalenz eines lehrergesteuerten, darbietenden, auf Wissensvermittlung gerichteten Unterrichts formuliert: was in der einen Perspektive als Vorteil erscheint, erweist sich in anderer Perspektive gerade als Nachteil. Die Bemessungsgrundlage für diese konträre Beurteilung ein und derselben methodischen Form ist die Qualität des angestrebten Lernens: „Frontalunterricht" eignet sich dann gut, wenn ein Lehrer einen bestimmten inhaltlich spezifizierten und klar strukturierten Wissens- und/oder Problembereich präsentieren will - und die Schüler diesen nachzuvollziehen und in ihr Wissen und Denken aufzunehmen haben. Insofern entspricht dieser Methode in institutioneller Hinsicht ein Verständnis von Schule, welches deren wissensvermittelnde Funktion betont, und in professioneller Hinsicht einem Verständnis von Lehrerarbeit, dass ebenfalls diese Aufgabe in den Mittelpunkt stellt. Unter *diesen* Voraussetzungen ist „Frontalunterricht" eine ebenso naheliegende wie geeignete methodische Form.

Blickt man auf die historische Entwicklung von Schule und Unterricht, so dominierte ein passives, aufnehmendes und nachvollziehendes Lernen der Schüler (vgl. zur Geschichte des darstellenden Unterrichts Michael 1983, S. 16ff.). Wenngleich die didaktischen Denker und Theoretiker immer wieder andere Lernqualitäten und damit auch andere Lehrformen empfohlen und verlangt haben, blieb die Praxis des Unterrichtens gleichwohl über Jahrhunderte dem mechanischen Prinzip des Vormachens/Nachmachens verhaftet. Dies hat sich in unserem Jahrhundert unter dem Einfluss von Reformpädagogik und Lernpsychologie sowie durch neue kulturelle Vorstellungen zur Ausgestaltung des Generationenverhältnisses sicherlich gewandelt. Gleichwohl dominiert auch heute noch immer der Frontalunterricht - obwohl er zu denjenigen Unterrichtsmethoden gehört, die von theoretischer Seite auch weiter hin am heftigsten bekämpft wird! Die in der amerikanischen Literatur schon sprichwörtliche „persistence of recitation" (Hoetker/Ahlbrandt 1968) ist durch eine neuere empirische Untersuchung in der Bundesrepublik eindrucksvoll bestätigt worden: ca. 75% des Unterrichts ist lehrergesteuert, verbal und auf Wissensvermittlung gerichtet (vgl. Hage u.a. 1985; mit ähnlichen Resultaten Lukesch/Kischkel 1987). Dies wirft einmal mehr ein Licht auf das Kräfteverhältnis zwischen dem theoretischen Diskurs der Didaktiker einerseits und den Institutionsregeln der Schule sowie den Professionstraditionen in der Lehrerschaft andererseits.

Immer dann, wenn sich die unterrichtsmethodischen Vorstellungen der pädagogischen Theoretiker an Prinzipien wie Selbsttätigkeit, Ganzheitlichkeit, sozialem Lernen und Handlungsbezug orientieren, gerät die Praxis des Frontalunterrichts ganz besonders stark in Misskredit. Dies traf z.B. für die reformpädagogische Epoche (mit ihrer Ablehnung der wilhelminischen Lernschule) zu, gilt aber auch für die letzten beiden Jahrzehnte, in denen die Überbürdung und Stofffülle des schulischen Lernens, der Leistungsdruck und das mechanische Einpauken, die einseitige intellektuell-kognitive Orientierung sowie die Abschneidung von allen außerschulischen, unmittelbaren Erfahrungsmöglichkeiten und -formen kritisiert und Alternativen hierzu angestrebt wurden (vgl. dazu weiter unten Abschnitt 5.5). Angesichts dieser Lage war lange Zeit die Beschäftigung mit darstellendem Unterricht bzw. aufnehmendem Lernen der Schüler - wenn überhaupt - nur in negativabgrenzender Form möglich und akzeptabel - obwohl, wie gesagt, diese Form der Organisation von Lehren und Lernen im Schulalltag dominierte.

Seit kurzem sind jedoch einige Ausnahmen zu dieser rein negativen Behandlung des „Frontalunterrichts" durch Schulpädagogen festzustellen. Dies soll nicht heißen, dass nunmehr massiv und nur noch für diese unterrichtsmethodische Variante argumentiert wird. Immerhin aber wird ihr eine nicht unwichtige Stellung innerhalb des Schullernens zuerkannt, zumindest aber ein Zur-Kenntnis-Nehmen ihrer dominierenden Stellung in der Schulrealität verlangt. Ein führender Protagonist des Gruppenunterrichts hat ein Buch über Frontalunterricht (mit)geschrieben (Meyer/Okon 1983), Ascherslebens Arbeit über „Moderne(n) Frontalunterricht" (1985, 3. Auflage 1987) intendiert die „Neubegründung einer umstrittenen Unterrichtsmethode", und Meyer (1987, II, S. 193ff.) meint: ‚Wenn schon Frontalunterricht - dann auch richtig!' und vermittelt methodische Tipps und Kniffe für guten Frontalunterricht. Ob man deshalb allerdings vom „Comeback des redenden Lehrers" sprechen kann (Schiribauer 1988), ist fraglich; übrigens würde ein solches Comeback auch nur für die Ebene der didaktisch-methodischen Diskussion gelten, denn aus dem Schulalltag ist - siehe oben - der „redende Lehrer" nie verschwunden.

Nach einer Auseinandersetzung mit der Kritik am Frontalunterricht (Vernachlässigung sozialerzieherischer Gesichtspunkte, Verstärkung der autoritären Bindung der Schüler an den Lehrer, Nichtberücksichtigung der Individualität der Schüler, Förderung rezeptiven Lernens), die er in ihrer Pauschalität nicht akzeptieren kann, weist Aschersleben (1986, S. 33ff.; 2. Auflage) auf folgende Vorteile dieser Unterrichtsmethode hin:

„1. Der Frontalunterricht ist *ökonomisch*, und zwar deswegen, weil er Zeit sparen hilft, mittelbar auch Geld. Es stehen nicht unbegrenzt Lehrer und diesen nicht unbegrenzt Zeit zur Verfügung, sich mit jedem Schüler einzeln zu beschäftigen oder jeden Unterrichtsinhalt zum Beispiel im Gruppenunterricht zu erarbeiten. Manche Inhalte eignen sich gar nicht für andere Unterrichtsmethoden. Welcher Mathematiklehrer wolle etwa den Satz des Pythagoras im gebundenen Unterrichtsgespräch einführen? Oder wenn es um die Benennungen für die Winkel im Dreieck geht, dann nennt der Lehrer sie eben. Sollte er sie ‚erarbeiten' lassen, wo es sich um schlichte Konventionen handelt: um die griechischen Buchstaben alpha, beta und gamma?

2. Der Frontalunterricht ist eine didaktisch *einfache Unterrichtsmethode*. Mit diesem Argument verbindet sich oft das Missverständnis, einfache Unterrichtsmethoden seien für schlechte oder beruflich überforderte Lehrer und außerdem nicht so effektiv wie Gruppenunterricht oder Einzelarbeit. Beide Missverständnisse sind fatal, denn sie verführen dazu, den Frontalunterricht abzuwerten, ohne dass diese Abwertung gerechtfertigt ist. Warum sollte ein Musiklehrer seinen Schülern nicht die Inhaltsangabe zu Mozarts Oper ‚Die Hochzeit des Figaro' vorlesen? Warum sollte der Deutschlehrer seinen Schülern nicht das Drama nennen, in dem der ‚Osterspaziergang' steht, und das Gedicht anschließend vortragen? Wie

später noch erläutert wird, gehört zu solchem ‚schlichten' methodischen Vorgehen im Unterricht durchaus mehr, als die Kritiker des Frontalunterrichts sich vorstellen, zum Beispiel bei der Gestaltung des Lehrervortrags, besonders von Gedichten.

3. Der Frontalunterricht erleichtert *disziplinarische Maßnahmen* des Lehrers. Während des Lehrervortrags oder beim Frageunterricht, wenn er ungestört verlaufen soll, hat der Lehrer in der Regel alle Schüler im Auge; er kann sie über Blickkontakte kontrollieren, und zwar durch unmittelbare Beobachtung der Klasse: ob ein Schüler mit unerwünschten Gegenständen beschäftigt ist, seinen Tischnachbarn vom Zuhören ablenkt und so fort. Inwieweit gerade der Frontalunterricht äußere Disziplin erleichtert, und zwar bei geringer Motivation und Ansprechbarkeit der Schüler für den Unterrichtsinhalt, ist ein Problem, das ihm nicht als Methode angelastet werden kann. Vielmehr liegt ein Missverständnis des Lehrers vor, wenn er glaubt, auf die Motivierung seiner Schüler verzichten zu können, nur weil er die didaktisch scheinbar unbequemere Unterrichtsmethode anwendet. Das ist Missbrauch des Frontalunterrichts.

4. Der Frontalunterricht eignet sich besonders gut *für bestimmte Unterrichtsinhalte*: für solche mit geringerem Schwierigkeitsgrad, also für ‚Stoff - im Alltagsjargon der Didaktiker gesprochen -, den auch leistungsschwächere Schüler verstehen. Der Lehrer teilt zum Beispiel seinen Grundschülern mit, dass das Wort ‚Video' aus einer fremden Sprache kommt, dem Latein, und dass es dort ‚sehen' heißt. Darüber hinaus eignet sich Frontalunterricht besonders für sogenannten mitteilenden Unterricht. Von ihm ist dann zu sprechen, wenn der Lehrer, bevor er den ‚Osterspaziergang' vorträgt, ansagt, dass er in Goethes ‚Faust, 1. Teil' steht. Selbst wenn der Deutschlehrer das Gedicht außerdem textlich einordnet, also auf den gemeinsamen Spaziergang von Faust mit Wagner vor dem Tor der Stadt hinweist, bedarf es in diesem Zusammenhang keiner Partnerarbeit, Gruppenarbeit oder keines Unterrichtsgesprächs. Unterricht wäre viel zu umständlich, würde Zeitverlust bedeuten und den Schüler ermüden. Mancher Lehrer scheint aber gerade in solchem Tun seine berufliche Legitimation zu suchen. Darüber hinaus ist Frontalunterricht dann als Unterrichtsmethode zu akzeptieren, wenn gleiches Vorwissen oder gleiches Vorverständnis bei den Schülern angenommen werden kann. Dies ist dann der Fall, wenn der Unterrichtsinhalt allen Schülern unbekannt ist oder bei allen Schülern das gleiche Vorwissen oder Vorverständnis vorausgesetzt werden kann. Und letztlich ist Frontalunterricht annehmbar und vertretbar, wenn bei allen Schülern gleiches Interesse am Unterrichtsinhalt anzunehmen ist."

An der Erläuterung der Vorteile sowie v.a. an den benutzten Beispielen erkennt man sofort, dass die Frontalmethode mit einer bestimmten Lernqualität kombiniert und eben nur für diese Lernqualität geeignet ist. Und da das aufnehmende Lernen ebenfalls zum Spektrum des Lernens in der Schule gehört, kommt sicherlich auch der Frontalmethode im Schulunterricht ihre Stellung zu. Wo diese Form des Unterrichtens aufgrund der gegebenen Situation, der anstehenden Aufgaben sowie im Kontext einer Unterrichtsreihe adäquat ist, sollte sie ihre Vorteile auch entfalten können. Insofern wäre der Ruf nach einer völligen Abschaffung des Frontalunterrichts nicht nur unrealistisch, sondern unter Berücksichtigung des breiten Spektrum der in Schule zu erreichenden Lernqualitäten auch inhaltlich problematisch. Die Kritik an der Frontalmethode macht sich deshalb ja auch an ihrer übergroßen Dominanz sowie v.a. an ihrem *falschen* Einsatz fest: Der Wert verschiedener Lehrmethoden kann eben nicht pauschal, sondern immer nur relativ, d.h. im Blick auf die didaktische Absicht und zu erreichende Lernqualität bewertet werden: „*Kein* Unterricht ist *gut*, weil oder obwohl er offen ist, *kein* Unterricht ist gut, weil oder obwohl er frontal ist" (Kleinschmidt-Bräutigam 1992, S. 9; vgl. auch Meyer/Meyer 1997).

Übrigens wird beim richtigen Einsatz der Frontalmethode der Arbeitsaufwand des Lehrers keineswegs geringer. Wenn nämlich ihre Vorteile tatsächlich zum Zuge kommen sollen, so bedarf es einer sehr sorgfältigen Vorbereitung hinsichtlich der Strukturierung der Inhalte bzw. des Problemfeldes, welches vermittelt werden soll. Leider jedoch ist (schlechter) Frontalunterricht auch dann noch möglich, wenn diese sorgfältige Vorbereitung ausgeblieben ist! Man kann sicherlich die These wagen, dass genau diese Tatsache - neben anderen Faktoren - nicht unwesentlich zu seiner weiten Verbreitung beiträgt. In einer schlechten Minimal-Form allerdings geht der Frontalunterricht - wie andere Methoden auch - seiner Vorteile sowie generell seiner positiven Funktion im Spektrum schulischen Lehrens und Lernens verlustig. Im schlechtesten Fall wird er zum strategischen Monolog, mit dem der Lehrer sich über seine didaktisch-methodische Inkompetenz hinweghilft. Und wo dies zur Routine wird, werden die Schüler tatsächlich in eine rein passive Rolle hineingedrängt bzw. zum geistigen Absentismus verleitet. Einmal daran gewöhnt, nehmen sie diese Form widerspruchslos hin - wodurch sich mancher Lehrer fatalerweise in seinem Unterrichtsstil bestätigt sieht: Alle sind zufrieden ...

Im Zusammenhang mit der weiter oben erörterten Suche nach der effektivsten Lehrmethode durch Lehrmethodenforschung ist bereits auf das Konzept „direct instruction" hingewiesen worden (vgl. oben Abschnitt 3.2): Aufgrund von Korrelationsstudien zum Zusammenhang zwischen Unterrichtsbedingungen und Lernerfolg im Rahmen des Prozess-Produkt-Paradigmas ist ein Muster effektiven Unterrichtens identifiziert worden, welches sich weitgehend mit den Kennzeichen des Frontalunterrichts deckt. Als entscheidendes Element bei „direct instruction" gilt die Zeit bzw. die Frage der Zeitorganisation im Unterricht (vgl. dazu Rosenshine 1979; Treiber 1982; Fisher/Berliner 1985; allgemeiner Diederich 1982): Die Unterrichtsbemühungen eines Lehrers sind um so erfolgreicher, je größer der Anteil der insgesamt zur Verfügung stehenden Zeit ist, den er tatsächlich für das Unter-

Abb. 8: Übersicht über die Elemente von „direct instruction"

Elemente	positive Kennzeichen	negative Kennzeichen
Zeitorganisation	Lehrer strukturiert die Zeit	Zeit wird für künstlerische, handwerkliche, spielerische oder erzählende Aktivitäten eingesetzt
	viel Zeit wird für Rechnen und Lesen anhand der Schulbücher oder in sachbezogener verbaler Interaktion eingesetzt	viele spielähnliche Aktivitäten, verschiedene Interessensschwerpunkte, viele unterschiedliche, zeitlich parallele Aktivitäten
	hoher Anteil an Einzelarbeit der Schüler	zahlreiche unstrukturierte Unterrichtsstunden, „frequent socialization"
Gruppierung	Schüler arbeiten in vom Lehrer überwachten Gruppen	freie Arbeitsgruppen, wenig Lehrerkontrolle
Anweisungen und Fragen des Lehrers	Lehrer steuert alle Aktivitäten; Schüler können weder wählen noch erfahren sie die Gründe für die Anweisungen des Lehrers	Lehrer nimmt an Schüleraktivitäten teil
	Lernprozess wird durch die Fragen des Lehrers organisiert	Schülerprobleme sind der Ausgangspunkt für den Lehrer
	Lehrer stellt möglichst enge Fragen	der Unterrichtsgegenstand wird indirekt und informell präsentiert
	Lehrer stellt möglichst enge Fragen	Lehrer ermutigt Schüler, sich frei zu äußern
	auf Fragen des Lehrers gibt es nur eine richtige Antwort	Lehrer erlaubt zusätzliche oder alternative Antwort
Schülerverhalten	Schüler geben zu einem hohen Prozentsatz richtige Antworten	viele offene Fragen der Schüler
	Schüler werden ermutigt, eine Frage versuchsweise zu beantworten (anstatt zu sagen: „Weiß' ich nicht")	viele nicht-akademische Anweisungen des Lehrers oder offene Fragen des Lehrers
		Schüler kommentieren das Lehrerverhalten oder das anderer Schüler
Rückmeldung des Lehrers	Lehrer gibt sofortige Rückmeldung hinsichtlich richtig oder falsch	Rückmeldung zu nicht-akademischen Aktivitäten (z.B. Spiel etc.)
	Rückmeldungen beziehen sich nur auf den Inhalt	
	nach richtiger Schülerantwort nächste Lehrerfrage	
	Lehrer selbst gibt die richtige Antwort bei einer falschen Schülerantwort	

richten nutzt. Die Strukturierung dieser tatsächlichen Unterrichtszeit sollte, so die weitere Konsequenz, ganz in der Hand des Lehrers liegen, wobei er sich streng an akademischen Zielen, sprich: an Wissens- und Fähigkeitsvermittlung zu orientieren hat. Rosenshine (1976, S. 369f.) fasst die Elemente von „direct instruction" (sowie deren Gegenstück) zusammen, wie aus Abbildung 8 ersichtlich.

Man erkennt, dass die empfohlene Interaktionsstruktur sich unmerklich der einer Quiz-Veranstaltung nähert - die in einem sehr schnellen Tempo voranschreitet! In dieser sehr einseitigen Form ist „direct instruction" als Unterrichtsmethode sicherlich nur sehr punktuell einzusetzen. Im Übrigen sind die Einschränkungen zu beachten, die von Rosenshine erwähnt werden: Die in der tabellarischen Übersicht zusammengefassten Elemente effektiven Unterrichtens gelten für den Primarschulbereich, für Kinder aus Familien mit sozio-ökonomisch niedrigem Status sowie in den Fächern Lesen und Mathematik! Berücksichtigt man dies alles, so wird die Erklärung für die ermittelten Vorteile von „direct instruction" im Grunde trivial: Unter der Voraussetzung, dass als Erfolgskriterium ausschließlich der messbare Fähigkeits- und Wissenszuwachs gilt (und dieser möglichst schnell erreicht werden soll), ist natürlich derjenige Unterricht effektiv, der die zur Verfügung stehende Zeit am intensivsten nutzt, in dem der Lehrer sich ganz auf Wissensvermittlung und -kontrolle konzentriert, in dem alle anderen Aktivitäten vermieden werden, in dem die Schüler keine Partizipationsmöglichkeit haben usw. Vollkommen indiskutabel ist schließlich der Versuch, dieses Unterrichtsmuster - über den ursprünglich untersuchten Kontext hinaus - zu verallgemeinern und zu einem Allheilmittel gegen den Leistungsverfall an den Schulen zu erklären. Dichanz/Zahorik (1986, S. 305) weisen auf weitere kritische Punkte hin:

„1. Die meisten Untersuchungen sind Korrelationsstudien, die Gründe und Ergebnisse aus Korrelationen beziehen. Diese Verfahren sind nach wie vor riskant, weil sie von eindimensionalen Beziehungen im Unterricht ausgehen und damit die Komplexität der Lehr-Lern-Prozesse erheblich vereinfachen.

2. Der größte Teil der Untersuchungen basiert auf standardisierten Leistungstests, die nur für ganz bestimmte Typen des Lernens entwickelt wurden, die vielleicht im untersuchten Unterricht nur eine geringe Rolle gespielt haben. Soziales Lernen, Lernen in affektiven Bereichen und in komplexen Zusammenhängen wurden nicht erhoben, weil sie nicht getestet werden können.

3. Fast alle Studien sind Querschnittsstudien, keine Langzeiterhebungen. Bis heute kann nicht gesagt werden, ob die bei D.I. erreichten Lernziele auch noch nach einem Jahr beobachtet werden können.

4. Von den zahlreichen beschriebenen und erhobenen Verhaltenselementen bei der D.I. werden im Hinblick auf das Schülerlernen einige wichti-

ger sein als andere. Eine vergleichende Untersuchung der Einzelelemente von D.I. hat bisher noch nicht stattgefunden. Vielleicht liegen aber Vorteile der D.I. nur in einigen wenigen der heute trainierten Elemente.

5. Bis heute liegen auch noch keine Untersuchungen über Ergebnisse vor, in welcher Intensität D.I. eingesetzt werden soll. Man könnte vermuten, dass der Lernfortschritt der Schüler wächst, je häufiger einfache Fragen oder schnelle Instruktionen verwandt werden. Andererseits wird es einen Punkt geben, von dem aus ein zusätzlicher Einsatz keine weitere Verbesserung bringt, im Gegenteil schädlich sein kann. Wann ein solcher Sättigungspunkt erreicht ist, ist nicht klar".

Abschließend muss darauf hingewiesen werden, dass das Konzept „direct instruction" keineswegs mit der darbietenden Unterrichtsform *gleichgestellt* werden darf; dies müsste anhand der Darstellung auch deutlich geworden sein. Dem darbietenden Lehren bzw. dem aufnehmenden Lernen wird sicherlich auch in Zukunft eine - in doppelter Hinsicht - grund-legende Bedeutung im Schulunterricht zukommen; für „direct instruction" darf man dies mit guten Gründen bezweifeln. Bei einer Grundlegung des Lehrens und Lernens durch darbietenden Unterricht bzw. aufnehmendes Lernen stehen zu bleiben hieße aber, die vom Auftrag und von der Funktion der Schule her notwendige Komplexität des Lehrens und Lernens sowie seiner Formen und Qualitäten erst gar nicht in Angriff zu nehmen! Deshalb ist es auch weiterhin richtig, das Verharren der durchschnittlichen Unterrichtspraxis auf der Frontalmethode zu kritisieren und auf die Realisierung anspruchsvollerer Lehr-Lern-Formen zu drängen.

5.2 Problemorientierter Unterricht: Entdeckendes Lernen

„Entdeckendes Lernen setzt Induktionstätigkeiten des Lernenden voraus. Sie lassen sich als Problemlösungsprozesse beschreiben" (Neber 1981, S. 95). Durch diese zwei Sätze ist die Besonderheit des sog. „entdeckenden Lernens" ebenso knapp wie instruktiv beschrieben: Während darstellende Lehrverfahren eine eher passive Rolle des/der Lernenden unterstellen, entsprechend verfahren und diese passive Haltung faktisch sogar fördern (wenngleich auch beim darstellenden Lehren der Akt des Lernens selbst natürlich ebenfalls nur vom Lernenden selbst vollzogen werden kann), geht es beim entdeckenden Lernen gerade darum, *über das dargebotene Material hinaus* eigenständig Erkenntnisse zu bilden. Ohne diese Induktionstätigkeit findet kein entdeckendes Lernen statt. Dieser Prozess des Über-die-gegebene-Information-Hinausgehens (Bruner 1961/1981, S. 16) lässt sich, wie Neber schreibt, als Problemlösungsprozess beschreiben, wobei durch diese Formulierung ein sehr wichtiger Gedanke schon angedeutet ist: entdeckendes Lernen ‚lässt sich' eben nur als Problemlösungsprozess beschreiben, kann aber auch mittels anderer Theorie-Sprachen abgebildet werden, z.B. als heuristisches Lernen, Informationsverarbeitung, Erkenntnis unter Unsicherheit etc. Entscheidend ist, dass beim entdeckenden Lernen der Lernende, in einem kreativen Akt über das Vermittelte bzw. bisher Bekannte oder Erfahrene hinaus zu neuem, erweitertem Wissen gelangt. Gleichwohl bleibt entdeckendes Lernen ein individuelles Nach-Entdecken bereits vorliegenden Wissens. Entdeckendem Lernen wohnt eine Lernqualität inne, bei der die letztlich in jedem Lernakt vorhandene Eigentätigkeit und aktive Auseinandersetzung des Lernenden mit seiner Umwelt ein Maximum erreicht. Dabei wird nicht nur neues Wissen, werden nicht nur neue Fähigkeiten via Entdeckung erworben, sondern auf einer darüber liegenden Ebene auch ein Wissen entwickelt, wie man in offenen, problemhaltigen Situationen mit seinem vorhandenen Wissen, mit seinen vorliegenden Fähigkeiten umgehen kann. Es entspricht dem Auftrag der Schule, diese Qualität des Lernens ebenfalls anzuvisieren, d.h. durch unterrichtsmethodische Arrangements das Erreichen dieser Qualitätsebene für möglichst viele Schüler sicherzustellen.

Lässt sich aber ein solches entdeckendes Lernen durch methodische Arrangements fördern, lässt sich seine Auftretenswahrscheinlichkeit erhöhen? Sind nicht schon Formulierungen wie ‚entdecken-lassender Unterricht' oder geleitetes entdeckendes Lernen', wie sie in der Literatur zu finden sind, ein Widerspruch in sich selbst - oder lediglich die Manifestation des pädagogischen Grundparadoxons im Feld der Unterrichtsmethode? Solchen und ähnlichen Fragen, die sich bei einer didaktisch-methodischen Wendung der Theorie des entdeckenden Lernens stellen, soll in diesem Abschnitt nachgegangen werden.

Das grundlegende Motiv eines Unterrichts, welcher entdeckendes Lernen fördern soll, ist spätestens seit der Reformpädagogik vom Beginn dieses Jahrhunderts bekannt. Auf der Basis eines optimistischen Menschenbildes bzw. einer Psychologie, die die Selbsttätigkeit des Kindes, der kindlichen Entwicklung und des Lernens betonte, wurden für den Bereich des Schul-Lernens Konzepte entwickelt, die geistlosen Drill und mechanisches Pauken durch selbständiges Lernen zu überwinden versuchten. Um dieses selbständige Lernen vorzubereiten und zu kanalisieren, müsse, so z.B. H. Gaudig (1860-1923), der Lehrer darauf hin arbeiten, dass der Schüler selbst „Methode habe". Dadurch wird das Monopol des Lehrers auf methodische Gliederung des Lehr-Lern-Prozesses tendenziell aufgelöst; zusätzlich zu den Methoden des Lehrens (auf Lehrerseite) kommen die Methoden des Lernens (auf Schülerseite) in den Blick. Die folgende Passage verdeutlicht Gaudigs Anliegen und vermittelt zugleich einen Eindruck von der schwierigen, doppeldeutigen Rolle des Lehrers bzw. des Lehrens, der bzw. das zum selbständigen Lernen ‚anzuleiten' hat (Gaudig 1917/1980, S. 21):

„Natürlich aber bedarf es einer planmäßigen Erziehung zur Selbsttätigkeit, damit immer schwierigere Arbeitsleistungen in selbsttätiger Wirksamkeit von den Schülern bewältigt werden können. Durch die planmäßige Einschulung ist dahin zu wirken, dass der Schüler die Arbeitstechnik gewinnt. So paradox das klingen mag: der Schüler muss Methode haben. Dem Lehrer aber muss die Methode, seinen Zögling zur Methode zu führen, eigen sein. Selbstverständlich handelt es sich hier nicht um das Eindrillen einer Arbeitsmanier, die, einmal eingedrillt, mechanisch angewandt wird. Schon die Einschulung in eine Arbeitstechnik muss im Geiste der Selbsttätigkeit erfolgen: die einzelnen Momente des Arbeitsverfahrens werden nicht etwa kommandiert und exerziert. Die Schüler (vor allem die ‚führenden Geister') versuchen sich an der Arbeit; auch Irrwege oder minder bequeme Wege werden vom Lehrer nicht von vornherein verboten, damit echter Pfadfindergeist und echte Pfadfinderstimmung gewonnen wird".

In der allgemein-didaktischen bzw. unterrichtsmethodischen Diskussion nach 1945 trat das Motiv der Selbständigkeit der Schüler eher in den Hintergrund, wenngleich es natürlich nie vollkommen verschwand. Die lange Zeit dominierenden bildungstheoretischen Didaktik-Modelle, oder besser: die in ihrem Horizont sich etablierende Praxis der Unterrichtsplanung und -durchführung, ließen entsprechenden Überlegungen wenig Raum. Etwa seit 1970 jedoch gewann der Gedanke der selbständigen Schülertätigkeit unter der Bezeichnung „entdeckendes Lernen" neue Aktualität, allerdings nicht primär als Wiederentdeckung reformpädagogischer Konzepte, sondern in Reaktion auf die Entwicklungen in der (amerikanischen) Lernpsychologie der 1960er Jahre.

In der Kontroverse zwischen den beiden bekannten Psychologen D. Ausubel und J. Bruner sind alle relevanten Argumente ausgetauscht worden. Obwohl die Beiträge zu dieser Kontroverse in den frühen 1960er Jahren publiziert wurden (Bruner 1961/1981; Ausubel 1961; Ausubel u.a. 1968/1981) und sich auf noch ältere empirische Forschung stützen, kommt ihnen auch heute noch ein systematischer Stellenwert zu (vgl. auch die von Shulman/Kreislar 1966 und Neber 1973/1981 herausgegebenen Textsammlungen). Zunächst die Gemeinsamkeiten: Bruner wie Ausubel grenzen sich vom mechanistischen Lern- und Verhaltensbegriff des Behaviorismus ab. Beiden geht es darum, die Qualität des schulischen Lernens zu steigern und die Schüler zu selbständigem Denken und Handeln („Problemlösen") zu befähigen. Nun die Unterschiede: Bruner vertritt die Position des „discovery learning", d.h. er führt Forschungsresultate an, die die Vorteile des entdeckenden Lernens bzw. die eines hierauf abgestimmten entdeckenlassenden Unterrichts belegen, wohingegen Ausubel als Anhänger des „meaningful verbal learning" die den Lernprozess organisierende Rolle des „expository teaching" im Sinne darstellenden Lehrens (vgl. Abschnitt 5.1) unterstreicht und ein *alleiniges* Vertrauen auf discovery learning kritisiert. Abbildung 9 verdeutlicht die Positionen (vgl. Eigler u.a. 1973, S. 64ff.).

Abb. 9: Gegenüberstellung der Positionen Bruners und Ausubels

Bruner	Ausubel
– „beim entdeckenden Lernen eignet sich der Lernende Techniken und Verfahrensweisen des entdeckenden Lernens an, – durch entdeckendes Lernen erarbeitetes Wissen ist sicherer und schneller verfügbar, – Wissen, das in eigenen Problemlösungsprozessen erworben wurde, steht in neuen Problemlösungssituationen in höherem Maße zu Übertragungen bereit, – durch entdeckendes Lernen entwickelt der Lernende Interesse für die darauffolgenden Lern- und Problemlösungsprozesse; er ist dann selbst (intrinsisch) motiviert zu lernen und muss nicht für jeden Lernvorgang neu ‚gewonnen' werden, – im Rahmen des entdeckenlassenden Lehrens wird die Abhängigkeit von der Bestärkung durch den Lehrer in dem Maße abgebaut, in dem der Lernende den Prozess des Entdeckens selbst steuern kann und in dem er lernt, die Richtigkeit seines Vorgehens am Erfolg, d.h. an der Sache selbst zu überprüfen." (Eigler u.a. 1973, S. 64ff.)	– „Selbstentdeckte Zusammenhänge sind nur dann sinnvoll zu verstehen, wenn sie in bereits vorhandene Wissensstrukturen eingebaut werden können. – Entdecken-lassendes Lehren ist zeitaufwendiger als darstellendes. Guter darstellender Unterricht sichert ständigen Lernerfolg durch Überschaubarkeit des Lehrganges und bereitet Transfers vor. – Selbständige Problemlösungen lassen sich am besten auf der Basis einer soliden kognitiven Struktur (Wissen) finden. Diese muss zunächst etabliert werden, und zwar durch darstellende Verfahren. – Auch darstellendes Lehren erzeugt Motivation und Lernbereitschaft, da Misserfolge und Umwege vermieden werden. – Entdeckendes Lernen begünstigt systematisch diejenigen Schüler, welche über komplexe intellektuelle Fähigkeiten verfügen. – Darstellende Lehrverfahren führen nicht zur Abhängigkeit vom Lehrer, sondern bereiten Selbständigkeit auf solider Basis vor. Das hat mit autoritärem Unterrichtsstil nichts zu tun." (vgl. ibid., S. 67ff.)

In einem allgemeinen Sinne kann behauptet werden, dass Bruner und Ausubel auf einer gemeinsam geteilten Basis des kognitiven Lernverständnisses jeweils unterschiedliche, aber sich ergänzende Momente im selbständigen Lernen betonen: Bruner geht es um den Prozess des Entdeckens, dem er einen Wert in sich zubilligt, wohingegen Ausubel stärker die Voraussetzungen und das Produkt des Wissenserwerbs betont: die notwendige Wissensbasis, von der ausgehend man ‚entdeckt', sowie die Rückführung und Integration des Entdeckten in diese Wissensbasis, welche damit natürlich eine andere geworden ist. Dementsprechend wird in der Literatur zwischen solchen Lehrhilfen zum entdeckenden Lernen unterschieden, die an Problemen *oder* am Ergebnis (Riedel 1973) bzw. am Prozess *oder* am Produkt orientiert sind (Eigler u.a. 1973, S. 88; vgl. auch Ennenbach/Westphal 1980). - Hinsichtlich der empirischen Forschung zur Wirksamkeit des entdecken-lassenden Unterrichts versus darstellenden Unterrichts ist - wie immer bei pauschalem Methodenvergleich - keine eindeutige Antwort zu erhalten (vgl. Herman 1969/1973; Nuthall/Snook 1976). Einerseits müssen die unterschiedlichen Schülervoraussetzungen mit berücksichtigt werden, und ebenso sind - etwa bei Einsiedler (1976) - Zwischenformen zwischen ‚rein' darstellendem und ‚rein' entdecken-lassendem Unterricht sind möglich. Diese Zwischenformen bewirken im Rahmen gewöhnlichen Klassenunterrichts übrigens die größten Erfolge. Ein solches Ergebnis überrascht nicht, da solche ebenso gemischten wie gemäßigten unterrichtsmethodischen Arrangements den meisten Schülern einer Klasse entgegenkommen und dadurch zu einem im Durchschnitt höheren Gesamtlernerfolg führen als sehr spezifische, ‚extreme' methodische Formen, die immer nur für ganz wenige sehr große Vorteile bringen. Dies ist einmal mehr ein Hinweis auf die Notwendigkeit zu einer möglichst vielfältigen, pluralen unterrichtsmethodischen Praxis.

Die Attraktivität des „entdeckenden Lernens" in den frühen 1970er Jahren erklärt sich daraus, dass hiermit zum einen ein Konzept vorlag, welches alte reformpädagogische Vorstellungen über die Selbsttätigkeit der Schüler, über fruchtbare Momente im Bildungsprozess (Copei) oder originale Begegnungen zwischen Schülern und Kulturgut auf einer modernen lernpsychologischen Basis neu bestätigte *und* zugleich legitimerweise als didaktisch-methodische Realisation der Forderung nach einem wissenschaftsorientierten Lehren und Lernen in allen Lernbereichen und auf allen Schulstufen verstanden werden durfte. Indem das Lernen als ein Problemlösungsprozess konzipiert wurde, traten die Gemeinsamkeiten zwischen dem Lernen in der Schule und dem Forschen im Bereich der Wissenschaft deutlich zutage: das forschende Lernen des Schülers vollzog formal die Denkwege des Forschers bei der Lösung wissenschaftlicher Problemstellungen nach. Erkenntnis (Wissenschaft) und Lernen (beim Schüler) liefen parallel, die Methoden des Erkennens bzw. Forschens schienen in einem allgemeinen Sinne Vorgaben für die methodische Strukturierung des Lernens zu liefern. (Zu den wissenschaftsphilosophischen Implikationen dieser und ähnlicher Positionen, die aus den Vorstellungen über die Methoden der wissenschaftlichen Erkenntnisbildung Methoden des Lehrens zu gewinnen versuchen, vgl. Terhart 1987). Zwischen die wissenschaftlichen Disziplinen und ihre Methoden und dem Unterricht und seinen Methoden stellte die ebenfalls an den wissenschaftlichen Disziplinen, ihren Strukturen und Prozessen orientierte Modernisierung der Lehrpläne die Verbindung her, so dass die Orientierung an den Wissenschaften inhaltlich und methodisch für ein Jahrzehnt die Diskussion um das Schullernen beherrschen konnte. Mit der Übernahme des wissenschaftlichen Denkstils wurde jedoch zugleich auch ein Preis fällig: Zum einen die starke Betonung kognitiven Lernens unter allmählicher Reinigung von allen subjektiven Beigaben - ein Reduktionsprozess, der etwa von Rumpf immer wieder kritisiert worden ist (Rumpf 1986, 1987). Auf dieser Basis entwickelte Unterrichtskonzepte verstanden sich häufig als *Didaktik der Denkerziehung*.

Als zweites Element ist auf die Abschneidung des Schullernens von praktischen Ernst- und Verwendungssituationen hinzuweisen, denn strenggenommen verlangt wissenschaftsorientierter Unterricht die Umwandlung des Klassenzimmers in ein Labor, und Labors müssen notwendig abgetrennte Kunstwelten sein. Erst im Konzept des handlungsorientierten Unterrichts bzw. im von ihm angestrebten integrativen Lernen wird auch diesen Elementen wieder die ihnen gebührende Beachtung geschenkt - *ohne* dass das wissenschaftliche Motiv außen vor bliebe bzw. gar gegen die Wissenschaften unterrichtet würde (vgl. unten Abschnitt 5.5).

Die Theorie des entdeckenden Lernens ist in den 1970er und 1980er Jahren weiterentwickelt worden. So fand innerhalb der Lern- und Unterrichtspsychologie eine Intensivierung der Grundlagenforschung statt, wobei immer komplexere Modelle des menschlichen Problemlosem und der Informationsverarbeitung wie auch der künstlichen Intelligenz entwickelt wurden. Hinzu kam die Analyse des Neugierverhaltens und der Meta-Kognition (= Annahmen und Überzeugungen von Menschen über geistige Tätigkeiten plus Versuche zur Steuerung und Kontrolle des eigenen Denkens; Kluwe 1982; S. 113; vgl. dazu die entsprechenden Texte in Neber 1981). Auf diese sehr komplexe Materie, die primär der Grundlagenforschung zuzurechnen ist, kann und braucht jedoch nicht eingegangen zu werden. Im Folgenden soll die Erörterung der unterrichtsmethodischen Ebene im Mittelpunkt stehen.

Durch welche unterrichtlichen Arrangements lässt sich entdeckendes Lernen am besten fördern? In einem ganz elementaren Sinne kann dies nur durch einen Unterricht geschehen, der Raum lässt für die entdeckende Eigentätigkeit der Schüler, der zugleich aber die Bedingungen so setzt, dass dieser Raum in einem solchen Sinne genutzt werden kann und genutzt wird. Diese Bestimmung mag auf den ersten Blick trivial erscheinen, ihre Bedeutung wird jedoch dann klar, wenn man sich vor Augen hält, dass im herkömmlichen, darstellenden Unterricht ein entdeckendes Lernen der Schüler nicht vorgesehen bzw. ihm durch die einheitliche und systematische Präsentation und Rezeption des Lehrganges zuvorzukommen ist. Ein zum selbständigen, entdeckenden Lernen führender Unterricht ist demgegenüber darauf angelegt, Bedingungen zu schaffen, unter denen der Lernprozess der Schüler durch die problemhaltige Qualität des angebotenen Materials vorangetrieben wird. In der Terminologie der Didaktik und Methodik hat sich hierfür der Begriff „problemorientierter Unterricht" durchgesetzt (vgl. Jantos 1978; Lange 1982; Lange/Löhnert 1983; Kretschmer 1983; Härtung 1983).

Abbildung 10 verdeutlicht in idealtypischer Form die Unterschiede zwischen darbietendem und problemorientiertem Unterricht (aus: Klewitz/Mitzkat 1977, S. 25):

Abb. 10: Gegenüberstellung der Kennzeichen darbietenden und problemorientierten Unterrichts

darbietender Unterricht	*problemorientierter Unterricht*
1. Die Unterrichtsstunde wird vom Lehrer vorgeplant (mit oder ohne Verwendung eines Lehrplans).	Der Lehrer verlässt sich auf das Interesse des Kindes, eine Untersuchung durchzuführen oder sich für eine andere Aktivität zu engagieren.
2. Die Abfolge der Unterrichtsschritte ist vorher festgelegt und wird entsprechend realisiert, es sei denn, es kommen unvorhergesehene Ereignisse dazwischen. Die Vermittlung der Unterrichtsinhalte wird durch Hilfen wie diese unterstützt: a) durch Benutzung der Tafel oder anderer audiovisueller Hilfen; b) durch Fragen; c) durch Wiederholen und Verstärken	Es wird eine Umwelt geschaffen, die das Interesse des Kindes unterstützt und es zur Arbeit motiviert. Das kann geschehen, indem man Bücher zur Verfügung stellt; Geschichten erzählt; die Kinder dazu ermutigt, ihre Interessen auszudrücken und Materialien mit zur Schule zu bringen; Tiere in der Schule hält; Medien der verschiedensten Art anbietet; Probleme aufwirft; kritische Fragen stellt, die das kindliche Bemühen herausfordern. Die Untersuchungen dürfen ihren Lauf nehmen, aber sie werden vom Lehrer überwacht, unterstützt und kontrolliert.
3. Die Organisationsformen sind geplant. Das kann bedeuten, dass Frontalunterricht erteilt wird, dass Gruppenunterricht oder Einzelarbeit stattfindet oder eine Kombination dieser Möglichkeiten gewählt wird.	Die Organisationsform ist flexibel. Informelle soziale Kontakte sind während des Unterrichts erlaubt. Die zur Verfügung stehende Zeit wird flexibel verwendet. Selbstverständlich benötigen die Kinder unterschiedlich viel Zeit, wenn sie sich mit einer bestimmten Aufgabe beschäftigen.
4. Eine Bewertung des vermittelten Wissens ist von vornherein eingeplant. Sie findet am Ende einer Unterrichtsstunde oder einer Unterrichtseinheit statt. Das Wissen wird durch Klassenarbeiten oder Tests überprüft. Die Beurteilung richtet sich nach einem für die ganze Klasse geltenden Standard.	Der Lehrer beurteilt die Kinder kontinuierlich, und zwar auf individueller Basis. Er akzeptiert dabei ein hohes Maß an unterschiedlichem Wissen. Es werden mündliche und schriftliche Berichte gegeben. Dies kann in unterschiedlichsten Formen geschehen und auch die Verwendung von Sachbüchern und Nachschlagewerken einschließen. Die Qualität dieser Berichte hängt natürlich vom Entwicklungsstand der Kinder ab.

Die Bezeichnung „offener Unterricht", die ebenfalls sehr häufig im Zusammenhang mit entdeckendem Lernen benutzt wird, ist nicht falsch, aber gewissermaßen noch zu „offen", um speziell und *nur* als methodische Bedingungen des entdeckenden Lernens gelten zu können. „Offenheit" kann sich auf sehr viele Aspekte des Lehrens und Lernens beziehen. Im Begriff des „problemorientierten Unterrichts" kommt die Besonderheit eines an der Auslösung von entdeckendem Lernen interessierten Unterrichts am ehesten zum Ausdruck.

Dabei beinhaltet der Begriff des Problems selbst schon sehr grundsätzliche, philosophische Fragen, die sich auf das didaktisch-methodische Denken durchpausen (vgl. zum Folgenden Härtung 1983:) Dass in der Lebenspraxis ‚Etwas' zu einem Problem werden kann, hat seine Voraussetzung nicht einfach nur in diesem sachlichen ‚Etwas' (Objekt), sondern ist zugleich immer auch bedingt durch die Hinsicht, die ein Subjekt auf es richtet. Die Genese von Problemen ist objektiv-subjektiv determiniert. Dies gilt nicht nur für den (wissenschaftlichen) Erkenntnisprozess, sondern auch für einen an Problemen orientierten bzw. durch Probleme und ihre Entwicklung vorangetriebenen Lehr-Lern-Prozess. Obwohl diese Unterrichtskonzeption am selbständigen Lernen der Schüler interessiert ist, erkennt Härtung in vielen fachdidaktischen Konkretisierungsvorschlägen ein naiv-realistisches Problemverständnis: Durch das didaktisch-methodische Arrangement werde faktisch bestimmt, wo ‚die Probleme' liegen, wie sie nacheinander auftauchen (sollen) und schließlich gelöst werden (müssen). Ob diese Probleme auch die des/der Schüler sind, spiele dann keine Rolle mehr. Statt eines an Problemen ausgerichteten Unterrichts, der im Grunde problem*lösungs*orientiert sei, müssen, so Härtung, die subjektiven Voraussetzungen der Problem*entstehung* bei den Schülern mitbedacht sein. Durch dies Postulat wird die angestrebte Lernqualität des entdeckenden Lernens noch einmal aufgestuft bzw. überboten in Richtung auf ein selbstreflexives Entdecken der Voraussetzungen oder Motivlagen, die ein bestimmtes Problem zu einem entdeckenswerten allererst machen. Damit ist sicherlich ein sehr anspruchsvolles Verständnis von Lehren und Lernen formuliert. Hartungs Argumentation macht auf problematische Voraussetzungen des problem(lösungs)orientierten Unterrichts aufmerksam und vollzieht damit *selbst* diejenige Denkbewegung, die der Praxis einer problemgenetischen Didaktik anempfohlen wird. Allerdings bleibt hier anzumerken, dass sicherlich nur bestimmte Sektoren des schulischen Lehrens und Lernens in dieser Weise methodisch zu arrangieren sind - und dies auch nur dann, wenn durch darstellenden Unterricht Voraussetzungen geschaffen sind sowie ein Einübungsprozess in die Rückverfolgung eines Problems auf seine Genese stattgefunden hat.

In einer ganzen Reihe von Publikationen sind Vorschläge und Beispiele für einen problemorientierten, auf entdeckendes Lernen abzielenden Unterricht zu finden (vgl. Brunnhuber/Czinczoll 1974; Neff 1977; Klewitz u.a. 1977; Lange 1983; Lange/Löhnert 1983; Wilde 1984). Auffällig ist, dass ein Großteil der Beispiele sich auf den Grundschulunterricht bezieht. Dies alleine mit den Besonderheiten des Lernens in diesem Lebensalter zu erklären oder auf die Analogie zu den (zunächst noch) vergleichsweise spielerischen Unterrichtsformen der Grundschule hinzuweisen, würde zu kurz greifen. Zugleich würde dies zu der spiegelbildlichen Annahme führen, im Sekundarschulwesen seien diese Formen nicht mehr adäquat. Das ist nicht der Fall. Die Konzentration auf den Grundschulbereich ist eher dadurch zu erklären, dass gerade hier ein beträchtlicher Nachholbedarf hinsichtlich eines an den (Methoden der) Wissenschaften orientierten Lehrens und Lernens festzustellen war. In den traditionellen „Kunden" dominierte nämlich das Motiv der Anschaulichkeit, der Erfahrungsnähe und des Zusammenhangs zur unmittelbaren Lebenswelt - didaktische Prinzipien, die heute, nachdem die Folgekosten einer falsch verstandenen Wissenschaftsorientierung zunehmend kritisiert werden, erneut eine große Rolle spielen. Prinzipiell spricht jedoch nichts dagegen, auch im Sekundarschulbereich entdeckendes Lernen anzustreben.

5.3 Gruppe als Methode: Kooperatives Lernen

Organisiertes Lernen findet in aller Regel nicht als Einzelunterweisung, sondern in Gruppen statt. Für Schulen, betriebliche Ausbildungsprozesse, Erwachsenenbildung etc. gilt: Ein „Lehrer" trifft auf mehrere/ viele „Schüler". Dieses formale Arrangement erlaubt es allerdings nicht, schon von Gruppenunterricht als der dominierenden Sozialform zu sprechen. Hage u.a. (1985, S. 47) weisen vielmehr für Schulen der Sekundarstufe I nach, dass „Klassenunterricht" mit ca. 77% überwiegt, wohingegen „Gruppenarbeit" nur in gut 7% aller Fälle zu beobachten war. Von Gruppenunterricht kann erst dort gesprochen werden, wo der Klassenverband auf Zeit in Kleingruppen aufgelöst wird, und diese - bei definierter Aufgabenstellung - jeweils eigenständige Lösungen erarbeiten, die ggf. wieder in ein Gesamtergebnis eingebracht werden.

Schulklassen an sich sind also (noch) keine Gruppen, sie können sich aber hierzu entwickeln. Der Lehrer kann auf diesen Prozess Einfluss nehmen und verspricht sich hiervon auch einiges, wobei er in dieser Hoffnung durch eine breite (schul)pädagogische Diskussion um Gruppenunterricht, Gruppenlernen und Gruppenerfahrung unterstützt wird. Die Idee, dass kooperativem Lernen in Gruppen eine ganz besonders hohe Qualität innewohnt, bildet die Kernannahme gruppenpädagogischer Ansätze. Aufgabe des Lehrers ist es, Bedingungen zu schaffen (... mit Methode), die es ermöglichen, dass sich eine Ansammlung von Schülern in eine Gruppe verwandelt, in der ein solches Lernen stattfindet (Schreiner 1981). Im Folgenden geht es uns darum, den theoretischen Hintergrund dieser Kernannahme aufzuzeigen und einige Hinweise für die Durchführung gruppenpädagogischer Verfahren im Unterricht zu geben.

Gruppenpädagogische Forschung und Praxis stützt sich auf ein breites Spektrum von Disziplinen und Teildisziplinen, die sich jeweils auf unterschiedliche Weise dem Phänomen ‚Gruppe' zugewandt haben. - Für die *Soziologie* bildet die Gruppe eine vermittelnde soziale Einheit zwischen den Individuen und der Gesellschaft. Diese Stellung der Gruppe kann in theoretischer Hinsicht unterschiedlich beleuchtet werden (vgl. z.B. Organismus-, Konflikt-, Gleichgewichts-, Wachstumsmodell bei Mills 1971, S. 23ff.). Die Ansätze der Gruppensoziologie sind insofern beeinflusst durch die übergreifenden allgemein-soziologischen Denkschulen und Paradigmen (vgl. zur Übersicht den Sammelband von Neidhardt 1983). Gerade von soziologischer Seite ist die eigenständige Wirklichkeit und Wirkung von zwischenmenschlichen Beziehungsmustern betont worden: ‚Gruppe' ist im Interaktionsgeschehen ein Faktor, dem ein eigenständiges Gewicht, eine eigenständige Dynamik mehr oder weniger unabhängig vom Wissen und Wollen der einzelnen Gruppenmitglieder zukommt. Diese Dynamik kann sich positiv wie auch negativ auf das Gruppenleben, auf Gruppenleistung und -zusammenhält sowie auf die Befindlichkeit der Einzelnen in der Gruppe auswirken. Durch diese eigenständige und (potentiell) positive Auszeichnung von Gruppe und Gruppenprozessen wurden überholte, elitetheoretische Annahmen, die in jeder Ansammlung von Individuen den Einstieg in Ent-Persönlichung und „Vermassung" sahen, deutlich zurückgewiesen. Hiermit ist schon angedeutet, dass mit der positiven Auszeichnung von Gruppe und Gruppenleben sehr grundlegende, sozialphilosophische wie auch politische Vorstellungen über die Organisation von Arbeits-, Entscheidungs- und Lebensprozessen verbunden sind. Insbesondere in der Hoch-Zeit der Gruppenbewegung wurden deren Vorteile mit sehr weitgespannten Erwartungen und emphatischen Hoffnungen verknüpft.

An der Schnittstelle zwischen dem soziologischen Zugriff auf Gruppe und der *sozialpsychologischen* Perspektive, die durch die empirische Kleingruppenforschung gebildet wird, dominiert allerdings ein eher tatsachenorientiertes Interesse an den Realitäten des Gruppenprozesses selbst (vgl. Sader 1976; Rittelmeyer u.a. 1980, S. 11-32). Die relevanten Themen sind hier: Prozesse der Gruppenentstehung und -auflösung, Konformität und Individualität in Gruppen, Leistungsfähigkeit von Gruppen in Abhängigkeit von Faktoren wie internen Struktur, Art der zu bewältigenden Aufgabe, Formen der Führung von Gruppen, Methoden zur Analyse der Gruppenstruktur („Soziogramm"), Interventionsmöglichkeiten zur Beeinflussung der Gruppendynamik etc. (vgl. Götz-Marchand 1980). Allerdings ist seit geraumer Zeit ein abnehmendes Interesse an einer akademischen, streng wissenschaftlichen Beschäftigung mit Gruppen festzustellen. Parallel dazu steigt jedoch die eher außerwissenschaftliche, teils auf therapeutischklinische, teils auf kulturkritisch-lebensreformerische Impulse zurückgehende Thematisierung und Anwendung von gruppenbezogenen Erkenntnissen und Erfahrungen. Paradigmatisch sei hier das Buch von Richter (1972) genannt; in den 1980er Jahren werden entsprechende Erfahrungen im Umfeld der Neuen sozialen Bewegungen fortgeführt und erweitert (vgl. Abschnitt 4.3). Immer dort, wo die unmittelbare Erfahrung von Sozialität zum Problem wird bzw. die gewöhnliche soziale Realität im Nahbereich als Ursache für Konflikte, Frustrationen und Deformationen wahrgenommen und beurteilt wird, erscheinen ,andere' Formen des Zusammenlebens als ein möglicher Ausweg. Auch die verschiedenen Felder des institutionalisierten Lehrens und Lernens sind hiervon in ihren methodischen Aspekten beeinflusst worden, wenngleich etwa in der staatlichen Regelschule aus mancherlei Gründen eine pauschale therapeutische Orientierung mit guten Gründen auf Widerstände stößt.

Gruppen*pädagogische* Argumentation und Praxis im Bereich Schule/ Unterricht stützt sich auf Forschungsresultate, Theorien und Handlungsempfehlungen aus allen diesen Bereichen (vgl. Rittelmeyer u.a. 1980), wobei folgender Sachverhalt einer pädagogischen bzw. didaktisch-methodischen Umsetzung entgegenkommt: Zum einen deckt sich die Fragerichtung der soziologischen bzw. psychologischen/psychiatrischen Gruppenforschung mit dem didaktisch-methodischen Interesse an einer ‚sozialen' Organisation von Lehren und Lernen mit dem Ziel, eben nur durch Gruppenerfahrung zu vermittelnde Persönlichkeitseigenschaften bei den Schülern aufzubauen *und* zugleich die Vorteile des Gruppenlernens hinsichtlich der Bewältigung intellektueller Probleme und Aufgaben zu nutzen. Auswirkungen von Führungsstilen, Zusammenhang von Gruppenstruktur und Gruppenleistung, Abbau von Leistungsdominanz, Selbständigkeit bei kooperativer Problembewältigung, Integrierbarkeit von Außenseitern, reale und symbolische Vorteile demokratischer Führungsstile - alles dies sind Aspekte, die - ursprünglich in gänzlich unpädagogischer Absicht erforscht - doch sehr leicht auf genuin didaktisch-methodische Fragestellungen, Handlungsprobleme und Selbstverpflichtungen beziehbar sind. Zum anderen gehört etwa die besondere positive Rolle von Gruppenerfahrung, Selbsttätigkeit in kooperativen Arbeitszusammenhängen, Zurücknahme der Lenkungsfunktion des Lehrers etc. zum tradierten Themenkatalog der Schulpädagogik und Didaktik, so dass es nahe lag, im Zuge der Rezeption empirischer Forschung aus Psychologie und Soziologie in den 1960er Jahren auch die traditionsreichen Vorstellungen vom besonderen Wert des Gruppenlernens neu zu fundieren. Gerade aus der Kombination von weitgespannter theoretischer Begründung und konkreten didaktisch-methodischem Anwendungsbereich, von alten (reformpädagogischen) Ambitionen und neuen (empirischen) Theorie bzw. Forschungskonzeptionen gewann die gruppenpädagogische Bewegung „zwischen Moskau und New York" (Meyer 1972) einen Großteil ihrer Energie - bis heute.

Die *Ziele* des Gruppenunterrichts bestehen darin,

– durch eine Zurücknahme der Lenkungstätigkeit des Lehrers ein höheres Maß an Beteiligung der Schüler am Unterrichtsprozess zu erreichen,

– durch die Freigabe des Lösungsweges die Selbständigkeit des Denkens und Arbeitens zu fördern, womit zugleich ein intensiveres Sach-Lernen verbunden ist,

– durch gemeinsam zu absolvierende Arbeitsaufgaben die Fähigkeit zu sozialer Kooperation zu entwickeln (Kommunikationsfähigkeit, Sensibilität, Koordination, soziales Lernen),

– und hierdurch schließlich insgesamt ein Stück weit identitätsfördernde, an Mündigkeit orientierte, demokratische Umgangsformen und Persönlichkeitseigenschaften vorzubereiten.

Gerade hinsichtlich dieser zuletzt genannten, ebenso anspruchsvollen wie auch weitreichenden Zielbestimmungen ist allerdings Skepsis anzumelden, wie überhaupt insbesondere in den 1960er und frühen 1970er Jahren die gruppenpädagogische Konzeption mit übergroßen Hoffnungen befrachtet war (vgl. kritisch Aschersleben 1974, S. 170, Diederich 1981). So plausibel diese Zusammenstellung von Zielbestimmungen bzw. Ursache-Wirkungs-Annahme ist, so notwendig ist es zugleich, sich sowohl um eine empirische als auch um eine unterrichtspraktische Kontrolle der aufgestellten Hypothesen hinsichtlich der Wirkungen des Gruppenunterrichts zu bemühen.

Hinsichtlich der empirischen Kontrolle der Wirkungen des Gruppenunterrichts ist Optimismus angebracht. Gestützt auf die Auswertung zahlreicher empirischer Untersuchungen stellt Meyer (1986, S. 380ff.) folgende „beschränkte Auswahl unwiderlegbarer (!?), mehrfach überprüfter Forschungsergebnisse" zu den Effekten des Lernens in Gruppen zusammen:

- „Der Unterricht mit Kleingruppenarbeit ist einem Unterricht ohne Kleingruppenarbeit sowohl in der Reproduktion von Wissen als auch in der Beherrschung geistiger Arbeitstechniken weit überlegen. Das erworbene Wissen haftet nachhaltiger.

- Die Überlegenheit zeigt sich ebenfalls hinsichtlich der Ausprägung sozialer Verhaltensweisen der Schüler. Neben einer engen und beständigen Kontaktstruktur ist auch ein kooperativeres, kohäsiveres und disziplinierteres Verhalten nachweisbar.

- Weiterhin zeigt sich eine Überlegenheit hinsichtlich persönlichkeitsformender Faktoren. Die Leistungspersönlichkeit, d.h. Aktivität und Produktivität, Arbeitsintelligenz und Verhaltenssteuerung werden ebenso gesteigert, wie die Sozialpersönlichkeit, d.h. Kontaktverhalten und Sozialaktivität. (...)

- Veränderung der Sensitivität: Zunahme der Selbstreflexion, Zunahme der Einsicht in das eigene (Rollen-)Verhalten, Reduzierung starker seelischer Beeinträchtigungen, wie Gehemmtheit, Nervosität, Depressivität, Angst.

- Veränderung von Einstellungen: Zunahme von Gefühlsorientierung gegenüber intellektueller Orientierung, Zunahme der Bevorzugung affektiver Beziehungen, Zunahme der Initiative und der Rollenflexibilität, positive Gefühle und Einstellungen der eigenen Person gegenüber.

- Veränderung der Leistungsfunktion: Bessere Diagnose von Problemen in der Gruppe, verbesserte Kommunikationsfähigkeit, klarere Zieldefinition, Zunahme der Fähigkeit zur Planung und Koordination."

Die von Johnson u.a. (1981) durchgeführte meta-analytische Auswertung von 122 vergleichenden empirischen Untersuchungen über die relative Effektivität des Lernens unter kooperativen, kompetitiven (Konkurrenz-) und individualistischen Bedingungen hat ebenfalls recht eindeutig die Überlegenheit der kooperativen Lernbedingung gezeigt, und zwar quer durch alle Lernbereiche wie auch bei allen Altersgruppen (ibid., S. 56ff.). Allerdings ist das in den verschiedenen Originaluntersuchungen vorliegende konkrete Verständnis von kooperativen Lehr- und Lernformen nicht ohne weiteres zu rekonstruieren. Dies resultiert aus der Logik meta-analytischer Verfahren, die eine Vielzahl von empirischen Einzelstudien zu einem bestimmten Fragenkomplex zusammenfassen und auswerten.

Bemerkenswert an diesem eindrucksvollen Ergebnis zugunsten des kooperativen Lernens ist, dass es den in anderen Forschungskontexten gewonnenen, ebenfalls eindrucksvollen empirischen Beweisführungen zugunsten einer lehrerzentriert-darbietenden, „direkten" Instruktionsform widerspricht (vgl. oben Abschnitte 3.2 und 5.1): Jedes Forschungsprogramm hat mithin die Überlegenheit „seiner" Lehrmethode bewiesen! Die Lösung dieses Rätsels ist vermutlich darin zu sehen, dass es im Grunde immer um die *relativen* Vorteile einer Lehrmethode geht, d.h. entsprechend der These von der Spezifität des Zusammenhangs zwischen Lehrarrangement und Qualität des dadurch zu fördernden Lernens ist „direct instruction" natürlich die effektivste Unterrichtsform, aber eben *nur* für *das* Lernen, welches es eben fördert. Analog sind die Verhältnisse beim Gruppenunterricht. Im Übrigen ist zu berücksichtigen, dass bei Lehrmethodenvergleichen nicht nur die zu vergleichenden Lehrmethoden differieren, sondern auch der Aufwand bzw. die Qualität, mit der sie jeweils realisiert werden: „guter" lehrerzentrierter Unterricht vs. „schlechtem" Gruppenunterricht etc. (vgl. zur neueren Forschung über Gruppenunterricht Peterson u.a. 1984).

Sicherlich bietet der Gruppenunterricht gute Chancen zur Erreichung kooperativen *und* sachbezogenen Lernens. Insofern ist diese Form der methodischen Organisation des Lehr-Lern-Prozesses geeignet, dem unausweichlich ablaufenden sozialen Lernen in der Schule eine pädagogische verantwortbare Richtung zu geben. Allerdings stehen einer adäquaten Realisierung von Gruppenunterricht Widerstände entgegen, die z.T. in den davon betroffenen Personen, z.T. im institutionellen Zuschnitt von Schule/Unterricht (und der dahinterstehenden Tradition) begründet sind.

Zunächst einmal verlangt Gruppenunterricht vom *Lehrer* eine Reflexion, wenn nicht gar Revision seines beruflichen Selbstverständnisses. Er kann sich jetzt nicht mehr als zentrale Steuerungs- und Schaltstelle im Unterrichtsgeschehen verstehen, sondern hat sich in dieser Funktion gerade zurückzunehmen zugunsten der Selbst-Tätigkeit der Schüler bzw. der Schülergruppen. Diese Revision nicht nur des Selbstverständnisses, sondern auch des beruflichen Handelns ist insofern nicht leicht zu bewerkstelligen, als sowohl die traditionelle Lehrerrolle wie auch die schulorganisatorischen und -rechtlichen Rahmenbedingungen die Leitungsfunktion sowie die Verantwortung des Lehrers betonen. Allerdings verlangt Gruppenunterricht keineswegs eine völlige Abkehr von der herkömmlichen Lehrerrolle. Vielmehr wird das Spektrum der Funktionen und Anforderungen breiter: Im Gruppenunterricht kommt dem Lehrer eine initiierende, präsentierende, regulierende, wertende und stimulierende Funktion zu (vgl. Meyer 1986, S. 382). Für Lehrer, die bisher keine Erfahrungen mit gruppenpädagogischen Verfahren gesammelt haben, wird diese Revision ihrer Routine sehr häufig zu einem schmerzlichen, weil angstbesetzten Prozess, da sie Kontrollverluste, Leistungsverfall, kurzum: das Chaos befürchten. Richtig ist hieran, dass Gruppenunterricht gelernt sein will: Um Gruppenarbeit realisieren zu können, muss ein Lehrer über ein Maß an Wahrnehmungsfähigkeit für Gruppenprozesse verfugen, welches über das für den gewöhnlichen Klassenunterricht genügende Maß hinausgeht, denn die oben genannten Effekte des Gruppenlernens entstehen eben nicht gleichsam automatisch, wenn mehrere Schüler zusammenarbeiten. Gruppen entwickeln sich, und allein schon bei der Zusammenstellung der Gruppen (selbstbestimmt vs. fremdbestimmt) ist die Kompetenz des Lehrers verlangt. Dies unterstreicht noch einmal die Tatsache, dass beim Gruppenunterricht der Lehrer nicht Kompetenzen verliert, sondern neue hinzugewinnen muss.

Aber dies gilt nicht nur für den sozialen Bereich. Hinzu treten neue inhaltliche Anforderungen, denn Gruppenunterricht will natürlich auch thematisch speziell vorbereitet sein. So ist z.B. die Auswahl eines geeigneten, für alle verbindlichen Fundamentes wichtig, weiterhin müssen thematisch sinnvolle Untereinheiten für die Arbeit in Gruppen gefunden werden (themengleich vs. themendifferent), die verschiedenen Gruppenergebnisse müssen am Ende, wenn nicht integriert, so doch aufeinander beziehbar sein, die Bewertungsfrage stellt sich angesichts gemeinschaftlich erbrachter Leistungen neu etc. (vgl. für unterrichtspraktische, auch fachdidaktisch akzentuierte Anregungen Forsberg/Meyer 1972; Meyer/Weber 1981; Klafki u.a. 1981).

Die *Schulorganisation* sowie insgesamt die traditionelle Unterrichtskultur lässt derzeit Gruppenunterricht wohl nur als besonderes didaktisches Spektakel zu. Zwar werden in schulrechtlichen Zielbestimmungen und Lehrplanpräambeln vornehmlich durch Gruppenunterricht zu realisierende Bildungsziele und Lernqualitäten verlangt, der Zuschnitt der Schulorganisation erleichtert dies jedoch keineswegs. Der Kranz der widerständigen Bedingungen reicht von einer Schularchitektur, die Klassenräume wie Schuhkartons stapelt, über das Jahrgangsklassenprinzip und den 45-Minuten-Takt bis hin zu einer Zensierungspraxis, die individuelle Leistung am Maßstab des Klassendurchschnitts und damit in Konkurrenz zu den Mitschülern prämiert. In Ansehung dieser Umstände bedarf es auf seiten des Lehrers einer gewissen Improvisationsgabe und Durchsetzungsfähigkeit, will man Gruppenunterricht dennoch realisieren. Wichtig bei diesem Versuch kann sein, das Erlernen der Kompetenz zu Gruppenunterricht selbst zu einem Effekt von Gruppenlernen zu machen, anders: in Zusammenarbeit mit anderen Kolleginnen und Kollegen Möglichkeiten der Realisierung gruppenunterrichtlicher Verfahren zu erproben.

Schließlich müssen auch *die Schüler* in aller Regel das Arbeiten und Lernen in Gruppen erst erlernen. Die Passivität, zu der ein lehrerzentrierter Klassenunterricht die meisten Schüler verleitet, wird nämlich im Laufe eines Schülerlebens zu einem stabilen Verhaltensmuster, welches man - einmal etabliert - nur ungern aufgibt. Insofern ist der Gruppenunterricht gerade in der Grundschule von besonderer Bedeutung, weil er der Entstehung einer solchen passiven Haltung entgegenwirken kann. So sehr die Anhänger der Gruppenpädagogik die Vorteile ihrer Methode in den glühendsten Farben ausmalen - sie widerspricht in aller Regel den üblichen unterrichtlichen Erfahrungs- und Handlungsmustern nicht nur der Lehrer, sondern auch der Schüler. Im Grunde liegen bei letzteren spiegelbildliche Ängste zu den bereits erwähnten Lehrerängsten vor: die Sicherheit der Passivität wird durchbrochen, selbständige Arbeit wird verlangt, Abstimmung mit den anderen Gruppenmitgliedern ist notwendig, insgesamt ist der Lernweg nicht mehr routinemäßig erwartbar, da die Führung durch die Lehre zeitweilig aussetzt etc. Auf diese neue Situation reagieren viele Schüler bzw. Schulklassen zunächst mit Chaos, dann mit dem Ruf nach ‚Durchgreifen'. Solche Anfangsschwierigkeiten sind nur zu verringern, indem man gruppenunterrichtliche Verfahren schrittweise vorbereitet und einführt. Die Gruppenentwicklung selbst kann durch geeignete pädagogische Maßnahmen gefordert werden (Vorschläge bei Stanford 1980). So paradox es klingt: Angesichts der bestehenden Routinen des Unterrichtens und des unterrichtet Werdens kann der Gruppenunterricht sein zweifellos positives Potential erst dann ausspielen, wenn er selbst durch Gewöhnung, durch Normalisierung etc. ebenfalls zur Routine geworden ist.

5.4 Methoden der Moralerziehung: Moralisches Lernen

Das öffentliche Schulwesen ist aufgrund seines auch juristisch fixierten Betriebszwecks nicht nur gehalten, elementare Kulturtechniken, intellektuelle Fähigkeiten sowie einen kulturspezifischen Wissenskorpus an die Schüler zu vermitteln, sondern hat darüber hinaus auch die Verpflichtung, die Persönlichkeitsentwicklung der Heranwachsenden zu fordern (nicht-kognitiver Lernbereich). Obwohl viele Lehrer sich auf eine Rolle als Informationsdarbieter zurückzuziehen versuchen, ist dies faktisch nicht möglich und schulrechtlich darüber hinaus nicht sanktioniert. Hinsichtlich des nicht-kognitiven (sozialen, emotionalen, moralischen) Lernbereichs steht die Schule bzw. der unterrichtende Lehrer sowohl juristisch wie auch faktisch nicht vor der Wahl, entsprechende Wirkungen nicht oder eben doch zu bewirken: Soziales und moralisches Lernen findet in jedem Fall statt - ob der Lehrer dies nun will oder nicht. Bleibt also die Entscheidung, wie die Schule bzw. der Lehrer sich zu diesem Lernbereich stellt: ob er ihn ignorieren und damit die dort gleichwohl auftretenden Erfahrungen der Schüler als stille, ungeprüfte Nebenwirkungen des Unterrichts betrachten will - oder aber diesen Lernbereich in seine pädagogischen bzw. didaktisch-methodischen

Überlegungen mit einbezieht, d.h. nicht einfach Wirkungen konstatieren oder gar ignorieren, sondern sie intentional beeinflussen will.

Die Entscheidung zwischen einem Konstatieren bzw. Ignorieren von Wirkungen einerseits und der Einbeziehung dieses Lernbereichs in die didaktisch-methodischen Überlegungen andererseits ist nun keine Frage von ‚Alles oder Nichts!‘. Genauso wenig, wie ein Ignorieren von Wirkungen diese bereits aus der Welt schafft, genauso wenig impliziert der umgekehrte Beschluss, nunmehr gezielt methodische Bedingungen für ein ‚moralisches‘ Lernen zu schaffen, bereits notwendig das Abgleiten in einen rigiden Gesinnungsunterricht. Aufgrund der Sensibilität der Materie (Norm- und Wertfragen) sowie dem Eigenrecht der Heranwachsenden gerade in diesem Bereich ist vor allzu weitgehenden Ansprüchen an eine methodische Strukturierung und Strukturierbarkeit von moralischen Lern- und Entwicklungsprozessen zu warnen (vgl. Loser/Terhart 1986). Selbstverständlich hat die Schule sowohl die Aufgabe wie auch die Möglichkeit, den Prozess der Entwicklung des moralischen Bewusstseins *positiv* zu beeinflussen - auf *irgendeine* Weise beeinflusst sie ihn sowieso. Allerdings ist damit kein Freibrief für ‚gut gemeinte‘ moralische Indoktrination ausgestellt. Es geht nicht um Moralerziehung: ja oder nein, sondern kann nur um eine differenzierte Beurteilung der verschiedenen methodischen Konzepte zur Förderung moralischen Lernens gehen. Hierzu soll dieser Abschnitt einen Beitrag leisten.

Moralerziehung, häufig auch Werterziehung genannt, erfreut sich als schulpädagogische Programmformel seit einigen Jahren zunehmender Beliebtheit. Im Zuge der Kritik an der einseitig intellektuellen Ausrichtung schulischen Lehrens und Lernens bei gleichzeitiger, z.T. bewusster Zurückstellung aller normativen, moralbezogenen Aspekte kam und kommt es als Bemühung um eine „Rückgewinnung des Erzieherischen" zu einer verstärkten Entwicklung von Konzeptionen, die das kritisierte intellektualistische Wertevakuum durch explizite Werterziehung auszufüllen und damit die Orientierungslosigkeit der Heranwachsenden abzubauen gedenken. Diese Bewegung hat auch etwas mit dem bekannten „Mut zur Erziehung"-Aufruf zu tun, geht hierin jedoch nicht auf: Die Frage nach der Möglichkeit und Legitimität einer Erziehung zur Moralität ist sehr viel älter und lässt sich bis auf die Urformen pädagogischen Denkens zurückverfolgen. Zweitens sind nicht alle Ansätze zur Moralerziehung inhaltlich derart auf eine Erziehung zur Mutlosigkeit angelegt, wie dies im Aufruf „Mut zur Erziehung" impliziert ist. Über die Tatsache, dass *jede* erzieherische Handlung ‚moralische‘ Implikationen hat, kann nicht gestritten werden; allerdings ist natürlich strittig, *welche* inhaltliche Tendenz hierbei jeweils verfolgt wird, und wie dies geschieht. - Im Folgenden sollen fünf verschiedene Ansätze zur Moralerziehung sowie deren „methodische" Konsequenzen unterschieden werden:

1. *Moralische Erziehung als Wertübermittlung:* Dieser Ansatz zur moralischen Erziehung bzw. zum moralischen Lehren und Lernen ist durch die Orientierung an einem vor-gestellten und als verbindlich erachteten Normen- und Wertekodex sowie hierdurch gestützten Tugendkatalogen und Verhaltensvorschriften gekennzeichnet. Dieses Wertesystem soll durch eine entsprechende Erziehung an die nachwachsende Generation vermittelt werden und hier Verbindlichkeit sowie Orientierung schaffen: Werterziehung als Wertübermittlung. Solche pädagogischen Systeme hat Blankertz (1972, S. 18ff.) als „normative Didaktiken" bezeichnet und kritisiert. Im Grunde handelt es sich um weltanschaulich gebundene Pädagogiken, die in ihren handlungspraktischen, „methodischen" Konsequenzen die Techniken der Manipulation und Indoktrination streifen, z.T. sogar bewusst aufgreifen. Einem solchen Ansatz liegt ein pessimistisches Bild des Kindes bzw. des kindlichen oder jugendlichen Entwicklungsprozesses zugrunde, denn die Notwendigkeit der Moralisierung wird mit der andernfalls drohenden Gefahr des Unterschreitens menschlicher Möglichkeiten bzw. der Orientierungslosigkeit und der dann gegebenen Verführbarkeit durch andere (und das sind immer: falsche) Propheten begründet. Das Eigenrecht der nachwachsenden Generation auf die Relativierung alter und Erarbeitung neuer Wertmuster wird negiert. Werterziehung als Wertübermittlung kann insofern immer nur partikularen Charakter haben, denn sie bemüht sich um die Konservierung und den Transport ihres *jeweiligen* Norm- und Wertehorizontes. Rückfragen an Legitimation oder auch nur formale Konsistenz dieses Normensystems verbieten sich von selbst, denn dadurch würde seine verordnete Geltungskraft bereits der Gefahr der Relativierung, schließlich der Erosion ausgesetzt. Solche Formen der Moralerziehung sind in modernen und pluralistischen Gesellschaften nur noch in wenigen Enklaven anzutreffen, wenngleich insbesondere das von konservativer Seite artikulierte Interesse an Werterziehung Anklänge an solche Positionen erkennen lässt. „Besonders beliebt sind solche Vorstellungen (i.S.v. Wertübermittlung - E.T.) bei Bildungspolitikern. Werterziehung - natürlich ja! Wie? - Durch Einbringen entsprechender Maßnahmen. Der Lehrer sorgt dafür. Die Schüler werden angehalten. Das Resultat ist ein Rucksack voll Tugenden" (Oser 1986, S. 495; konservative Werterziehung wird dokumentiert und kritisiert bei Böhm 1986).

2. *Moralische Erziehung als Wertklärung:* Während die Strategie der Wertübermittlung einen rigiden moralpädagogischen Standpunkt vertritt, demzufolge der Einzelne ein gesetztes Wertesystem zu übernehmen hat, geht der Ansatz der Wertklärung umgekehrt davon aus, dass jedes einzelne Individuum das Recht auf Setzung je persönlicher Präferenzen hat und der Erziehung hierbei die Aufgabe zufällt, Kinder und Heranwachsende zur Klärung von und Entscheidung über je individuelle Norm- und Wertpräferenzen zu bringen. Der Wertklärungsansatz ist durch die Arbeit von Raths u.a. (1966/1976) bekannt geworden. Ausgangsproblem ist nicht die Existenz

problematischer, ‚falscher' Wertvorstellungen, sondern die in modernen Gesellschaften häufig anzutreffende Orientierungslosigkeit und Unklarheit der Menschen über ihre eigenen Handlungsziele. „Solche Menschen scheinen keine klaren Zielsetzungen zu haben, nicht zu wissen, in welcher Richtung sie marschieren und warum. Menschen mit unklaren Werten haben keine Weisungen für ihr Leben, haben keine Kriterien, nach denen sie auswählen können, was sie mit ihrer Zeit, ihrer Energie, ihrem Dasein selbst machen sollen ... Werte gehören zu den kostbarsten Gaben, die der Mensch erhielt. Es scheint jedoch immer mehr offenbar zu werden, dass nur allzu wenige Menschen tatsächlich klare Wertvorstellungen haben" (ibid., S. 26).

Der Ansatzpunkt für diese Form der Moralerziehung ist also das Individuum; Ziel ist die Hinführung zu einem klaren individuellen Wertemuster. Damit ist ein bedeutsamer Unterschied zur eben skizzierten Wertübermittlung gegeben: Es geht nicht mehr um die Alternative ‚richtige' vs. ‚falsche' Werte, sondern um die Alternative ‚klare' vs. ‚unklare' persönliche Präferenzen. Den Vorwurf des Relativismus haben Raths u.a. mittlerweile ausräumen können, nicht jedoch den Vorwurf, „in diesem Ansatz würden moralische Probleme trivialisiert, indem sie mit Fragen des persönlichen Geschmacks, der individuellen Neigungen und Vorlieben in einen Topf geworfen und in analoger Weise unterrichtlich begründeten/dogmatisch gesetzten Wertesystems, sondern um die Orientierungsprobleme von Individuen in Gesellschaften, in denen eben kein fester und verbindlicher Konsens über ein Wertesystem (mehr) herrscht. Eine inhaltliche Prüfung der individuellen Präferenzen tritt zurück zugunsten der Annahme, dass es in jedem Fall nützlich ist, überhaupt klare individuelle Zielperspektiven zu haben. Es geht nicht um systematische Probleme der Ethik, sondern um Orientiertheit im individualpsychologischen Sinne. Damit unterliegt diesem Ansatz ein eher optimistisches Bild der Entwicklung des Menschen: Das ‚an sich' gute Individuum muss durch moralische Erziehung nur noch zur Klarheit hinsichtlich seiner Präferenzen gebracht werden. Die Rolle des Lehrers besteht darin, Situationen zu schaffen, in denen der Heranwachsende durch Rückfragen, Erläuterungswünsche etc. zur Auseinandersetzung mit seinem Handeln und den darin eingeschlossenen Präferenzen provoziert wird. Raths u.a. (1966/1976, S. 69-189) präsentieren eine umfassende und praxisnahe Übersicht über methodische Arbeitsformen, die der Lehrer anwenden kann, um den Schülern zur Klärung ihrer Wertpräferenzen zu verhelfen.

3. *Moralische Erziehung als Wertanalyse:* „Wir haben einen Bogen vom sozialen Konformismus zum moralischen Individualismus geschlagen - von der Haltung: ‚Was werden die Nachbarn denken?' zu der Einstellung: ‚Tu, was du für richtig hältst' - und keines dieser Extreme hat sich als der Weisheit letzter Schluss erwiesen". Nach einer Auseinandersetzung mit dem Wertübermittlungs- und dem Wertklärungsansatz bereitet Hall (1979, S. 13) durch diese Formulierungen seine eigene Position vor, die er als „Mittel-

weg" bezeichnet: Statt Indoktrination *oder* Relativismus der Versuch, durch geeignete Maßnahmen den Schülern die Implikationen, Voraussetzungen und Folgen von moralischen Entscheidungen analytisch klar zu machen - ohne selbst inhaltlich auf ihre Entscheidungen Einfluss zu nehmen. Aufgabe der Werterziehung durch Wertanalyse ist es, „den Heranwachsenden mit Fertigkeiten auszustatten, Wertprobleme durch logisches, analysierendes Denken und wissenschaftsorientiertes Erforschen zu lösen und qualifizierte Entscheidungen herbeizuführen" (Mauermann 1985, S. 362). In diesem Ansatz ist es das Ziel der moralischen Erziehung, bei den Schülern die Fähigkeiten zur rationalen Analyse von sowie der rationalen, geregelten Entscheidung in Wertkonflikten aufzubauen. Die inhaltlich systematische Frage nach der Begründbarkeit von Normen tritt zurück. Statt dessen wird gleichsam hilfsweise das Motiv der Analyse von Wertkonflikten und Entscheidungssituationen sowie die Verpflichtung auf die Einhaltung geregelter Entscheidungsprozeduren in den Vordergrund gestellt (analytische Prozeduralethik). Die Verfahren der Erörterung und Entscheidung bekommen ein großes Gewicht, ihre Beherrschung wird zum eigentlichen Ziel moralischer Erziehung in der Schule. Demzufolge geht es um einen „Unterricht *über* Werte" (Hall 1979; Hervorhebung E.T.), nicht um Werte *in* Erziehung und Unterricht (vgl. ähnlich Klare/Krope 1977). Der sehr starke rationalistische, wissenschafts(theorie)orientierte Bias dieses Verständnisses von moralischer Erziehung ist unverkennbar (vgl. auch Terhart 1983, S. 162ff.).

Hall arbeitet in seinem Buch fünf verschiedene Unterrichtsstrategien aus, für die ausführliche Beispiele und Materialien angeboten werden (Hall 1979, S. 19):

„– Die Bewusstwerdungsstrategie schließt Verfahren ein, die zu einer bewussteren Wahrnehmung der eigenen Person und anderer Personen als Entscheidungsträger führen, und sie fördert die bewusste Erkenntnis der eigenen moralischen Prioritäten und Meinungen anderer.

– Die *Gesprächsstrategie* ist eine Methode der Einzelfallanalyse, in der Erfahrungen in bezug auf das Beziehen von Standpunkten und das Verteidigen von Entscheidungen gesammelt werden können.

– Die *Argumentationsstrategie* ist eine Methode der Einzelfallanalyse, mit der intellektuelle Fertigkeiten für ein wertbezogenes Argumentieren aufgebaut werden können.

– Die *Begriffsbildungsstrategie* ist eine Methode der gezielten Fragestellung, die das Verständnis persönlicher und gesellschaftlicher Wertbegriffe fördern soll.

– Die *Spielstrategie* besteht aus Interaktionsspielen und Rollenspielen, mit denen ein sicheres Auftreten in sozialen Situationen erreicht werden soll, die moralische Entscheidungen verlangen."

4. *Moralische Erziehung als Steigerung des Niveaus des moralischen Urteils:* Dieser Ansatz gilt zu recht als z.Zt. sowohl theoretisch wie praktisch am ausführlichsten begründete moralpädagogische Position. Er geht zurück auf den Amerikaner L. Kohlberg, der eine Theorie der Entwicklung der moralischen Urteilsfähigkeit bei Kindern/Heranwachsenden erarbeitet, philosophisch und entwicklungspsychologisch abgesichert sowie auch in ihren pädagogisch-praktischen Konsequenzen erprobt hat. Der zentrale Gedanke ist, dass sich die moralische Urteilsfähigkeit von Kindern und Jugendlichen (nach einer vor-moralischen Phase) in sechs Stufen entwickelt (1. Orientierung an Bestrafung und Gehorsam, 2. instrumentell-relativistische Orientierung, 3. Orientierung an personengebundener Zustimmung, 4. Orientierung an Recht und Ordnung, 5. legalistische Orientierung/Sozialvertrag, 6. Orientierung an allgemeingültigen ethischen Prinzipien), die üblicherweise zu drei größeren Ebenen zusammengefasst werden: präkonventionelles Niveau (Egoismus), konventionelles Niveau (Konformismus), postkonventionelles Niveau (Universalismus). Regulative Idee dieser Entwicklung ist *Gerechtigkeit.* Auf jeder dieser 6 Stufen ist ein qualitativ anderes, jeweils höheres, d.h. kognitiv komplexeres Niveau der Argumentation über moralische Konfliktsituationen anzutreffen. Diese Entwicklungsabfolge hält Kohlberg für *universell* d.h. er hat sie in verschiedenen Kulturen angetroffen, er erkennt in ihr eine Entwicklungs*logik*, d.h. nur in dieser Abfolge werden die Stufen durchlaufen (wobei natürlich die kulturspezifischen Inhalte differieren), und er hält sie insofern für *pädagogisch bedeutsam*, als moralische Erziehung sich einerseits an dem jeweils erreichten Niveau der moralischen Urteilsfähigkeit von Kindern/Heranwachsenden zu orientieren hat, andererseits jedoch die moralische Entwicklung durch solche Argumente und Arrangements zu fordern in der Lage ist, die bereits der nächsthöheren Stufe entsprechen („+1-Methode"; vgl. zu den theoretischen, methodologischen und pädagogischen Problemen der Theorie Kohlbergs die Sammelbände von Portele 1978; Oser u.a. 1986; Lind/Raschert 1987).

Die folgenden vier Prinzipien einer moralischen Erziehung nach Kohlberg sind der Arbeit von Arbuthnot/Faust (1981, S. 139ff.) entnommen; zu didaktisch-methodischen Konsequenzen vgl. auch Rosenzweig (1980) und Aufenanger u.a. (1981).

Prinzip 1: Unterstütze Entwicklung! Das wichtigste Prinzip der moralischen Erziehung ist es, die Entwicklung zu höheren Stufen zu unterstützen und damit den Reifegrad des moralischen Urteils zu erhöhen.

Prinzip 2: Erzeuge kognitive Konflikte! Moralische Entwicklung wird durch die Präsentation kognitiver Konflikte oder Ungleichgewichte (Disäquilibration) gefördert und nicht durch das didaktische Vermitteln der Eigenarten der verschiedenen Stufen.

Prinzip 3: Rolle des Lehrers/Erziehers: Das dritte Prinzip verlangt vom Lehrer/Erzieher (neben der Voraussetzung, prinzipiell selbst ein höheres Niveau des moralischen Urteils als das der Schüler erreicht zu haben) die Bereitstellung von Erfahrungen für Schüler, die bei diesen selbständige Übergänge zu jeweils höheren Stufen des moralischen Urteilens stimulieren.

Prinzip 4: Ethische Grundsätze: Moralische Erziehung muss selbst ethischen Grundsätzen folgen. Das vierte Prinzip verlangt deshalb, dass die Rechte von Individuen in jeder Phase der moralischen Erziehung geschützt sein müssen. Dies schließt das Recht ein, über Partizipation auf der Basis eines informierten Konsens zu entscheiden; ebenso besteht das Recht zur Annahme jedweden Wert- oder Überzeugungssystems ohne Furcht vor Nachteilen.

Konkret sieht dies so aus, dass in Form von Gruppendiskussionen vorgestellte moralische Konfliktsituationen („Dilemmata") von den Schülern erörtert werden, wobei die dahinterstehende Annahme, dass nämlich durch eine intensive (kognitive) Beschäftigung mit moralischem Dilemmata das Niveau der Entwicklung des moralischen Urteils alles in allem steigt, als empirisch erwiesen betrachtet werden kann (vgl. dazu Schläfli u.a. 1985).

5. Moralische Erziehung durch moralische Atmosphäre: Auch dieser Ansatz basiert auf Kohlbergs Theorie der Entwicklung des moralischen Urteils, führt jedoch zu umfassenderen, grundsätzlichen Konsequenzen für die Moralerziehung (nicht nur) in der Schule: Während die Dilemma-Methode eher auf der Ebene der Didaktik und Unterrichtsmethode anzusiedeln ist, geht es bei der Werterziehung durch moralische Atmosphäre darum, auf der Ebene der Schulorganisation Bedingungen zu schaffen, die es den Schülern im Schulleben erlauben, durch Partizipation an Entscheidungen die Bedeutsamkeit moralischer Problemkonstellationen im Alltag sowie die an eigenständige, demokratische Entscheidungen geknüpfte Verantwortung für sich und andere konkret zu erfahren („just community"). In einer „gerechten Schul-Kooperative", die über die üblichen Formen der Schülermitverwaltung weit hinausgeht, wird moralische Erziehung nicht direkt didaktisiert, sondern in einem ebenso zurückhaltenderen wie umfassenderen Sinne indirekt organisiert; sie ist damit nicht ein Ergebnis von Belehrung, sondern von Erfahrung. Die vorgelegten Berichte und Analysen zu solchen Versuchen (nicht nur in Schulen, sondern auch in Gefängnissen und Betrieben) zeigen, dass tatsächlich entsprechende Wirkungen erzielt werden; dies jedoch nur dann, wenn das Programm konsequent durchgehalten, und das heißt: von Lehrern wie auch von der Schulaufsicht auch bei Schwierigkeiten getragen wird. Gerade die letztgenannte Bedingung ist nicht selbstverständlich gegeben, denn eine „gerechte Schul-Kooperative" steht hinsichtlich ihres organisatorischen Aufbaus und ihren internen Entscheidungsstrukturen in sehr starkem Gegensatz zur herkömmlichen Schulorganisation. (Für zwei unterschiedlich motivierte Kritiken vgl. Regenbrecht 1986 und Leschinsky 1987).

Soweit die kurze und notwendigerweise verkürzte Schilderung grundlegender Ansätze zur Moralerziehung in der Schule (vgl. Synopse; Abb. 11). Im

Folgenden sei auf zwei grundsätzliche Probleme eingegangen: 1. das sog. „Paradox der Moralischen Erziehung" sowie 2. die Frage nach der Kompatibilität von Schule und Moralerziehung.

Abb. 11: Ansätze zur Moralerziehung in der Schule

	moralphilosophische Position	Bild vom Kind/ von menschlicher Entwicklung	Aufgabe der Erziehung
Wertübermittlung	materiale Werteethik, der Kritik entzogen, durch Mythos oder Tradition geheiligt, „wahr"	kindliche Natur als roh und unbehandelt, bedarf notwendig der Führung, nicht selbstverantwortlich, wird mit einem Normensystem gefüllt	Erziehung kann, darf und muss substantiell moralisieren; Zwecke heiligen Methoden; eine solche indoktrinäre Erziehung ist selbst Teil des vorausgesetzten Systems
Wertklärung	Moral wird hauptsächlich in ihre psychologischen Funktion als Orientierungssystem gesehen; eine klare individuelle Moral ist besser als gar keine	optimistische Auffassung: allmählich kommt die ‚an sich' gute Natur des Kindes hervor; Recht auf Selbst-Bestimmung	Erziehung hat den Prozess der Selbstfindung zu unterstützen, darf jedoch keine Normen vorgeben, wohl aber zu Normenbewusstsein anleiten
Wertanalyse	kognitive Klarheit über Normen/ Normenkonflikte steht im Mittelpunkt; Verpflichtung auf Regeln rationalen Entscheidens; keine Aussagen zur Substanz	rationalistisches Menschenbild; Entwicklung der Kognition und des Regelbewusstseins als Garanten von Moralität	Erziehung ist Belehrung über die Implikationen moralischer Probleme und allmählicher Einübung in die Prozeduren geregelter Entscheidung über Normen
Förderung der moralischen Urteilsfähigkeit Moralische Erziehung durch moralische Atmosphäre	zwischen Wertdogmatismus und -relativismus bzw. -individualismus kann allein noch das Prinzip „Gerechtigkeit" universelle Gültigkeit für sich beanspruchen; die Beurteilung von Gerechtigkeitsfragen ist zuvörderst ein kognitives Problem	der Heranwachsende macht Stufen der Moralentwicklung durch; Entwicklung der kognitiven Komplexität geht einher mit adäquaterem Urteil; moralisches Urteil lässt keine sicheren Prognosen für ein entsprechendes Handeln zu	Erziehung hat sich der Entwicklungslogik einerseits anzupassen, andererseits jedoch den Übergang zur nächsthöheren Stufe zu stimulieren. Dies kann durch Gruppen-Diskussion über moralische Dilemmata und/oder über eine entsprechende Schulorganisation (just community) geschehen

1. Moralische Erziehung will günstige Bedingungen für ein moralisches Lernen der Schüler schaffen. Dabei müssen ihre Methoden natürlich selbst denjenigen Prinzipien entsprechen, die den Schülern bewusst gemacht bzw. nahegebracht werden sollen. Damit aber unterliegt moralische Erziehung ständig dem Verdacht, entweder zu erfolgreich oder aber erfolglos zu sein: Zu erfolgreich ist sie dann, wenn via Indoktrination die Schüler vorgestellte Moralprinzipien unbefragt internalisieren. Bei der Abwendung dieser Gefahr wiederum droht ihr Erfolglosigkeit im Sinne eines vollkommen Wertrelativismus. Dieses Paradox der Moralerziehung hat der amerikanische Erziehungsphilosoph J. McClellan folgendermaßen formuliert (1976, S. 156):

„Moralische Erziehung ist entweder unmoralisch oder ineffektiv. Um nämlich das Kind dazu zu bringen, gemäß den Moralvorstellungen (des Erziehers) zu handeln, muss er es auf eine Weise behandeln, die seinen Moralvorstellungen widerspricht. Verzichtet er jedoch darauf, das Kind auf eine Weise zu behandeln, die seinen Moralvorstellungen widerspricht, so ist damit garantiert, dass das Kind im späteren Erwachsenenleben nicht einmal die Unterscheidung zwischen moralischen Ge- und Verbotenem anerkennt" (vgl. zur Diskussion dieses Paradoxons in der Analytischen Erziehungsphilosophie Taylor 1982; Edelstein 1986, S. 335 präsentiert folgende Fassung: „Um das Subjekt zu erreichen, muss moralische Erziehung mit universalistischer Absicht zu partikularen Mitteln Zuflucht nehmen").

Hierbei handelt es sich natürlich um die bereichsspezifische Variante des grundlegenden Paradoxons jeder Erziehung, die zur Selbständigkeit der zu Erziehenden führen will. Der entwicklungstheoretische Charakter des Kohlberg-Ansatzes bietet jedoch Chancen, dieses theoretische Paradoxon, angesichts dessen - wie bei jedem Paradoxon - ein konkretes Handeln gleichwohl möglich bleiben muss, auch systematisch aufzulösen: *Damit die höheren Stufen der autonomen Entscheidung auf der Basis universalisierbarer Moralprinzipien erreicht werden können, muss eine Entwicklung durchlaufen werden, deren untere Stufen eben noch nicht durch diese, sondern durch die Befolgung partikularer, bedingter Moralvorstellungen geprägt ist.* Oder anders: Eine erzieherische Unterstützung der Entwicklung des moralischen Urteils kann nicht unmittelbar ihr Ziel anvisieren, sondern muss die Entwicklungslogik beachten, die zu diesem Ziel allererst führt. Insofern ist das von McClellan formulierte Paradoxon nicht der prinzipielle Unmöglichkeitsbeweis für moralische Erziehung, sondern bringt in verdichteter Form deren immanente Widersprüchlichkeit auf den Begriff, die nur unter Beachtung der Logik der Entwicklung der moralischen Urteilsfähigkeit aufzulösen ist.

2. Handelt es sich bei McClellans Paradoxon um ein analytisches (gedankliches) Konstrukt, so ist im Folgenden auf ein Problem hinzuweisen, wel-

ches sich in der konkreten Realität von Moralerziehung in der Schule stellt. Edelstein (1986, S. 334f.) macht mit folgenden Worten auf dieses Problem aufmerksam: „Wird nicht Schule, indem sie den Versuch unternimmt, die moralische Entwicklung zu beeinflussen, moralisches Schulwissen erzeugen, das von der lebendigen moralischen Erfahrung ebenso geschieden ist wie die praktische Kenntnis der eigenen Sprache von der formalen Schulgrammatik, die sie vorgeblich beschreibt?" Diese Befürchtungen hinsichtlich des Schicksals auch der Vorsichtigsten schulischen Intervention in moralische Entwicklungsprozesse beruhen auf entsprechenden Erfahrungen im Bereich des kognitiven Lehrens und Lernens: Genauso, wie dort eben gerade nicht das ganze Spektrum der Lernqualitäten bzw. Lehrformen realisiert, sondern im Wesentlichen auf rezeptives Lernen bzw. darbietendes Lehren verkürzt wird, genauso besteht die Gefahr, dass im schulischen Kontext die anspruchsvollen Postulate einer moralischen Erziehung durch die moralische Atmosphäre der „just community" aus strukturellen Gründen zu einem bloßen Gesinnungsunterricht verkommen.

„So wie es nicht die Aufgabe der Lehrer ist, kognitives Wissen mittels Methoden des Auswendiglernens an Schüler zu bringen, sondern ihre Klassen im Blick auf eine konstruktivistisch begriffene ‚Entdeckung' des Wissens zu organisieren, ebensowenig ist es die Aufgabe des Lehrers, moralisch zu belehren, d.h. durch Unterricht inhaltlich-moralische Überzeugung zu vermitteln. Lehrer sollten vielmehr die Voraussetzungen für moralische Diskurse in ihren Klassen herbeiführen" (Edelstein 1986, S. 340).

Vielleicht sind gerade im Bereich des moralischen Lernens die Grenzen der Schule wie - in ihr - die Grenzen des Methodischen sehr schnell erreicht, und zwar sowohl hinsichtlich der faktischen Möglichkeiten wie auch der moralischen Legitimität der Intervention in moralische Entwicklung. Vor allem aber ist eine *isolierte*, d.h. von anderen Lernfeldern abgekoppelte, gar verfachlichte Moralerziehung äußerst bedenklich. Die Aufgliederung der menschlichen Entwicklung in eine kognitive, soziale, emotionale, moralische etc. Dimension hat schließlich analytischen Charakter; im realen Lern- und Entwicklungsprozess sind diese Dimensionen natürlich ungeschieden und darüber hinaus wechselweise notwendig aufeinander angewiesen. Als eine anspruchsvolle Möglichkeit zur Förderung solchen *integrativen* Lernens, welches alle bisher behandelten Lernqualitäten in sich einschließt, soll abschließend das Konzept des handlungsorientierten Unterrichts vorgestellt werden.

5.5 Handlungsorientierter Unterricht: Integratives Lernen

Wenn in diesem Abschnitt von integrativem Lernen die Rede ist, so ist damit eine Lernqualität gemeint, die sich nicht auf einen bestimmten Bereich der Entwicklung des Schülers bezieht, sondern eine Verbindung von kognitivem, sozialem und moralischem Lernen anstrebt, wobei zusätzlich die Aspekte des handelnden Umgangs mit Lerngegenständen sowie die dabei zu entfaltende Eigenaktivität und Selbsttätigkeit der Schüler eine große Rolle spielt. Die damit angestrebte Lernqualität erhält ihren besonderen Charakter dadurch, dass ein Lernen mit ‚Kopf, Herz und Hand' (Pestalozzi) intendiert ist. Und auch hier gilt: je anspruchsvoller das zu erreichende Ergebnis, desto schwieriger und aufwendiger der Weg dorthin. Als zusammenfassende Bezeichnung für methodische Formen des Lehrens, die diese Lernqualität anstreben, wähle ich den Begriff „handlungsorientierter Unterricht".

Welche Begründungen für die Notwendigkeit eines integrativen Lernens bzw. eines hierauf gerichteten handlungsorientierten Unterrichts liegen vor? Als erstes ist hier der veränderte Stellenwert von Schule und Unterricht im Leben der Heranwachsenden und Jugendlichen zu nennen: Die Ausweitung der Schulpflicht und die zunehmende Verweildauer eines immer größer werdenden Teils der nachwachsenden Generation im Schulsystem bzw. in organisierten Lehr-Lern-Prozessen lässt Schul-Erfahrung eine neue Qualität gewinnen. Sie dringt zunehmend weiter und intensiver in die Lebenswelt der Schüler ein; die dort gemachten Erfahrungen wirken sich immer intensiver auf die Persönlichkeit aus. So gesehen, wird Schule selbst zunehmend zum Leben. Angesichts dieser Entwicklung muss das organisierte Lehren und Lernen seinen Charakter ändern. Es müssen Erfahrungsmöglichkeiten bereitgehalten werden, die über das intellektuelle Lernen hinausgehen und den Entwicklungsprozess der Schüler ganzheitlich fordern. Im Kern besagt diese Argumentation: Weil Schul-Zeit de facto in quantitativer und qualitativer Hinsicht immer bedeutsamer wird, muss die Schule ihren Charakter als Spezial-Institution für Wissensvermittlung abstreifen und zu einem umfassender angelegten Erfahrungsraum werden (vgl. Fauser u.a. 1983).

Setzt diese Argumentation beim Wandel der Schule an, so rekurriert folgender Begründungsansatz auf den Wandel *außer*schulischer Erfahrungsräume: Aufgrund der Ausbreitung der Neuen Medien und eines immer intensiveren Medienkonsums von Kindern und Jugendlichen verliert die Umwelt ihre vielschichtige Anreizqualität und wird letztlich zu einer medial aufbereiteten Wirklichkeit ‚aus zweiter Hand'. Verschärft wird diese Entwicklung durch die zunehmend konsumförmig organisierte Freizeitwelt, die unmittelbare Erfahrungsqualitäten abschneidet. Luxuriös ausgestattete riesige Einkaufszentren sowie die ungewöhnlich erfolgreichen „Erlebnis(!)-Bäder" mögen hierfür paradigmatisch stehen; Simulation ist *besser* als das, was man einmal Wirklichkeit genannt hat. Der damit einhergehenden Verarmung von Wirklichkeitserfahrung habe die Schule entgegenzuarbeiten, indem sie sich an Prinzipien wie Unmittelbarkeit, Erfahrungsnähe und Eigenaktivität orientiere. Der handelnde Umgang mit wirklichen Dingen wird als Leitmaxime der schulischen Organisation von Lehren und Lernen ausgegeben, um der ‚schlechten' Wirklichkeit außerhalb der Schule mit ihren restringierten Erfahrungsmöglichkeiten etc. etwas Pädagogisches entgegenzustellen. Eine gewisse innere Paradoxie ist dieser Begründung für handlungsorientierten Unterricht (vgl. Gudjons 1986, S. llff.) jedoch nicht abzusprechen, da sie die Natürlichkeit integrativen Lernens in der künstlichen Schule wieder herzustellen versucht! Auch steht sie in Gegensatz zum im Folgenden zu erörternden Begründungsansatz, der umgekehrt die Wirklichkeit in die Schule hineinholen möchte.

Der Vorwurf, Schule trenne das Lernen vom Leben, verkünstliche die ehedem natürlichen Erfahrungsprozesse, und reduziere Ganzheitlichkeit auf Wissenserwerb, echtes Interesse auf strategische Leistungserfüllung etc. ist so alt wie die Schule selbst. Auch in den neueren Begründungen für ein integratives Lernen ist diese schulkritische Argumentation anzutreffen, wobei dann häufig die Kritik der Reformpädagogik an der Buch- und Lernschule dupliziert und die entsprechenden reformpädagogischen Gegen-Modelle „wiederentdeckt" werden. Vor allem eine falsch verstandene Wissenschaftsorientierung des Unterrichts sowie die als ungewollte Folge von Bemühungen um Chancengleichheit zu beobachtende zunehmende Dominanz des Leistungsprinzips wird für die allseits beklagte fehlende Sinnperspektive schulischen Lernens (für Schüler wie auch Lehrer und Eltern) verantwortlich gemacht. Als Gegenmittel auch hier die Forderung nach Re-Pädagogisierung der Schule, nach Ent-Intellektualisierung des Unterrichts, nach Überwindung des inhaltsleeren Leistungsdenkens, nach Öffnung der Schule für das Leben, nach Ganzheitlichkeit des Lernens. Insofern treffen sich die vielfach vorgebrachten alten und neuen Argumente der Schulkritik in der Forderung nach einer neuen Qualität des Lernens - die natürlich eine ebenfalls neue Qualität des Lehrens verlangt.

Schließlich ist noch auf die (lern-)psychologische Begründung handlungsorientierten Unterrichts hinzuweisen: Es gehört zu den Grundaxiomen der neueren Lern- und Entwicklungspsychologie, dass Lernen ein *aktiver* Prozess ist, der aus der Auseinandersetzung mit dem Individuum und seiner Umwelt erwächst (vgl. Abschnitt 2.4). Die Grundform der Auseinandersetzung zwischen Mensch und Welt ist Handeln, Tätigsein, „Arbeit". Die handelnde, begreifende Auseinandersetzung mit den Dingen bildet die Basis für die Entwicklung des Denkens und Imaginierens. Denken ist gewissermaßen Probehandeln ohne direktes Risiko. Eingebettet ist dieser Prozess der aktiven Auseinandersetzung mit Welt in soziale Bezüge, in „Interaktion". Beide Seiten, Gegenstands- und Sozialbezug sind untrennbare Voraussetzung für die Entwicklung und Entfaltung menschlicher Kompetenz und personaler Identität. Das organisierte Lehren und Lernen hat diesen Aktivitätscharakter des Lernens zu respektieren und zu fördern und dementsprechende Lernbedingungen zu arrangieren. Erst dadurch kann Schullernen ein mechanisches Niveau übersteigen und seinen aufgesetzten Charakter verlieren; die erworbenen Wissenszusammenhänge werden zu einem integrierten Teil der Persönlichkeit. Allerdings zeigen sich bei dieser sehr anspruchsvollen Qualität des Lernens sehr schnell die Grenzen von Methode: eigenaktives, ganzheitliches Lernen ist nur noch begrenzt durch methodische Maßnahmen anzuleiten und zu steuern. Die differenzierten Einsichten der Lernpsychologie und Handlungstheorie würden missverstanden, wenn man sie zur Vorlage für ein geschlossenes Lehr-Lern-Programm machen wollte (vgl. Witzenbacher 1985; Söltenfuß 1983; Wopp 1986).

Soweit die Begründungen für die Notwendigkeit von handlungsorientiertem Unterricht als ‚Umwelt' für integratives Lernen. Welche Ziele stellt sich dieser methodische Ansatz selbst? Hierzu kann auf die Ausführungen von Gudjons (1987, S. 1ff.) zur Handlungsorientierung als methodischem Prinzip im Unterricht zurückgegriffen werden:

„1. Im Handlungsorientierten Unterricht versuchen Schüler und Lehrer gemeinsam etwas zu *tun*, zu *praktizieren*, zu *arbeiten* unter *Einbeziehung möglichst vieler Sinne*, des Kopfes, des Gefühls, der Hände, Füße, Augen, Ohren usw. Geistiges und sinnlich-körperliches Tun soll ‚wiedervereinigt' werden. Lernen und Arbeiten, Denken und Handeln, Schule und Leben, Konsumtion und Produktion, Verstand und Sinnlichkeit rücken wieder näher zusammen: Theorie und Praxis werden im Idealfall ganzheitlich erlebt, wie es z.B. im Drucken, im Brotbacken, im Spiel, in der Aktion, im Fest und im gelungenen Projekt erlebbar ist.

2. Handlungsorientierter Unterricht versucht, an den *Interessen der Beteiligten* anzuknüpfen; sowohl die Interessen des Lehrers sind legitimer Ausgangspunkt, aber genauso die der Schüler. Interessen bilden sich aber oft erst durch erste Handlung*serfahrungen*. - Es bleibt Aufgabe des Lehrers, Interessen wachzurufen und zu vermitteln.

3. Handlungsorientierter Unterricht versucht einen *Bezug zur wirklichen Wirklichkeit' (v. Hentig)* herzustellen, *zum Leben draußen*, (‚das Leben wieder am Leben lernen'), mutet Schülern (in pädagogischer verantwortbarer Weise) auch die Ungereimtheiten und Widersprüche von Situationen aus dem Leben zu. - Er orientiert sich an der Lebenswelt der Schüler, am Zusammenhang der Dinge im Leben, nicht nur an Einzelaspekten der Fachwissenschaft oder der Fächer. Tendenziell ist er interdisziplinär: Welthunger ist nicht nur ein biologisches Problem der Heuschreckenbekämpfung, Abtreibung nicht nur ein medizinisches, der Islam in Hamburg nicht nur ein religiöses Problem usw.

4. Handlungsorientierter Unterricht gibt möglichst Raum für *Selbstorganisation und Selbstverantwortung* der Schüler, anfangs eher ,*Mit*-Organisation, *Mit*-Verantwortung'. Jede Handlung braucht einen Handlungsplan, eine Struktur, - aber diese wird nicht allein vom Lehrer festgelegt. Oft ist es hilfreich, gemeinsam, von hinten nach vorne zu planen; also: Was wollen wir herausfinden, herstellen, lösen? Welche Teilschritte sind nötig, wer organisiert, wie ... usw. - Auch soll die Planung revisionsfähig gehalten werden.

5. Handlungsorientierter Unterricht ist *zielgerichtet*, ist kein beliebiger Aktionismus. Weniger geht es um die Operationalisierung von Lernzielen, sondern mehr darum herauszufinden, welche Handlungsziele erreicht werden sollen. Das Problem dabei: *Lehrziele* des Lehrers und *Handlungsziele* der Schüler müssen verbunden werden. (Z.B. der Lehrer formuliert als Ziel: ,Wasserverdrängung berechnen können', die Schüler wollen aber ein Boot bauen, das möglichst viel tragen kann).

6. Handlungsorientierter Unterricht strebt nach Möglichkeit *konkrete Produkte* an. Das ist mehr als eine ,Lernbestandsveränderung' im Kopf der Schüler. Produkte können *sinnlich-fassbar*, gegenständlich sein (eine Fotoserie, ein Modell, ein Theaterspiel, eine Broschüre mit Anwendungsbeispielen des Mathe-Unterrichts für andere Schüler, eine Ausstellung, eine Latein-Vokabelhilfe für den nachrückenden Jahrgang u.a.m.), sie können *Gebrauchs- und Mitteilungswert* haben. Aber auch ,*innere Produkte*' sind möglich wie Veränderung der Einstellung gegenüber Ausländern oder Behinderten, eine Entscheidung für Wehrdienst oder Zivildienst, eine andere Haltung Außenseitern in der Klasse gegenüber, ja auch Antworten auf selbstgestellte Probleme (wieweit nützen Verfallsdaten auf Lebensmittelpackungen, wie gehen Verbraucher damit um?)

7. Handlungsorientierter Unterricht fördert *Kooperation im gemeinsamen Handeln:* Rücksichtnahme, Umgang mit Dominanz und Zurückhaltung, ja Konfliktbearbeitung, Arbeit an Beziehungen, lernen von Kommunikation untereinander durch gemeinsame Bezogenheit auf die Sache. Voneinander und miteinander wird gelernt, Interaktionen werden nicht einzig allein frontal vom Lehrerpult aus gesteuert. Der *Prozess* der Zusammenarbeit wird u.U. genauso wichtig wie die Erstellung irgendeines *Produktes*! Soziales Lernen wird ernstgenommen, Kleingruppen und Partnerarbeit sind unverzichtbare Sozialformen im handlungsorientierten Lernen.

8. Handlungsorientierter Unterricht ist ein *Konzept, das viele bekannte und verwandte Unterrichtsformen* integrieren kann: z.B.

- ,*entdeckendes Lernen*', also kein Konsum von Fertigprodukten, sondern forschendes, konstruierendes, hypothesenbildendes und -prüfendes Lernen,

– Berücksichtigung des ‚exemplarischen Prinzips', Reduzierung der Stoff-Fülle durch ‚Beispiele für ...', das Einzelne ist Spiegel des größeren Ganzen,

– ‚erfahrungsbezogener Unterricht'.

Handlungsorientierter Unterricht sucht *Erfahrungsmöglichkeiten*, bis hin zum wörtlichen Verständnis: Hinaus aus der Schule, sich etwas erfahren. Nicht nur Erleben ist gemeint, (dies bleibt auf der Gefühlsebene, das ist wichtig und gut, aber erst Reflexion und Verarbeitung machen aus Erlebnissen Erfahrungen!)

9. Handlungsorientierter Unterricht versucht im Idealfall, *in gesellschaftliche Verhältnisse ‚einzugreifen'*, etwas nützlich und praktisch zu verändern (‚Ernstcharakter'). Er zielt nicht auf Hobby-Pflege! Das fängt bei der Gestaltung der Schulflure mit Bildern an, geht über Entwicklung von Angeboten zur ‚aktiven Pause' bis vielleicht hin zur Aktion ‚Mehr Fahrradwege in unserem Stadtteil'. Aber hier liegen auch die Grenzen von Schule! Man kann Heranwachsenden nicht die Lösung von Problemen zumuten, die die Erwachsenen nicht bewältigt haben. Andererseits ist es eine alte Erfahrung: sobald Öffentlichkeit' in's Spiel kommt, steigt die Motivation!

10. Handlungsorientierter Unterricht ist sich *seiner Grenzen bewusst*, - vielleicht stärker als der Frontalunterricht, der meint, alles und jedes sei letztlich darbietend zu vermitteln. - Es wäre illusionär, alle Lerninhalte auf dem Erfahrungshorizont und auf den subjektiven Interessen der Schüler aufzubauen. Die anderen Unterrichtsformen bleiben unverzichtbar. Aber angesichts der ‚Monokultur' passiv-rezeptiver Lernformen ... geht es heute m.E. um die Verwirklichung von *mehr* Handlungsorientierung im Unterricht.“

Jede(r) mit didaktisch-methodischen Problemen Vertraute erkennt sofort: Mehr Gutes auf Einmal kann man nicht wollen! Gudjons fasst im Grunde alle derzeit diskutierten Forderungen nach einer Erneuerung des Lehrens und Lernens in der Schule zusammen, wobei er auf sehr unterschiedliche Kontexte rekurriert und die Verträglichkeit der einzelnen Ziele untereinander nicht weiter prüft. Solche Kataloge mit guten Absichten haben vornehmlich appellative Funktion, d.h. sie wollen für eine Sache einnehmen und zu entsprechendem Handeln anleiten. Dies trifft übrigens nicht nur für die Argumentation zugunsten eines handlungsorientierten Unterrichts zu, sondern gilt ebenso für „Schüler-“, „Erfahrungs-“, „Erlebnis-“, „Alltags-“, „Teilnehmer-“ und sonstige didaktisch-methodische „... Orientierungen“. Sie präsentieren einen Bezugspunkt und führen (normative, historische, empirische) Begründungsargumente hierfür an, grenzen negativ zur gegebenen Praxis und zu anders ‚orientierten' Argumentationen ab, versorgen mit allgemeinen Handlungsregeln und halten schließlich auch Erklärungen und Entschuldigungen für Misserfolg bereit. Insofern kommt solchen Argumentationen vornehmlich die Funktion der Motivationsbeschaffung sowie der Hilfestellung im Rahmen praktischer Problembewältigung zu. Deshalb ist es problematisch, sie dem Härtetest einer streng systematischen, an Theorieproblemen orientierten (!) Prüfung unterziehen zu wollen, da sie nicht als Beitrag zu diesem Diskurs gedacht sind.

Gleichwohl ist es geboten, auf äußere Realisationsschwierigkeiten sowie immanente Probleme aufmerksam zu machen: Wie bei allen Konzepten zur Veränderung schulischen Lehrens und Lernens steht dem handlungsorientierten Unterricht die Schwerkraft der institutionellen und curricularen Verhältnisse in der Schule sowie das traditionelle Unterrichtsbild als Element der Berufskultur von Lehrern entgegen. Handlungsorientierter Unterricht erfordert ein beträchtliches Maß an beruflichem Engagement sowie an institutioneller Öffnung der Schule. Die Bereitschaft hierzu wird dadurch geschmälert, dass der Zusammenhang zwischen dieser unterrichtlichen Form und der dadurch angestrebten hohen Lernqualität nicht immer sehr deutlich ist. Oder anders: Hoher Aufwand und die entsprechende Wirkung sind hier ganz besonders fragil miteinander verknüpft. „Direct instruction" kann auf greifbare Erfolge verweisen - weil Erfolg hier relativ eng und unprätentiös definiert ist! Handlungsorientierter Unterricht kann seinen Erfolg nur sehr bedingt und vermittelt demonstrieren - hat dafür aber eine anspruchsvolle pädagogische Moral auf seiner Seite.

Eine immanente Prüfung des Anspruchs handlungsorientierten Unterrichts macht auf drei Probleme aufmerksam (vgl. Gudjons 1986, S. 98ff.; Meyer 1987, II, S. 409ff.):

1. *Verträglichkeit mit dem Lehrgangsprinzip:* Schule garantiert eine bestimmte Systematik des Lehrens und Lernens. Diese Systematik drückt sich u.a. im Fächerkanon sowie im Lehrgangsprinzip aus. Aufgrund dieser Systematik wird die Zufälligkeit natürlichen6 Lernens überschritten. Handlungsorientierte Unterrichtsformen können diese systematische Basis nicht negieren; deshalb wird in den einschlägigen Veröffentlichungen an keiner Stelle verlangt, nur noch handlungsorientiert zu unterrichten. Ebenso ist es falsch, „Handlungsorientierung" als Alternative z.B. zu „Wissenschaftsorientierung" zu diskutieren (vgl. dazu Kunstmann 1981). Solche Gegenüberstellungen von didaktisch-methodischen Orientierungen haben keinen systematischen, sondern appellativen Charakter (s.o.). Insofern ist bei der Organisation handlungsorientierten Lehrens und Lernens immer auch die Einbettung in lehrgangsförmigen Unterricht von Bedeutung. Erst bei wechselseitiger Ergänzung beider Formen wird Lernfortschritt erfahrbar - für Lehrer wie für Schüler. Andernfalls würde der Anspruch integrativen Lernens verfehlt.

2. *Kleinräumigkeit von Erfahrung:* Die Absicht, schulisches Lehren und Lernen institutionell, curricular und methodisch für außerschulische Erfahrungsfelder und -möglichkeiten zu öffnen ist sicherlich ein geeigneter Weg,

dem schulischen Lernen Anschaulichkeit, Gebrauchswert und ‚Sinn' zuzuführen. Eine solche Orientierung findet ihre Grenze jedoch an der immanenten Begrenztheit von Lebensnähe und Anschauung (vgl. Loser 1969). Denn der Zweck der Schule ist es doch auch, die Partikularität des unmittelbaren (familialen, sozial-räumlichen) Lebenskreises zu überschreiten; hierin liegt die sowohl sozialisatorische wie intellektuelle Funktion von Schule begründet. Es wäre fatal, wenn es im Gefolge von „Handlungsorientierung" de facto zu einer Kleinräumigkeit des Lehrens und Lernens in der Schule käme. Sicherlich: Von den Protagonisten wird dies keineswegs gewollt - aber bei der Realisation könnte es gleichwohl dazu kommen.

3. *Handlungsorientierter Unterricht - schulformbezogene Didaktik?* Obwohl die Befürworter handlungsorientierten Unterrichts bzw. integrativen Lernens sich explizit und vehement gegen eine Beschränkung dieser Organisationsform des Lehrens und Lernens auf bestimmte Schulformen aussprechen, sehen sie selbst doch auch die Gefahr, dass aufgrund der Betonung praktischer (musischer, handwerklicher etc.) sowie ganzheitlicher Elemente diese Unterrichtsform wohl eher dem Selbstverständnis der Grund- und Hauptschule entspricht als dem der Realschule oder gar des Gymnasiums mit seinen traditionell stärker intellektuell-wissenschaftlichen Ansprüchen an die Schüler. Würde Handlungsorientierung tatsächlich z.B. zur typischen Hauptschuldidaktik, so wäre eine stärkere Markierung der qualitativen Differenzen zwischen den Unterrichts- und Lernkulturen der verschiedenen Schulformen die Folge. Es bleibt aber zu fragen, ob damit nicht problematische Auffassungen über die qualitativen Begabungsunterschiede der Schüler und - damit zusammenhängend - entsprechende Bildungsaufträge der verschiedenen Schulformen eine Wiederbelebung erfahren würden.

Diese Hinweise auf Realisierungsprobleme bzw. auf mögliche nicht-intendierte Folgen handlungsorientierten Unterrichts dürfen nicht als grundsätzliche Vorbehalte verstanden werden. Ganz im Gegenteil wäre zu wünschen, dass handlungsorientierter Unterricht eine weitere Verbreitung findet als dies derzeit der Fall ist. Auf die hierdurch zu fördernde Qualität des integrativen Lernens kann nämlich keine Schule und keine Schulform schadlos verzichten.

6. Konstruktivismus und Unterricht: Gibt es einen neuen Ansatz in der Allgemeinen Didaktik?[1]

6.1 Ausgangssituation

Um die Allgemeine Didaktik ist es ruhig geworden. Die Kontroversen der späten 1960er und frühen 1970er Jahre sind abgeebbt; die Theorielage ist seit Jahrzehnten im Wesentlichen stabil. In den einschlägigen Lehrbüchern werden immer noch mit Beharrlichkeit und Erfolg die von Bankertz systematisierten „Theorien und Modelle der Didaktik" (1969; 13. Auflage 1991) präsentiert; in der Ausbildung für pädagogische Lehrberufe ist Didaktik (als Allgemeine Didaktik wie auch als Fachdidaktik) im Allgemeinen fest verankert. Insofern kann man mit einem gewissen Recht von einem Stillstand der Theoriediskussion sprechen.

Dabei müsste etwa im Kontext der weitverbreiteten Krisendiskussion um Schule, Unterricht und Lehrerberuf oder aufgrund der allseits beschworenen Bedeutungssteigerung lebenslangen Lernens eigentlich der Weizen der Didaktik auch in theoretischer Hinsicht blühen. Das Gegenteil ist der Fall: Von einer Theorie-Diskussion kann in der Allgemeinen Didaktik im Grunde schon seit zwei Jahrzehnten keine Rede mehr sein. Die überhaupt entwicklungsfähigen der von Blankertz unterschiedenen Theorien und Modelle der Didaktik sind mehrfach fortgeschrieben worden und haben sich im Laufe dieses Prozesses stark angenähert, man könnte auch sagen: schutzsuchend aneinandergelehnt. Die aktualisierte bildungstheoretische Didaktik wie auch die ebenso erneuerte lehrtheoretische Didaktik beherrschen weiterhin das Feld; Theoriediskussion selbst ist weithin ersetzt worden durch die Entwicklung und Apologie von bestimmten *methodischen Doktrinen*.

In dieser paradigmatisch stabilen Situation tritt nun seit kurzem ein neues Denken und Reden auf den Plan, und zwar mit nichts geringerem als dem Anspruch, einen neuen allgemeindidaktischen Ansatz zu formulieren. Dabei handelt es sich um einen Denkzusammenhang, der von den Protagonisten als *konstruktivistische Didaktik* bezeichnet wird, und der sich auf verschiedene Spielarten des Konstruktivismus in der Erkenntnistheorie, auf a-

---

1 Dieses Kapitel ist ursprünglich als selbstständiger Beitrag in der *Zeitschrift für Pädagogik* 45 (1999) H. 5, S. 631-647 erschienen.

naloge systemtheoretische Argumentationen, teilweise auf mikro-soziologische Theorien, massiv aber auf gehirnphysiologische wie auch kognitionswissenschaftliche Konzepte stützt. Von Bedeutung ist dabei, dass sich das konstruktivistische Verständnis von Lehren und Lernen, Unterricht und Didaktik nicht als eine Besonderheit des deutschsprachigen Raumes, sondern als eine breite internationale Entwicklung manifestiert, die ihren Hintergrund in fachdidaktischen Entwicklungen wie auch in bestimmten Weiterentwicklungen der Lern- und Unterrichtspsychologie hat. Insbesondere innerhalb der Didaktik der Mathematik und der Naturwissenschaften, die schon immer in vergleichsweise enger Beziehung zur empirischen Lern- und Kognitionspsychologie gestanden haben, ist der konstruktivistische Ansatz formuliert und erprobt worden. Gleichwohl sollte er jedoch nicht als eine auf diesen Lern- bzw. Inhaltsbereich begrenzte, lokale Erscheinung betrachtet werden, da er explizit mit dem Anspruch auftritt, eine neue *allgemein*didaktische Position darzustellen.

Dieser Anspruch soll im Folgenden näher geprüft und in den weiteren Kontext der Unterrichts- und schultheoretischen Diskussion gestellt werden. Dazu wird (nach dieser Einleitung) zunächst der theoretische *Begründungskontext* der mehr oder weniger radikal-konstruktivistischen Didaktik rekapituliert (6.2). Im zweiten Schritt wird das *Konzept* der konstruktivistischen Didaktik herausgearbeitet (6.3), und schließlich eine kritische *Auseinandersetzung* mit dem konstruktivistischen Denken und Agieren im Kontext von Unterricht und Schule versucht (6.4).

6.2 Theoretische Hintergründe konstruktivistischen Argumentierens in der Didaktik

Wie bereits erwähnt begründet sich die konstruktivistische Didaktik durch Rückgriff auf unterschiedliche Theorieebenen und -bereiche und kommt von hier aus zu einem strukturierten Satz von Kernaussagen, zu denen neben strategisch-praktischen Empfehlungen zum Vorgehen im Unterricht auch bestimmte allgemeine normative Annahmen über das Ziel des Unternehmens Unterricht und Erziehung gehören. Parallel zu dieser in der Tat selbst-konstruktiven, aufbauenden Begründung und Ausarbeitung des eigenen Ansatzes wird kontinuierlich eine Art Abwehrargumentation gegen (real oder vermeintlich) entgegengesetzte, also: kritikwürdige und abzulehnende didaktische Denkschulen entwickelt.

Vorab einige Hinweise zur Literatur: Der Begriff „konstruktivistische Didaktik" wird in deutschsprachigen Publikationen m.W. zuerst von Siebert (1994) und dann von v. Glasersfeld (1995) sowie Müller (1996) und Reich (1996,1997) benutzt. Als repräsentative Monographie für diesen Ansatz kann das Buch von Kösel „Subjektive Didaktik. Die Modellierung von Lernwelten" (1991; 3.Auflage 1997) gelten. Die knappste, z.T. selbst didaktisierte Übersicht vermitteln zwei Broschüren des Landesinstituts für Schule und Weiterbildung in Soest (LSW 1995; Siebert 1996) sowie das Themenheft „Pädagogik und Konstruktivismus" des Magazins „Pädagogik" 1998, Nr.7/8. Eine Übersicht zur konstruktivistischen Unterrichtsforschung vgl. Krüssel (1993), entsprechende Lehr-Lern-Theorien werden im Themenheft „Konstruktion von Wissen" der Zeitschrift für Pädagogik (1995/H.6) vermittelt. Auf den Bereich des „instructional designs" zum Konstruktivismus beziehen sich Dinter (1998) und Hoops (1998). Eine erste kritische Auseinandersetzung findet sich bei Kühl (1993). Eine umfassende und kritische Diskussion der Beziehung zwischen Radikalem Konstruktivismus und Pädagogik liefert die Dissertation von Diesbergen (1998), die im Winter 1998 erschienen ist und zu ähnlichen Beurteilungen kommt wie der folgende Text. Neuerdings hat Siebert (1999) eine Bilanz (!) des Konstruktivismus für die Bildungspraxis vorgelegt. Zur englischsprachigen Diskussion vgl. die Sammelbände von Duffy/Jonassen (1992), Duffy et al. (1993), Tobin (1993) und Steffe/Gale (1995).

Es sind im Wesentlichen vier sehr unterschiedlich gelagerte Theorie-Kontexte, die den Hintergrund für die konstruktivistische Didaktik bilden bzw. von den Protagonisten dieses Ansatzes herangezogen werden: Radikaler Konstruktivismus (2.1), Neurobiologie des Erkennens (2.2), Systemtheorien (2.3) sowie aktuelle kognitionspsychologische Lernkonzeptionen (2.4). Dabei ist zu berücksichtigen, dass diese Hintergrundtheorien - *erstens* - in systematischer Hinsicht nicht auf einer gleichen Ebene liegen. Ihr Verhältnis untereinander ist - je nach Perspektive bzw. Blickposition - durchaus unterschiedlich zu bestimmen. *Zweitens* werden diese sehr unterschiedlichen Hintergrundpositionen von der verschiedenen Vertretern der konstruktivistischen Denkens in der der Didaktik auf unterschiedliche und unterschiedlich intensive Weise genutzt bzw. kombiniert. Hierdurch bedingt fällt es nicht nur schwer, konstruktivistische Kerngedanken präzise auszumachen: Jeder irgendwie Identifizierte streitet sofort ab, *so* identifizierbar zu sein! Am Ende ist dann nicht nur nicht mehr klar, was Konstruktivismus in seinen verschiedenen Spielarten eigentlich ist; darüber hinaus bleibt zusätzlich unklar, was auf dieser schwer zu bestimmenden Basis dann konstruktivistische Didaktik sein kann.

1. Radikaler Konstruktivismus

Die Erkenntnistheorie des Radikalen Konstruktivismus liefert die erkenntnis- und wissenschaftstheoretischen Basisannahmen. Ihr zufolge ist menschliches Erkennen - von der Alltagsbeobachtung bis hin zur wissenschaftlichen Erkenntnisbildung - als Erfassung und Abbildung einer irgendwie außerhalb des Erkennenden liegenden und ‚an sich' seienden Realität prinzipiell unmöglich. Alles, was von dieser äußeren, an sich gegebenen Realität gewusst werden kann, ist eine Kreation des Beobachters. Erkennen ist an die Beobachterperspektive gebunden, und beobachtende Systeme können nur und müssen also konstruieren, weil sie ‚operativ geschlossen' sind (s.u.). Realität ‚an sich' ist unerreichbar; alles, was wir von ihr wissen, ist von Menschen erzeugt. Nichts an Wissen wird entdeckt; alles wird erfunden - auch dieser Satz. Wohlgemerkt: Dies heißt nicht, dass die Existenz einer außer uns existierenden Realität von Dingen geleugnet wird; der Radikale Konstruktivismus ist kein schlichter Solipsismus! Es wird lediglich behauptet, dass alles, was Menschen von dieser äußeren Realität wissen können, eine Konstruktion ist. Nur als dergestalt von uns selbst konstruierte können wir unsere Wirklichkeit verstehen. Die Summe aller Konstruktionen ist gleichsam unsere (wissenschaftliche) Wirklichkeit, in der wir leben. Sogar die Unterscheidung zwischen einer außerhalb unserer Wirklichkeit (womöglich) existierenden Realität von Dingen und der uns nur möglichen Konstruktion dieser Wirklichkeit ist eine solche mentale Konstruktion; „Realität" ist ein Begriff innerhalb unserer konstruierten Wirklichkeit.

Konstruktionen sind nicht nur individueller Natur; sie finden in sozialen Kontexten als Ko-Konstruktionen statt und müssen sich dort bewähren. Wissenschaftliche Erkenntnisbildung ist nicht grundsätzlich, sondern nur graduell von Alltagserkenntnis unterschieden und ist - trotz aller Spezialisierung auf Erkenntnisbildung und aufwendige Erkenntnisprüfung - insofern auch nicht in der Lage, objektive Wahrheiten als korrekte Abbilder einer äußeren, gegebenen Welt bereitzustellen. Auch wissenschaftliches Wissen ist konstruiertes Wissen, das sich im Blick auf bestimmte Kontexte, Interessen und Probleme bewähren, als „viabel" (v. Glasersfeld), als „operativ tauglich" (v. Foerster) erweisen muss. Insofern ist Erkenntnis immer auch ein Instrument des Sich-zurecht-Findens, ja: des erfolgreichen Überlebens in einer Welt, die jedoch nie ‚als solche', also: un-vermittelt erkennbar ist. Insofern kann also auch kein Wissen einen irgendwie gearteten Anspruch auf Höherwertigkeit oder Privilegiertheit erheben; es wird benutzt, sofern und solange es in Kontexten nützlich, tauglich ist, ‚gelebt' werden kann, sich als viabel erweist. In letzter, metaphysischer Konsequenz wird dieser grundsätzlich konstruierte und immer vorläufige Status allen Wissens als zwingende Aufforderung zur Toleranz zwischen den Wissens- und Überzeugungssystemen und ihren Anhängern betrachtet. Denn es kann keinen sicheren Anfang und kein sicheres Ende von Erkenntnis geben (vgl. v. Foerster 1985; v. Glasersfeld 1996; Schmidt 1987, 1992 sowie Bardmann 1997).

Viele, wenn nicht gar alle diese Argumente sind nicht neu, sondern in der Geschichte des erkenntnistheoretischen Denkens in Aspekten oder insgesamt, wenngleich in anderer Sprache, bereits vorgebracht worden; dies wird selbstverständlich von Radikalen Konstruktivisten konzediert. Die besondere Volte der meisten Vertreter des Radikalen Konstruktivismus besteht nun darin, dass die getroffenen Aussagen nicht als philosophische Spekulationen über Welt und menschliches Erkennen betrachtet werden, sondern ihre Abstützung durch gehirnphysiologische Forschungen erfahren. Es erfolgt mithin eine Naturalisierung erkenntnistheoretischer Argumente.

2. Neurobiologie des Erkennens

Die Neurobiologie des Erkennens wird herangezogen, um erkenntnistheoretische Annahmen empirisch zu fundieren. Diese Naturalisierung von Erkenntnistheorie bedeutet natürlich, dass die empirische Forschung über Gehirnfunktionen etc. in den Augen der diese Forschung nutzenden Radikalen Konstruktivisten selbst auch dem konstruktivistischen Credo unterliegt - ein Sachverhalt, der allzu gerne übersehen wird. Führende Vertreter der Gehirnforschung (z.B. Roth 1994) deuten ihre Ergebnisse auf der Theorie-Ebene ebenfalls radikal-konstruktivistisch. Die vom Radikalen Konstruktivismus herangezogenen Forschungen zur Neurobiologie des Gehirns besagen, dass der Zusammenhang zwischen Außenwelt, Sinnesorgan und Gehirn gerade nicht derart gestaltet ist, dass die Außenwelt durch die Sinnesorgane gleichsam ins Gehirn transportiert wird und das Gehirn dann das säuberliche Ab-Bild der Außenwelt aufbaut. Vielmehr wird umgekehrt davon ausgegangen, dass das Gehirn mit nur geringen und noch dazu verzerrten, lückenhaften Umweltinformationen, aber aufgrund der Tatsache, dass es von seiner eigenen Struktur determiniert ist, eine Erlebniswelt („Wirklichkeit") aufbaut, die zum allergrößten Teil eben nicht durch das Außen („Realität"), sondern durch das Innen, durch sich selbst also, determiniert ist, wobei dieses Innen in, durch und für sich selbst auch den Eindruck erzeugt, dass die konstruierte Welt nicht gleichsam zusammengepresst und als Konstruktion ‚innen' steckt, sondern sehr wohl als ‚da draußen' sich befindend erlebt wird. (Das Gehirn als materialer Gegenstand ist selbst übrigens Teil dieser ‚außen' sich befindenden Realität). Neuronale Prozesse selbst sind bedeutungsfrei und inhaltsneutral (Prinzip der Neutralität des neuronalen Codes). Erst durch die zu schier grenzenloser Komplexität fähige Eigenarbeit des Gehirns wird Bedeutung und Wirklichkeit erzeugt.

In seiner neuronalen Aktivität reagiert das Gehirn zum allergrößten Teil auf sich selbst, auf bereits aufgebaute Strukturen und Elemente (Selbstreferenz). Insofern ist das Gehirn selbst unser wichtigstes Sinnesorgan. Eben erst *aufgrund* der Tatsache, dass Wirklichkeit neuronal konstruiert ist, haben wir subjektiv den Eindruck, kontinuierlich in einer vollständigen, verstehbaren und ununterbrochenen Wirklichkeit ohne ‚Löcher' und ‚Leerstellen' zu leben; gerade die Perfektion der Konstruktion dementiert deren Charakter als Konstruktion. Auch Informationen über die konstruktiven Leistungen unseres Gehirns oder die These, dass die Vorstellung, ein ‚Ich' zu sein, lediglich auf einen bestimmten Zustand oder ein bestimmtes Niveau des neuronalen Prozesses zurückzuführen ist, führt nicht zum ‚Abstürzen' der eingespielten Wirklichkeitserfahrung. Diese durch ein Außen nicht determinierte Selbst-Konstitution wird als Autopoiese (im Gegensatz zur Fremd-Konstitution, Allopoiese) bezeichnet (vgl. Oeser/Seitelberger 1988; Roth 1994 sowie Roth/Prinz 1996).

Die empirischen Erkenntnisse über das Gehirn werden nicht nur auf der erkenntnistheoretischen Ebene von Radikalen Konstruktivisten genutzt, sondern ebenso auch von der allgemeinen Systemtheorie, die die unter der Hirnschale gewonnenen Erkenntnisse, genauer: die Metaphorik, in die diese eingekleidet werden, gleichsam auf den gesamten Ereignisraum ‚Welt' hin ausdehnt.

3. Systemtheorie

Die Theorie autopoietischer selbstreferentieller Systeme nutzt radikalkonstruktivistische, neurobiologische sowie kybernetisch-informationstheoretische Konzepte zur Erarbeitung einer allgemeinen Systemtheorie, die sich auf keinen spezifischen Gegenstandsbereich bezieht, sondern generell auf ‚Systeme' als beobachtbare und beobachtende Ordnungsgefüge. Das primäre Konstruktionsprinzip dieser Systemtheorie besteht darin, die von der Neurobiologie des Gehirns erarbeiteten Konzepte aus ihrem Entstehungskontext zu lösen und auf alle als Systeme vorstellbaren Entitäten zu generalisieren. So betrachtet ist dann nicht nur ein Gehirn, sondern je nach Wahl ein psychisches System, eine Gruppenstruktur, ein Apparat, eine Institution, eine Gesellschaft, die ganze Welt ein geschlossenes, selbstreferentielles autopoietisches System, das seine Umwelt, in der sich andere Systeme befinden (können), beobachtet und dabei umgekehrt von diesen beobachtet wird. Systeme sind füreinander weithin intransparent - sie können jedoch anhand der Reaktionen auf eigene Aktionen in sich ein Modell des anderen Systems bzw. Modelle anderer Systeme nachzukonstruieren versuchen und so ein gewisses Maß an wechselseitigem Verstehen (auch Miss-Verstehen ist eine Form von Verstehen!) erlangen. Die Umwelt determiniert nicht, was im System geschieht - Systeme sind insofern „autonom" in dem Sinne, als nicht die Umwelt, sondern die Struktur des Systems und seine bisherige Erfahrung den systeminternen Möglichkeitsspielraum bestimmen. Immerhin besteht eine gewisse strukturelle Koppelung an die Umwelt, so dass hinreichende Informationen zustande kommen, die eine Ein- und Anpassung an Umwelten ermöglichen - wobei die eigene Strukturdeterminiertheit hier jedoch immer Grenzen setzt: Nicht alles geht.

Alle diese Aussagen über Systeme und ihre nur strukturelle, eher lose Ankoppelung an Umwelten sind jedoch beobachterrelativ, d.h. werden von einer Außeninstanz getroffen, die wiederum damit rechnen muss, von dem von ihr beschriebenen System umgekehrt selbst beobachtet und beschrieben zu werden. Auf diese Weise entsteht das Bild eines ausgedehnten Raumes, in dem sich jeweils und notwendig von Beobachtern ausgegrenzte bzw. identifizierte strukturierte Einheiten in getrennter Verbundenheit und verbundener Trennung vorsichtig, in wechselseitiger begrenzter Beobachtung und mittels schmalbandiger Kommunikation bewegen, ohne sich selbst, etwas anderes oder gar diesen Raum je gänzlich erfassen und verstehen zu können. Wenn die Gehirnforschung die Cerebralisierung des Menschen betreibt, so geht die Systemtheorie eine Stufe weiter und dehnt das Bild der cerebralen Netzwerkstrukturen auf die ganze Welt aus. Aber auch dann noch, wenn die ganze Welt ein Gehirn voller Gehirne voller Gehirne etc. ist, setzt diese Beschreibung die Instanz eines analytisch ,im Außen' dieses Raumes befindlichen Groß-Beobachters voraus, dem das ganze Geschehen aber auch nicht völlig transparent wird und der nicht wissen kann, ob er selbst wiederum nur (?) das Objekt einer noch höheren Beobachtungsinstanz ist. Wie dem auch sei: Verschwindet der letzte Beobachter, verschwindet - alles (vgl. Luhmann 1984, 1990; Krohn/Küppers 1992; Fischer 1993).

4. Neuere Lernkonzeptionen

Radikaler Konstruktivismus, Neurobiologie des Gehirns und moderne Systemtheorie lassen sich zwanglos mit modernen kognitionspsychologischen Lernkonzeptionen in Einklang bringen; letztere basieren zu einem großen Teil bereits auf Argumentationen aus den angesprochenen Theorien - und umgekehrt. Während der verhaltenswissenschaftliche Ansatz des behavioristischen Lernverständnisses unter gezielter Absehung von internen mentalen Prozessen von einer alleinigen Außendetermination und insofern Manipulierbarkeit des Lernens anhand geeigneter Reiz- und Verstärkungskonstellationen ausging, ist im Gefolge der vielzitierten kognitiven Revolution Lernen konsequent als Informationsverarbeitung verstanden worden. Nunmehr vermittelt ein innerer Apparat - metaphorisch in aller Regel modelliert in Analogie zum Computer - zwischen den wahrgenommenen Informationen aus der Außenwelt einerseits und dem Handeln oder Entscheiden des Lernenden gegenüber bzw. in der Außenwelt andererseits. Dieser innere Apparat hat sich phylogenetisch evolutionär entwickelt; seine Struktur entfaltet sich ontogenetisch im Wechselspiel zwischen Innen und Außen, wobei manches direkt aufgenommen werden kann, anderes dagegen erst, nachdem sich im Entwicklungsprozess eine bestimmte Innenstruktur aufgebaut hat. Zwar ist jetzt der Lernende selbst zu einer intern aktiven Instanz geworden, wodurch die Freiheitsgrade seines Handelns und Entscheidens größer geworden sind - im Grunde bildet der Informationsverarbeitungsansatz jedoch lediglich eine Art erweiterter, sehr viel komplizierter gewordener, hinsichtlich des Subjektmodells liberalisierter Behaviorismus.

Dies ändert sich, wenn man vom Konzept von Lernen als Informationsverarbeitung zum Konzept von Lernen als Wissenskonstruktion übergeht. Nun bestimmen nicht mehr die ,Block-und-Pfeil' - Modelle der Informationsverarbeitungstheorie (Eingangsfilter-Decodierung-Kurzzeitgedächtnis-Langzeitgedächtnis-Entscheidungsinstanzen etc.) sowie die dahinterliegende Analogie zu ,einfachen', seriellen Computern das Denken über Lernen. Statt dessen wird das Bild des Netzes (Hintergrund: neuronale Netze) ohne festes Zentrum und ohne feste Hierarchie zur Leitmetapher - wobei diese Metapher sowohl im Blick auf Computerprogramme wie auch im Blick auf die neuronale Struktur des Gehirns benutzt wird.

Demzufolge ist Lernen ein selbständig zu vollziehender Akt mit starker Situationsbindung, in dessen Verlauf Wissen, Inhalte, Fähigkeiten etc. nicht eingearbeitet oder ‚absorbiert', sondern konstruiert werden. Dieser Konstruktionsprozess beginnt jedoch nie bei Null, sondern hat als Basis immer die bereits vorhandene (Wissens)Struktur. Dieses vorhandene Wissen, i.w.S.: Erfahrung, ist immer der Ausgangspunkt für die Interpretation von Informationen, die zu Lernen als Konstruktion von Wissen führen können. Ein solches Lernen ist wiederum nicht durch allgemeine Gesetzmäßigkeiten bestimmt, sondern hängt sehr stark von den Situationen und Kontexten ab, in denen es stattfindet. Und dies alles läuft für den Lernenden nicht unbegriffen ab - er kann sich seinen Lernprozess selbst vergegenwärtigen und insofern auf metakognitiver Ebene Vorstellungen darüber bilden, wie er lernt, unter welchen Bedingungen er am besten lernt, wie er sein Lernen organisieren kann etc. Die reflexive Vergegenwärtigung des eigenen Lernprozesses wird zu einem ebenso beschleunigenden wie strukturierenden Element im Lernen selbst.

Betrachtet man diese Entwicklung des Lernverständnisses, so ist die Außendetermination völlig zurückgetreten zugunsten der Determination durch innere Strukturiertheit, ist der Aktivitätsanteil der Lernenden im Lernprozess von (weithin) *passiv* zu (hyper-)*aktiv* gestiegen, und ist schließlich drittens die Möglichkeit der Formulierung von allgemeinen Lerngesetzlichkeiten - das Versprechen der überholten verhaltenswissenschaftlichen Orientierung, aber auch noch des Informationsverarbeitungsansatzes - gegen Null gesunken (vgl. zu den neueren Lernkonzeptionen die Übersichten bei Shuell 1996; Weinert 1996a,b sowie Reinmann-Rothmeier/Mandl 1998).

Blickt man aus einer etwas erweiterten Distanz auf diese vier2 Theorie-Kontexte, so wird zumindest in ungefähren Konturen deutlich, dass sie in jedem ihrer Bereiche auf besondere Weise, aber insgesamt doch gemeinsam den Übergang von einem deterministischen oder auch mechanistischen, hierarchisch gegliederten, auf Zentralsteuerung, Rationalität und Kontrolle setzendes Weltbild in Richtung auf ein nicht-determiniertes, probabilistisches, dezentralisiertes, aus vielen kleinen, einfachen Einheiten zu Netzwerken zusammengesetztes, von teils stetigen, teils ‚sprunghaften', insgesamt aber immer nur bedingt vorhersehbaren Abläufen bestimmtes Weltbild repräsentieren. Beide Weltbilder sind deutlich different, haben aber eine nicht unwichtige Gemeinsamkeit: Sie können in unterschiedlich radikaler Weise formuliert

---

2 Hinzugenommen werden müsste noch der Sozialkonstruktionismus, der stärker aus einer mikrosoziologischen bzw. sozialpsychologischen Sicht heraus argumentiert und an den in Deutschland in der Didaktik z.B. Bauersfeld (1995a) und Krummheuer (1997) anschließen.

und vertreten werden. Die radikaleren Fraktionen der jeweiligen Anhänger-schaft tendieren dabei übrigens zu einem gewissen Holismus, d.h. zu einer Tendenz, die Gesamtordnung des Universums im ganz Kleinen wie im ganz Großen aus einer Wurzel oder einem Prinzip zu erklären, welches dann natür-lich zu dem Gedanken führt, dass ganz zwanglos Alles mit Allem zusam-menhängt, das Große sich im Kleinen widerspiegelt und umgekehrt, alles sei-nen Sinn, seine Bedeutung und Ordnung hat - und sei es die der Un-Ordnung.

6.3 Der systematische Kern der Konstruktivistischen Didaktik

Anhand der kurz skizzierten Hintergrundtheorien lässt sich der systemati-sche Kern der Konstruktivistischen Didaktik nunmehr in aller Vorsicht nä-her bestimmen. Es handelt sich nicht einfach um eine neue Art von psycho-logischer Didaktik, die darin bestehen würde, aus einer spezifischen Sicht von Lernen eine neue Form von Lehren zu deduzieren, und auch nicht um einen von den zu unterrichtenden bzw. zu erlernenden Wissens- oder Lehr-planelementen, der Sache also, her kommenden Ansatz. Ebenfalls steht nicht allein der Unterricht als soziale Situation mit ihren Voraussetzungen und Folgen im Mittelpunkt. In der Tat ist eine Revision des didaktischen Gesamtfeldes, denn es werden umfassende Vorstellungen vom Lernprozess, vom Charakter der Inhalte, der Unterrichtssituation und -Interaktion, der Aufgabe des Lehrers sowie der übergreifenden Zielperspektive didakti-schen Handelns entwickelt, die von folgenden Grundgedanken getragen ist:

Da es aufgrund der für Menschen prinzipiellen Unzugänglichkeit der ‚an sich' existierenden Realität kein absolutes Wissen und keine absoluten Wahrheiten geben kann, sondern menschliches Wissen immer nur als vor-läufig hinreichend taugliches Resultat von sozial geteilten Konstruktions-prozessen betrachtet werden muss, ist es schädlich, wenn nicht unmöglich und sinnlos, Lehren und Lernen (Erziehen generell) nach dem Muster des Vermittelns und Aufnehmens („*Instruktivismus*) gestalten zu wollen. Mög-lich und verantwortbar dagegen ist ein Verständnis und eine Praxis von Lehren, das anregende und erleichternde Umwelten bereitstellt. Durch diese Umwelten können die gleichwohl immer noch selbständig zu vollziehenden Akte des Lernens als eines Konstruierens und Umkonstruierens von Wissen sowie des Gewinnens von Einsicht und Verstehen erleichtert werden („*Konstruktivismus*"). Lernen ist nicht von außen zu determinieren, es be-steht auch nicht in der Verarbeitung' von Informationen oder Wissensele-menten, die - von außen bereitgehalten - dann aktiv ‚hineingenommen' werden. Lernen ist im Wortsinne ein je individuelles, aber in sozialen Kon-texten stattfindendes Konstruieren und Umkonstruieren von inneren Wel-ten, das nur zu einem geringen Teil (durch Perturbation - ein Begriff, den auch Piaget verwendet hat) ‚von außen' angestoßen werden kann, keinesfalls aber in Verlauf und Ergebnis ‚gesteuert' werden kann. Die Verantwortung für das Lernen liegt deshalb beim Lernenden.

Dies erlaubt und erfordert eine neue, gelassene Haltung des Lehrers. Denn einem Lehren als Vermitteln von vorbereiteten und situations-enthobenen Wissenspaketen entschwindet mit diesen Annahmen sowohl jede faktische Möglichkeit wie auch jede moralische Berechtigung. Lehren gewinnt allerdings umgekehrt die Chance des Anregens und (hoffentlichen) Auslesens von Lernen - und kann damit zu einem tatsächlich anspruchsvollen und nachhaltigen Lernen beitragen. Die Aufgabe des Lehrers besteht mithin darin, solche Lernumwelten aufzubauen bzw. zu inszenieren, in denen Lernen als in sozialen und situativen Kontexten stattfindendes Ko-Konstruieren und Restrukturieren wahrscheinlicher wird. Dafür sind vor allem solche Lernumwelten geeignet, die dem situationsbedingten und konstruktiven Charakter jedweden Lernens Rechnung tragen und in denen bzw. durch die hindurch Lernende sich selbständig ihren Weg bahnen können. Für eine Konstruktivistische Didaktik ist es mithin das übergreifende Ziel des (schulischen) Lehrens und Lernens, zum Aufbau einer Welt beizutragen, in der Menschen aufgrund der Einsicht in und Erfahrung der Konstruiertheit von Wissen alle Dogmatismen hinter sich lassen, eine selbstbestimmte Existenz sowie ein tolerantes, gelassenes Miteinander (mit Mensch und Natur) zu leben in der Lage sind.

Hat man auf diese Weise den Kern des Ansatzes der Konstruktivistischen Didaktik rekonstruiert, so überrascht, dass eigentlich nichts wirklich überrascht. Jedem mit didaktischem Denken Vertrauten werden sich bei jeder einzelnen Formulierung unschwer Assoziationen und Verknüpfungen zu bereits bekannten Themen, Problemen und Denkformen aus dem Argumentationshaushalt der Didaktik aufdrängen. Woher rührt - nach Radikalem' Beginn - diese Normalität? Ein wichtiger Grund hierfür ist die Tatsache, dass in didaktischen Kontexten der Konstruktivismus nie in seiner radikalen Form, sondern immer schon als ein gemäßigter, moderater vertreten wird. Durchgängig ist hier von einem „gemäßigten Konstruktivismus" die Rede (Merrill 1991; Jonassen 1991; ebenso Dubs 1995). Wie bereits erwähnt, wird bereits auf allgemeiner Ebene unter „Konstruktivismus" ein recht breites und heterogenes Bündel von Aussagen verstanden; dies wiederholt sich im didaktischen Kontext. Wolff (1994, S. 412) differenziert noch recht einfach zwischen „gemäßigten" und „wirklich radikalen" Ansätzen, wohingegen Phillips (1993) immerhin schon auf drei Dimensionen radikale und weniger radikale Positionen unterscheidet.

Sofern sich eine konstruktivistische Didaktik auf die These beschränkt, dass jedes Lernen von bereits vorhandenem Wissen ausgeht und man als Lehrer insofern immer von den Wissensvoraussetzungen der Schüler auszugehen habe, um von hier aus dann Konstruktionsprozesse in Richtung auf das vorgestellte Unterrichtsziel der Vermittlung von Buch- bzw. Wissenschaftswissen zu ermöglichen, wird sie von radikaleren Vertretern mit einigem Recht als „trivialer Konstruktivismus" (v. Glasersfeld) abgetan. Gleichwohl dominieren eindeutig moderate Positionsbestimmungen, deren Dominanz in dem Maße wächst, wie nicht länger nur die programmatische Argumentation, sondern konkrete didaktische Forschungs- und Praxisprojekte verfolgt werden.

Mäßigung wird also nicht lediglich aus theoriepolitischen Gründen an den Tag gelegt, etwa um besorgte Naturen zu beruhigen: Erst eine gemäßigte Position eröffnet überhaupt systematisch wie praktisch die Möglichkeit und Legitimität einer Aktivität wie Unterrichten (Lehren) und gibt damit dann auch den Anlass für konstruktivistisch-didaktisches Denken. Denn der „wirklich radikale" (Wolff) Konstruktivismus *würde didaktisches Denken und Handeln letztendlich sachlich unmöglich sowie moralisch illegitim und insofern vollkommen überflüssig machen.* Das genaue Gegenteil aber ist der Fall, wenn man berücksichtigt, dass insbesondere vor dem Hintergrund der Lernpsychologie des Konstruktivismus sehr entschiedene und ungemein ambitionierte Versuche unternommen werden, nunmehr dem Lernen der Schüler als einem Konstruktionsprozess aufzuhelfen, ihn zu begleiten und zu unterstützen. Insofern hat insbesondere die Einbringung lernpsychologischer Argumentationen und Konzepte eine eindeutig ent-radikalisierende Wirkung auf allzu forsch vorgetragenen didaktischen Konstruktivismus.

Wie soll konstruktivistisch gestalteter Unterricht eigentlich aussehen? Hierfür sollen drei Beispiele präsentiert werden, die zugleich den abnehmenden Radikalitätsanspruch dokumentieren:

(I) Wolff (1994) listet folgende konstruktivistische Lernprinzipien für die Schule auf:

1. Lerninhalte sind nicht vorab zu fixieren und zu systematisieren; auf diese Weise lassen sie sich nicht (oder nur zufällig) mit dem mitgebrachten subjektiven Erfahrungswissen der Schüler verknüpfen. Allenfalls die Kerninhalte eines Curriculums dürfen festgelegt werden, „denn sonst würde eine angemessene Beschäftigung mit den Wissensinhalten nicht möglich sein" (ibid., S. 417). Und weiter: „Dann ist es auch nicht sinnvoll, mit Lehrwerken zu arbeiten, die solche Festlegungen vornehmen. Authentische Materialien, die einen Lerninhalt aus unterschiedlichen Perspektiven beleuchten, bieten eher Gelegenheit, dass der Lerner sein individuelles Erfahrungswissen zur Konstruktion des Lerninhalts einsetzen kann" (ibid.).

2. Lernziele in der Konstruktivistischen Didaktik lassen sich von dem Grundprinzip leiten, „dass die Auseinandersetzung mit der Umwelt (ihre subjektive Konstruktion) das alleinige Ziel hat, das Überleben des Lerners als autopoietisches System zu sichern" (ibid., S. 418). Ziel ist die Herausbildung von Fähigkeiten, „die in der realen Lebenswirklichkeit gebraucht werden können" (ibid.).

3. Lernumgebungen (Unterrichtsmaterial, Klassenzimmer, Medien und andere Hilfsmittel, letztlich: Schule als Organisation) müssen so gestaltet

sein, dass sie „authentisch und komplex im Sinne der realen Wirklichkeit" sind, dass sie Konstruktionsprozesse ausgehend von je individuell unterschiedlichen Ausgangslagen ermöglichen, dass die Lerninhalte in sie eingebettet werden können, und dass das Gelernte in dieser Lernumgebung konkret gebraucht werden kann (vgl. ibid.).

4. Lernen des Lernens, d.h. ein Erarbeiten von je individuellen Denk-Werkzeugen sowie generell ein Bewusstwerden des eigenen Denkens und Lernens sowie seiner Prozesse ist eines der anspruchsvollsten Kennzeichen konstruktivistischen Lernens. Wolff hält Neue Lehr-Lern-Technologie, hält das Lernen am Computer bzw. in komplexen Hypermedia-Netzwerken für am ehesten geeignet, dem Lernenden nicht nur die Konstruktion von Wissen, sondern auch die Erfahrung und Erkenntnis und Weiterentwicklung eines für ihn kennzeichnenden Lern- und Erkundungsstils zu vermitteln. Die Entwicklung metakognitiver Fähigkeiten und Einsichten ist ein kontinuierlicher mitlaufender Begleitprozess jeden konstruktivistischen Lernens.

5. Als fünftes Element betont Wolff die Notwendigkeit kooperativen Lernens." Der Lernende benötigt den Kontakt mit anderen, um Konsens über die Art und Weise, wie die Umwelt konstruiert ist, zu erzielen. Hier verbindet sich konstruktivistisches Denken mit den reformpädagogischen Überlegungen Deweys (...), welcher Lernen nicht nur in schulischen Kontexten als einen sozialen Prozess bezeichnet." (ibid., S. 421f) Zusätzlich weist Wolff auf die Kompatibilität der Konstruktivistischen Didaktik zur Freinet-Pädagogik sowie zum Ansatz der Lernwerkstätten hin. Bemerkenswert ist, dass in diesem Kontext die Vorschläge zur Umsetzung konstruktivistischer Lernprinzipien in Richtung auf didaktischmethodische Argumentationen und Formen weisen, die aus der alten wie neuen Reformpädagogik bekannt sind.

(II) Dubs (1995, S. 890/91) formuliert folgende Prinzipien konstruktivistischen Unterrichtens:

„1. Inhaltlich muss sich Unterricht an komplexen, lebens- und berufsnahen, ganzheitlich zu betrachtenden Problembereichen orientieren. Nicht vereinfachte (reduktionistische) Problemstellungen, sondern die Realität unstrukturierter Probleme sind dem Unterricht zugrunde zu legen, denn verstehen lässt sich etwas nur, wenn es im komplexen Gesamtzusammenhang erfasst ist, dann Einzelheiten im Gesamtzusammenhang betrachtet und vertieft und schließlich wieder in den Gesamtzusammenhang gebracht werden. (...).

2. Deshalb ist Lernen als ein aktiver Prozess zu verstehen, während dem das individuell vorhandene Wissen und Können aus neuen, eigenen Erfahrungen verändert und personalisiert wird, d.h. auf die eigene Interpretation und das eigene Verstehen ausgerichtet werden. Erst dadurch wird an-

spruchsvolles Denken möglich, weil das dazu notwendige Wissen im Kontext des Vorwissens und der eigenen Erfahrung neu konstruiert wird.

3. Bei diesen Lernprozessen kommt dem kollektiven Lernen große Bedeutung zu, denn erst die Diskussion der individuellen Interpretation einer komplexen Lernsituation, entworfener Hypothesen oder möglicher Lösungen trägt dazu bei, die eigene Interpretation und Sinngebung zu überdenken oder gewonnene Erkenntnisse anders (besser) zu strukturieren. In diesem Sinn regulieren die Schülerinnen und Schüler ihr Lernen selbst und halten es auch dauernd in Gang.

4. Bei diesem selbstregulierten Lernen sind Fehler - im Gegensatz zur traditionellen Pädagogik - bedeutsam. Diskussionen in Lerngruppen sind nur sinnvoll, wenn Fehler geschehen und diese besprochen und korrigiert werden, denn die Auseinandersetzung mit Fehlerüberlegungen wirkt verständnisfordernd und trägt zur besseren Konstruktion von verstandenem Wissen bei. (...).

5. Diese komplexen Lernbereiche sind auf die Vorerfahrungen und auf die Interessen der Lernenden auszurichten, denn Lerninhalte sind dann am herausforderndsten, wenn sie auf den realen Erfahrungsschatz und auf die Interessen der Schülerinnen und Schüler ausgerichtet werden.

6. Der Konstruktivismus beschränkt sich nicht nur auf die kognitiven Aspekte des Lernens. Gefühle (Umgang mit Freuden und Ängsten) sowie persönliche Identifikation (mit den Lerninhalten) sind bedeutsam, denn kooperatives Lernen, der Umgang mit Fehlern in komplexen Lernsituationen, Selbststeuerung und das dem Lernen Dienstbarmachen der Eigenerfahrung verlangen mehr als nur Rationalität.

7. Weil eigene Wissenskonstruktion und nicht Wissensreproduktion angestrebt wird, darf die Evaluation des Lehnerfolges nicht primär auf Lernprodukte (mit ausschließlich richtigen und falschen Lösungen) ausgerichtet werden, sondern zu überprüfen sind die Fortschritte bei Lernprozessen, und dies wiederum in komplexen Lernsituationen. Dazu eignen sich die herkömmlichen Prüfungsverfahren nicht mehr. Sinnvoller ist die Selbstevaluation, mit welcher die individuellen Lernfortschritte und damit die Verbesserung der eigenen Lernstrategien beurteilt werden." (Hervorhebungen i.O.).

(III) Meixner (1997, S. 97ff.) fasst die Prinzipien noch einmal knapp zusammen:

„Stelle die neu zu erlernenden Wissenseinheiten in einen situativen Zusammenhang.

Setze relevante Kontexte und möglichst authentisches Material dazu und mache den Lernstoff zur Sache des Lerners.

Nutze möglichst viele motorische Elemente und verschiedene Sinneskanäle.

Stelle die Lernarbeit in ein soziales Umfeld.

Bestimme maieutische Gesprächsführung zur Dialogform im Unterricht.

Bringe den Lerner dazu, sein Wissen autonom aus Kontext und Interaktion zu bauen und aus eigenen Fehlern zu lernen.

Ziele auf flexible Anwendung des Wissens ab; erzeuge Lernumgebungen, die einen Wissenstransfer nahelegen.

Es gibt keine vorbestimmten Endpunkte beim Lernen."

Vergleicht man diese Merkmale konstruktivistischen Unterrichts mit denjenigen Unterrichtsprinzipien, die in anderen allgemeindidaktischen Konzeptionen vertreten werden, so fragt man unwillkürlich nach der *differentia specifica*, nach dem genuin Anderen des Unterrichts im Rahmen konstruktivistischen Denkens. Dies sieht auch Dubs, wenn er darauf hinweist, dass es schwierig ist, in der praktischen Unterrichtsdurchführung „Kognitivismus und Konstruktivismus zu unterscheiden" (ibid., S. 902). Die o.g. Prinzipien konstruktivistischen Unterrichts würden sicherlich - so pauschal formuliert - von jedem, der überhaupt an gutem Unterricht interessiert ist, sofort gutgeheißen werden können, v.a. dann, wenn man eine bestimmte Qualität des Lernens in der Schule anstrebt. Allenfalls die stärkere Betonung formaler Lern- und Bildungselemente bei gleichzeitiger Zurückstellung der materialen Seite ist auffällig - aber letztlich im Rahmen dieses didaktischen Denkens nur konsequent, denn unter dem konstruktivistischen Zugriff hat jede Materialität, hat die Inhaltlichkeit ihren orientierenden, verbindlichen und Verbindung stiftenden Charakter verloren. So konsequent scheinen aber die Protagonisten der Konstruktivistischen Didaktik nun auch wieder nicht sein zu wollen - denn dann würde die für jeden Unterricht konstitutive Anspruch der Sache (s.u.), die stoffliche Seite, die Seite der Inhalte, Gegenstände, Themen, Wissenselemente etc. letztlich entfallen - und damit schließlich der Anlass für Unterricht (und Didaktik) überhaupt.

6.4 Problembereiche konstruktivistisch-didaktischen Denkens

In diesem Teil wird die Erörterung ausgewählter systematischer Problembereiche konstruktivistisch-didaktischen Denkens zum Anlass genommen, einige eher grundsätzliche Thesen zu Mandat und Grenzen von Schule und Unterricht zu formulieren.

1. Lernen als Erfinden - Lernen als Entdecken:
Der Anspruch der Sache

Bereits auf erkenntnistheoretischer Ebene wird in konstruktivistischen Zusammenhängen vielfach mit dem Verhältnis von Erfinden und Entdecken gespielt. Radikal-konstruktivistisch gedacht ist Erkennen immer nur Erfinden und nie Entdecken, da der Zugang zur ‚Welt da draußen', in der es womöglich etwas an sich Vorhandenes gibt, welches es nur zu entdecken gilt, prinzipiell verstellt ist. Hier sollte jedoch vor lauter konstruktivistischer Begeisterung nicht das Kind mit dem Bade ausgeschüttet werden. Denn selbstverständlich hat Columbus, als er auf die Landmasse zwischen Europa/Afrika und Asien stieß, diese nicht erfunden, sondern entdeckt, ja sogar nur wieder-entdeckt. Die ‚Neue Welt' war unabhängig von ihrem Bekanntsein in Europa existent. Zugleich hat er den neuen Kontinent (für ihn damals konsequent, wenngleich aus heutiger Sicht irrtümlich) als „Indien" und seine Einwohner (ebenfalls damals konsequent, aus heutiger Sicht aber irreführend) als „Indianer" erfunden. (Diese zweite irreführende Erfindung hat sich übrigens bis heute als ‚viabel' erwiesen!) In der doppelten Determiniertheit von Objekt und Subjekt, von Sachanspruch und Beobachterperspektive steht menschliche Wahrnehmung und Erkenntnis grundsätzlich; bei gemäßigten Konstruktivisten wird dies auch so gesehen, aber irritierenderweise gleich als Beschreibung eines anscheinend neuen, „mittleren Weges der Erkenntnis" gefeiert (Varela/Thompson 1992).

Die Entdecken/Erfinden-Problematik stellt sich beim Blick auf das Lernen von Kindern, Heranwachsenden und Erwachsenen noch einmal neu. In Sozialisationsprozessen werden die neugeborenen und heranwachsenden Kinder und Jugendlichen zu integrierten handlungsfähigen Mitgliedern ihrer jeweiligen Gesellschaft. In modernen Gesellschaften ist ein Teil dieses ‚natürlichen' Sozialisationsprozesses verbesondert, d.h. ausdifferenziert, institutionalisiert und in zunehmenden Teilen verberuflicht, wird also von ‚Spezialisten' vollzogen. Der Lernaufwand, den jedes neugeborene Mitglied betreiben muss bzw. der Aufwand an institutionalisierter Belehrung, Unterweisung, Enkulturation, den eine Gesellschaft im Blick auf die kontinuierlich Dazukommenden treiben muss, steigt in dem Maße, in dem ein hochkomplexes und -spezialisiertes Wissen angesammelt worden ist, dessen Beherrschung die Voraussetzung zur kompetenten Teilhabe an Kultur ist. Denn jedes einzelne Mitglied diesen akkumulierten Wissensbestand gleichsam individuell und ungeleitet nacharbeiten zu lassen würde für alle Beteiligten ein ebenso unökonomisches wie ‚riskantes' Unternehmen sein. Deshalb werden Lehren und Lernen institutionalisiert und spezialisiert (Schulen, Lehrpläne, Lehrkräfte, Lehrbücher, Zertifikate etc.). Dies alles soll sicherstellen, dass die Heranwachsenden gerade nicht alles angesammelte Wissen, oder allgemeiner: die erreichten Bestände noch einmal für sich neu erfinden brauchen, sondern sich akkumulierte Erfahrung in geordneter, objektivierter, systematisierter, ökonomisierter Form aneignen, sie gleichsam nach-entdecken können - nicht zuletzt mit dem Ziel, schließlich selbst zur weiteren Akkumulation und Restrukturierung von Erfahrung und Wissen beizutragen etc.

Die Heranführung der Einzelnen an den erreichten Stand mit dem Ziel, sie zu befähigen, diesen weiterzuführen, bedarf der Eingliederung in den erreichten Denk-, Wissens- und Erfahrungsstand. Sicherlich kommt es im Laufe des individuellen Entwicklungs- und Lernprozesses zum Aufbau, Neuaufbau und zur Konstruktion von individueller Erfahrung und Wissen. Dieser Konstruktionsprozess ist jedoch zunächst ein Nachkonstruieren dessen, was an akkumulierter Erfahrung bereits vorliegt. Auch wenn man Lernen als eigentätiges aktives Konstruieren von Strukturen versteht, so geht dieses Konstruieren doch keineswegs von Null aus, verläuft nach entwicklungspsychologisch rekonstruierten universellen Bahnen und ist schließlich von der Sache her gerade nicht beliebig, sondern immer an die (sicherlich historisch entstandene, aber gleichwohl zunächst einmal mit Anspruch auftretende) Sache gebunden.

Dieser Anspruch der Sache ist für schulisch organisiertes Lehren und Lernen m.E. konstitutiv und insofern unabweisbar. Hinzu kommt ein schwerwiegender Sachverhalt: Schule als alle ergreifende Zwangsinstitution ist letztlich nur durch das zu legitimieren, was und wie man dort lernt und anderswo vielleicht überhaupt nicht oder nur (noch) schlechter lernen würde. *Die Sache der Schule ist die Sache.* Dies heißt nicht, dass ‚die Sache' ewig, unwandelbar und unbezweifelbar im Raum steht; es heißt aber wohl, dass diese Sache zunächst einmal durchdrungen sein muss, selbstverständlich auch unter Zugrundelegung unterschiedlicher Perspektiven, bevor sie weiterentwickelt werden kann. Wird dieser Sachanspruch für alle Inhaltsbereiche und Schulstufen radikal-konstruktivistisch aufgelöst bzw. ‚virtualisiert', dann wird schulisches Lernen gleichsam entmaterialisiert, im schlechten Sinne formal und am Ende beliebig; eine nicht-subjektivistische Form der Auseinandersetzung mit Sachansprüchen ist dann nicht mehr möglich. Statt Begründungen kann es nur noch Begegnungen geben; Substanz wird Prozess. Nicht nur würde damit eine Auseinandersetzung mit und eine Fortschreibung von erreichten Wissens- und Erfahrungsbeständen kaum noch möglich sein; Schüler und Lehrer träfen ohne die neutralisierende Wirkung einer dazwischenstehenden Sache gleichsam ‚unmittelbar' aufeinander - und dies auch noch täglich zwangsweise! Wohlweislich sind demgegenüber solche Formen sachlich nicht vermittelten Beisammenseins (mit ganz wenigen Ausnahmen) an die Freiwilligkeit bzw. eine entsprechende Teilnahmeentscheidung von Klienten geknüpft.

2. Situatives Lernen - Systematisches Lernen:
Der Zweck der Schule

Wie weiter oben angedeutet, wird seit einigen Jahren in der psychologischen Lernforschung in einer Art Gegenbewegung zu den „cold cognitions" sehr stark die Situiertheit des Lernens betont. Diese Orientierung der Lern- und Kognitionsforschung arbeitet sehr stark mit der ethnographisch-kulturanthropologischen Analyse natürlicher bzw. alltäglicher (nicht institutionalisierter) Lernstrategien und Lernsituationen, wie sie von Alltagsmenschen (sog. JPFs, d.h. Just plain folks"; vgl. Lave/Wenger 1991) angewandt bzw. bewältigt werden. Die Erarbeitung und Einarbeitung von Wissensmengen und -Strukturen ohne Blick auf Verwendbarkeit, situative Nützlichkeit etc. führe, so die Kritik am Zustand des Schul-Lernens, lediglich zu oberflächlich angelagertem, „trägem" Wissen, welches vielleicht noch für Prüflings- und Testzwecke kurzfristig zu aktivieren sei, in Problem- und Anwendungssituationen jedoch nicht mobilisiert werde. Denken und Lernen sei jedoch immer situativ eingebunden („situated cognition"). Schulisches Lernen, so die Konsequenz, müsse demgemäß deutlicher auf authentischen, ‚echten' Problemsituationen basieren, damit der Gebrauchswert des Lernens stärker erfahrbar werde. Die Verankerung von Lernen und Lernanstrengungen in solche konkreten Situationen müsse das Leitprinzip des Unterrichtens sein („anchored instruction"). Durch Teilhabe an und Mitvollzug von konkreten Problemlöseprozessen sowie durch direkt-handlungsbezogenes, unter Anweisung stehendes Mit-Lernen (analog zum ehemals so bezeichneten „Lehrling"; „cognitive apprenticeship") sei ein ungleich höherer Wirkungsgrad schulischen Lehrens und Lernens zu erreichen.

Diese Argumentation aus der aktuellen Lern- und Unterrichtspsychologie heraus ist sowohl hinsichtlich der Kritik des herkömmlichen wie in der Konturierung eines neuen, besseren Schullernens weitgehend kongruent mit der bekannten reformpädagogischen Schul- und Unterrichtskritik sowie den daraus resultierenden didaktisch-methodischen Empfehlungen und Konzepten; erinnert sei an dieser Stelle an den weiter oben gegebenen Hinweis, dass die Praxis der gemäßigt-konstruktivistischen Didaktik im Wesentlichen auf ein reformpädagogisch inspiriertes, erfahrungs- und handlungsnahes Unterrichten zielt.

Eines der zentralen Probleme einer sehr starken oder gar ausschließlichen Orientierung des Unterrichts an situiertem Lernen liegen in der Frage der Kumulativität des Lernprozesses und des Transfers der Lernergebnisse begründet. Situatives Lernen ist eben immer gebunden an die jeweilige Situation; eine wirkliche Generalisierung darüber hinaus in Richtung auf systematisches, kumulatives Lernen steht nicht im Mittelpunkt. Die Übertragung des in und an einer Situation Gelernten auf andere Situationen ist nur insoweit möglich, als neue Situationen der alten strukturell ähneln. Ein solches, unmittelbar gebrauchsorientiertes Lernen allein kann aber nun gerade nicht der Zweck der Schule bzw. die dort primär angestrebte Lernqualität sein. Insofern zielt Schule geradezu auf die Überwindung bloß situativen Lernens (vgl. Bereiter 1997). Denn vermittels Institutionalisierung, Methodisierung und letztlich in der Tat durch gezielte, die Zufälligkeiten von Herkunft und gelebtem Erfahrungszusammenhang egalisierende, situationsenthobene Verkünstlichung des Lernens schottet sich die Schule bewusst ‚vom Leben' ab und eröffnet sich genau dadurch die Möglichkeit, situatives, lokales, lebensnahes', alltagsverknüpftes, gebrauchsorientiertes Lernen zu übersteigen. Und genau dies ist der eigentliche Zweck und die primäre

Stärke der Schule als organisatorischem Rahmen für Lehr-Lern- und Inter-aktionsprozesse - die Verknüpfung mit ‚dem Leben' und die Rückbindung an unmittelbaren Gebrauchswert ist demgegenüber in der Schule strukturell schwierig und immer nur in Grenzen möglich. Hierzu formuliert Baumert die These, dass die institutionelle Trennung vom ‚Leben' „die Vorausset-zung der eigentlichen Stärke der Schule (ist), nämlich Lernen systematisch, kumulativ, langfristig und explizit, d.h. reflexiv auf sich selbst bezogen an-zulegen. Erkauft wird dies mit dem Strukturproblem, Lernen für den Schü-ler als persönliche und sinnvolle Erfahrung erlebbar zu machen. (...) Eine Balance zwischen enggeführtem, systematischem Lernen in definierten Wissensdomänen und situationsbezogenem Lernen im praktischen Umgang mit lebensweltlichen Problemen zu finden, ist konstitutiv für die Schule" (Baumert 1997, S. 2).

3. Lernprozessberichte - Leistungsbeurteilung: Fragen der Vergleichbarkeit

Die Erfassung und Bewertung von Schülerleistungen gehört zu den festen und für Schüler wie Lehrer unausweichlichen Elementen der Schule und des Unterrichts. Dieser Aspekt ist jedoch nicht nur hinsichtlich der allge-meinen Selektionsfunktion von Schule sowie des gesellschaftlich wie indi-vidualbiographisch immer noch hohen Stellenwertes von schulischen Be-rechtigungen, Zertifikaten etc. von Bedeutung, sondern für den einzelnen Lehrer sowohl für die Diagnose von Lernvoraussetzungen und Lernergeb-nissen auf seiten der Schüler, für die Beratung von Schülern und Eltern so-wie - nicht zuletzt - zur Einschätzung und Überprüfung der Wirksamkeit des eigenen Unterrichts wichtig. Insofern sind Kontrollen des Lernprozes-ses und der Lernergebnisse nicht ein der Schule von außen zwangsweise eingepflanztes, eigentlich wesensfremdes Element, sondern gehört konstitu-tiv mit zum schulischen Lehr-Lern-Geschehen.

Wie aber hat man sich dies im Kontext eines (radikal-) konstruktivistischen Didaktik-Verständnisses vorzustellen? „If learning outcomes are individu-ally constructed, how do we evaluate them?" (Jonassen (1992, S. 139). Wenn es ‚die' Sache nicht mehr gibt, und wenn Lernen ein idiosynkrati-scher, von außen allenfalls anzustoßender Prozess ist, der eigenständig und eigentätig verläuft, wenn Wirklichkeit immer je individuell konstruiert wird und jede Konstruktion ihr Recht hat (solange sie sich nicht zur allein wah-ren erheben will), und wenn schließlich diese subjektive Wirklichkeit eines anderen immer nur bedingt einsehbar ist - wenn man also hiervon ausgeht, lassen sich zumindest die herkömmlichen Formen der Erfassung oder gar vergleichenden Beurteilung von Lernergebnissen nicht rechtfertigen. Radi-kal zuende gedacht müsste auf Erfassung und insbesondere vergleichende Bewertung von Lernergebnissen verzichtet werden, denn eine Unterschei-dung richtig/falsch kann es nicht geben (v. Glasersfeld in Schmidt 1987, S.

427: „Richtig' ist ... ein irreführendes Wort"; vgl. auch Bauersfeld 1995a, S. 82). Hinzu kommt: Lernen kann von außen nicht wirklich erfasst sondern nur beobachtet werden. Und schließlich: Auf dieser Basis ist kein stabiler Bezugspunkt sowie ein hierauf aufbauendes Meßsystem denkbar, das objektivierte Leistungsvergleiche erlauben und ermöglichen würde.

Nun ist aber - von punktuellen Ausnahmen abgesehen - Benoten und Bewerten von Schülerleistungen weltweit de facto ein stabiles und unumgehbares Element von Schulpraxis und Lehrerarbeit. Deshalb rückt konstruktivistische Didaktik auch hier zügig von einem allzu radikalen Standpunkt ab und artikuliert sich gemäßigt, um ihre Chancen auf reale Platzierung im Bezugssystem Schule, Unterricht, Lehrerarbeit zu wahren (vgl. prototypisch Kösel 1997, S. 220-226)

6.5 Schluss

Erinnnert sei an die Ausgangsfrage: Liegt in Gestalt der Konstruktivistischen Didaktik tatsächlich ein neuer Ansatz in der Allgemeinen Didaktik vor? Die Antwort kann derzeit nur folgendermaßen lauten: Der sehr aufwendige Argumentationshintergrund des didaktischen Konstruktivismus liefert keine in sich homogene neue Theorie der Allgemeinen Didaktik. Der Argumentationshintergrund ist vielmehr als eine Agglomeration in sich heterogener, z.T. kompatibler, z.T. sich widersprechender Versatzstücke zu bezeichnen. Eine genauere systematische Analyse wird nicht zuletzt dadurch erschwert, dass die verbindende semantische Klammer - also: „Konstruktivismus" als Konzept - in sehr inhomogener Weise verwendet wird. Das Spektrum reicht von einem radikalisierten Konstruktivismus über einen gemäßigten und trivialen Konstruktivismus bis hin zu einem Pseudo-Konstruktivismus, in dem sich die tradierte instruktivistische Grundhaltung des ‚Abfüllens' von Schülern lediglich mittels konstruktivistischer Semantik tarnt. Das konstruktivistische Argumentationsreservoir liefert jedoch eine neue Sprache, mit deren Hilfe die altbekannten Probleme der schulischen Organisation von Lehren und Lernen neu gefasst werden können. Das ist nicht nichts. Für Konstruktivisten kann es übrigens auch gar nicht mehr geben. Die Sprache, in der sich das konstruktivistisch-didaktische Ideenspektrum artikuliert, ist zwar nicht unbedingt präzise und systematisch, gleichwohl aber liefert sie der altbekannten Kritik am „Instruktivismus", der in allen Klassenzimmern dieser Welt dominiert, neue Artikulationschancen und -formen. Sie richtet sich gegen die breite Tradition der gewöhnlichen didaktischen Praxis und ebenso gegen das entsprechende Alltagsverständnis von Lehrern, Schülern und Eltern; auf diese Weise wird die allerdings ebenso traditionsreiche Kritik dieses Alltags und der ihn abstützenden (Wissenschaftlichen und berufsinternen) Denkformen neu ausbuchstabiert.

Geht man nach dieser Beurteilung der Theorie-Ebene (Reflexion) zur Pra-xis-Ebene (Operation) über, d.h. fragt man nach der Art und Qualität der konkreten Vorschläge zur Behebung der konstruktivistisch beschriebenen und kritisierten Defizite und Unzulänglichkeiten auf der Ebene der Unter-richtspraxis selbst, so sind zwei Dinge festzustellen: *Erstens* erfolgt im Ü-bergang von Reflexions- zur Operationsebene eine deutliche Abschwä-chung der Radikalität konstruktivistischen Argumentierens. Dem Radikalen Konstruktivismus geht es in der Welt der Didaktiker wie vielen anderen Hintergrundtheorien (z.b. Bildungstheorien, Lerntheorien) auch: sie werden für Praxisbedürfnisse zurechtgemacht, gleichsam instrumentalisiert und auf diese Weise zu operativ tauglichen Handlungskonzepten. Dies wirft Fragen auf: Ist dies beim Übergang von ‚Theorie' zu ‚Praxis' ein systematisch not-wendiges Vorgehen oder ‚nur' ein schlichter Fehler? Sind dabei notwendig Verkürzungen des Reflexionspotentials in Kauf zu nehmen, oder aber kann dies vermieden werden - und mit welchen Folgen? Worauf ist die in didak-tischen Zusammenhängen starke Tendenz zur instrumentellen Zurechtma-chung von Theorieangeboten zurückzuführen?

Zweitens kann man feststellen, dass die Konstruktivistische Didaktik keine wirklich radikal neuen Formen für die Praxis des Unterrichtens anzubieten hat, sondern sich an solchen (bekannten) methodischen (!) Formen orien-tiert, die selbständiges Lernen, entdeckendes Lernen, praktisches Lernen, kooperatives Lernen in Gruppen sowie erfahrungs- und handlungsorientier-tes Lernen fördern wollen. Die neue konstruktivistische Didaktik - eine alte Methodik? Die Inhaltlichkeit, der Sachanspruch selbst - und damit der wei-tere Horizont einer *bildungstheoretisch zu begründenden Auswahl und An-ordnung der Inhalte* - kann letztlich im Rahmen auch nur halbwegs radika-len konstruktivistisch-didaktischen Denkens gar kein gravierendes Problem mehr sein, da Substanzfragen konsequent entmaterialisiert und prozessuali-siert worden sind. Im Grunde entsteht eine aller Inhaltlichkeit weitgehend entkernte Prozess-Didaktik (und damit eine Methodik?), die in ihren kon-kreten Vorstellungen zur Gestaltung des Lehr-Lern-Prozesses im Wesentli-chen einer Synthese von Ideen Deweys, Piagets und Wagenscheins ent-sprungen sein könnte. Auf diese Weise entsteht nun gerade nicht eine neue Allgemeine Didaktik. Wohl aber erleben altbekannte romantisch-reform-pädagogische Unterrichtsvorstellungen neue Begründung, Inspiration und Überzeugungskraft; diesmal aus aktuellsten Ideen der Neurophysiologie, der Systemtheorie und der kognitiven Lernforschung - womit einmal mehr die These illustriert wird, dass es sich bei Reformpädagogik nicht um eine bestimmte bildungshistorische Phase, sondern um eine kontinuierliche Per-spektive auf die Erziehungswirklichkeit handelt. Reform als stehendes Mo-tiv im pädagogischen Diskurs: uralt und doch immer jung. Aber das ist ein anderes Thema.

7. Wie geht es weiter mit der Allgemeinen Didaktik?[3]

Die Allgemeine Didaktik als ein spezieller Wissensbereich der Erziehungswissenschaft ist einerseits in einer durchaus komfortablen Lage: Sie ist ein durch Prüfungs- und Ausbildungsordnungen abgesichertes Element in allen Lehramtsstudiengängen. Es existiert eine überschaubare Zahl von Lehrbüchern, die - kontinuierlich aktualisiert - seit langen Jahren in der Ausbildung der zukünftigen Lehrer an Universitäten und in Studienseminaren eingesetzt werden. Zu nennen sind hier z.b. Jank/Meyer (1991, [6]2001), Peterßen (1983, [6]2001), und Kron (1993, [4]2004). Nicht zuletzt aufgrund dieser Lehrbuchtradition hat man es mit einem übersichtlichen Muster von stabilen Theorielinien zu tun. Erwähnt werden sollte auch noch, dass die Sektion Schulpädagogik mit ihren drei Unterkommissionen die größte Sektion der Deutschen Gesellschaft für Erziehungswissenschaft ist. Und schließlich: Seit kurzem sind eine Reihe von Texten aus der deutschsprachigen Didaktik in der englischsprachigen Fachliteratur anzutreffen - übrigens eher die Texte von alten und neuen Klassikern aus dem Bereich der bildungstheoretischen Didaktik (vgl. dazu Hopmann u.a. 1995 sowie Westbury u.a. 2000).

Dieser Eindruck von Saturiertheit täuscht jedoch. Bei näherer Analyse der Situation der Allgemeinen Didaktik zeigen sich nämlich Eigentümlichkeiten, Selbstfixierungen und stabile Blindstellen: Die Theorielage hat sich seit Jahren - wenn nicht Jahrzehnten - kaum geändert; über das Verhältnis zu den Fachdidaktiken wird viel diskutiert, es ist aber letztlich nicht geklärt. Die Verbindung zur empirischen Unterrichtsforschung sowie auch zur Unterrichtspsychologie ist noch immer nicht wirklich hergestellt. Noch immer ist es schwierig, die neuen informationstechnischen Möglichkeiten auf der Theorie-Ebene konzeptionell anspruchsvoll und auf der Praxis-Ebene des Unterrichts sinnvoll zu integrieren. Womöglich erschweren sogar die institutionelle Absicherung in der Lehrerbildung und die damit verbundene Kristallisation eines ehedem lebendigen theoretischen Zusammenhangs zu immer wieder ‚durchgenommenem' Lehr- und Prüfungsstoff eine selbstkritische Sichtweise; vielleicht wird gerade dadurch innovatives Potential blockiert. So drängt sich der Verdacht auf, dass die Allgemeine Didaktik womöglich am eigenen institutionellen Erfolg inhaltlich erstickt ist.

---

3 Dieses Kapitel ist ursprünglich als selbständiger Beitrag in der *Zeitschrift für Pädagogik* 51(2005) H.1, S. 1-13, erschienen

Und dabei sind die Herausforderungen vielfältig:

– Die empirische Lehr-Lern-Forschung pädagogisch-psychologischer Provenienz - in Verbindung mit fachdidaktischer Ausrichtung - fordert den Alleinvertretungsanspruch der Allgemeinen Didaktik für die wissenschaftliche Beschäftigung mit Lehren und Lernen nachdrücklich heraus. Die durch empirische Forschung stärker und informationshaltiger werdenden Fachdidaktiken konstituieren sich neu und suchen ihr Verbindendes oder Allgemeines nicht mehr in der Allgemeinen Didaktik, sondern in empirisch aufzuklärenden Modellen des Lehr-Lern-Prozesses (vgl. hierzu Helmke 2003, [3]2004; Terhart 2003 und Wellenreuther 2004; Meyer 2004).

– Es gibt Bestrebungen, anhand des Begriffs der „Vermittlungswissenschaft" der (Fach-)Didaktik ein gänzlich neues, erweitertes Profil zu geben: jede wissenschaftliche Disziplin müsse das Problem ihrer eigenen „Vermittlung" an ihre Außenwelt, ihr Publikum thematisieren; die Schule bzw. der Unterricht sei insofern nur ein Spezialfall dieses für jede Wissenschaft wichtigen Problems. „Vermitteln" gilt als eine Art bereichsunabhängige Schlüsselkompetenz, die bei jeder anspruchsvollen Tätigkeit anfalle. Als Vermittlungswissenschaft wird Didaktik gewissermaßen universalisiert. Alle müssen didaktisch werden (vgl. Welbers 2003).

– Die Notwendigkeiten und Praxisformen lebenslangen privaten und beruflichen Lernens und Weiterlernens erzeugen einen wachsenden eigenständigen wissenschaftlichen Diskurs über informelles Lernen, der durch die traditionelle Allgemeine Didaktik - die bislang letztlich immer schulzentriert war - zunehmend weniger auffangen kann. Die Abkehr vom Verschulten, vom Lehrer-Image wird zum positiven Signum dieser Didaktik des informellen Lernens, die ihren Charakter als Didaktik gerade zu dementieren bemüht ist. Aber auch das hat Tradition: Vom guten Didaktiker wurde schon immer gesagt, gerade er habe nichts ‚Didaktisches' an sich.

– Schließlich eröffnen die modernen Informations- und Kommunikationsmedien neue Lehr- und Lernwelten, die ebenfalls mit den Werkzeugen der Allgemeinen Didaktik nur sehr schwer zu bestimmen sind. Dieser und der zuvor genannte Punkt können dazu führen, dass sich das Lernen immer stärker vom Lehren abkoppelt. Nicht mehr die staatliche Institution Schule und die Profession Lehrer sind dann organisierende Verantwortliche für ein Lehren, das zu Lernen führt. Statt dessen wird jeder Einzelne selbst verantwortlich dafür, ob und was er wie lernt. Dies eröffnet vielleicht Freiheiten; in jedem Fall aber verlagert es Risiken auf Seiten der nunmehr selbstständig Gewordenen. Die Devise lautet: Autodidaktik statt Allgemeine Didaktik.

Was bedeutet dies für die Allgemeine Didaktik? Kann sie sich wie bisher als integrations- und in engen Grenzen doch als wandlungsfähig erweisen?

Wie weit tragen die Traditionen noch? Auf welche neuen Theorieangebote sollte sie eingehen und auf welche besser nicht? Wie will sie, aus der Lehrerbildung geboren (also an der Profession orientiert), die empirische Forschung (also die Disziplin-Orientierung) stärker in sich einbinden - und beide Verpflichtungen sinnvoll balancieren? Und falls es mit der Allgemeinen Didaktik allmählich zu Ende gehen sollte: Was tritt an die Leerstelle? Gibt es dann gar keine Leerstelle - oder bemerkt sie nur keiner mehr? Und was würde *das* bedeuten?

M.E. ist seit der epochemachenden Systematisierung von Blankertz die Theorielage der Allgemeinen Didaktik - mit einer Ausnahme - relativ stabil (Blankertz 1969, [14]2000). In der Entwicklung seit Blankertz beherrschen vier größere Theoriefamilien das Terrain: Die bildungstheoretische Didaktik, die lehrtheoretische Didaktik, die kommunikative Didaktik sowie - neuerdings, und das ist bis zu einem gewissen Grad die erwähnte Ausnahme - die konstruktivistische Didaktik. Im Folgenden sollen zunächst (1) diese *Theoriefamilien* kurz umrissen bzw. rekapituliert werden. Im Anschluss hieran werden (2) einige Querverbindungen zwischen diesen Familien erörtert, und zwar unter dem Stichwort *Familienbande*. Diese Querverbindungen sind für die Einschätzung der Theorieentwicklung wichtig, weil sich die dominierenden Theoriefamilien wechselseitig kritisiert und beeinflusst haben. Abschließend möchte ich (3) eine Übersicht und Einschätzung zu aktuellen Ansätzen und Gruppen geben, die man unter Umständen als *Erbschaftsanwärter* bezeichnen kann, da sie Themen und Probleme der Allgemeinen Didaktik aufnehmen und in ein neues Licht rücken. Dabei ist es natürlich - wie immer in Erbschaftsangelegenheiten - eine interessante Frage, ob sich womöglich der eine oder andere Erbschleicher unter die Erbschaftsanwärter geschmuggelt hat.

7.1 Theoriefamilien

(1) Bildungstheoretische Ansätze verstehen Unterricht als Prozess der bildenden Begegnung zwischen ausgewählten geeigneten Bildungsgütern und der nachwachsenden Generation. Für den Lehrer steht die Auswahl, Anordnung und Explikation der Inhalte des Unterrichts - in Abstimmung zu den mitgebrachten Voraussetzungen der Schüler - im Mittelpunkt, wobei dem Nachvollzug von vorgängigen Lehrplanentscheidungen eine große Bedeutung zukommt. Methodenfragen, also: Fragen der konkreten Sequenzierung, der medialen Unterstützung etc. des Lernens im Unterricht sind demgegenüber nachgeordnet. Es geht um die Anbahnung von Bildung durch Begegnung junger Menschen mit Kultur. Damit ist bildendes Unterrichten eine moralisch-praktische Kunst. Die Erschließung bzw. der Nachvollzug des Bildungsgehaltes von Themen, die der Lehrplan vorsieht, wird zur zentralen Aufgabe bei der Unterrichtsvorbereitung des Lehrers; die von W. Klafki formulierten Grundfragen der „didaktischen Analyse" sollten ange-

henden Lehrern die dafür notwendige Perspektiven vermitteln. In der aktuellen Fassung streben bildungstheoretische Modelle als übergeordnete Ziele von Unterricht und Bildung die Ermöglichung von Selbstbestimmungs-, Mitbestimmungs- und Solidaritätsfähigkeit an; als leitende Prinzipien für die Themenauswahl und Strukturierung werden weniger die Fächer- bzw. Fachstruktur bzw. die Bildungsgehalte potentieller Themen, sondern grundlegende epochaltypische Schlüsselprobleme des gesellschaftlichen Zusammenlebens betrachtet.

(2) Lehr-lerntheoretische Ansätze nehmen die Perspektive des planenden und analysierenden Lehrers ein und versuchen, ihm wissenschaftlich gesicherte Informationen zur Gestaltung des Unterrichts an die Hand zu geben. (In frühen Schriften dieses Ansatzes aus den 1960er-Jahren war z.T. nicht mehr vom „Lehrer", sondern von einer „lehrenden Intelligenz" die Rede; angesichts von Telelearning, Expertensystemen etc. klingt dies wieder ganz aktuell.) Die Grundaussage ist folgende: Eingepasst in die vorgefundene Ausgangslage der Lernenden bzw. der Lerngruppe und in Befolgung übergeordneter Lehrplanvorgaben hat ein Lehrer Entscheidungen hinsichtlich der Ziele, Inhalte, Methoden und Medien zu treffen. Der so konstruierte und durchgeführte Unterricht erzeugt Wirkungen, die wiederum kontrolliert werden müssen und als Voraussetzungen in die weitere Planung eingehen. Unterricht ist dann nicht länger „bildende Begegnung", sondern „zweckrationale und erfolgskontrollierte Organisation von Lehr-Lern-Prozessen". Im Rahmen der Weiterentwicklung der lehrtheoretischen Didaktik ist die institutionelle und gesellschaftliche Einbettung von Unterricht sowie die Interaktion im Unterricht allerdings zunehmend stärker berücksichtigt worden. Die lehrtheoretische Didaktik hat aufgrund ihres zweckrational-pragmatischen Unterrichtsverständnisses sicherlich die größte Nähe zu Fragestellungen der empirischen Lehr-Lern-Forschung. Sie ist als der unterrichtsbezogene Ausdruck des Übergangs von der Pädagogik zur Erziehungswissenschaft zu verstehen.

(3) Kommunikations- und interaktionstheoretische Ansätze verstehen sich als klare Gegenbewegung zu sowohl bildungs- wie lehrtheoretischen Ansätzen. Sie konzentrieren sich weniger auf die Inhaltsdimension und auch nicht auf die planende und analysierende Perspektive des Lehrers, sondern auf den Prozess und die Auswirkungen der sozialen Interaktion im Klassenzimmer. Unterricht wird als soziale Situation verstanden, in die die Beteiligten ihre je persönlichen Vorerfahrungen, Sichtweisen und Definitionen einbringen. In diesem Kontext kommt es zur Rezeption und didaktischen Umarbeitung philosophischer und informationstheoretischer Kommunikationskonzepte, aber auch zur Rezeption von Befunden aus der sozialpsychologischen Forschung zum Lehrer-Schüler-Verhalten. Insofern wird von solchen kommunikativen Didaktiken her eine Bezugnahme auf empirisch-psychologische Unterrichtsforschung vollzogen - allerdings nicht so sehr mit Blick auf Inhalte und deren Vermittlung („Instruktion"), sondern mit

Blick auf Interaktionsstrukturen und deren Folgen („Interaktion"). Hinzu kommt aber auch hier eine normative Selbstverpflichtung: kommunikative Didaktik orientiert sich am Ziel der Etablierung möglichst herrschaftsfreier, symmetrischer Kommunikation im Klassenzimmer. Man erkennt sofort: hier hat der ideologie- und gesellschaftskritische Ansatz der Erziehungswissenschaft seine Didaktik formuliert.

(4) Die vierten hier zu nennenden *konstruktivistischen Ansätze* bilden die neueste Theoriefamilie in der allgemeinen Didaktik. Konstruktivistische Didaktiken nehmen einen Teil der interaktionsorientierten Unterrichts- sowie auch einen Teil der sog. erfahrungs- und handlungsorientierten Methodenkonzeptionen in sich auf. Eine wissenschaftstheoretische Zuordnung ist schwierig, da diese Theoriefamilie in sich sehr heterogen und an ihren Grenzen nicht sehr randscharf ist. Grundlegend für konstruktivistisches Denken in der Didaktik ist die Vorstellung, dass alles Wissen konstruiert ist, dass sich Wissen nur an Wissen - und nicht an Realität - abgleichen lässt, dass insofern kein Wissen ‚an sich' privilegiert ist, dass Lernen ein Akt der (Ko-)Konstruktion in Gemeinschaften ist, dass Lehrer das Lernen nicht erzeugen, sondern nur anregen können, und dass ein Beurteilen von Lernergebnissen auf der Basis von Richtig/Falsch-Unterscheidungen inadäquat ist. Konstruktivistische Didaktik artikuliert sich auf der Theorie-Ebene in einer relativ radikalen Weise; bei den Überlegungen und Vorschlägen zur Gestaltung von Unterricht wird jedoch durchweg eine gemäßigte Position vertreten. Die konstruktivistischen Empfehlungen zur Unterrichtsgestaltung orientieren sich sehr stark an alten und neuen reformpädagogischen Modellen (Erfahrungslernen, entdeckendes Lernen, fächerübergreifendes Lernen, Förderung der Selbsttätigkeit, Lernen des Lernens etc.; vgl. dazu Kapitel 6). Konstruktivistische Didaktik hat eine vergleichsweise große Nähe bzw. Überlappung mit der neueren psychologischen Lernforschung, z.T. auch mit der aktuellen Instruktions- und Trainingsforschung. Bei radikalen Vertretern ist jedoch der Übergang zu entgrenzenden postmodernen Argumentationen wie schließlich auch zu „New-Age"- Denkformen und Praktiken fließend.

7.2 Familienbande

Diese Theoriefamilien haben sich im Verlauf der letzten Jahrzehnte immanent weiterentwickelt. Sie haben sich dabei untereinander beeinflusst und z.T. auch angenähert; insofern bestehen zahlreiche Querverbindungen. Alle vier Familien waren darüber hinaus gezwungen, sich durch Exklusion ‚alter', als überholt erachteter Argumentationen und Begriffe sowie durch Inklusion von ‚neuen' Themen und Konzepten (z.B. aus sozialphilosophischen Zeitgeistanalysen, aus Theorien und Theoremen der Erkenntnis, aus Forschungen zum Lernen, zur Situation von Kindern und Jugendlichen etc.) zu modernisieren. Auf diese Weise ist ein Netzwerk von internen und externen Querverbindungen entstanden, so dass es naheliegend ist, von Familienbanden zu sprechen.

(1) Der *bildungstheoretische Ansatz* hat sich insgesamt als sehr lernfähig und flexibel erwiesen; durch kontinuierliches Weiterschreiben der theoretischen (Konzept der Allgemeinen Bildung) wie der operativen Teile (Unterrichtsplanung) sind ständige Aktualisierungen vorgenommen worden. So wurden etwa Elemente der Lernpsychologie, der Interaktionsforschung der Curriculumforschung und - in Gestalt der „Schlüsselprobleme" - Motive aus den (mittlerweile alt gewordenen) Neuen sozialen Bewegungen der 1980er Jahre integriert. Die Stärke dieses Ansatzes liegt weiterhin in seiner grundlegenden Option für Bildung als zentrierende und orientierende Kategorie. Dadurch wird nicht nur eine Sinnstiftung für Unterricht generell möglich; über den Bildungsbegriff wird Unterricht sowohl mit der Entwicklung des Einzelnen wie mit der Weiterentwicklung von Kultur und Gesellschaft verbunden. Sofern man den Kultur- und Sinnbezug von Schule, Unterricht und Lehrerhandeln in den Mittelpunkt stellt, wird jede anspruchsvolle Allgemeine Didaktik unausweichlich ‚bildungstheoretisch' sein müssen. Auf der schul- und unterrichtsbezogenen Ebene sehe ich eine Fortführung des Grundmotivs dieser Theoriefamilie in der Bildungsgangsdidaktik (s.u.).

(2) Die *lehr-lerntheoretischer Ansatz* hat einen mehrfachen Wechsel seiner wissenschaftstheoretischen Orientierung hinter sich: von einem ‚einfachen' Empirismus der Gründungsphase der „Berliner Schule" zu einer ideologiekritischen Wissenschaftsauffassung zu Beginn der 1970-er Jahre bis hin zu sehr subjektnahen, z.T. schon quasi-therapeutischen Formen im „Hamburger Modell" - eine wahrlich bewegte Geschichte. Er wird weiterhin in der Lehrbuchliteratur (und natürlich in den Studienseminaren der 2. Phase) behandelt. Die Identifikation einer konkreten Wissenschaftlergruppe, die diesen Ansatz heute vertritt bzw. weiterentwickelt, ist jedoch m.E. nicht möglich. Von dieser personellen Kontinuität unabhängig, also rein sachlich gesehen, hat heute die empirische Lehr-Lern-Forschung (bzw. Unterrichtswissenschaft) in einer gewissen Weise das Erbe der „Berliner Schule" dieser Tradition angetreten. Deren pädagogisch-psychologischen Modellannahmen über die Bedingungen schulischen Lernens und seine Förderung durch Lehren sind gewissermaßen als Ausdifferenzierungen und Modernisierung des ursprünglichen Struktur-Schemas von „Heimannottoschulz" anzusehen.

(3) Die *kommunikationstheoretischen Konzepte*, die in den 1970-er Jahren mit einigem Aplomb sowohl bildungs- wie lehrtheoretische Modell unter Nutzung moderner Interaktions- und Kommunikationstheorien herausgefordert haben, sind mittlerweile weitgehend in das Feld der schülerorientierten, erfahrungsnahen, handlungsbezogenen und generell ‚offenen' Unterrichtsgestaltung übergegangen. Sozialphilosophische und sozialpsychologische Hintergrundtheorien - wie noch in den Ursprungszeiten dieser Theo-

riefamilie (G.H. Mead, P. Watzlawick) - werden hierfür kaum noch in Anspruch genommen. Insofern ist auf theoretischer Ebene die „kommunikative Didaktik" eigentlich nicht weiterentwickelt worden; auf der Ebene der Praxis ist der kommunikative Ansatz dagegen in einen bunten Strauss von Methodismen und methodische Gestaltungsformen hinein explodiert. Die zentrale - zugegeben: bildungstheoretische - Frage der Didaktik, warum Schüler was lernen sollen, wird durch eine Hypertrophie des Methodischen stillgelegt: Methodik statt Didaktik.

(4) Konstruktivistische Didaktik-Konzeptionen sind mittlerweile als vierte Theoriefamilie zu bezeichnen. Unter Nutzung erkenntnistheoretischer, hirnphysiologischer und lernpsychologischer Annahmen und Erkenntnisse wird die Verbindung zwischen Lehren und Lernen entkoppelt. Das bedeutet: Unterricht (Lehren) kann Lernen nur wahrscheinlicher machen - Lernen selbst wird zur ko-konstruierenden Tätigkeit der Lernenden selbst, wobei jedes Lernergebnis am Ende als Erfolg zählen muss, denn über wahr und falsch ist - radikalkonstruktivistisch gesehen - nicht mehr zu befinden. Auf der Ebene von Theorie ist konstruktivistische Didaktik noch nicht sehr stark mit anderen allgemein-didaktischen Positionen verknüpft; weil sich dieser neue Ansatz noch in der Phase der polemischen Abgrenzung befindet, konnten noch keine Familienbande entstehen. In der Praxis verbindet sich konstruktivistische Didaktik mit den Praxisformen reformpädagogischer und der kommunikativen Modelle sowie - verstärkt - mit den komplexen virtuellen Lernwelten, die die neuen Informations- und Kommunikationstechnologien anbieten. In dieser Form ist die konstruktivistische Provokation mithin pädagogisch normalisiert und didaktisch entschärft worden; konstruktivistisches Vokabular kann nun herangezogen werden, um allen möglichen sinnvollen und sinnlosen didaktischen Praxen zumindest begrifflich-semantisch einen brüllend modernen Anstrich zu geben.

Insofern kann man heute feststellen: Seit Jahrzehnten haben sich die ursprünglichen Theorien und Modelle der Didaktik wechselseitig beeinflusst, sich selbst immanent gewandelt und dabei teils angenähert, teils auch von Didaktiken in Methodiken verwandelt. Teilweise hat es eine Zusammenführung mit neuen Reforminitiativen gegeben, z.B. mit Ansätzen einer inneren, „pädagogischen" Schul- und Unterrichtsentwicklung. In diesem Kontext sind übrigens auch die aus der früheren Aktions- und Praxisforschung stammenden Konzepte der schulnahen Lehrerforschung zu nennen. Unter der Überschrift und mit dem Anspruch ‚Lehrer erforschen ihren Unterricht selbst!' wird ein Forschungstypus etabliert, der sich bewusst von der theorie- und erkenntnisorientierten, also praxisdistanten und im engeren Sinne wissenschaftlichen Forschung abgrenzt und die Berufsaufgaben und Reformambitionen konkreter Lehrergruppen zum Ausgangspunkt nimmt. Praxisnahe Forschung, Entwicklung der Praxis selbst und Ausbildung von Neulingen für eine innovative Praxis gehen gezielt ineinander über (vgl. dazu Altrichter/Posch 1990, [3]1998) sowie Obolenski/Meyer (2003). Damit

dokumentiert sich einerseits ein wachsendes Selbstbewusstsein der Lehrerschaft - oder ist es nur eine Lehrerelite? - gegenüber dem konventionellen,
szientifisch ausgerichteten Forschungstypus, dem man vorwirft, sich igno-
rant gegenüber den konkreten Problemen vor Ort zu verhalten bzw. Praxis
nur als Anwendungsfeld von wissenschaftlichen Erkenntnissen zu verstehen. Andererseits besteht damit die Gefahr, dass diese Lehrerforschung den
Horizont der Berufskultur der Lehrerschaft nicht überschreitet, weil sie auf
das ‚distanzierte' und distanzierende Erkenntnis- und Innovationspotential
der spezifisch wissenschaftlichen Perspektive verzichtet.

7.3 Erben, Erbschaftsanwärter -
und solche, die es sein möchten

Sicherlich haben sich die erwähnten Theoriefamilien weiterentwickelt -
nicht zuletzt durch wechselseitige Beeinflussung und exogame ‚Blutauffri-
schung'. Gleichwohl aber sind es - auch im Falle der Rezeption von (neuen)
Theorien aus anderen (Teil-)Disziplinen - doch Entwicklungen aus alten
Bahnen heraus und noch innerhalb der alten Bahnen. Dem Didaktiker wird
eben alles didaktisch. Deshalb ist es interessant, nach solchen Theorie- und
Forschungsansätzen Ausschau zu halten, die selbst nicht eigentlich aus der
Allgemeinen Didaktik kommen, sich aber gleichwohl mit deren klassi-
schem Problembündel (Was soll warum von wem wie zu welchem Zweck
gelernt werden?) auseinandersetzen. Deshalb soll es im Folgenden um die
Frage gehen, wer sich als Erbe der klassischen allgemein-didaktischen Theorien zu profilieren versucht - und wie viel Erfolg er dabei hat. Ich konzentriere mich auf drei Gruppen von Erbschaftsanwärtern:

(1) Fachdidaktische Lehr-Lern-Forschung: Schon immer wurde das Nicht-
Zusammengehen von empirischer Unterrichtsforschung einerseits und Allgemeiner Didaktik beklagt. Die Allgemeine Didaktik ist stärker auf Sinngebung von Lehrerarbeit sowie auf die Gestaltung konkreten Unterrichts orientiert; wohingegen die empirische Unterrichtsforschung zunächst einmal
ein analytisches Interesse an Unterricht hat. Im vergangenen Jahrzehnt sind
empirische Forschung und Didaktik in Gestalt der *fachdidaktisch* orientierten Lehr-Lern-Forschung zusammengekommen. Untersucht wird Lehren
und Lernen im Unterricht nicht abstrakt und inhaltsneutral, sondern immer
innerhalb einer bestimmten „Domäne", d.h. eines Lernfeldes bzw. Faches.
Es geht dabei um Verstehensprozesse, um die Entwicklung von Begriffen
und Konzepten des Faches, um fachspezifische Lehrstrategien, um methodische Varianten beim Erarbeiten fachlicher Inhalte und Kompetenzen. Allerdings ist hier eine starke Asymmetrie hinsichtlich der repräsentierten Fächer festzustellen: In den mathematisch-naturwissenschaftlichen Fächern ist
diese Art der didaktischen Forschung international wie national ungleich
viel weiter entwickelt als in den anderen Fächern bzw. „Domänen". Die
fachdidaktische Orientierung dieser Art von empirischer Forschung macht

Sinn: Unterricht ist immer an Fachlichkeit bzw. an Substanz, an eine Sache gebunden - nicht einfach in der Weise, dass die Sache den Unterricht in Ablauf und Ergebnis bestimmt, sondern ebenso in der Weise, dass der Unterricht der Sache in der Wahrnehmung der Schüler allererst ein Gesicht gibt. Lehren und Lernen sind „domänenspezifisch"; die moderne Unterrichtspsychologie konstatiert, dass es keine allgemeinen, bereichsunabhängige Erkenntnisse über Lehren, Lernen und Verstehen gibt (vgl. z.B. Finkenbeiner/Schnaitmann 2001 und Prenzel/Doll 2002).

Dies alles befördert die Idee einer Substitution der Allgemeinen Didaktik durch eine Aufsummierung fachdidaktischer Ergebnisse der Lehr-Lern-Forschung. Damit sind wichtige Gewinne verbunden; zugleich aber werden Grenzen deutlich. Denn es ist unabweisbar, dass Unterricht und Unterrichten selbst - unabhängig von den Fächern/Inhalten - bestimmte allgemeine Elemente aufweisen. Darüber hinaus - und vielleicht noch wichtiger - muss berücksichtigt werden, dass sich die berufliche Kompetenz von Lehrern nicht in Fachkenntnissen und fachdidaktischen Fähigkeiten erschöpft. Klassenführung, Interaktionsformen, allgemeine Muster der Inhaltserarbeitung, Konfliktregulierung, Elterngespräche, kollegiale Zusammenarbeit, Schulentwicklung etc. verlangen Kompetenzen, die weit über (Fach-)Didaktik hinausgehen. Insofern stößt auch die im engeren Sinne fachdidaktisch orientierte Lehr-Lern-Forschung an ihre Grenzen - und zwar dort, wo sie auf die Kontexte von Unterricht und Schule, von Lehren und Lernen im Klassenzimmer trifft. Eine voll ausgebildete fachdidaktische Lehr-Lern-Forschung allein kann nie die hinreichende Basis für die qualifizierte Ausübung des Lehrerberufs sein, weil dieser zwar im Kern aus Unterrichten besteht, hierin aber natürlich nicht aufgeht. An dieser Stelle muss eine Erweiterung der analytischen Perspektive erfolgen, um die unterschiedlich tief gestaffelten kontextuellen Bedingungen für das Gelingen und Misslingen von Unterrichts- und Bildungsprozessen aufzuklären. Genau dieser Sprung in die Analyse von Kontexten wird derzeit von der empirischen Lehr-Lern-Forschung in Ansätzen vollzogen.

Ist das dann eine moderne, neue Form von Allgemeiner Didaktik? Kann diese Forschung etwas zur Beantwortung der didaktischen Grundfragen beitragen? Bedingungen, Prozesse und Effekte des Lehrens und Lernens, des Unterrichtens, der Schulbildung werden aufgeklärt - die *inhaltliche* (nicht: prozessuale) *Begründungsfrage*, warum dies oder jenes so oder anders gelernt werden soll, bleibt aber noch offen. Hinsichtlich der Begründungs- und Sinngebungsdimension kann von hier aus gegenwärtig wenig erwartet werden; zu diesem Zweck sind andere Kontexte zu bemühen.

(2) Die Formulierung von Bildungsstandards: Sofort ‚nach PISA' sind Rufe nach der Entwicklung von bundesweiten Bildungsstandards für zentrale Fächer (bzw. Kompetenzen) in bestimmten Klassenstufen laut geworden. Bildungsstandards zielen darauf ab, einheitliche Anforderungen für Schüler

zu definieren und an bestimmten strategischen Stellen im Bildungsverlauf zu überprüfen, ob und inwieweit sie erreicht werden. Sie dienen der Beobachtung der Arbeits- und Wirkungsweise des Schulsystems - nicht der individuellen Leistungsmessung (von Schülern oder Lehrern). Das Gutachten der Gruppe um Klieme (2003) basiert auf einem Kompetenzmodell, welches die Ziele und Inhaltsbereiche des schulischen Lehrens und Lernens insgesamt neu strukturiert und für die einzelnen Bereiche Kompetenz-Skalen definiert, die einen leistungsbezogenen Erwartungsraum abstecken, in den möglichst viele Schüler möglichst weit vordringen sollten. Mittlerweile liegen die ersten Bildungsstandards vor.

Dieser Weg erinnert sehr stark an die Curriculum- und Unterrichtsreform(-ambitionen) der frühen 1970er Jahre - und deren Umschlagen in „Abiturnormen". Auf der Basis eines Modells der notwendigen Kompetenzen für die moderne Gesellschaft wird eine Strukturierung und Zuteilung von Inhalten und Leistungserwartungen vollzogen, die schulische Bildung von ihren tatsächlichen Effekten her transparent und im weitesten Sinne steuerbar machen soll. Wohlgemerkt: Es wird nicht etwas wirklich völlig Neues ,erfunden', sondern die bisher durch Lehrpläne, Leistungsanforderungskataloge und Lehrbücher schon immer vollzogene (oder besser: intendierte!) Formulierung von Anspruchniveaus (Standards) für Schulbildung wird *explizit* gemacht, wird *beobachtbar* gemacht, wird konkreter *instrumentiert* - und im Sinne einer kontinuierlichen Systembeobachtung eingesetzt. In den Kerncurriculum-Überlegungen für die Grundschule und in den Kanon-Überlegungen für die Gymnasiale Oberstufe findet dies seinen konkreten, didaktik- und unterrichtsnahen Ausdruck (vgl. dazu auch das Themenheft „Bildungsstandards" der Zeitschrift für Pädagogik, Heft 5/2004).

Dass die alt-neue Bewegung zu den Bildungsstandards, Kerncurricula und Kanones als eine Art Wiederkehr der ca. 30 Jahre zurückliegenden, an Inhalten, Inhaltsauswahl und -anordnung orientierten Curriculum-Diskussion der frühen 1970-er Jahre verstanden werden kann, ist schon daran zu erkennen, dass sehr ähnliche Probleme behandelt werden - z.T. in einer anderen Begrifflichkeit und mit neuen Instrumentarien. Dies ist den Protagonisten der Standard-Bewegung auch durchaus bewusst. So werden vor allem in den Diskussionen um Kerncurriculum und Kanon herum durchaus inhaltliche Begründungs- und Sinnfragen erörtert. Bildungsstandards müssen schließlich inhaltlich begründet werden, damit deutlich wird, warum es so wichtig ist, dass alle Schüler in diesen zentralen Bereichen möglichst weit kommen. Aber wie schon vor 30 Jahren besteht die Gefahr, dass schulisches Lehren und Lernen nicht anhand der Antwort auf Begründungs- und Inhaltsfragen, sondern vom Ergebnis, also gewissermaßen: vom Ende her, d.h. von den Chancen und Möglichkeiten der testdiagnostischen Erweisbarkeit (Aufzeigbarkeit und Beurteilbarkeit) von Lernergebnissen und Kompetenzniveaus her gestaltet wird. Obwohl in den letzten Jahrzehnten die Möglichkeiten der Erweisbarkeit von Lernergebnissen deutlich ausgearbeitet wurden und anspruchsvoller geworden sind, bleibt dieses Problem bestehen; ebenso ist die Gefahr nicht von der Hand zu weisen, dass Lehrer sich allzu direkt nur noch am später Abgeprüften orientieren und dabei den Unterricht in ein Quiz-Training verwandeln.

Abschließend zu dieser Gruppe von Erbschaftsanwärtern sei noch darauf hingewiesen, dass sie zwar die Ebene des Lehrplans und der sonstigen Vorgaben für Unterricht und seine Ergebnisse bearbeitet, *diesen selbst aber nicht erreicht.* Auch dies erinnert an die frühere Curriculumreform, die u.a. auch daran gescheitert ist, dass sie im Alltag der Schulen nicht recht ‚ankam'. Umgekehrt ist - wie gerade gezeigt - die fachdidaktische Lehr-Lern-Forschung auf prozessbezogene Erkenntnisse über die unmittelbare Unterrichtsebene bezogen, ohne selbst ‚nach oben' zur Ebene der Lehrpläne und Vorgaben auszugreifen. Faktisch greifen insofern die Bildungsstandard-Bewegung und die fachdidaktische Lehr-Lern-Forschung ineinander; beide Erbschaftsanwärtergruppen ergänzen sich in gewisser Weise - wobei dieses Ergänzungsverhältnis aufgrund eines gemeinsamen wissenschaftstheoretischen Hintergrundes in empirischer Bildungsforschung erleichtert bzw. befördert wird.

(3)Bildungsgangsdidaktik/Bildungsgangforschung: Dieser Ansatz geht zurück auf die letzte Arbeitsphase von Blankertz. Aus dem Kontext von mittelfristiger fachbezogener Curriculumrevision („Strukturgitteransatz") und der Entwicklung und Begleitung eines Schulreformmodells („Kollegstufe") heraus entstand unter Einschluss des Ansatzes der Entwicklungsaufgaben der Grundgedanke, das Schulcurriculum stärker auf die Entwicklungsnotwendigkeiten und -möglichkeiten im Lebenslauf von Schülern und Heranwachsenden zu beziehen. Die Frage der inhaltlichen Schulbildung wird nicht mehr von einem fiktiven Endzustand der Gebildetheit betrachtet, sondern gewissermaßen prozessualisiert, auf den Entwicklungsprozess der Einzelnen bezogen, der aber wiederum immer in Relation zu allgemeinen oder typischen Entwicklungsaufgaben betrachtet wird. Dies erfordert eine Verschränkung von drei Erkenntnisebenen:

– zunächst der *empirischen* Ebene - was weiß man über den Identitätsbildungsprozess von Kindern und Jugendlichen, welchen Entwicklungsaufgaben haben sie sich individualbiographisch zu stellen,

– dann der *normativen Ebene*: woran sollte sich der Entwicklungsprozess ausrichten, welches allgemeine Ideal, welches begründbare Muster soll der Förderung von Entwicklung zugrunde gelegt werden,

– schließlich der *operativen Ebene*: wie muss das schulische Aufgabenfeld strukturiert und rhythmisiert sein, damit dieser Entwicklungsprozess begleitet und befördert wird.

Der Bildungs-Gang der Einzelnen wird orientiert an einer verallgemeinerungsfähigen Idee eines wünschbaren Bildungsgangs generell. Lehrpläne und Curricula müssen diese entwicklungsorientierte und entwicklungsfördernde Gesamtperspektive des Bildungsgangs vor Augen haben; dabei geht es nicht einfach um Kumulation, sondern zusätzlich um unterscheidbare Stufen und qualitative Sprünge (Meyer/Reinhartz 1998; Hericks u.a. 2001; Trautmann 2004).

Diese Gruppe von Erbschaftsanwärtern deckt - verglichen mit anderen - den breitesten Gegenstandsbereich ab und hat insofern das größte Potential; konzeptionell und methodisch umschließt der Ansatz die empirische, die entwicklungsorientierte und normative Dimension. Auf einer allgemeinen Ebene aber kann man formulieren: Die *Biographisierung des Bildungsproblems* ist der entscheidende Gedanke, der durch diese Gruppe in die Theoriefamilie der bildungstheoretischen Didaktik eingebracht wird. Das Bildungsdenken wird damit aus der Sphäre des Spekulativ-Normativen heraus an die ablaufenden Entwicklungs- und Bildungsprozesse der Heranwachsenden angekoppelt - ohne dabei in empirischer Entwicklungs- und Biografieforschung aufzugehen. In dieser entwicklungsorientierten Verschränkung von wirklichkeitszugewandter (empirischer) und an Idealen orientierter (normativer) Perspektive liegt auch weiterhin der produktive und provokative Sinn des bildungstheoretischen Ansatzes.

Damit kehrt diese knappe Skizze zum Ausgangspunkt zurück, variiert jedoch die eingangs eingenommene Perspektive. Die Situation der Allgemeinen Didaktik ist eben nur auf den ersten Blick gut überschaubar. In Gestalt der genannten drei Gruppen von Erbschaftsanwärtern sind einige bemerkenswerte und ausbaufähige Herausforderungen ausgesprochen worden, die teils an alte Diskussionen anschließen (sie leider hier und da nur schlicht wiederholen, ohne dies zu bemerken), aber doch auch in mancherlei Hinsicht weiterführend sind. Innerhalb der Allgemeinen Didaktik ist ein offensiver und innovativer Umgang mit diesen neuen Ansätzen jedoch nicht weit verbreitet. Der Denk- und Theoriestil in diesem Bereich der Erziehungswissenschaft ist - dies wird man bei allem Respekt sagen dürfen - sehr traditionsverhaftet. Man kann es an den erwähnten, seit Jahrzehnten immer gleich strukturierten und erfolgreichen Lehrbüchern erkennen. Diese stabile Traditionsorientierung ist jedoch - und dies war die These - wohl auch der Tatsache geschuldet, dass Didaktik administrativ verlangter Inhalt der Lehrerbildung und der staatlichen Lehrerprüfungen ist. Insofern befindet sich Allgemeine Didaktik - gewissermaßen ,gesetzlich geschützt' - in einer Situation, die eine Tendenz zur Bewahrung der Bestände und zur Wiederholung des immer Gleichen befördert. Unter wissenschaftlichen Gesichtspunkten kann dies fatale Auswirkungen nach sich ziehen. Für einen kreativen Umgang mit Traditionen, für einen Umgang mit ihnen, der aktuelle gesellschaftliche, schulische und unterrichtliche Veränderungen und Herausforderungen sowie auch den wissenschaftlichen Fortschritt in für die Didaktik wichtigen Bezugsdisziplinen aufnimmt, kurzum: für eine intellektuelle Selbstbefreiung wäre es womöglich förderlich, wenn dieser administrative Schutzschirm einmal außer Kraft gesetzt würde.

Eine anspruchsvolle Auseinandersetzung mit der Frage, warum welche Schüler was wie lernen sollen (und wie man nachhält, inwieweit dies auch geschieht) - diese zentrale Frage der Didaktik wird nie abschließend zu beantworten sein, da sowohl die Anlässe und Kontexte für diese Frage sowie vor allem die Antworten und die jeweiligen Folgen dieser Antworten historisch wandelbar sind. Wohl aber kann man wissen, dass die didaktische Frage selbst nie vollständig stillgestellt werden kann, sondern in wenngleich veränderten Fassungen immer wieder auf die Tagesordnung kommt. Dabei ist für jede anspruchsvolle Didaktik eine Auseinandersetzung mit bildungstheoretischen Argumentationen - unvermeidlich.

8. Superlearning - Megateaching: Kurznachrichten aus der didaktischen Wunderwelt[4]

In Gesprächen praktisch wie auch wissenschaftlich tätiger Pädagogen kommt es immer wieder zu dem Punkt, an dem die in sich widersprüchliche Haltung zur pädagogischen Ambition deutlich wird: Auf der einen, ‚dunklen' Seite die Berichte über ewige Mühsal, geringe Anerkennung, ausbleibenden Erfolg, völlige Hilflosigkeit vor unlösbaren Problemen, kurzum: Berichte über pädagogische Verzweiflung - und auf der anderen, der ‚hellen' Seite eine ebenso konstante Tradition des hochfliegenden Gedankens, der Idee der Menschheitserlösung und Kultursteigerung durch Erziehung, kurzum: der pädagogischen Verzückung. Hölle *und* Himmel sind im Denkhaushalt der Pädagogik vertreten; argumentativ liegen sie nahe beieinander, vor allem dann, wenn Übergänge von der Hölle zum Himmel geschaffen werden sollen.

Die folgenden Kurznachrichten aus der didaktischen Wunderwelt beziehen sich in gewisser Hinsicht auf beide Traditionen: auf die pädagogische Verzweiflung wie auf ihr ‚umgedrehtes' Gegenstück, die pädagogische Verzückung. Es geht um drei ursprünglich psychologische - genauer: psychotherapeutische - Ansätze, die in den letzten Jahren Einzug in die Klassenzimmer gehalten haben. Dieser Einzug, der in manchen Fällen bereits den Charakter eines Siegeszuges annimmt, ist von der akademischen Schulpädagogik und Didaktik weithin ignoriert worden. Das war zu erwarten. Aber auch die Pädagogik der Verwaltung, die Schulpädagogik der II. Lehrerbildungsphase etc. haben diese Entwicklung ignoriert, wenngleich sich hier und da erste Reaktionen und Adaptionen zeigen. Ich spreche von denjenigen Formen der Organisation und Unterstützung des Lernens, die auf der Ebene des Körpers ansetzen, durch Körperarbeit im weitesten Sinne das Lernen vorbereiten, erleichtern und unterstützen wollen. Als Ausprägungsformen dieser körperbezogenen, ‚bio-logischen' Lehr-Lern-Formen betrachte ich das „Superlearning" bzw. die „Suggestopädie", den Ansatz des „Neurolinguistischen Programmierens" (NLP) sowie schließlich die „Edukinestetik". (Zur Kurzinformation vgl. die drei entsprechenden Informationsblöcke auf den folgenden Seiten). Eine einheitliche, übergreifende Bezeichnung für

---

4 Dieses Kapitel ist als selbständiger Beitrag erschienen in M. Meyer/G. Otto/U. Rampillon/E. Terhart (Hrsg.): Lernmethoden - Lehrmethoden. Jahresheft XI des Friedrich Verlags. Seelze 1997, S. 40-44.

diese bio-logisch fundierten Lehr-Lern-Formen gibt es noch nicht; Friedrich (1995) und Preiß (1996) schlagen „Neurodidaktik" vor.

1. Was sind die Gemeinsamkeiten der drei Programme?

Als erstes ist die Bezugnahme auf die körperliche (enger: physiologische) Basis des menschlichen Lernens zu nennen. Diese biologische Bezugnahme hat in der Pädagogik selbstverständlich ebenfalls eine Tradition. Man denke nur an „mens sana in corpore sano", an die Bemühungen um Schulzucht und Schuldisziplin aus den Anfängen des Schulwesens, an die Grundprinzipien von Behaviorismus und Gestaltpsychologie, an manche Ansätze zur Pädagogischen Anthropologie, an die hirnphysiologischen Fundamente kognitiver Lerntheorien sowie des Radikalen Konstruktivismus. Im gegenwärtigen Grundschulunterricht etwa spielen Stille- und Meditationsübungen seit einigen Jahren eine zunehmende Rolle. Der Vorwurf, dass die Schule aufgrund ihrer institutionell vorgeprägten Unterrichtskultur diese physiologische Basis nur z.T. anspreche und nutze, ja ihr z.T. sogar systematisch entgegenarbeite, ist immer wieder vorgebracht worden. Man denke an die Argumente der Reformpädagogen, aber auch - aus neuerer Zeit - an die breite Resonanz der Arbeiten F. Vesters sowie an die Diskussionen um ganzheitliches und handlungsorientiertes Lehren und Lernen. Hier wurde zwar auf die bio-logischen Grundlagen des Lernens hingewiesen - diese wurden jedoch als Grundlagen und nicht schon als das Ganze selbst genommen.

Die drei erwähnten neuro-didaktischen Konzepte bestehen jedoch im Grunde aus nichts als der intensiven Berücksichtigung der physiologischen Basis des Lernens. Sofern sie nur hierbei blieben, wäre dagegen wenig bzw. nichts zu sagen - auch dann nicht, wenn allzu vollmundig Wunder versprochen werden. Das Problem beginnt dort, wo - wie im Falle des NLP - von dieser Basis ausgehend ein umfassendes System von Techniken zur Menschenbeeinflussung aufgebaut wird, welches durch eine soziale Infrastruktur der Heiligsprechung von Gründervätern und -müttern, durch administrative Verwaltung der Wahrheit, durch Rekrutierung und Ausbildung von Eingeweihten, durch intensive wirtschaftliche Aktivitäten, kurzum: durch Verkirchlichung abgesichert wird. Hier wird - auf Körperbasis - Herrschaft ausgeübt und: Geld verdient.

Suggestopädie/Superlearning

Die Methode des „Superlearning" (auch „Suggestopädie" genannt) geht auf den bulgarischen Arzt und Psychiater Georgi Lozanov zurück, der daran interessiert war, das menschliche Lern- und Ge-dächnispotential auszuschöpfen. Suggestologie ist für ihn die Wissenschaft von der Erschließung und Nutzung menschlicher Potentiale; Suggestopädie ist die Anwendung suggestologischer Prinzipien im Bereich des Unterrichts. Lernen muss Freude machen, der Lehrende muss auf ungenutzte mentale Reservekapazitäten zurückgreifen, es muss eine Einheit von bewussten und unbewussten Prozessen im Unterricht hergestellt werden, die Beziehung zwischen Lehrenden und Lernen muss auch emotional eng sein, wobei der Lehrende Autorität hat, wohingegen die Lernenden gezielt infantilisiert werden, damit die Vorteile „kindlichen" Lernens genutzt werden können. Grundgedanke des Superlearning ist die Annahme, dass der Lernprozess erleichtert wird, wenn man den Körper und v.a. das Gehirn in einen entspannten Zustand versetzt. Hierzu müssen die Räumlichkeiten bereitgestellt werden, v.a. aber muss - und dies ist das auffälligste Element der Suggestopädie - das Gehirn durch Anhören von klassischer Musik in einen Zustand der Ruhe und Konzentration gebracht werden. Durch Hineinversetzen in einen meditativen Zustand wird der Lernende auf ein dann anscheinend müheloses, leichtes Lernen vorbereitet, welches um ein Vielfaches gegenüber dem gewöhnlichen Lernen effektiver ist. - Zum Superlearning existiert eine Reihe von empirischen Untersuchungen, die die Effektivität der Methode eindrucksvoll belegen. Sie ist bisher fast ausschließlich im Bereich des Erlernens von Sprachen eingesetzt worden; sowohl das Militär als auch Wirtschaftsunternehmen haben hieran Interesse bekundet.

Von den hier diskutierten drei Varianten der „Neurodidaktik" ist die Suggestopädie die älteste Form; sie ist nicht gleichzusetzen mit dem Einsatz von klassischer Musik als Lernvorbereitung oder -hilfe, sondern besteht aus einem ganzen Bündel von Maßnahmen inklusive solcher Formen, die das NLP und die Edukinestetik in begrenzter, aber dafür um so schärferer Form anwendet.

Baur, R.: Superlearning und Suggestopädie. Grundlagen - Anwendung - Kritik - Perspektiven. Berlin 1990.

Böhm-Offermann, B.: Suggestopädie. Sanftes Lernen in der Schule. Lichtenau 1989.

Hinkelmann, G.: Suggestopädischer Spanischunterricht am Beispiel eines Intensivkurses in der öffentlichen Erwachsenenbildung. In: Westermanns pädagogische Beiträge 39 (1987), S. 22-26.

Miedeck, P.: Superlearning. Scharlatanerie oder seriöser „Nürnberger Trichter" In: Die berufsbildende Schule 37 (1985), S. 756-759.

Riedel, K.: Persönlichkeitsentfaltung durch Suggestopädie. Suggestopädie im Kontext von Erziehungswissenschaft, Gehirnforschung und Praxis. Baltmannsweiler 1995.

Schiffler, L.: Superlearning und Suggestopädie - empirisch geprüft. Frankfurt 1989.

Sensenschmidt, B.: Bio-Logisch Lernen. Beispiele für suggestopädischen Unterricht. Lichtenau 1992.

Die in diesem Bereich festzustellende Faszination des Physiologischen verdient eine etwas nähere Betrachtung: In der Schule, insbesondere in der Sekundärschule, erscheint Lernen traditionell als körperloses, verkopftes, kognitives Lernen. Bemerkenswert ist nun, dass durch die genannten Konzepte eine Verbindung zwischen Körper- bzw. Gehirnphysiologie und kognitivem Lernen hergestellt wird. Hiervon geht eine gewisse Faszination aus: Der imaginative Blick auf/in das eigene Gehirn ermöglicht ein fasziniertes Erschaudern sowohl angesichts der Komplexität der materiellen wie immateriellen Strukturen und Zusammenhänge. Man steht staunend vor der überkomplexen, aber schließlich immer noch vorhandenen Maschinenhaftigkeit seiner selbst. Bemerkenswert ist, dass nach Abschluss der Maschinisierung der Außenwelt nunmehr auch das Innere des Menschen auf breiter Front mit Maschinenmetaphern gedeutet wird - nicht länger nur von den Experten der Künstlichen Intelligenz und des Radikalen Konstruktivismus, sondern zunehmend auch von Laien. Die Ausbreitung von und Gewöhnung an die Arbeit mit dem PC ist hierfür sicherlich ein wichtiger Faktor, denn die Architektur von Computern und Computerprogrammen steht bei der maschinenanalogen Selbstdeutung Pate. Entsprechend kundige Schüler beschreiben sich selbst bzw. ihr Welterleben mit Begriffen und Metaphern des PC-Benutzers. Und diese metaphorische Mechanisierung des Selbstbildes wird gewissermaßen lustvoll vollzogen - vermutlich, weil damit alteuropäische Altlasten und Anforderungen in Richtung auf personale Identität abgeschüttelt und nunmehr - ungehemmt von irgendwelchen moralischen Verpflichtungen - der Weg einer sorgenfreien und vorbehaltlosen Selbstinstrumentalisierung, ja Selbstentkernung beschritten werden kann. (Zur Maschinen-Metaphorik in Philosophie und Pädagogik vgl. Meyer-Drawe 1996).

Neben der Bezugnahme auf den Körper ist als zweite Gemeinsamkeit die Anwendung des Hölle/Himmel-Schematismus zu nennen: Das gegenwärtige Lehren und Lernen wird als völlig unzureichende, mühselige, unbefriedigende, veraltete, ineffektive Praxis geschildert - eine Beschreibung, die sowohl von enttäuschten wie auch von schulkritischen, reformorientierten Lehrkräften vergleichsweise problemlos geteilt werden kann. Die Herstellung einer virtuellen Leidensgemeinschaft ist jedoch nur der erste Schritt. So vorbereitet, ergibt sich der zweite Schritt wie von selbst: der Aufbruch ins Gelobte Land. Es wird eine überzeugende Alternative angeboten, deren Erfolge in den grellsten Farben ausgemalt werden. Wichtig sind dabei zwei Dinge: Erstens wird der Weg dorthin als vergleichsweise einfach beschrieben, denn alle drei Formen legen es ja nicht darauf an, dass man sich neue Kräfte antrainiert, sondern zielen darauf ab, die - so die Unterstellung - bei jedermann bereits vorhandenen, aber eben derzeit noch blockierten und/oder schlummernden Kräfte gleichsam zu entfesseln. Und jenseits dieses Entfesselungsaktes werden ungeahnte Möglichkeiten versprochen. Zweitens ist wichtig, dass bei der Überzeugungsarbeit keineswegs auf konventionelle Kriterien wie wissenschaftliche Erprobtheit o.a. abgehoben wird. (Immerhin: „Superlearning" bildet hier eine Ausnahme.) Statt dessen wird unablässig über Fälle berichtet, in denen das jeweilige Verfahren unglaubliche Erfolge erzielt hat. Die Publikationen, insbesondere beim NLP, bestehen zum allergrößten Teil aus Berichten über erfolgreiche Fälle - wobei die Berichtenden immer diejenigen sind, die diese Erfolge organisiert, zumindest aber ‚mit eigenen Augen' gesehen haben, bezeugen können. Geschichten, in denen Zeugnis abgelegt wird über die unglaublichsten Erfolge der Methode, entfalten eine starke Beweiskraft - insbesondere bei denjenigen, bei denen eine latente Bereitschaft zur Akzeptanz unterstellt werden kann. Als Schlussstein der Beweisführung wird die Selbstanwendung empfohlen, d.h. man soll es selbst ausprobieren - um danach dann ganz überzeugt zu sein. In diesem Muster erkennt man unschwer das Grundmuster der von großen und kleinen, alten und neuen Religionen schon immer praktizierten Form der Überzeugungsarbeit.

Neurolinguistisches Programmieren (NLP)

Der Entstehungskontext von NLP ist die Psychotherapie und geht auf die US-amerikanischen Psychologen/Therapeuten Richard Bandler und John Grinder zurück. NLP ist in doppelter Hinsicht zu verstehen: als eine bestimmte Denkweise, die zu Aussagen über Menschen und menschliches Lernen kommt, wie auch als ein System verschiedener Einzeltechniken, die bei der Bearbeitung psychologischer und pädagogischer Probleme eingesetzt werden. Grundlegend für NLP ist die Annahme, dass die Basis für alles menschliche Verhalten das durch die Sinne gehende, über das Nervensystem („neuro") vermittelte Wahrnehmen der Umwelt ist, dass zweitens diese Wahrnehmung immer sprachlich vermittelt ist („linguistisch") und insofern die Sprache ein entscheidendes Element bei Aufbau, Organisation und Re-Organisation von Wahrnehmungsmustern ist. Drittens schließlich geht NLP davon aus, dass diese Wahrnehmungs- und Denkmuster intern aufgebaut („programmiert"), aber auch durch geschickte Beeinflussung (sei es Selbst-Beeinflussung, sei es Beeinflussung durch andere) wieder umprogrammiert werden können. Anwendungsbereiche sind Fremd- und Eigentherapie, Managerschulung, Verkäufertraining („happy selling", „win win"), Lernen und Erziehung.

Im Blick auf die Denkweise des NLP lässt sich sagen, dass sie einem instrumentellen Konstruktivismus anhängt, demzufolge es keine wirklichen Wahrheiten gibt, sondern nur Denkvorstellungen, die letztlich - abhängig vom Eigeninteresse - mit Leichtigkeit auf- und abgebaut werden können. Die blockierenden, falschen Denkmuster sollen deprogrammiert - und der freie Fluss der inneren Kräfte ermöglicht werden. Stimmiger Theorien bedarf es dazu nicht; alle Ideen können legitimerweise genutzt werden, wenn und solange sie funktionieren. Selbst- bzw. Fremdsuggestion im Dienst meiner Interessen ist das Ziel der NLP. Wirklichkeit als solche verschwindet; es gibt nur Deutungen - und ich benutze diejenigen Deutungen, die mir nützlich sind. Diese nützlichen Deutungen vermittle ich mir selbst - oder aber durch entsprechende Techniken auch denjenigen, denen ich helfen will und/oder die ich für meine Zwecke einsetzen möchte. Im Bereich der konkreten Techniken nutzt NLP ein Bündel von Beeinflussungsformen, die allesamt darauf gerichtet sind, ausgehend von einer am Körper ansetzenden Restrukturierung der Wahrnehmung neue Denkschemata aufzubauen, und zwar auf eine möglichst unkomplizierte Weise: „Bitte verändern Sie sich ... jetzt!" - so der Titel eines Buches, in dem Transkripte meisterhafter NLP-Sitzungen zu finden sind.

Bandler, R./Grinder, J: Neue Wege der Kurzzeittherapie. Paderborn 1991
(11. Auflage).

Grinder, M.: NLP für Lehrer. Freiburg 1991.

Loyd, L.: Des Lehrers Wundertüte. NLP macht Schule. Freiburg 1991.

Heitkämper, P.: Mehr Lust auf Schule. Paderborn 1995.

Kobler, H.P.: Neue Lehrer braucht das Land. NLP in der Unterrichtspraxis.
Paderborn 1995.

Nagel, Cl. v. u.a.: Megateaching. Freiburg 1989.

Schmidt-Oumard, W./Nehler, M.: Lehren mit Leib und Seele. Paderborn
1993.

Bücher und andere Medien zum NLP werden vornehmlich vom Junfer-
mann-Verlag in Paderborn vertrieben.

2. Was macht die didaktischen Wundermittel so attraktiv?

Die Attraktivität der drei bio-logischen Lehr-Lern-Konzepte erklärt sich aus
der aktuellen Belastungssituation der Lehrerschaft/Eingezwängt zwischen
ständig schlechter werdenden materiellen Arbeitsbedingungen einerseits
und den gleichwohl ständig in der Öffentlichkeit und von Elternseite her
expandierenden Anforderungen und Erwartungen andererseits sieht sich die
Lehrerschaft zunehmend einer Schülerschaft gegenüber, die mit den herkömmlichen Mitteln nicht mehr in den Unterrichtsbetrieb zu integrieren ist.
Gesellschaftlich-kulturelle Modernisierungsprozesse, Veränderungen in der
Lebenswelt von Kindern und Jugendlichen, Wertewandel etc. lassen herkömmliche schulische und unterrichtliche Ansprüche und Bemühungen der
Lehrerschaft in den Augen der Schüler ‚alt' aussehen; sie wirken unpas-
send, wie aus einer anderen Welt, lästig. ‚Schule ist ungeil', wie ein Graffi-
to auf einer Schultür feststellt, und das Leben draußen doch so geil! Gleichwohl zwingt die Schulpflicht die Kinder und ihr Beruf die Lehrer in die
Klassenzimmer. Was dann tun? Die mühsamen Anstrengungen des Lernens, die Einordnung in eine Gruppe, das Aushandeln und Befolgen von
Regeln, Anstrengung trotz verzögerter, immaterieller und zutiefst unklarer
Gratifikation -, dies alles lässt das Unterrichten für alle Beteiligten zu einer
unendlichen Mühsal werden.

Was aber - wenn alles ganz leicht ginge? Wenn man im Klassenzimmer genauso lernen könnte wie man unter der Höhensonne braun wird! Wenn Unterricht plötzlich geil wäre? Wenn er sich hinsichtlich des Designs auf der
Höhe der Zeit befinden würde? Ein berauschender, ein erlösender Gedanke!
Genau diese Sehnsucht der Lehrkräfte, und insbesondere derjenigen, die
noch einen gewissen, ‚schülerorientierten' Anspruch an ihre Tätigkeit knüp-
fen, diese Sehnsucht nach einem Ende ihrer Mühsal bedienen die didaktischen Wundermittel. Sie versprechen die Aufhebung der Entfremdung und
suggerieren eine plötzliche Leichtigkeit der Unterrichtsarbeit: eine didaktische Wunderwelt.

Natürlich ist auch die Beschreibung didaktischer Wunderwelten nicht neu. Bereits zu Beginn des didaktischen Denkens hat Comenius (1592-1670) auf dem Titelblatt seiner „Großen Didaktik" (1628) barock-voll-mundig versprochen, alle alles vollständig zu lehren, und zwar „rasch, angenehm und gründlich". Dieser gleichsam alchimistische Impetus der Didaktik ist seitdem zwar deutlich zurückgedrängt, aber nie ganz überwunden worden. Es gibt eine Traditionslinie, in deren Verlauf immer wieder neue und z.t. bizarre pädagogisch-didaktische Wundermittel, -materialien, -methoden und -techniken mit großem Aplomb angepriesen wurden; der Nürnberger Trichter ist gewissermaßen der märchenhafte Prototyp. Das Grundmuster des Anpreisens neuer Didaktik ist - siehe oben - selbst didaktisch: Erstens Beklagung und Verdammung des Gegenwärtigen, zweitens das Versprechen auf eine bessere, hellere Zukunft bei Einsatz des (jeweiligen) Wundermittels. Suggestopädie, NLP und Edukinestetik sind gewissermaßen die derzeitigen Manifestationsformen dieser Tradition didaktischer Angstnehmer bzw. Hoffnungsmacher, denn sie sagen: Die schlechte Gegenwart kann in eine bessere Zukunft verwandelt werden! Alle Mittel dafür liegen bereit! Sie sind vielfach erprobt! Für ihren Einsatz brauchst Du keine tiefgründige Theorie - alles geht ganz leicht! Und der Erfolg ist unausweichlich!

Das entlastet von den großen Worten der (akademischen) Pädagogik, die zwar hehre Ziele aufstellt und verbindlich macht, sich hinsichtlich der Angaben über die Mittel zur Erreichung dieser Ziele aber notorisch bedeckt hält bzw. diese Mittellosigkeit gar noch zur Theorie erhebt. Die Konzepte bieten gewissermaßen eine neue Sprache und damit ein neues Deutungsmuster für den Lehrerberuf an. Sie haben insofern einen Neuigkeitswert. Darüber hinaus hat die entsprechende Praxis einen gewissen radical chic - Musikhören, Atemtechniken, „pacing", Bewegungsübungen sind üblicherweise ja nicht in Klassenzimmern zu beobachten. Dies alles unterstreicht den extraordinären, ja sensationellen Charakter der neuen Techniken.

Edukinestetik

Edukinestetik (auch bekannt unter der Bezeichnungen Kinesiologie oder „BrainGym") geht zurück auf Paul und Gau Dennison, die erste Erfahrungen mit dieser Methode bei der Arbeit mit gehirngeschädigten Kindern gesammelt haben. Hinsichtlich der praktischen Übungen sind auch Erfahrungen aus Yoga und Akupunktur eingeflossen. Stärker noch als Superlearning und NLP basiert Edukinestetik auf einer Einbeziehung des Körpers in den Lernprozess - ja man kann sagen: Edukinestetik besteht aus nichts anderem als der Einbeziehung des Körpers in das Lernen. Z.B. soll über das muskuläre System das neuronale System beeinflusst, durch Massage das lymphatische System aktiviert werden.

Basal für diese Methode ist der Versuch, die Trennung der Leistung der beiden Gehirnhälften zu überwinden durch Einbeziehung ständiger „Überkreuzbewegungen" bzw. „Kreuzdiagonalmuster" (liegende Acht nachzeichnen, linke Hand zu rechtem Knie etc.). Edukinestetik geht davon aus, dass die volle Lernkraft eines Menschen nur dann entfaltet wird, wenn beide Gehirnhälften balanciert aktiviert sind. Und wichtiger noch: Edukinestetik geht davon aus, dass diese balancierte Aktivierung von außen durch bestimmte Bewegungsübungen angeleitet werden kann. Anders: Über bestimmte, muskulär gesteuerte Bewegungen des Körpers lässt sich Einfluss auf das Gehirn nehmen; dies wiederum schafft die Voraussetzungen für ein erleichtertes Lernen. Am Beginn stehen insofern immer Muskeltests, mit deren Hilfe das Ausmaß der Balance oder Imbalance hinsichtlich der Nutzung der beiden Gehirnhälften festgestellt wird. An diese Testphase schließen sich Bewegungs- und Körperübungen an. Eine bestimmte psychologische Theorie steht eigentlich nicht dahinter, wohl aber sehr stark vereinfachte Annahmen zur Neurologie bzw. Gehirnphysiologie, angereichert durch östliche Weisheiten.

Dennison, P. & G.: Braingym. Freiburg 1994 (5. Auflg.).
Dennison, P. & G.: Lehrerhandbuch Braingym. Freiburg 1995 (5. Auflg.).
Dennision, P. & G.: Das Handbuch der EDU-KINESTETIK für Eltern, Lehrer und Kinder jeden Alters. Freiburg 1995 (11. Auflage).
Meyenburg, Cl. (Hrsg.): Die Sache mit dem X. Brain-Gym in der Schule. Freiburg 1995 (2. Auflg.).
Bücher und Materialien zur Edukinestetik werden vornehmlich vom VAK Verlag für angewandte Kinesiologie in Freiburg vertrieben.

3. Muss man sich Sorgen um die Schüler machen?

Nein. Bei der Beurteilung der genannten Strategien der Menschenbeeinflussung ist Gelassenheit erste Pflicht. Eine ideologiekritische Analyse, wie sie ebenso anschaulich wie gründlich Gruschka (1995) zur NLP-Bewegung vorgelegt hat, ist zwar richtig und notwendig, vermag aber angesichts der vollständigen, offen zutage liegenden und von den Protagonisten selbst bekundeten Ideologiecharakters ihres Gegenstandes ihre Erkenntniskraft nicht zu entfalten. Gegen solche Kritik sind die NLP-Leute schon deshalb immun, weil sie die Unterscheidung von wahr/falsch längst hinter sich gelassen haben. Auch ein bildungs- und kulturpessimistisches Beklagen des mit den neuen Techniken nunmehr definitiven Verfalls klassischer Identitäts-, Moral- und Bildungsvorstellungen führt nicht recht weiter.

Schauen wir auf die Realitäten: Obwohl man sich hier nur auf Erfahrungen und Berichte verlassen muss - empirische Forschung über das Ausmaß der Anwendung dieser Formen im Unterricht liegen m.W. nicht vor -, sieht die Praxis der Umsetzung der oben erörterten Techniken in den Klassenzimmern doch nicht so aus, dass nunmehr Psycho-Gurus mit trivialpsychologischen Lehren massenhaft ihre Schüler beeinflussen und zwangsbeglücken - und diese das auch noch geil finden! Denn folgendes muss im Auge behalten werden:

– Eine immanent-korrekte, flächendeckende Umsetzung von Superlearning würde einen völligen Neubau (incl. kompletter Neuausstattung) aller Schulen bedeuten; der materiale Aufwand ist immens hoch. Bisher findet Superlearning primär punktuell im Sprachunterricht, in den Sprachkursen der freien Erwachsenenbildung bzw. der kommerziellen Sprachlehrinstitute statt. Im Übrigen ist es schlicht und einfach ein Markt für Hard- und Software (Abspielgeräte etc.). Und dass eine derart aufwendige, konzentrierte und ganzheitliche Methodisierung des Lernens höhere Effekte erzielt als der daran gemessen nur schwach und laienhaft methodisierte Klassenunterricht dürfte evident sein.

– NLP beinhaltet die gezielte und konzentrierte Anwendung von zwischenmenschlichen Beobachtungs- und Beeinflussungstechniken, die in laienhafter Form von jedermann im Alltag angewandt werden; sie gehören in dieser verdünnten, unbewusst praktizierten Form zur interaktiven Grundkompetenz jedes Menschen. Als scharfe, personenbezogene Technik im Unterricht lässt sie sich nur kurzfristig einsetzen - Unterricht ist eine Gruppensituation. Und vielleicht waren bzw. sind die von Lehrern auf einzelne Schüler zum Ziel der Beeinflussung gerichteten scharfen Praktiken womöglich schädlicher als NLP ...? - Allerdings: Aufgrund ihrer umfassenden, potentiell alle Persönlichkeitsbereiche ergreifenden Doktrin und der tendenziellen Sektenhaftigkeit ihrer Protagonisten sehe ich hier die deutlichsten Gefahren. Beide Kennzeichen treffen nur auf NLP, nicht aber auf Superlearning und Edukinestetik zu.

– Und Edukinestetik? Nun ja: Bewegung und körperlicher Ausgleich zum langen Sitzen während des Schulvormittags kann doch eigentlich gar nicht schädlich sein. Und angesichts der bestürzenden Nachrichten über die körperlichen und geistigen Folgen von Bewegungsmangel der Heranwachsenden halte ich den Einbau entsprechender Übungen sogar für geboten.

Sorgen muss man sich vielleicht um diejenigen Lehrkräfte machen, die sich angesichts der neuen didaktischen Wundermittel ihren gesunden Menschenverstand austreiben lassen und - sofern sie sich auf NLP verlegen (lassen) - am Ende gar zu Zeloten eines Psycho-Systems werden, von dem sie sich womöglich nicht mehr alleine befreien können. Aber das ist dann wirklich kein pädagogisches Problem mehr.

Schluss

Am Ende der Einleitung zu diesem Buch wurde darauf hingewiesen, dass die Darstellung und Erörterung von Problemen der methodischen Organisation von Lehren und Lernen selbst natürlich auch „Methode" verlangt. Unter diesem Gesichtspunkt kommt dem Schlussteil eine ganz besondere Bedeutung zu: In ihm sollen der Gedankengang in seinen zentralen Aussagen noch einmal rekapituliert sowie Perspektiven und offene Probleme für die weitere Diskussion skizziert werden.

Ziel des Unternehmens war es, den Leser in das breite Spektrum der Methodenproblematik einzuführen. Dies verlangte zunächst ein Eingehen auf die *historische Entwicklung* der Methodenpraxis in den Schulen (Kapitel 1); durch die Schwerpunktsetzung auf die Realitäten des Methodengebrauchs hatte die ideen- und theoriegeschichtliche Betrachtung zurückzutreten. Eine solche Entscheidung ist sicherlich mit Kosten verbunden, die aber insofern vertretbar sind, als die Geschichte des unterrichtsmethodischen Denkens in zahlreichen Veröffentlichungen breit dokumentiert ist. - An den knappen historischen Teil schloss sich die Beschäftigung mit system*atischen Dimensionen der M*ethodenproblematik an, die sich auf eine Analyse des sehr heterogenen Begriffsgebrauchs in diesem semantischen Feld stützte (Kapitel 2). Als zentrale Dimensionen wurden der Zusammenhang von Ziel und Methode, Inhalt und Methode, Lernprozess und Lehrmethode sowie schließlich von Institution und Methode erörtert. Leitmotivisch zog sich der Hinweis auf die differenzielle Wirkung von Methoden durch dieses Kapitel: Methoden sind keine zielneutralen Techniken, sondern stehen selbst immer schon in Verbindung mit bestimmten Qualitäten des Lernens, welche wiederum mit bestimmten Bildungszielen harmonieren. Für diese Lernqualitäten haben die jeweiligen Lehrmethoden ‚konstitutive' Wirkung. Insofern ist bei der Entscheidung über Methodenfragen die immanente Zielgerichtetheit (Normativität) von Methoden zu berücksichtigen. Deshalb lässt sich auch der Wert von Methoden eben nicht pauschal, sondern immer nur differenziell, d.h. im Blick auf die anzustrebende Qualität des Lern- und Bildungsprozesses angeben.

Während Kapitel 2 die analytische („theoretische") Durchdringung der Methodenproblematik intendierte, wandte sich Kapitel 3 der einschlägigen *empirischen Forschung* zu. Nach einer Übersicht über die Gegenstände und Methoden von Unterrichtsforschung allgemein ergab die anschließende Betrachtung von Stationen der Lehrmethodenforschung, dass die These von der differenziellen Wirkung und Einsetzbarkeit von Methoden durch die empirischen Forschungserfahrungen gedeckt ist. Zugleich wurde deutlich, dass das in der empirischen Lehrmethodenforschung lange Zeit dominierende Erfolgskriterium der Effektivität, gemessen als Lernzuwachs der Schüler, insofern auszudifferenzieren ist, als das durch Methode bzw. durch einzelne Methoden zu organisierende Lernen der Schüler sich auf sehr unterschiedlichem Niveau abspielt und v.a.: abspielen *muss!* Dies verlangt letztlich eine Integration von (didaktischer) Lehr- und (psychologischer) Lern-Forschung. Der theoretisch wie empirisch begründeten Einsicht in die Notwendigkeit eines differenzierten Methodengebrauchs steht allerdings eine methodische Praxis in unseren Schulen entgegen, die (immer noch) weitgehend am Muster des „Frontalunterrichts" orientiert ist. Hierfür sind Art und Schwerkraft der institutionellen Vorgaben für Lehren und Lernen in der Schule verantwortlich zu machen. Zugleich wirken die Professionstraditionen des Lehrerberufs wie auch die - erst seit relativ kurzer Zeit ansatzweise analysierten - kognitiven Routinen von Lehrern als subjektinterne Begleitprozesse für Unterrichtshandeln in diese Richtung.

Während sowohl die historische, theoretische und forschungsbezogene Erörterung die Methodenproblematik explizit oder implizit im Blick auf das institutionelle Feld des Lehrens und Lernens in der Schule vollzogen wurde, wandte sich Kapitel 4 *außerschulischen Kontexten* zu: Dem Bereich des Trainings und der Instruktion - ohne explizite pädagogische bzw. ‚bildende' Absichten, dem Bereich des Lehrens und Lernens in der Erwachsenenbildung sowie schließlich den fast schon außer-institutionellen Formen des selbstorganisierten Lernens. Angesichts dieses Spektrums von Lehr-Lern-Kontexten wurden schließlich auch die Grenzen von Methode und Methodisierung deutlich: Auf der einen Seite löst sich Methode auf in einfache Drill-Verfahren - auf der anderen Seite wird gerade das gewollt Un-Methodische zum Qualitätsausweis für das angestrebte selbstorganisierte Lernen.

Im abschließenden Kapitel 5 ist versucht worden, die These von den differenziellen Wirkungen von Methoden exemplarisch zu verdeutlichen. Ausgangspunkt hierfür bildete die Aussage, dass *bestimmte Lehrmethoden eben immer nur bestimmte Lernqualitäten* fördern - und für die Erreichung anderer Lernqualitäten völlig ungeeignet sind. Dieses ‚Zusammenpassen' wurde für folgende Lehr-Lern-Formen exemplarisch verdeutlicht: darstellender Unterricht - aufnehmendes Lernen, problemorientierter Unterricht - entdeckendes Lernen, Gruppenunterricht - kooperatives Lernen, Methoden der Werterziehung - moralisches Lernen, handlungsorientierter Unterricht - integratives Lernen. Dabei wurde jeweils auf Voraussetzungen, Realisierungsformen und Schwierigkeiten hingewiesen.

Aus der Leit-These von der ebenso differenziellen wie konstitutiven Wirkung von Methode/n für die Erreichung ganz unterschiedlicher Lernqualitäten erwachsen wichtige Konsequenzen: Unter der Annahme, dass das öffentliche Schulwesen sowie das in ihm organisierte Lehren und Lernen ein möglichst breites Spektrum von Lernqualitäten anzustreben haben - von einfacher Wissensaneignung bzw. Fähigkeitsschulung über problemlösendes und kooperatives bis hin zu moralischem und schließlich integrativem Lernen -, ist darauf hinzuarbeiten, dass auch tatsächlich das Spektrum der damit jeweils assoziierten Formen des Lehrens realisiert wird. Insofern gewinnt die *Forderung nach Methodenpluralismus* ihre primäre Berechtigung nicht aus den damit verbundenen Vorteilen und Annehmlichkeiten eines lebendigen, abwechslungsreichen Unterrichts, sondern hat seinen ersten systematischen Grund darin, dass nur bei der Realisierung eines Methodenpluralismus, bei tatsächlicher Umsetzung des Spektrums der Lehrformen die komplexe Vielzweckinstitution Schule ihrem Auftrag genügen kann. Und zu diesem Auftrag gehört eben, über eine einfache Wissens- und Fähigkeitsvermittlung hinauszugelangen. Schulen sind nicht nur Unterrichtsanstalten, sondern sollten auch Bildungsstätten sein. Dem damit gesetzten Anspruch können sie aber nur genügen, indem sie die Praxis des Methodenmonismus überwinden.

Der zweite systematische Grund für die Berechtigung der Forderung nach Methodenpluralismus resultiert aus der empirisch bestätigten Tatsache der Wechselwirkung zwischen Schülermerkmalen (Persönlichkeitseigenschaften, Lernstilen etc.) und verschiedenen Lehrmethoden. Anders und einfacher ausgedrückt: Bestimmte Schüler lernen besser mit bestimmten Methoden. Natürlich darf dies nicht dazu führen, dass das methodische Arrangement durch Anpassung an Schülereigenschaften eben diese festschreibt: dies kann nicht das Ziel des Lehrens und Lernens in der Schule sein, bei dem es doch auch um Veränderung und Erweiterung der ‚mitgebrachten' Möglichkeiten geht. Gleichwohl aber verlangt die Differenz der Lernvoraussetzungen und -stile der Schüler einen auch praktisch durchgehaltenen Methodenpluralismus, weil der derzeit weithin gegebene Methodenmonismus eben nur Schüler mit einer hierauf abgestimmten Lernhaltung und einem entsprechenden Lernstil begünstigt, systematisch begünstigt. Deshalb ist ein methodischer Monismus im Schulunterricht nicht nur lernpsychologisch problematisch, sondern in einem elementaren Sinne *ungerecht*. Dieses Argument wird auch dadurch nicht entkräftet, dass im Zuge der ständigen Konfrontation mit nur einer Methode die Schüler sich schließlich alle hierauf einstellen: Anpassung an ungerechte Situationen schafft die Ungerechtigkeit der Sache nach nicht aus der Welt! Erst bei der differenziellen Betrachtung des Methodenproblems zeigt sich seine Verbindung zu der für das öffentliche Schulwesen so brisanten Frage der Gerechtigkeit.

Die starke Betonung des Zusammenhangs zwischen Methoden des Lehrens und den Qualitäten des Lernens hat vielleicht den Eindruck entstehen lassen, hier würde eine formale Bildungstheorie vertreten. Im Gegensatz zu materialen Bildungstheorien, die den durch „Bildung" gesetzten Anspruch an Beherrschung von bzw. Auseinandersetzung mit bestimmten Kulturgütern als Bildungsinhalten festmachen, betrachten formale Bildungstheorien die Inhalte des Unterrichts als Mittel, um die Kräfte und Kompetenzen des Individuums zu entfalten und zu stärken. Im Zusammenhang mit formalen Bildungstheorien gewinnt die Lernpsychologie sowie daraus häufig abgeleitet: die Methodenfrage einen hohen Stellenwert, wohingegen materiale Bildungstheorien sich eher auf den Bildungswert der Inhalte und ihrer Struktur konzentrieren und Methodenfragen demgegenüber eine nachgeordnete Bedeutung zumessen. Dieses alte Schisma bildungstheoretischen Denkens ist durch Klafkis Konzept der *kategorialen Bildung* im Sinne einer wechselseitigen Erschließung von Bildungssubjekt und Bildungsobjekt überwunden worden. In diesem Sinne ist die Betonung der Notwendigkeit einer differenziellen Beurteilung der Wirkung von Lehrmethoden sowie das Beharren auf der vollen Ausschöpfung des Methodenspektrums bzw. der Lernqualitäten zu verstehen: „Wechselseitige Erschließung" ist nur möglich, wenn auch von der Methodenseite her die Voraussetzungen dafür geschaffen werden, dass im Prozess des schulischen Lehrens und Lernens das umfassende Potential des menschlichen Lernens erfasst, genutzt und gefördert wird.

Natürlich lässt sich eine solche Praxis des Methodengebrauchs nicht durch Theorie in einem instrumentellen Sinne anleiten oder gar vorwegnehmen. Die Aufgaben der gedanklichen Durchdringung eines Problems, der empirischen Erforschung eines Wirklichkeitsausschnitts sowie schließlich der Entwicklung von Handlungsmöglichkeiten sind strukturell, personell und institutionell getrennt von der pädagogischen bzw. unterrichtlichen Praxis selbst. Allen Beschwörungen einer Theorie/Praxis-Einheit als Spezifikum des Verhältnisses zwischen Pädagogik als Wissenschaft und Erziehen als Beruf bzw. als immer schon gegebene gesellschaftliche Tatsache helfen über die Differenz zwischen Erziehungs*wissenschaft* und Erziehungs*praxis* nicht hinweg. Vielleicht muss in Zukunft diese Differenz stärker beachtet werden, damit beide Bereiche ihren eben unterschiedlichen Aufgaben besser nachkommen können *und* damit schließlich ebenso reflektierte wie kontrollierte Grenzüberschreitungen möglich werden. Denn Differenz heißt in diesem Zusammenhang natürlich nicht wechselseitige Abschottung, sondern eine Beachtung der für die jeweiligen Bereiche geltende Aufgaben und Funktionsmuster. Erst unter Beachtung der Differenz kann Wissenschaft dann auch sinnvolle, begründete und solide Vorschläge bei der Suche nach Lösungen für praktische Problemlagen machen. Die tatsächliche Lösung praktischer Problemlagen kann jedoch immer nur dort erfolgen, wo sie sich stellen - in der Praxis selbst.

Literatur

Achtenhagen, F. (Hrsg.): Neue Verfahren zur Unterrichtsanalyse. Düsseldorf: Schwann 1982.

Adam, E.: Das Subjekt in der Didaktik. Weinheim: Dt. Studien Verlag 1988.

Adl-Amini, B. (Hrsg.): Didaktik und Methodik. Weinheim: Beltz 1981.

Adl-Amini, B./Schulze, Th./Terhart, E. (Hrsg.): Unterrichtsmethode in Theorie und Forschung. Bilanz und Perspektiven. Weinheim: Beltz 1993.

Aebli, H.: Psychologische Didaktik. Stuttgart: Klett 1963.

AG Schulforschung: Leistung und Versagen. Alltagstheorien von Schülern und Lehrern. München: Juventa 1980.

Allmer, H.: Ein handlungstheoretisches Modell der Lehrer-Schüler-Interaktion. In: Psychologie in Erziehung und Unterricht 33 (1986), S. 161-170.

Altrichter, H./Posch, P.: Lehrer erforschen ihren Unterricht. Bad Heilbrunn: Klinkhardt 1990 (3. Auflage 1998).

Arbuthnot, J.B./Faust, D.: Teaching Moral Reasoning: Theory and Practice. Cambridge: Harper & Row 1981.

Ariès, Ph.: Geschichte der Kindheit (L'enfant et la vie familiale sous l'ancien régime, 1960). München: Hanser 1975.

Armbruster, B.: Lernen in Bürgerinitiativen. Bonn: Bundeszentrale für politische Bildung 1979.

Aschersleben, K.: Einführung in die Unterrichtsmethodik. Stuttgart: Kohlhammer 1974 (4. Auflage 1984).

Aschersleben, K.: Moderner Frontalunterricht. Neubegründung einer umstrittenen Unterrichtsmethode. Frankfurt: Lang 1985 (3. Auflage 1987).

Aufenanger, S. u.a.: Erziehung zur Gerechtigkeit. Unterrichtspraxis nach Lawrence Kohlberg. München: Kösel 1981.

Ausubel, D.P.: Learning by Discovery: Rationale and Mystique. In: Bulletin of the National Association of Secondary School Principals 45 (1961), S. 18-58.

Ausubel, D.P.: Psychologie des Unterrichts. 2 Bd. Weinheim: Beltz 1974.

Ausubel, D.P. u.a.: Psychologische und pädagogische Grenzen des entdeckenden Lernens (1968). In: Neber, H. (Hrsg.): Entdeckendes Lernen. Weinheim: Beltz 1981, S. 30-44.

Bardmann, Th. M. (Hrsg.): Zirkuläre Positionen. Konstruktivismus als praktische Theorie. Opladen 1997.

Bauersfeld, H.: The Structuring of the Structures: Development and Function of Mathematizing as a Social Practice. In: Steffe/Gale (1995), S. 137-158 (a).

Bauersfeld, H.: Tätigkeitstheorie und Radikaler Konstruktivismus. Was verbindet sie, und was unterscheidet sie? In: Balhorn, H./ Brügelmann, H. (Hrsg.): Rätsel des Schriftspracherwerbs, neue Sichtweisen aus der Forschung. (DGLS-Jahrbuch). Lengwil 1995, S. 68-87 (b).

Baumert, J.: Ansprüche an den Unterricht in heutiger Zeit. Thesen zum Vortrag. LSW-Soest, September 1997.

Beckmann, H.K.: Didaktik und Methodik. In: Balmer, H. u.a. (Hrsg.): Die Psychologie des 20. Jahrhunderts, Bd. 11: Konsequenzen für die Pädagogik (1). Zürich: Kindler 1980, S. 779-805.

Beer, W.: Frieden/Ökologie/Gerechtigkeit. Selbstorganisierte Lernprojekte in der Friedens- und Ökologiebewegung. Opladen: Westdt. Verlag 1983.

Beier, P.: Soziokulturelle Stadtteilarbeit: Lernen in Selbsthilfegruppen. In: Heger, R.J. u.a. (Hrsg.): Wiedergewinnung von Wirklichkeit. Ökologie, Lernen und Erwachsenenbildung. Freiburg: Dreisam 1983, S. 31-41.

Bellack, A.A. u.a.: Die Sprache im Klassenzimmer (1966). Düsseldorf: Schwann 1974.

Bendele, U.: Krieg, Kopf und Körper. Lernen für das Leben - Erziehung zum Tod. Frankfurt: Ullstein 1984.

Bennett, N.: Unterrichtsstil und Schülerleistung (1976). Stuttgart. Klett 1979.

Bereiter, C: Situated Cognition and how to overcome it. In: Kirshner, D./ Whitson, J.H. (Eds.): Situated Cognition. Social, Semiotic, and Psychological Perspectives. Mahwah: Erlbaum 1997, 281-300.

Berliner, D.C./Cahen, L.S.: Trait-Treatment Interaction and Learning. In: Kerlinger, F.N. (Ed.): Review of Research in Education, Vol. 1. Itasca: Peacock 1973, S. 58-94.

Blankertz, H.: Theorien und Modelle der Didaktik. Weinheim und München 1969 (14. Auflage 2000).

Blase, J.J.: The Socialization of Teachers. An Ethnographic Study of Factors contributing to the Rationalization of the Teacher's Instructional Perspective. In: Urban Education 20 (1985), S. 235-256; auch in Terhart, E. (Hrsg.): Unterrichten als Beruf. Neuere amerikanische und englische Arbeiten zur Berufskultur und Berufsbiographie von Lehrern und Lehrerinnen. Köln: Böhlau 1991.

Bloom, B.: Twenty-five Years of Educational Research. In: American Educational Research Journal 3 (1966), S. 211-221.

Bloom, B. u.a. (Hrsg.): Taxonomie von Lernzielen im kognitiven Bereich (1956). Weinheim: Beltz 1972 (5. Auflage 1976).

Böhm, M.: Konservative Werterziehung. Exemplarische Untersuchungen als Beitrag zur pädagogischen Forschung und zur Konservatismustheorie. Weinheim: Dt. Studien Verlag 1986.

Bölling, R.: Sozialgeschichte der deutschen Lehrer. Ein Überblick von 1800 bis zur Gegenwart. Göttingen: Vandenhoek & Ruprecht 1983.

Bonne, L.: Lernpsychologie und Didaktik. Weinheim: Beltz 1978 (2. Auflage 1980).

Brandenburg, A.G.: Der Lernerfolg im Erwachsenenalter. Göttingen: Schwarz 1974.

Broich, J.: Rollenspiele mit Erwachsenen. Reinbek: Rowohlt 1980.

Bromme, R.: Der Lehrer als Experte. Zur Psychologie des professionellen Wissens. Bern: Huber 1992.

Bromme, R.: Kompetenzen, Funktionen und unterrichtliches Handeln des Lehrers. In: Weinert, F.E. (Hrsg.): Psychologie des Unterrichts und der Schule. Göttingen: Hogrefe 1997, S. 178-212.

Brophy, J.E.: Advances in Teacher Research. In: Journal of Classroom Interaction 15 (1979), S. 1-7.

Brophy, J.E./Evertson, C.: Lernen durch Unterricht (1976). Bochum: Kamp 1979.

Brophy, J.E./Good, L.T.: Die Lehrer-Schüler-Interaktion (1974). München: Urban & Schwarzenberg 1976.

Broudy, H.S.: Das Problem der Unterrichtsmethode, dargestellt an ausgewählten Beispielen aus der Geschichte der Pädagogik (1963). In: Ingenkamp, K./ Parey, E. (Hrsg.): Handbuch der Unterrichtsforschung, Bd. 1. Weinheim: Beltz 1970, Sp. 1-134.

Bruner, J.: Entwurf einer Unterrichtstheorie (1965). Düsseldorf: Schwann 1974.

Bruner, J.: Der Akt der Entdeckung (1961). In: Neber, H. (Hrsg.): Entdeckendes Lernen. Weinheim: Beltz 1981, S. 15-29.

Brunnhuber, P./Czinczoll, B.: Lernen durch Entdecken. Donauwörth: Auer 1974.

Brusten, M./Hurrelmann, K.: Abweichendes Verhalten in der Schule. München: Juventa 1973 (3. Auflage 1976).

Campbell, D.T./Stanley, J.C.: Experimentelle und quasi-experimentelle Anordnungen in der Unterrichtsforschung (1963). In: Ingenkamp, K./Parey, E. (Hrsg.): Handbuch der Unterrichtsforschung, Bd. 1. Weinheim: Beltz 1970, Sp. 445-632.

Clark, Chr.M.: Choice of a Model for Research on Teacher Thinking. In: Journal of Curriculum Studies 12 (1980), S. 41-47.

Coombs, J./Meux, M.: Teaching Strategies for Value Analysis. In: Metcalf, L. (Ed.): Values Education: Rationale, Strategies and Procedures. Washington 1971, S. 29-74.

Cronbach, L.J.: Beyond the two Disciplines of Scientific Psychology. In: American Psychologist 30 (1975), S. 116-127.

Cronbach, L.J./Snow, R.S. (Eds.): Aptitudes and Instructional Methods. A Handbook of Research on Interactions. New York: Irvington 1977.

Dallmayr, F./McCarthy, Th. (Eds.): Understanding and Social Inquiry. Notre Dame: Notre Dame University Press 1977.

Dann, H.-D. u.a.: Umweltbedingungen innovativer Kompetenz. Stuttgart: Klett-Cotta 1978.

Dauber, H./Verne, J. (Hrsg.): Freiheit zum Lernen. Alternativen zur lebenslangen Verschulung. Reinbek: Rowohlt 1976.

Dera, K. (Hrsg.): Lernen für die Praxis: Medien, Techniken, Methoden. München: Hueber 1984.

Dichanz, H./Zahorik, J.A.: Zauberformel „Direct Instruction". Methodenmonismus und Folgen für die Lehrerausbildung. In: Bildung und Erziehung 39 (1986), S. 295-310.

Diederich, J.: Was ist das Allgemeine an der Allgemeinen Didaktik? In: Hendricks, H./Stübig, H. (Hrsg.): Zwischen Theorie und Praxis. Marburger Colloquium zur Didaktik. Kronberg: Athenäum 1977, S. 23-35.

Diederich, J.: Der Mythos der Gruppe und seine Rationalität. In: Meyer, E./ Weber, A. (Hrsg.): Aktivierung von Gruppenprozessen, Bd. 1. Paderborn: Schöningh 1981, S. 9-21.

Diederich, J.: Bemessene Zeit als Bedingung pädagogischen Handelns. In: Luhmann, N./Schorr, K.E. (Hrsg.): Zwischen Technologie und Selbstreferenz. Fragen an die Pädagogik. Frankfurt: Suhrkamp 1982, S. 51-86.

Diederich, J.: Didaktisches Denken. Eine Einführung in Anspruch und Aufgabe, Möglichkeiten und Grenzen der Allgemeinen Didaktik. Weinheim und München: Juventa 1988.

Diesbergen, C.: Radikal-konstruktivistische Pädagogik als problematische Konstruktion. Eine Studie zum Radikalen Konstruktivismus und seiner Anwendung in der Pädagogik. Frankfurt 1998.

Dinter, F.: Zur Diskussion des Konstruktivismus im Instruktionsdesign. In: Unterrichtswissenschaft 26(1998), S. 254-287.

Döring, K.: Lehren in der Erwachsenenbildung. Weinheim: Beltz 1983.

Doyle, W.: Paradigms for Research on Teacher Effectiveness. In: Shulman, L.S. (Ed.): Review of Research in Education, Vol. 5. Itasca: Peacock 1978, S. 163-198.

Dreeben, R.: Was wir in der Schule lernen (1968). Frankfurt: Suhrkamp 1980.

Drerup, H.: Rezeptologien in der Pädagogik. Überlegungen zur neueren schulpädagogischen Ratgeberliteratur. In: Bildung und Erziehung 41 (1988), S. 103-121.

Dreßen, W.: Die pädagogische Maschine. Zur Geschichte des industrialisierten Bewußtseins in Preußen/Deutschland. Frankfurt: Ullstein 1982.

Dubin, R./Taveggia, T.C.: Das Unterrichtsparadox. Eine vergleichende Analyse der Unterrichtsmethoden an Colleges (1968). In: Menck, P./Thoma, G. (Hrsg.): Unterrichtsmethode. Intuition, Reflexion, Organisation. München: Kösel 1972, S. 14-42.

Dubs, R.: Konstruktivismus: Einige Überlegungen aus der Sicht der Unterrichtsgestaltung. In: Z.f.Pädagogik 41(1995), S. 889-903.

Duffy, Th.M./Jonassen, D.H. (Eds.): Constructivism and the Technology of Instruction. A Conversation. Hillsdale: Erlbaum 1992.

Duffy, Th. M./Lowyck, J./Jonassen, D.H. (Eds.): Designing Environments for Constructive Learning. Berlin: Springer 1993.

Duncker, L.: Erfahrung und Methode. Langenau-Ulm: Vaas 1987.

Dunkin, M. J./Biddle, B. J.: The Study of Teaching. New York: Holt, Rinehart & Winston 1974.

Edelstein, W.: Moralische Intervention in der Schule. Skeptische Überlegungen. In: Oser, F. u.a. (Hrsg.): Transformation und Entwicklung. Grundlagen der Moralerziehung. Frankfurt: Suhrkamp 1986, S. 327-349.

Eigler, G. u.a.: Grundkurs Lehren und Lernen. Weinheim: Beltz 1973 (4. Auflage 1979).

Einsiedler, W.: Lehrmethoden. Probleme und Ergebnisse der Lehrmethodenforschung. München: Urban & Schwarzenberg 1981.

Einsiedler, W.: Lehrmethoden zur Instruktionsverbesserung. In: Huber, G.L. u.a. (Hrsg.): Pädagogische Psychologie als Grundlage pädagogischen Handelns. München: Urban & Schwarzenberg 1984, S. 163-219.

Einsiedler, W.: Lehrstrategien und Lernerfolg. Eine Untersuchung zur lehrziel- und schülerorientierten Unterrichtsforschung. Weinheim: Beltz 1976.

Endres, R.: Die Bedeutung des lateinischen und deutschen Schulwesens für die Entwicklung der fränkischen Reichsstädte des Spätmittelalters und der frühen Neuzeit. In: Kriss-Rettenbeck, L./Liedtke, M. (Hrsg.): Schulgeschichte im Zusammenhang der Kulturentwicklung. Schriftenreihe zum Bayrischen Schulmuseum Ichenhausen, Bd. 1. Bad Heilbrunn: Klinkhardt 1983, S. 144-165.

Ennen, E.: Stadt und Schule in ihrem wechselseitigen Verhältnis vornehmlich im Mittelalter. In: Rheinische Vierteljahrsblätter 22 (1957), S. 56-72.

Ennenbach, W./Westphal, E. (Hrsg.): Kognitive Strukturierungshilfen im Unterricht. Düsseldorf: Schwann 1980.

Ewert, O./Thomas, J.: Das Verhältnis von Theorie und Praxis in der Instruktionspsychologie. In: Weinert, F.E. (Hrsg.): Psychologie des Lernens und der Instruktion. Göttingen: Hogrefe 1996, S. 89-118.

Faulstich, P.: Höchstens ansatzweise Professionalisierung. Zur Lage des Personals in der Erwachsenenbildung. In: Böttcher, W. (Hrsg.): Die Bildungsarbeiter. Situation - Selbstbild - Fremdbild. Weinheim und München: Juventa 1996, S. 50 - 80.

Fauser, P.: Pädagogische Freiheit in Schule und Recht. Weinheim: Beltz 1986.

Fauser, P./Fintelmann, KJ./Flitner, A. (Hrsg.): Lernen mit Kopf und Hand. Berichte und Anstöße zum Praktischen Lernen in der Schule. Weinheim: Beltz 1983.

Faust-Siehl, G.: Themenkonstitution als Problem von Didaktik und Unterrichtsforschung. Weinheim: Dt. Studien Verlag 1987.

Fend, H.: Theorie der Schule. München: Urban & Schwarzenberg 1980.

Fertig, L.: Obrigkeit und Schule. Die Schulreform unter Herzog Ernst dem Frommen (1601-1675) und die Erziehung zur Brauchbarkeit im Zeitalter des Absolutismus. Neuburgweier: Schindele 1971.

Fertig, L.: Zeitgeist und Erziehungskunst. Eine Einführung in die Kulturgeschichte der Erziehung in Deutschland von 1600 bis 1900. Darmstadt: Wiss. Buchgesellschaft 1984.

Finkbeiner, Cl./Schnaitmann, G.W. (Hrsg.): Lehren und Lernen im Kontext empirischer Forschung und Fachdidaktik. Donauwörth: Auer 2001.

Fischer, H.P./Weissker, D.: Projektorientierte Lernorganisation über die gesamte Ausbildungszeit möglich und erfolgreich: Ergebnisse aus einem Modellversuch bei der Daimler-Benz AG im Werk Gaggenau. In: Berufsbildung in Wissenschaft und Praxis 10 (1981), S. 19-20.

Fischer, H. R.(Hrsg.): Autopoiesis. Heidelberg 1993.

Fischer, K.: Geschichte des deutschen Volksschullehrerstandes, 2 Bd. Hannover: C. Meyer-Verlag 1892. Reprint Leipzig: Zentralantiquariat der DDR 1969.

Fisher, C.W./Berliner, D.C. (Eds.): Perspectives on Instructional Time. New York: Longman 1985.

Flammer, A.: Wechselwirkung zwischen Schülermerkmal und Unterrichtsmethode. In: Zeitschrift für Entwicklungspsychologie und Pädagogische Psychologie 5 (1973), S. 130-147.

Flammer, A.: Wechselwirkung zwischen Schülermerkmalen und Unterrichtsmethoden - eine zerronnene Hoffnung? In: Mandl, H./Krapp, A. (Hrsg.): Schuleingangsdiagnose. Neue Modelle, Annahmen und Befunde. Göttingen: Hogrefe 1978, S. 113-120.

Flanders, N.: Analyzing Teaching Behavior. Reading: Addison-Wesley 1970.

Flitner, W.: Theorie des pädagogischen Weges (und der Methode, 1930/1950). Weinheim: Beltz 1963 (6. Auflage).

Foerster, H.v.: Sicht und Einsicht. Braunschweig 1984.

Forsberg, B./Meyer, E. (Hrsg.): Einführung in die Praxis der schulischen Gruppenarbeit. Heidelberg: Quelle & Meyer 1972.

Freire, P.: Pädagogik der Unterdrückten. Reinbek: Rowohlt 1971.

Friederich, G.: Das niedere Schulwesen. In: Handbuch der deutschen Bildungs-geschichte, Bd. III. München: Beck 1987, S. 123-152.

Friedrich, G.: Die Praktikabilität der Neurodidaktik. Frankfurt: Lang 1985.

Fritz, J.: Methoden des sozialen Lernens. München: Juventa 1977 (2. Auflage 1981).

Fuhr, R.: Didaktisches Handeln in außerschulischen Feldern. In: Enzyklopädie Erziehungswissenschaft, Bd. 3: Ziele und Inhalte der Erziehung und des Un-terrichts, hrsg. von H.-D. Haller und H.L. Meyer unter Mitarbeit von Th. Hanisch. Stuttgart: Klett-Cotta 1986, S. 148-163.

Fuhrmann, E./Weck, H.: Forschungsproblem Unterrichtsmethoden. Berlin/ DDR: Volk und Wissen 1976.

Fuller, F.F./Bown, O.H.: Becoming a Teacher. In: Ryan, K. (Ed.): Teacher Education. 74th Yearbook of the NSSE, Part II. Chicago: Univ. of Chicago Press 1975, S. 25-52.

Furck, C.-L.: Probleme einer Geschichte der Pädagogik. In: Zeitschrift für Pä-dagogik 9 (1963), S. 262-278.

Gage, N.L.: Paradigmen für die Unterrichtsforschung (1963). In: Ingenkamp, K./Parey, E. (Hrsg.): Handbuch der Unterrichtsforschung, Bd. 1. Weinheim: Beltz 1970, Sp. 269-366.

Gage, N.L.: Unterrichten - Kunst oder Wissenschaft (1978)? München: Urban & Schwarzenberg 1979.

Gage, N.L./Berliner, D.C.: Pädagogische Psychologie (1975). Weinheim: Beltz 1986 (4. Auflage).

Gagné, R.M.: Military Training and Principles of Learning. In: American Psy-chologist 17 (1962), S. 83-91.

Gagné, R.M.: The Conditions of Learning. New York: Holt, Rinehart & Win-ston (1965, 2. Auflage 1970, 3. Auflage 1977); dt.: Die Bedingungen des menschlichen Lernens. Hannover: Schroedel 1980 (5. Auflage auf Basis der 3. amerikanischen Auflage von 1977).

Gagné, R.M.: The Learning Basis of Teaching Methods. In: Gage, N.L. (Ed.): The Psychology of Teaching Methods. 75th Yearbook of the NSSE, Part I. Chicago: University Press 1976, S. 21-43.

Gagné, R.M./Briggs, L.J.: Principles of Instructional Design. New York: Holt, Rinehart & Winston 1974.

Gaudig, H.: Die Methode des Schülers im Dienst der Bildung der Persönlich-keit (1917): In: Geppert, K/Preuß, E. (Hrsg.): Selbständiges Lernen. Bad Heilbrunn: Klinkhardt 1980, S. 17-35.

Geißler, E.E.: Die Metapher des Weges in der Didaktik. In: Pädagogische und didaktische Reflexionen. Festschrift für Martin Rang. Frankfurt: Diesterweg 1966, S. 138-144.

Geissler, K.A.: Anfangssituationen. München: Hueber 1983.

Geppert, K./Preuß, E. (Hrsg.): Selbständiges Lernen. Bad Heilbrunn: Klink-hardt 1980.

Gerl, H.: Methoden der Erwachsenenbildung. In: Raapke, H.-D./Schulenberg, W. (Hrsg.): Didaktik der Erwachsenenbildung. Handbuch der Erwachsenen-bildung, Bd. 7. Stuttgart: Kohlhammer 1985, S. 43-53.

Gerstenmaier, J./Mandl, H.: Wissenserwerb unter konstruktivistischer Perspek-tive. In: Zeitschrift für Pädagogik 41 (1995), S. 867-888.

Giesecke, H.: Pädagogik als Beruf. Grundformen pädagogischen Handelns. Weinheim und München: Juventa 1987 (7. Auflage 2000).

Giel, K. u.a.: Stücke zu einem mehrperspektivischen Unterricht. Stuttgart: 1974ff.

Gieseke-Schmelzle, W.: Erfahrungsorientierte Lernkonzepte. In: Raapke, H.-D./Schulenberg, W. (Hrsg.): Didaktik der Erwachsenenbildung. Handbuch der Erwachsenenbildung, Bd. 7. Stuttgart: Kohlhammer 1985, S. 74-92.

Glaser, R.: Psychology and Instructional Technology. Training Research and Education. Pittsburgh 1972.

Glaser, R.: Components of a Psychology of Instruction. In: Review of Educational Research 46 (1976), S. 1-24.

Glaser, R./Bassok, M.: Learning Theory and the Study of Instruction. In: Annual Review of Psychology 40 (1989), S. 631-666.

Glasersfeld, E.v.: Aspekte einer konstruktivistischen Didaktik. In: Landesinstitut für Schule und Weiterbildung (1995), S. 7-14.

Glasersfeld, E.v.: Radikaler Konstruktivismus. Ideen, Ergebnisse, Probleme. Frankfurt 1996.

Glöckel, H.: 44 Thesen über Sinn und Grenzen von „Lernzielen". In: Die deutsche Schule 67 (1975), S. 306-314.

Goeppert, H.C. (Hrsg.): Sprachverhalten im Unterricht. München: Fink 1977.

Götz-Marchand, B.: Ergebnisse der empirischen Kleingruppenforschung. In: Schäfers, B. (Hrsg.): Einführung in die Gruppensoziologie. Heidelberg: Quelle & Meyer 1980, S. 145-171.

Grasberger, L.: Erziehung und Bildung im klassischen Altertum. Nach den Quellen dargestellt, 3 Bd. Würzburg: Stahel 1864-1881. Reprint Aalen: Scienta-Verlag 1971.

Green, T.F.: A Topology of the Teaching Concept. In: Studies in Philosophy and Education 3 (1965), S. 284-315.

Groeben, N./Scheele, B.: Argumente für eine Psychologie des reflexiven Subjekts. Darmstadt: Steinkopff 1977.

Gruschka, A.: Pädagogisches Sonnenstudio - über den Siegeszug der neurolinguistischen Programmierung. In: Pädagogische Korrespondenz (1995) Heft 15, S. 5-21.

Grzesik, J.: Die Rolle der Zweck-Mittel-Relation bei der Planung von Lernprozessen. In: Bildungstradition und moderne Gesellschaft. Festschrift für H.-H. Groothoff. Hannover: Schroedel 1975, S. 157-171.

Gudjons, H.: Handlungsorientiert Lehren und Lernen. Bad Heilbrunn: Klinkhardt 1986 (4. Auflage 1994).

Gudjons, H.: Handlungsorientierung als methodisches Prinzip im Unterricht. In: Westermanns pädagogische Beiträge 39 (1987), S. 8-13.

Gudjons, H. u.a. (Hrsg.): Unterrichtsmethoden: Grundlegung und Beispiele. Braunschweig: Bergmann & Helbig 1982.

Hänsel, D.: Der Mythos vom konservativen Wandel der Lehrer. In: Zeitschrift für Pädagogik 31 (1985), S. 631-656.

Hage, K. u.a.: Das Methodenrepertoire von Lehrern. Eine Untersuchung zum Schulalltag der Sekundarstufe I. Opladen: Leske & Budrich 1985.

Hagemann, W.: Paradigmatische Probleme der experimentellen Unterrichtsforschung. In: Zeitschrift für erziehungswissenschaftliche Forschung 10 (1976), S. 127-144.

Hall, R.T.: Unterricht über Werte. Lernhilfen und Unterrichtsmodelle. München: Urban & Schwarzenberg 1979.

Haller, H.-D.: Fragen der Unterrichts- und Curriculumforschung - wissenschaftsgeschichtlich betrachtet. In: Zeitschrift für Pädagogik 19 (1973), S. 571-582.

Hallinger, Ph./Murphy, J.F.: The Social Context of Effective Schools. In: American Journal of Education 83 (1986), S. 328-355.

Hammersley, M.: Classroom Ethnography. In: Educational Analysis 2 (1980), S. 47-74.

Hartung, H.: Problemgenese im Lehr-Lern-Prozess. Phil. Diss. Universität Osnabrück 1983.

Heger, R.-J. u.a.: Wiedergewinnung von Wirklichkeit. Ökologie, Lernen und Erwachsenenbildung. Freiburg: Dreisam-Verlag 1983.

Heimann, P.: Didaktik als Theorie und Lehre (1962). In: ders.: Didaktik als Unterrichtswissenschaft, hrsg. von Reich, K./Thomas, H. Stuttgart: Klett 1976, S. 142-167.

Heinze, Th.: Zur Technologisierung des Unterrichts. In: Soziale Welt 23 (1972), S. 219-229.

Heinze, Th.: Unterricht als soziale Situation. Zur Interaktion von Schülern und Lehrern. München: Juventa 1976.

Heinze, Th.: Schülertaktiken. München: Urban & Schwarzenberg 1980.

Heinze, Th./Loser, F./Thiemann, F.: Praxisforschung. Wie Alltagshandeln und Reflexion zusammengebracht werden können. München: Urban & Schwarzenberg 1981.

Helmke, A.: Leistungssteigerung und Ausgleich von Leistungsunterschieden in Schulen: unvereinbare Ziele? In: Z.f.Entwicklungspsychologie und Pädagogische Psychologie 20 (1988), S.45-76.

Helmke, A.: Unterrichtsqualität erfassen, bewerten, verbessern. Seelze: Kallmeyer 2003 (3. Auflage 2004).

Hennecke, F.: Versuch einer juristischen Begründung von pädagogischer Freiheit. In: Recht der Jugend und des Bildungswesens 34 (1986), S. 233-247.

Heppe, H.: Geschichte des deutschen Volksschulwesens, Bd. 1. Gotha: Perthes 1858. Reprint Hildesheim: Olms-Verlag 1971.

Hericks, U./Keuffer, J./Kräft, H.Chr./Kunze, I. (Hrsg.): Bildungsgangdidaktik. Perspektiven für Fachunterricht und Lehrerbildung. Opladen: Leske + Budrich 2001.

Herman, G.: Lernen durch Entdeckung: Eine kritische Erörterung von Forschungsarbeiten (1969). In: Neber, H.: (Hrsg.): Entdeckendes Lernen. Weinheim: Beltz 1981, S. 166-189.

Herrmann, U.: Die Rolle der Psychologie in der Entwicklung der modernen Erziehungswissenschaft. In: Balmer, H. u.a. (Hrsg.): Die Psychologie des 20. Jahrhunderts, Bd. 1: Die europäische Tradition. Zürich: Kindler 1976, S. 1013-1026.

Hesselbach, E.: Die „deutsche Schule" im Mittelalter. In: Zeitschrift für Geschichte der Erziehung und des Unterrichts 10 (1920), S. 1-56.

Hettwer, H.: Herkunft und Zusammenhang der Schulordnungen. Eine vergleichende Studie. Mainz: Hase & Koehler 1965.

Hiller, G.G.: Konstruktive Didaktik. Düsseldorf: Schwann 1973.

Hoetker, W./Ahlbrandt, W.: The Persistence of Recitation. In: American Educational Research Journal 6 (1969), S. 145-167.

Hoyle, E./Megarry, J. (Eds.): Professional Development of Teachers. World Yearbook of Education 1980. London: Kogan Page 1980.

Hofer, M.: Die Schülerpersönlichkeit im Urteil des Lehrers. Weinheim: Beltz 1974.

Hofer, M. (Hrsg.): Informationsverarbeitung und Entscheidungsverhalten von Lehrern. Beiträge zu einer Handlungstheorie des Unterrichts. München: Urban & Schwarzenberg 1981.

Hofer, M.: Sozialpsychologie erzieherischen Handelns. Wie das Denken und Verhalten von Lehrern organisiert ist. Göttingen: Hogrefe 1986.

Hoffmann, W.: Von der Notwendigkeit und dem Nutzen didaktischer Theorie für die Schule. Frankfurt/Bern: Lang 1987.

Hoops, W.: Konstruktivismus. Ein neues Paradigma für Didaktisches Design? In: Unterrichtswissenschaft 26 (1998), S. 229-253.

Hopmann, St./Riquarts, K./Krapp, K./Klafki, W. (Hrsg.): Didaktik und/oder Curriculum.33. Beiheft der Zeitschrift für Pädagogik. Weinheim Beltz 1995.

Hunt, D.E.: Theorie und Forschung über Konzeptuelle Niveaus als Wegweiser zur Erziehungspraxis. In: Mandl, H./Huber, G.L. (Hrsg.): Kognitive Komplexität. Göttingen: Hogrefe 1978, S. 293-310.

Illich, L: Entschulung der Gesellschaft. München: Kösel 1972.

Illmer, D.: Formen der Erziehung und Wissensvermittlung im frühen Mittelalter (1971). Kenn: Ratingen 1979.

Ingenkamp, K./Parey, E. (Hrsg.): Handbuch der Unterrichtsforschung (1963), 3 Bd. Weinheim: Beltz 1970/71.

Ingenkamp, K. (Hrsg.): Sozial-emotionales Verhalten in Lehr- und Lernsituationen. Landau: Erziehungswissenschaftliche Hochschule 1984.

Jackson, Ph.: Life in Classrooms. New York: Holt, Rinehart & Winston 1969.

Jaeger, W.: Paideia. Die Formung des griechischen Menschen, 3 Bd. (1933, 1944, 1947). Ungekürzter photomechanischer Nachdruck in einem Band, Berlin: De Gruyter 1973.

Jank, W./Meyer, H.L.: Didaktische Modelle. Frankfurt: Cornelsen 1981 (6. Auflage 2003).

Jantos, W. (Hrsg.): Entwicklung des schöpferischen Denkens und problemhafter Unterricht. Berlin/DDR: Volk und Wissen 1978.

Johnson, D.W. u.a.: Effects of Cooperative, Competitive, and Individualistic Goal Structures on Achievement: A Meta-Analysis. In: Psychological Bulletin 89 (1981), S. 47-62.

Jonassen, D.H.: Objectivism versus Constructivism: Do we need a new philosophiocal Paradigm? In: Educational Technology, Research and Development 39 (1991) 3, S. 5-14.

Jonassen, D.H.: Evaluating Constructivistic Learning. In: Th. M. Duffy/D.H. Jonassen (Eds.): Constructivism and the Technology of Instruction: A Conversation. Hillsdale: Erlbaum 1992, S. 137-148.

Jones, K./Williamson, K.: The Birth of the Schoolroom. A Study of the Transformation in the Discursive Conditions of English Popular Education in the first-half of the Nineteenth Century. In: Ideology and Consciousness (1979), No. 6, S. 59-110.

Jopt, U.-J.: Selbstkonzept und Ursachenerklärung in der Schule. Bochum: Kamp 1978.

Joyce, B. u.a.: Flexibility in Teaching. An Excursion into the Nature of Teaching and Training. New York: Longman 1981.

Jütting, D.H.: Methoden des Erwachsenenunterrichts. Selbststudienmaterial, hrsg. von der Pädagogischen Arbeitsstelle des Deutschen Volkshochschulverbandes. Frankfurt 1980 (3. Auflage).

Kaemmel, HJ.: Geschichte des Deutschen Schulwesens im Übergange vom Mittelalter zur Neuzeit. Leipzig: Duncker & Humblot 1882. Reprint Hildesheim: Olms 1986.

Kagan, D.M.: Professional Growth among Preservice and Beginning Teachers. In: Review of Educational Research 62 (1992), S. 129-169.

Kapferer, J.L.: Socialization and the Symbolic Order of the School. In: Anthropology and Education Quarterly 12 (1981), S. 258-271.

Kehr, C. (Hrsg.): Geschichte der Methodik des deutschen Volksschulunterrichtes. Unter Mitwirkung einer Anzahl Schulmänner. Band I-V. Gotha: Thienemann 1877-1902.

Keil, W.: Psychologie des Unterrichts. München: Juventa 1977.

Kelber, M.: Gesprächsführung. Opladen: Leske 1977 (12. Auflage).

Kintzinger, M./Lorenz, S./Walter, M. (Hrsg.): Schule und Schüler im Mittelalter. Beiträge zur Europäischen Bildungsgeschichte vom 9. bis 15. Jahrhundert. Köln: Böhlau 1996.

Klafki, W.: Der Begriff der Didaktik (im engeren Sinne) im Verhältnis zur Methodik. In: Funkkolleg Erziehungswissenschaft, Bd. 2. Frankfurt: Fischer 1971, S. 53-73.

Klafki, W.: Zum Verhältnis von Didaktik und Methodik. In: Zeitschrift für Pädagogik 22 (1976), S. 77-94.

Klafki, W.: Probleme einer Neukonzeption der Didaktischen Analyse. In: Landesinstitut für Curriculumentwicklung, Lehrerfortbildung und Weiterbildung: Probleme stufenbezogener Didaktik. Düsseldorf 1978, S. 103-124 (5. Auflage).

Klafki, W.: Neue Studien zur Bildungstheorie und Didaktik. Weinheim: Beltz 1985 (5. Auflage 1996).

Klafki, W. u.a. (Hrsg.): Gruppenunterricht. Paderborn: Schöningh 1981.

Klare, T./Krope, P.: Verständigung über Alltagsnormen. München: Urban & Schwarzenberg 1977.

Klauer, K.J.: Das Experiment in der pädagogischen Forschung. Düsseldorf: Schwann 1973.

Klauer, K.J.: Methodik der Lehrzieldefinition und Lehrstoffanalyse. Düsseldorf: Schwann 1974.

Klauer, K.J.: Framework for a Theory of Teaching. In: Teaching & Teacher Education 1 (1985), S. 5-17.

Kleinschmidt-Bräutigam, M.: Frontalunterricht: Ja oder Nein? Überlegungen zu einer falsch gestellten Frage. In: Grundschulunterricht 39 (1992), H. 7/8, S. 8-9.

Klewitz, E./Mitzkat, H.: Entdeckendes Lernen und offener Unterricht. In: Klewitz, E. u.a.: Entdeckendes Lernen und offener Unterricht. Braunschweig: Westermann 1977, S. 7-26.

Klewitz, E. u.a.: Entdeckendes Lernen und offener Unterricht. Braunschweig: Westermann 1977.

Klieme, E. u.a.: Zur Entwicklung nationaler Bildungsstandards - Eine Expertise. Frankfurt: DIPF 2003.

Klingberg, L.: Zur didaktischen Inhalt-Methode-Relation. In: Wissenschaftliche Zeitschrift der Pädagogischen Hochschule „Karl Liebknecht" Potsdam 27 (1983), S. 759-769.

Klingberg, L.: Kategorien der Didaktik. In: Wissenschaftliche Zeitschrift der Pädagogischen Hochschule „Karl Liebknecht" Potsdam 29 (1985), S. 722-738.

Kluwe, R.H.: Kontrolle des eigenen Denkens und Unterricht. In: Treiber, B./ Weinert, F. (Hrsg.): Lehr-Lern-Forschung. München: Urban & Schwarzenberg 1982, S. 113-133.

Knoll, J.: Kurs- und Seminarmethoden. Ein Arbeitsbuch zur Gestaltung von Kursen und Seminaren, Arbeits- und Gesprächskreisen. München: Hueber 1986.

Koch-Priewe, B.: Subjektive didaktische Theorien von Lehrern. Tätigkeitstheorie, bildungstheoretische Didaktik und alltägliches Handeln im Unterricht. Köln: Haag & Herchen 1986.

König, E.: Theorie der Erziehungswissenschaft, Bd. 1. München: Fink 1975.

Kösel, E.: Subjektive Didaktik. Die Modellierung von Lernwelten. Elztal-Dallau 1993, 3. Auflage 1997.

Kötter, L./Mandl, H. (Hrsg.): Kognitive Prozesse und Unterricht. Jahrbuch für Empirische Erziehungswissenschaft 1983. Düsseldorf: Schwann 1983.

Kretschmer, J.F.: Problemlösendes Denken im Unterricht. Frankfurt/Bern: Lang 1983.

Kriss-Rettenbeck, L./Liedtke, M. (Hrsg.): Erziehungs- und Unterrichtsmethoden im historischen Wandel. Schriftenreihe zum Bayrischen Schulmuseum Ichenhausen, Bd. 4. Bad Heilbrunn: Klinkhardt 1986.

Krohn, W./Küppers, G. (Hrsg.): Emergenz: Die Entstehung von Ordnung, Organisation und Bedeutung. Frankfurt 1992.

Kron, F.: Grundwissen Didaktik. München: Reinhardt 1993 (4. Auflage 2004).

Krüssel, H.: Konstruktivistische Unterrichtsforschung. Der Beitrag des Wissenschaftlichen Konstruktivismus und der Theorie der persönlichen Konstrukte für die Lehr-Lern-Forschung. Frankfurt 1993.

Krummheuer, G.: Narrativität und Lernen. Mikrosoziologische Studien zur sozialen Konstitution schulischen Lernens. Weinheim: Deutscher Studien Verlag 1997.

Künzel, K.: Wie geht es weiter mit der Weiterbildung? In: Literatur- und Forschungsreport Weiterbildung, Heft 14 (1984), S. 85-112.

Kühl, A.M.: Soll die Didaktik konstruktivistisch werden? In: Pädagogische Korrespondenz, Heft 12 (1993), S. 36-55.

Kunstmann, W.: Handlungsorientierung - eine Alternative zum wissenschaftsorientierten Unterricht. In: Pädagogische Rundschau 35 (1981), S. 167-181.

Landesinstitut für Schule und Weiterbildung (LSW) (Hrsg.): Lehren und Lernen als konstruktive Tätigkeit. Beiträge zu einer konstruktivistischen Theorie des Unterrichts. Bönen 1995.

Lange, H.: Schulbau und Schulverfassung der frühen Neuzeit. Zur Entstehung und Problematik des modernen Schulwesens. Weinheim: Beltz 1967.

Lange, O. (Hrsg.): Problemlösender Unterricht und selbständiges Arbeiten von Schülern. Universität Oldenburg: Zentrum f. pädagogische Berufspraxis 1982.

Lange, O./Löhnert, S. (Hrsg.): Problemlösender Unterricht II. Ansätze und Fragestellungen. Universität Oldenburg: Zentrum f. pädagogische Berufspraxis 1983.

Laska, J.A.: The Four Basic Teaching Methods. In: Educational Technology 24 (1984), S. 42-45.

Lave, J./Wenger, E.: Situated Learning: Legitimate Peripheral Participation. Cambridge: Cambridge University Press 1991.

Lersch, R.: Unterrichtsmethodik. Perspektiven einer Theorie alltäglichen pädagogischen Handelns in der Schule. In: Emendatio rerum humanarum. Erziehung für eine demokratische Gesellschaft. Festschrift für K. Schaller, hrsg. von Baumgart, F. u.a. Frankfurt/Bern: Lang 1985, S. 253-274.

Leschinsky, A.: Warnung vor neuen Enttäuschungen - Strukturelle Hindernisse für eine Schule der gerechten Gemeinschaft. In: Die deutsche Schule 79 (1987), S. 28-43.

Leschinsky, A./Roeder, P.M.: Schule im historischen Prozess. Zum Wechselverhältnis von institutioneller Erziehung und gesellschaftlicher Entwicklung. Stuttgart: Klett 1976.

Leschinsky, A./Roeder, P.M.: Didaktik und Unterricht in der Sekundarstufe I seit 1950. Entwicklung der Rahmenbedingungen. In: Max-Planck-Institut für Bildungsforschung (Hrsg.): Bildung in der Bundesrepublik Deutschland, Bd. 1. Reinbek: Rowohlt 1980, S. 283-391.

Lind, G./Raschert, J. (Hrsg.): Moralische Urteilsfähigkeit. Eine Auseinandersetzung mit Lawrence Kohlberg. Weinheim: Beltz 1987.

Linde, E.: Persönlichkeits-Pädagogik. Ein Mahnwort wider die Methodengläubigkeit unserer Tage. Leipzig: Brandstetter 1905 (2. Auflage).

Loser, F.: Die anthropologische Betrachtungsweise einer Geschichte des Lehrens und Lernens. In: Zeitschrift für Pädagogik 12 (1966), S. 425-443.

Loser, F.: Die Notwendigkeit einer pädagogischen Theorie des Lehrens und Lernens. In: Neue Sammlung 7 (1967), S. 58-70.

Loser, F.: Die Unterrichtsgrundsätze der Lebensnähe und der Anschauung und ihr Beitrag zu einer pädagogischen Theorie des Lehrens und Lernens. In: Bildung und Erziehung 22 (1969), S. 14-31.

Loser, F.: Methodische Differenzierung des Unterrichts durch Differenzierung von Unterrichtsmethoden. In: Menck, P./Thoma, G. (Hrsg.): Unterrichtsmethode. München: Kösel 1972, S. 43-64.

Loser, F.: Artikel „Methode". In: Lexikon der Musikpädagogik, hrsg. von H. Hopf/W. Heise. Düsseldorf: Henn 1975.

Loser, F.: Konzepte und Verfahren der Unterrichtsforschung. München: Juventa 1979.

Loser, F./Terhart, E. (Hrsg.): Theorien des Lehrens. Stuttgart: Klett 1977.

Loser, F./Terhart, E.: Über die begrenzten Möglichkeiten der Schule. Warnung vor falschen Ansprüchen. In: Lernen. Ereignis und Routine. Jahresheft IV aller pädagogischen Zeitschriften des Friedrich Verlags in Zusammenarbeit mit Klett. Velber 1986, S. 124-127.

Lüders, M.: Unterricht als Sprachspiel. Eine systematische und empirische Studie zum Unterrichtsbegriff und zur Unterrichtssprache. Bad Heilbrunn: Klinkhardt 2003.

Luhmann, N.: Zweckbegriff und Systemrationalität. Frankfurt: Suhrkamp 1973.

Luhmann, N.: Soziale Systeme. Grundriß einer allgemeinen Theorie. Frankfurt 1984.

Luhmann, N.: Konstruktivistische Perspektiven. Soziologische Aufklärung 5. Opladen 1990.

Luhmann, N./Schorr, K.E.: Das Technologiedefizit der Erziehung und die Pädagogik. In: Zeitschrift für Pädagogik 25 (1979), S. 345-365.

Lukesch, H./Kischkel, K.-H.: Unterrichtsformen an Gymnasien. Ergebnisse einer retrospektiven Erhebung über die schulstufen- und fachspezifische Verbreitung von Lehrverfahren. In: Zeitschrift für erziehungswissenschaftliche Forschung 21 (1987), S. 237-256.

Macke, G.: Lernen als Prozess. Überlegungen zur Konzeption einer operativen Lehr-Lern-Theorie. Weinheim: Beltz 1978.

Macmillan, CJ.B./McClellan, J.E.: Can and Should Means-Ends Resoning be used in Teaching? In: Macmillan, C.J.B./Nelson, Th.W. (Eds.): Concepts of Teaching: Philosophical Essays. Chicago: Rand McNally 1968, S. 119-150.

Mager, R.F.: Lernziele und (Programmierter) Unterricht (1961). Weinheim: Beltz 1965 (14. Auflage 1970; Neubearbeitung 1977).

Mandl, H./Huber, L.: Subjektive Theorien von Lehrern. In: Psychologie in Erziehung und Unterricht 30 (1983), S. 98-112.

Mannzmann, A. (Hrsg.): Geschichte der Schulfächer, 3. Bd. München: Kösel 1983-84.

Marrou, H.I.: Geschichte der Erziehung im klassischen Altertum (1948). München: Deutscher Taschenbuch-Verlag 1977.

Martin, E.: Grundformen des Gegenstandsbezuges im Unterricht. Diss. phil. Bern 1964.

Mauermann, L.: Darstellung und Kritik aktueller Konzepte zur Werterziehung in der Schule. In: Handbuch Schule und Unterricht, Band 7.1, hrsg. von W. Twellmann. Düsseldorf: Schwann 1985, S. 357-371.

McClellan, J.E.: Philosophy of Education. Englewood Cliffs: Prentice-Hall 1976.

McKeachie, E.W.: The Decline and Fall of the Laws of Learning. In: Educational Researcher 3 (1974), S. 7-11.

McNergney, R.F./Carrier, C.A.: Teacher Development. New York: Macmillan 1981.

Medley, D.M.: The Effectiveness of Teachers. In: Peterson, P.L./Walberg HJ. (Ed.): Research on Teaching. Concepts, Findings, and Implications. Berkeley: McCutchan 1979, S. 11-27.

Medley, D.M.: Teacher Effectiveness. In: Mitzel, H.E. (Ed.): Encyclopedia of Educational Research. 5th Edition, Vol. 4. New York: The Free Press 1982, S. 18944903.

Mehan, H.: Language and Schooling. In: Sociology of Education 57 (1984), S. 174-183.

Meixner, J.: Konstruktivismus und die Vermittlung produktiven Wissens. Neuwied 1997.

Menges, RJ./Girad, D.L.: Development of a Research Speciality: Instructional Psychology portrayed in The Annual Review of Psychology. In: Instructional Science 12 (1983), S. 83-98.

Merkens, H./Seiler, H.: Interaktionsanalyse. Stuttgart: Kohlhammer 1978.

Merrill, M.D.: Constructivism and Instructional Design. In: Educational Technology 31 (1991) 5, S. 45-53.

Meyer, E. (Hrsg.): Gruppenpädagogik zwischen Moskau und New York. Heidelberg: Quelle & Meyer 1972.

Meyer, E.: Der Gruppenunterricht in Theorie und Praxis. In: Twellmann, W. (Hrsg.): Handbuch Schule und Unterricht, Bd. 8.1. Düsseldorf: Schwann 1986, S. 377-391.

Meyer, E./Okon, W.: „Frontalunterricht". Frankfurt: Scriptor 1983.

Meyer, E./Weber, A. (Hrsg.): Aktivierung von Gruppenprozessen, Bd. 1. Paderborn: Schöningh 1981.

Meyer, F.: Schule der Untertanen. Lehrer und Politik in Preußen 1848-1900. Hamburg: Hoffmann & Campe 1976.

Meyer, H.L.: Einführung in die Curriculum-Methodologie. München: Kösel 1972 (2. Auflage 1974).

Meyer, H.L.: Trainingsprogramm zur Lernzielanalyse. Frankfurt: Fischer-Athenäum 1974 (11. Auflage 1984).

Meyer, H.L.: Leitfaden zur Unterrichtsvorbereitung Königstein: Scriptor 1980 (Nachdruck der 12. Auflage 1996).

Meyer, H.L.: Aneignungsschwierigkeiten didaktischen Theoriewissens. In: Westermanns pädagogische Beiträge 35 (1983), S. 61-71.

Meyer, H.L.: UnterrichtsMethoden. I: Theorieband, II: Praxisband. Frankfurt: Scriptor 1987 (7. Auflage 1995/96).

Meyer, H.L./Meyer, M.: Lob des Frontalunterrichts. In: Meyer, M. u.a. (Hrsg.): Lernmethoden - Lehrmethoden. Jahresheft XV des Friedrich-Verlags. Seelze 1997, S. 34-37.

Meyer, H.L.: Was ist guter Unterricht? Berlin: Cornelsen 2004.

Meyer, M./Otto, G./Rampillon, U./Terhart, E. (Hrsg.): Lernmethoden - Lehrmethoden. Wege zur Selbständigkeit. Jahresheft XV des Friedrich Verlags. Seelze 1997.

Meyer, M./Reinhartz, S. (Hrsg.): Bildungsgangdidaktik. Denkanstöße für pädagogische Forschung und schulische Praxis. Opladen: Leske + Budrich. 1998.

Meyer-Drawe, K.: Menschen im Spiegel ihrer Maschinen. München: Fink 1996.

Michael, B.: Darbieten und Veranschaulichen. Bad Heilbrunn: Klinkhardt 1983.

Miller, G.A. u.a.: Strategien des Handelns. Pläne und Strukturen des Verhaltens. Stuttgart: Klett 1973.

Mills, Th.M.: Soziologie der Gruppe. München: Juventa 1971 (3. Auflage)

Möller, Chr.: Technik der Lernplanung. Weinheim: Beltz 1969 (5. Auflage 1976).

Moeller, M.L.: Selbsthilfegruppen. Selbstbehandlung und Selbsterkenntnis in eigenverantwortlichen Kleingruppen. Reinbek: Rowohlt 1978.

Moser, H./Zedler, P. (Hrsg.): Aspekte und Probleme qualitativer Sozialforschung. Opladen: Leske 1983.

Müller, K. (Hrsg.): Konstruktivismus. Lehren - Lernen - Ästhetische Prozesse. Neuwied 1996.

Murphy, J. u.a.: Strategies for Coupling Schools: The Effective Schools Approach. In: NASSP-Bulletin 69 (1985), S. 7-13.

Mutschler, D./Ott, E.H.: Über den Zusammenhang von Lehren und Lernen: Didaktische Implikationen gegenwärtiger Lerntheorien. In: Die deutsche Schule 67 (1975), S. 832-848; 68 (1976), S. 17-26.

Neber, H. (Hrsg.): Entdeckendes Lernen. Weinheim: Beltz 1981 (3. Auflage).

Neff, G. (Hrsg.): Praxis des entdeckenden Lernens in der Grundschule. Beispiele, Materialien, Anregungen. Kronberg: Scriptor 1977.

Neidhardt, F. (Hrsg.): Gruppensoziologie. Perspektiven und Materialien. Sonderheft 25 der Kölner Zeitschrift für Soziologie und Sozialpsychologie. Opladen: Westdeutscher Verlag 1983.

Neugebauer, W.: Absolutistischer Staat und Schulwirklichkeit in Brandenburg-Preussen. Berlin: de Gruyter 1985.

Neumann, O.: Zum gegenwärtigen theoretischen Umbruch in der Kognitionspsychologie. In: Merkur 46 (1990), S. 48-60.

Nickel, H.: Die Lehrer-Schüler-Beziehung aus der Sicht neuerer Forschungsergebnisse. In: Psychologie in Erziehung und Unterricht 23 (1976), S. 153-172.

Niggemann, W.: Praxis der Erwachsenenbildung. Freiburg: Herder 1975.

Nohl, H.: Die pädagogische Bewegung in Deutschland und ihre Theorie (1933). Frankfurt: Schulte-Bulmke 1978 (8. Auflage).

Nuthall, G./Snook, L: Modelle des Lehrens (1973). In: Loser, F./Terhart, E. (Hrsg.): Theorien des Lehrens. Stuttgart: Klett 1977, S. 50-97.

Obolenski, A./Meyer, H.L. (Hrsg.): Forschendes Lernen. Bad Heilbrunn: Klinkhardt 2003.

Oelkers, J.: Intention und Wirkung: Vorüberlegungen zu einer Theorie pädagogischen Handelns. In: N. Luhmann/K.E. Schorr (Hrsg.): Zwischen Technologie und Selbstreferenz. Fragen an die Pädagogik. Frankfurt: Suhrkamp 1982, S. 139-194.

Oelkers, J.: Erziehen und Unterrichten. Grundbegriffe der Pädagogik in analytischer Sicht. Darmstadt: Wiss. Buchgesellschaft 1985.

Oelkers, J.: „Wege" und „Ziele": Starke Metaphern der Pädagogik. In: Paedagogica Historica 37 (2001), S. 529-544.

Oeser, E./Seitelberger, F.: Gehirn, Bewußtsein und Erkenntnis. Darmstadt 1988.

Oppermann, D.: Erwachsenenbildung und Schule. Ergänzung oder Gegensatz? In: Pädagogische Rundschau 40 (1986), S. 81-93.

Oser, F.: Zu allgemein die Allgemeinbildung, zu moralisch die Moralerziehung? In: Zeitschrift für Pädagogik 32 (1986), S. 489-502.

Oser, F. u.a. (Hrsg.): Transformation und Entwicklung. Grundlagen der Moralerziehung. Frankfurt: Suhrkamp 1986.

Otto, V. u.a.: Offenes Weiterlernen - Erwachsenenbildung im Selbstlernzentrum. Braunschweig: Westermann 1979.

Peters, R.S.: Must an Educator have an Aim? In: ders.: Authority, Responsibility, and Education. London: Allen & Unwin 1959.

Peterson, P.L.: Direct Instruction Reconsidered. In: Peterson, P.L./Walberg, H.J. (Eds.): Research on Teaching. Concepts, Findings, and Implications. Berkeley: McCutchan 1979, S. 57-69.

Peterson, P.L./Walberg, HJ. (Eds.): Research on Teaching: Concepts, Findings, and Implications. Berkeley: McCutchan 1979.

Peterson, P.L. u.a. (Eds.): The Social Context of Instruction. Group Organization and Group Processes. Orlando: Academic Press 1984.

Peterßen, W.: Grundlagen und Praxis des lernzielorientierten Unterrichts. Ravensburg: O. Meyer 1974.

Peterßen, W.: Lehrbuch Allgemeine Didaktik. München: Ehrenwirth 1983 (6. Auflage 2001).

Petrat, G.: Schulunterricht. Seine Sozialgeschichte in Deutschland 1750-1850. München: Ehrenwirth 1979.

Petrat, G.: Schulerziehung. Ihre Sozialgeschichte in Deutschland bis 1945. München: Ehrenwirth 1986.

Phillips, D.C.: The Good, the Bad, and the Ugly: The Many Faces of Constructivism. In: Educational Researcher (1995) 7, S. 5-12.

Piontkowski, U.: Interaktion und Kommunikation im Unterricht. In: Treiber, B./Weinert, E. (Hrsg.): Lehr-Lern-Forschung. München: Urban & Schwarzenberg 1982, S. 149-176.

Portele, G. (Hrsg.): Sozialisation und Moral. Neuere Ansätze zur moralischen Entwicklung und Erziehung. Weinheim: Beltz 1978.

Power, C.: Moral Education through the Development of Moral Atmosphere in the School. In: Journal of Educational Thought 15 (1981), S. 4-19.

Preiß, G. (Hrsg.): Neurodidaktik. Pfaffenweiler: Centaurus 1996.

Prenzel, M./Doll, J. (Hrsg.): Bildungsqualität von Schule: Schulische und außerschulische Bedingungen mathematischer, naturwissenschaftlicher und überfachlicher Kompetenzen. 45. Beiheft der Zeitschrift für Pädagogik. Weinheim: Beltz 2002.

Purkey, S./Smith, M.: Effective Schools: A Review. In: Elementary School Journal 83 (1983), S. 427-452; dt. in Aurin, K. (Hrsg.): Gute Schulen - worauf beruht ihre Wirksamkeit? Bad Heilbrunn: Klinkhardt 1989, S. 13-45.

Raapke, H.-D./Schulenberg, W. (Hrsg.): Didaktik der Erwachsenenbildung. Handbuch der Erwachsenenbildung, Bd. 7. Stuttgart: Kohlhammer 1985.

Rabenstein, R.: Lernen kann Spaß machen. 105 Methoden zum Einstieg, zur Aktivierung bei Müdigkeit und Unlust und zur Auswertung der gemeinsamen Arbeit, hrsg. von der Arbeitsstelle für Erwachsenenbildung bei der Evangelischen Kirche in Hessen und Nassau. Darmstadt 1980.

Raths, L.E. u.a.: Werte und Ziele. Methoden zur Sinnfindung im Unterricht (1966). München: Pfeiffer 1976.

Rauschenberger, H.: Über die didaktische Mentalität in unserer Zeit. In: ders. (Hrsg.): Unterricht als Zivilisationsform. Zugänge zu unerledigten Themen der Didaktik. Königstein/Wien: Athenäum/Österr. Bundesverlag 1985, S. 173-220.

Regenbrecht, A.: Moralische Erziehung in der Schule. Anmerkungen zur „Kohlberg-Diskussion". In: Schule heute (1986), H. 2, S. 18-24.

Reich, K.: Systemisch-konstruktivistische Pädagogik. Einführung in Grundlagen einer interaktionistisch-konstruktivistischen Pädagogik. Neuwied 1996.

Reich, K.: Systemisch-konstruktivistische Didaktik. Eine allgemeine Zielbestimmung. In: Voß (1997), S. 70-90

Rein, W.: Theorie des Lehrverfahrens (1893). In: Geißler, G. (Hrsg.): Das Problem der Unterrichtsmethode in der Pädagogischen Bewegung. Weinheim: Beltz 1970, S. 29-34 (8. Auflage).

Reinert, G.-B./Zinnecker, J. (Hrsg.): Schüler im Schulbetrieb. Reinbek: Rowohlt 1978.

Reinmann-Rothmeier, G./Mandl, H.: Wissensvermittlung: Ansätze zur Förderung des Wissenserwerbs. In: Klix, F. /Spada, H. (Hrsg.): Wissen. (Enzyklopädie der Psychologie). Göttingen 1998, S. 457-500.

Richardson, V. (Ed.): Handbook of Research on Teaching. 4th edition. Washington: American Educational Research Association 2001.

Richter, H.E.: Die Gruppe. Hoffnung auf einem neuen Weg, sich selbst und andere zu befreien. Reinbek: Rowohlt 1972.

Riedel, K.: Lehrhilfen zum entdeckenden Lernen. Ein experimenteller Beitrag zur Didaktik der Denkerziehung. Hannover: Schroedel 1973.

Rieken, H.: Lehr- und Lernverfahren - Aktionsformen des Lernens. In: Wörterbuch der Weiterbildung, hrsg. von Dahm, G. u.a. München: Kösel 1980, S. 208-212.

Rittelmeyer, K. u.a.: Erziehung und Gruppe. München: Juventa 1980.

Rosemann, B./Kerres, M.: Bedingungen des Lehrerverhaltens. Rationale, emotionale und zirkuläre Prozesse bei der Situationswahrnehmung. In: Psychologie in Erziehung und Unterricht 32 (1985), S. 241-247.

Rosenshine, B.: Classroom Instruction. In: Gage, N.L. (Ed.): The Psychology of Teaching Methods. 75th Yearbook of the NSSE, Chicago: University Press 1976, S. 335-371.

Rosenshine, B.: Content, Time, and Direct Instruction. In: Peterson, P.L./ Walberg, HJ. (Eds.): Research on Teaching. Concepts, Findings, and Implications. Berkeley: McCutchan 1979, S. 57-69.

Rosenshine, B./Furst, N.: The Use of Direct Observation to Study Teaching. In: Travers, R.M.W. (Ed.): Second Handbook of Research on Teaching. Chicago: Rand McNally 1973, S. 122-183.

Rosenthal, R./Jacobson, L.: Pygmalion im Unterricht (1968). Weinheim: Beltz 1971.

Rosenzweig, L.: Kohlberg in the Classroom: Moral Education Models. In: Munsey, B. (Ed.): Moral Development, Moral Education, and Kohlberg. Birmingham: Religious Education Press 1980, S. 359-380.

Roth, A./Roth, H.-G.: Die Elemente der Unterrichtsmethode. München: List 1978.

Roth, G.: Das Gehirn und seine Wirklichkeit. Kognitive Neurobiologie und ihre philosophischen Konsequenzen. Frankfurt 1994.

Roth, G./Prinz, W. (Hrsg.): Kopf-Arbeit. Gehirnfunktionen und kognitive Leistungen. Heidelberg 1996.

Roth, R.: Effektivität von Unterrichtsmethoden. Hannover: Schroedel 1971.

Rumpf, H.: Zweifel am Monopol des zweckrationalen Unterrichtskonzepts. In: Neue Sammlung 11 (1971), S. 393-411.

Rumpf, H.: Unterrichtsanalysen im Zug von Curriculumentwicklung. In: Zeitschrift für Pädagogik 21 (1975), S. 843-865.

Rumpf, H.: Die übergangene Sinnlichkeit. Drei Kapitel über die Schule. München: Juventa 1981.

Rumpf, H.: Die künstliche Schule und das wirkliche Lernen. München: Ehrenwirth 1986.

Rumpf, H.: Belebungsversuche. Ausgrabungen gegen die Verödung der Lernkultur. Weinheim und München: Juventa 1987.

Sader, M.: Psychologie der Gruppe. München: Juventa 1976.

Salomon, G.: Heuristische Modelle für die Gewinnung von Interaktionshypothesen (1972). In: Schwarzer, R./Steinhagen, K. (Hrsg.): Adaptiver Unterricht. München: Kösel 1975, S. 127-145.

Scheffler, I.: Philosophical Models of Teaching. In: Boyer, C.H. (Ed.): Philosophical Perspectives for Education. Glenview: Scott, Foresman and Co. 1970, S. 378-389.

Schelten, A.: Unterricht und Unterweisung. In: Zeitschrift für Berufs- und Wirtschaftspädagogik 79 (1983), S. 83-91.

Schepp, H.-H.: Absolutismus und Schule. Zugleich eine Anfrage an die Schulreform der 60er und 70er Jahre. In: Zeitschrift für Pädagogik 29 (1983), S. 605-627.

Schiffler, H./Winkler, R.: Tausend Jahre Schule. Eine Kulturgeschichte des Lernens in Bildern. Stuttgart/Zürich: Belser Verlag 1985.

Schirlbauer, A.: Comeback des redenden Lehrers? In: Vierteljahresschrift für wissenschaftliche Pädagogik 64 (1988), S. 318-327.

Schläfli, A. u.a.: Does Moral Education improve Moral Judgement? A Meta-Analysis of Intervention Studies using the Defining Issues Test. In: Review of Educational Research 55 (1985), S. 319-352.

Schmidt, S.J. (Hrsg.): Der Diskurs des Radikalen Konstruktivismus. Frankfurt 1987.

Schmidt, S.J. (Hrsg.): Kognition und Gesellschaft. Der Diskurs des Radikalen Konstruktivismus 2. Frankfurt 1992.

Schmidt-Stein, G.: Die Jahresklasse in der Volksschule. Stuttgart: Klett 1963.

Schneider, J.: Kein Platz für Polit-Pädagogen. Lernprozesse in einer Bürgerinitiative. In: Bergmann, K/Frank, G. (Hrsg.): Bildungsarbeit mit Erwachsenen. Handbuch für selbstbestimmtes Lernen. Reinbek: Rowohlt 1977, S. 60-85.

Schöneberg, H.: Schulen. Geschichte des Unterrichts von der Antike bis zur neuesten Zeit. Frankfurt: Haag & Herchen 1981.

Schreiner, G.: Wie kann man einer Ansammlung von Schülern helfen, sich zu einer „guten Gruppe" zu entwickeln? In: Die deutsche Schule 73 (1981), S. 113-119, 165-174, 239-245.

Schroeder, H.: Teilnehmerschwund. In: Siebert, H. (Hrsg.): Taschenbuch der Weiterbildungsforschung. Baltmannsweiler: Schneider 1979, S. 537-552.

Schulenberg, W.: Gesellschaftliche Anforderungen an die Weiterbildung - Nachfrage, Angebot und Bedarf. In: Kürzdörfer, K. (Hrsg.): Grundpositionen und Perspektiven in der Erwachsenenbildung. Bad Heilbrunn: Klinkhardt 1981, S. 74-89.

Schulenberg, W. u.a.: Soziale Faktoren der Bildungsbereitschaft Erwachsener. Stuttgart: Klett 1978.

Schulz, W.: Unterricht - Analyse und Planung. In: Heimann, P. u.a.: Unterricht - Analyse und Planung. Hannover: Schroedel 1965, S. 13-47.

Schulze, Th.: Methoden und Medien der Erziehung. München: Juventa 1978.

Schwäbisch, L./Siems, M.: Anleitung zum sozialen Lernen für Paare, Gruppen und Erzieher. Reinbek: Rowohlt 1974.

Schwarzer, R.: Adaptivität von Lehr-Lern-Situationen: Immer noch Utopie? Manuskript Aachen 1979.

Schwarzer, R./Steinhagen, K. (Hrsg.): Adaptiver Unterricht. München: Kösel 1975.

Shavelson, RJ./Stern, P.: Research on Teachers' Pedagogical Thoughts, Judgements, Decisions, and Behavior. In: Review of Educational Research 51 (1981), S. 455-498.

Shuell, T.J.: Teaching and Learning in a Classroom Context. In: Berliner, D.C./Calfee R.C. (Eds.): Handbook of Educational Psychology. New York: Macmillan 1996, S. 726-760.

Shulman, L.S./Kreislar, E.R. (Eds.): Learning by Discovery. Chicago: Rand McNally 1966.

Siebert, H. u.a.: Lernen und Lernprobleme in der Erwachsenenbildung. Paderborn: Schöningh 1982.

Siebert, H.: Lernen als Konstruktion von Lebenswelten. Entwurf einer konstruktivistischen Didaktik. Frankfurt 1994.

Siebert, H.: Über die Nutzlosigkeit von Belehrungen und Bekehrungen. Beiträge zur konstruktivistischen Pädagogik; hrsg. von Landesinstitut für Schule und Weiterbildung NRW. Bönen 1996.

Siebert, H.: Pädagogischer Konstruktivismus. Eine Bilanz der Konstruktivismusdiskussion für die Bildungspraxis. Neuwird 1999.

Siebert, H./Gerl, H.: Lehr- und Lernverhalten bei Erwachsenen. Braunschweig: Westermann 1975.

Siegel, L./Siegel, L.C.: A multivariate Paradigm for Educational Research. In: Psychological Bulletin 68 (1967), S. 306-326.

Sinclair, J./Coulthard, M.: Analyse der Unterrichtssprache: Ansätze zu einer Diskursanalyse dargestellt am Sprachverhalten englischer Lehrer und Schüler (1975). Heidelberg: Quelle & Meyer 1977.

Snow, R.E.: Individual Differences and Instructional Theory. In: Educational Researcher 6 (1977), S. 11-15.

Söltenfuß, G.: Grundlagen handlungsorientierten Lernens. Bad Heilbrunn: Klinkhardt 1983.

Specht, F.A.: Geschichte des Unterrichtswesens in Deutschland von den ältesten Zeiten bis zur Mitte des dreizehnten Jahrhunderts. Stuttgart: Verlag der Cotta'schen Buchhandlung 1885. Reprint Wiesbaden: Sandig 1967.

Spranger, E.: Das Gesetz der ungewollten Nebenwirkungen in der Erziehung. Heidelberg: Quelle & Meyer 1962.

Stanford, G.: Gruppenentwicklung im Klassenzimmer und anderswo. Praktische Anleitung für Lehrer und Erzieher. Braunschweig: Westermann 1980.

Steffe, L.P./Gale, J. (Eds.): Constructivism in Education. Hillsdale: Erlbaum 1995.

Steiner, G.: Lernverhalten, Lernleistung und Instruktionsmethoden. In: Weinert, F.E. (Hrsg.): Psychologie des Lernens und der Instruktion. Göttingen: Hogrefe 1996, S. 279-317.

Stentzel, M.: Vielfalt von Unterweisungsmethoden in der Ausbildung der Ausbilder? In: Wirtschaft und Berufserziehung (1986), H. 10, S. 295-300.

Stephens, M.D.: Teaching Methods for Adults. In: Internat. Encyclopedia of Education, ed. by Husen, T./Postlethwaite, T.N., Vol. 9. Oxford: Pergamon Press 1985, S. 5128-5134.

Straka, G./Macke, G.: Lehren und Lernen in der Schule. Stuttgart: Kohlhammer 1979 (2. Auflage 1981).

Strube, G.: Neokonnektionismus: Eine neue Basis für die Theorie und Modellierung menschlicher Kognition? In: Psychologische Rundschau 41 (1990), S. 129-143.

Széll, G.: Vampyrismus oder Betroffenenforschung. Zur Methodologie der Sozialwissenschaften. Schriftenreihe der FB Sozialwissenschaften der Universität Osnabrück, Bd. 2, 1981.

Tallmadge, K.G./Shearer, J.W.: Wechselwirkungsbeziehungen zwischen Schülermerkmalen, Lerntypen, Lehrmethoden und Lehrstoffvariablen (1971). In: Skoworonek, H./Schmied, D. (Hrsg.): Forschungstypen und Forschungsmethoden der Erziehungswissenschaft. Hamburg: Hoffmann & Campe 1977, S. 112-123.

Tausch, R./Tausch, A.: Erziehungspsychologie. Göttingen: Hogrefe 1970 (5. Auflage).

Taylor, M.E.: Character and Autonomy: The Paradox of Moral Education. Phil. Diss., Florida State University 1982 (University Microfilms International, Ann Arbor 1983).

Tenorth, H.-E.: Geschichte der Erziehung. Einführung in die Grundzüge ihrer neuzeitlichen Entwicklung. Weinheim und München: Juventa 1988.

Terhart, E.: Die Logik des Lehrens. In: Bildung und Erziehung 30 (1977), S. 441-456.

Terhart, E.: Interpretative Unterrichtsforschung. Kritische Rekonstruktion und Analyse konkurrierender Forschungsprogramme der Unterrichtswissenschaft. Stuttgart: Klett-Cotta 1978.

Terhart, E.: Zur Wechselwirkung von Schülermerkmalen und Unterrichtsbedingungen - Probleme des ATI-Programms. In: Die deutsche Schule 71 (1979), S. 285-296.

Terhart, E.: Unterrichtsmethode als Problem. Weinheim: Beltz 1983.

Terhart, E.: Psychologische Theorien des Lehrerhandelns. Eine kritische Diskussion ausgewählter kognitionspsychologischer Konzepte. In: Die deutsche Schule 76 (1984), S. 3-18.

Terhart, E.: Organisation und Erziehung. Neue Zugangsweisen zu einem alten Dilemma. In: Zeitschrift für Pädagogik 32 (1986), S. 205-223 (a).

Terhart, E.: Grenzen der Didaktisierbarkeit von Bildungsprozessen. Ein Beitrag zur Didaktik der Erwachsenenbildung. In: Literatur- und Forschungsreport Weiterbildung Heft 17 (1986), S. 112-125 (b).

Terhart, E.: Vermutungen über das Lehrerethos. In: Zeitschrift für Pädagogik 33 (1987), S. 787-804.

Terhart, E.: Philosophy of Science and School Science Teaching. In: International Journal of Science Teaching 10 (1988), S. 11-16.

Terhart, E.: Unterricht. In: Lenzen, D. (Hrsg.) unter Mitarbeit von Rost, F.: Erziehungswissenschaft. Ein Grundkurs. Reinbek: Rowohlt 1994, S. 133-158 (2. Auflage 1995).

Terhart, E.: Fremde Schwestern: Zum Verhältnis von Allgemeiner Didaktik und empirischer Lehr-Lern-Forschung. In: Zeitschrift für Pädagogische Psychologie 16(2002), S. 77-86.

Terhart, E./Wenzel, H.: Unterrichtsmethode in der Forschung: Defizite und Perspektiven. In: Adl-Amini, B. u.a. (Hrsg.): Unterrichtsmethode in Theorie und Forschung. Weinheim: Beltz 1993, S. 12-56.

Tietgens, H.: Die Erwachsenenbildung. München: Juventa 1981.

Tietgens, H.: Einleitung in die Erwachsenenbildung. Darmstadt: Wissenschaftliche Buchgesellschaft 1979.

Tillmann, K.-J.: Unterricht als soziales Erfahrungsfeld. Soziales Lernen in der Institution Schule. Frankfurt: Fischer 1976.

Tobin, K. (Ed.): The Practice of Constructivism in Science Education. Hillsdale: Erlbaum 1993, S. 3-21.

Trautmann, M. (Hrsg.): Entwicklungsaufgaben im Bildungsgang. Wiesbaden: VS Verlag für Sozialwissenschaften 2004.

Travers, R.M.W. (Ed.): Second Handbook of Research on Teaching. Chicago: Rand McNally 1973.

Treiber, B.: Lehr- und Lern-Zeiten im Unterricht. In: Treiber, B./Weinert, F. (Hrsg.): Lehr-Lern-Forschung. München: Urban & Schwarzenberg 1982, S. 12-36.

Treiber, B./Petermann, F.: Probleme der Unterrichtsdifferenzierung aus der Sicht des ATI-Forschungsprogramms. Zur Wechselwirkung von Schülermerkmalen und Unterrichtsmethoden. In: Zeitschrift für Pädagogik 22 (1976), S. 525-546.

Treiber, B./Weinert, F.E. (Hrsg.): Lehr-Lern-Forschung. Ein Überblick in Einzeldarstellungen. München: Urban & Schwarzenberg 1982.

Ulich, D./Mertens, K.: Urteile über Schüler. Zur Sozialpsychologie pädagogischer Diagnostik. Weinheim: Beltz 1973 (4. Auflage 1979).

Vandre, R.: Schule, Lehrer und Unterricht im 19. Jahrhundert. Göttingen: Vandenhoek & Ruprecht 1973.

Varela, F./Thompson, E.: Der Mittlere Weg der Erkenntnis. Bern 1992.

Veenman, S.: Perceived Problems of Beginning Teachers. In: Review of Educational Research 54 (1984), S. 143-178.

Vontobel, J.: Über den Erfolg in der Erwachsenenbildung. Braunschweig: Westermann 1972.

Voss, R. (Hrsg.): Die Schule neu erfinden. Neuwied 1997 (2. Auflage).

Wahl, D.: Methoden zur Erfassung handlungssteuernder Kognitionen von Lehrern. In: Hofer, M. (Hrsg.): Informationsverarbeitung und Entscheidungsverhalten von Lehrern. München: Urban & Schwarzenberg 1981, S. 49-77.

Wahl, D. u.a.: Naive Verhaltenstheorie von Lehrern. Zwischenbericht über die Projektarbeit an die DFG. Manuskript Weingarten 1981.

Wahl, D. u.a.: Naive Verhaltenstheorie von Lehrern. Abschlußbericht eines Forschungsvorhabens zur Rekonstruktion und Validierung subjektiver psychologischer Theorien. Universität Oldenburg: Zentrum f. päd. Berufspraxis 1983.

Wallen, N.E./Travers, R.M.W.: Analyse und Untersuchung von Lehrmethoden (1963). In: Ingenkamp, K./Parey, E. (Hrsg.): Handbuch der Unterrichtsforschung, Bd. 2. Weinheim: Beltz 1970, Sp. 1217-1352.

Walter, H.: Einführung in die Unterrichtsforschung. Darmstadt: Wiss. Buchgesellschaft 1977.

Warnecke, H.-J./Kohl, W.: Höherqualifizierung in neuen Arbeitsstrukturen. Entwicklung und Erprobung eines kombinierten Unterweisungskonzepts. In: Zeitschrift für Arbeitswissenschaft 33 (1979), S. 69-75.

Waxman, H.C./Walberg, N.J.: The Relation of Teaching and Learning: A Review of Reviews of Process-Product Research. In: Contemporary Education Review 1 (1982), S. 103-120.

Weber, A.: Effektives Lehrerverhalten: Ein Forschungsprogramm ohne Konsequenz für schulpädagogische Praxis? In: Die deutsche Schule 65 (1973), S. 291-304.

Weinert, F.: Instruktion als Optimierung von Lernprozessen. Teil I: Lehrmethoden. In: ders.u.a.: Funkkolleg Pädagogische Psychologie, Bd. 2. Frankfurt: Fischer 1974, S. 797-826.

Weinert, F.E.: Lerntheorien und Instruktionsmodelle. In: Weinert, F.E. (Hrsg.): Psychologie des Lernens und der Instruktion. Göttingen: Hogrefe 1996, S. 1-48 (a).

Weinert, F.E. (Hrsg.): Psychologie des Lernens und der Instruktion. (Enzyklopädie der Psychologie, Serie: Pädagogische Psychologie, Bd.2). Göttingen: Hogrefe 1996 (b).

Weinert, F.E.: Für und Wider die „neuen Lerntheorien" als Grundlagen pädagogisch-psychologischer Forschung. In: Zeitschrift für Pädagogische Psychologie 10 (1996), S. 1-12 (c).

Weinert, F.E. (Hrsg.): Psychologie der Erziehung und des Unterrichts. (Enzyklopädie der Psychologie, Serie: Pädagogische Psychologie, Bd.3). Göttingen: Hogrefe 1997.

Weinert, F.E./Helmke, A.: Schulleistungen: Leistungen der Schule oder der Kinder? In: Bild der Wissenschaft 24 (1987), S. 62-73.

Weinert, F.E./Helmke, A.: Der gute Lehrer: Person, Funktion oder Fiktion? In: Leschinsky, A. (Hrsg.): Die Institutionalisierung von Lehren und Lernen. Beiträge zu einer Theorie der Schule. 34. Beiheft der Zeitschrift für Pädagogik. Weinheim: Beltz 1996, S. 223-233.

Welbers, U. (Hrsg.): Vermittlungswissenschaften. Wissenschaftsverständnis und Curriculumentwicklung. Düsseldorf: Grupello 2003.

Wellendorf, F.: Schulische Sozialisation und Identität. Weinheim: Beltz 1973 (Neuausgabe 1979).

Wellendorf, F.: Rituelles Handeln in der Schule. Zur symbolischen Funktion von Lernzieltaxonomien. In: Goeppert, H.C. (Hrsg.): Sprachverhalten im Unterricht. München: Fink 1977, S. 10-35.

Wellenreuther, M.: Lehren und Lernen - aber wie? Empirisch-experimentelle Forschungen zum Lehren und Lernen im Unterricht. Baltmannsweiler: Schneider 2004.

Wendehorst, A.: Wer konnte im Mittelalter lesen und schreiben? In: Fried, J. (Hrsg.): Schulen und Studium im sozialen Wandel des Hohen und Späten Mittelalters. Sigmaringen: Thorbecke 1986, S. 9-33.

Weniger, E.: Das deutsche Bildungswesen im Frühmittelalter. In: Historische Vierteljahrsschrift 30 (1935), S. 446-492.

Weniger, E.: Theorie der Bildungsinhalte und des Lehrplans (1930/1952). In: ders.: Ausgewählte Schriften zur geisteswissenschaftlichen Pädagogik. Weinheim: Beltz 1975, S. 199-294.

Wenzel, H.: Unterricht und Schüleraktivität. Probleme und Möglichkeiten der Entwicklung von Selbststeuerungsfähigkeiten im Unterricht. Weinheim: Dt. Studien Verlag 1987.

Werder, L.v.: Alltägliche Erwachsenenbildung. Aspekte einer bürgernahen Pädagogik. Weinheim: Beltz 1980.

Westbury, I./Hopmann, St./Riquarts, K. (Eds.): Teaching as a Reflective Practice. The German Didaktik Tradition. London: Erlbaum 2000.

Whitman, N.: Choosing and Using Methods of Teaching. In: Performance & Instruction 20 (1981), S. 16-19.

Wilde, G. (Hrsg.): Entdeckendes Lernen im Unterricht. Universität Oldenburg: Zentrum f. pädagogische Berufspraxis 1984 (2., erw. Auflage).

Willmann, O.: Didaktik als Bildungslehre nach ihren Beziehungen zur Sozialforschung und zur Geschichte der Bildung (1889). Braunschweig: Viehweg 1923 (6. Auflage).

Wilson, St.: The Use of Ethnographic Techniques in Educational Research. In: Review of Educational Research 47 (1977), S. 245-265.

Winkel, R.: Zur Theorie und Praxis der Unterrichtsmethoden. In: Die deutsche Schule 70 (1978), S. 669-683.

Wirth, G.: Der Weg an die Grenze. Blüte und Schicksal der antiken Bildungs-Tradition. In: Kriss-Rettenbeck, L./Liedtke, M. (Hrsg.): Schulgeschichte im Zusammenhang der Kulturentwicklung. Schriftenreihe zum Bayrischen Schulmuseum Ichenhausen, Bd. 1. Bad Heilbrunn: Klinkhardt 1983, S. 77-117.

Wittrock, M.C. (Ed.): Handbook of Research on Teaching, 3rd edition. New York: Macmillan 1986.

Witzenbacher, K.: Handlungsorientiertes Lernen in der Hauptschule. Ansbach: Prögel 1985.

Wolff, D.: Der Konstruktivismus: Ein neues Paradigma in der Fremdsprachendidaktik? In: Die neueren Sprachen 93 (1994), S. 407-429.

Woods, P. (Ed.): Teacher Strategies: Explorations in the Sociology of the School. London: Croom Helm 1980.

Wopp, Chr.: Handlungsorientierter Unterricht. In: Enzyklopädie Erziehungswissenschaft, Bd. 3. Stuttgart: Klett-Cotta 1986, S. 600-606.

Wriedt, K.: Schulen und bürgerliches Bildungswesen in Norddeutschland im Spätmittelalter. In: Moeller, B. et al. (Hrsg.): Studien zum städtischen Bildungswesen des späten Mittelalters und der frühen Neuzeit. Göttingen: Vandenhoek & Ruprecht 1983, S. 152-172.

Zeichner, K.: Lehrersozialisation und Lehrerausbildung: Forschungsstand und Perspektiven. In: Bildung und Erziehung 39 (1986), S. 263-278.

Zeidler, K.: Die Wiederentdeckung der Grenze. Jena: Diedrichs 1926. Reprint Hildesheim: Olms 1985.

Zinnecker, J.: Die Parteilichkeit der Unterrichtsforschung. In: betrifft: erziehung 7 (1974), S. 26-36.

Zinnecker, J. (Hrsg.): Der heimliche Lehrplan. Weinheim: Beltz 1975.